기독교문서선교회(Christian Literature Center: 약칭 CLC)는 1941년 영국 콜체스터에서 켄 아담스에 의해 시작되었으며 국제 본부는 미국 필라델피아에 있습니다.
국제 CLC는 59개 나라에서 180개의 본부를 두고, 약 650여 명의 선교사들이 이동 도서차량 40대를 이용하여 문서 보급에 힘쓰고 있으며 이메일 주문을 통해 130여 국으로 책을 공급하고 있습니다. 한국 CLC는 청교도적 복음주의 신학과 신앙 서적을 출판하는 문서선교기관으로서, 한 영혼이라도 구원되길 소망하면서 주님이 오시는 그날까지 최선을 다할 것입니다.

추천사 1

강 철 구 박사
웨스트민스터신학대학원대학교 구약학 교수

라이너 케슬러가 저술한 『고대 이스라엘 사회사』(2008년)가 민경구 박사에 의해서 번역되고, 출간된 것에 대해서 매우 기쁘게 생각한다. 그동안 우리 학계에도 고대 이스라엘의 사회사에 관해 소개하는 책이 없었던 것은 아니다. 하지만 이 분야에 오랫동안 심도 있게 연구한 케슬러 박사의 책이 소개되고, 알려진다면 구약성서를 더욱 깊이 있게 연구하는 데 많은 도움을 줄 것이다. 본서의 장점은 무엇보다도 고대 이스라엘의 사회사를 치우침 없이 객관성을 유지하면서, 이 분야에 대한 현재의 연구 상황을 잘 반영하고 있다는 사실이다.

'성경 시대의 고대 이스라엘 사람들이 어떻게 살았을까' 하는 문제는 구약을 이해하는 데 있어서 매우 중요하다. 현재의 시각으로만 구약의 이스라엘의 삶을 상상하고, 재현해 내는 데는 한계가 있기 때문이다. 하지만 케슬러가 인도하는 길을 따라가다 보면 구약 시대를 살아가는 이스라엘 사람들의 생각과 삶의 방식 등을 엿볼 수 있다. 케슬러의 책은 믿을 수 있는 안내 책자로써 구약의 독자들을 낯선 장소와 사건들 속에서 방황하게 하지 않고, 고대 이스라엘 사회 깊은 곳까지 인도한다. 케슬러는 이스라엘의 부족 문화에서부터 국가 시대 그리고 포로기를 거쳐서 헬라, 로마 시대에 이르기까지 정치, 경제, 사회, 문화의 구조를 설명한다.

이러한 설명을 통해서 고대 이스라엘의 다양한 삶의 형태와 전체적인 맥락 그리고 그 기반에 대한 기초를 제공해 준다. 물론 고대 이스라엘의 생성부터 멸망 그리고 그 이후 시대의 광범위한 이스라엘의 사회사를 다룬다는 것은 매우 어려운 작업이다. 그럼에도 케슬러는 본서를 통해서 고대 이스라엘 전체의 사회사에 대해서 매우 흥미 있고, 짜임새 있게 내용을 전개하고 있다. 게다가 본서는 다양한 관점에서 접근하는 이스라엘의 역사에 대한 기본적인 틀과 기초를 제공해 주기에 일반적인 이스라엘의 역사에 대해서 관심 있는 독자들에게도 도움을 줄 것이다.

　이 책은 비단 목회를 하거나, 신학을 공부하는 이들뿐만 아니라, 구약성경에 관심을 가지고 성경을 좀더 입체적으로 이해하려는 모든 이에게 매력적이며, 유익할 것이다. 더 나아가서 신약의 배경을 이해하는 데 있어서도 매우 좋은 책이라는 말을 덧붙이고 싶다.

추천사 2

기민석 박사
한국침례신학대학교 구약학 교수

라이너 케슬러는 사회적 역동에 민감한 목사며 성서학자다. 이 책은 그가 저술한 매우 성서적 고대 이스라엘 사회사며, 특히 그가 전반부에 소개하는 연구 방법론은 참으로 교과서적이며 유용하다. 더불어 그가 전개하는 이스라엘 사회사는 '이스라엘 역사'라는 애매한 책들보다 훨씬 현장감 있고 명료하다. 사실 독자들은 지루한 본문 역사나 신경질적인 비평 이론의 간섭으로 고대 이스라엘의 세계를 상상해 보기가 쉽지 않다. 그래서 이 책은 구약개론의 개론이 될 법한 교과서이며, 누구든 구약성서의 세계를 입문하고 싶다면 꼭 집어들어야 할 저서다.

저술보다 더 어려운 작업이 번역이다. 자기 생각을 전달하는 것은 단도직입적으로 할 수 있지만 남의 생각을 파악하는 것은 미로 속에서 답을 찾는 것과 같다. 그런 면에서 민경구 교수가 케슬러의 『고대 이스라엘 사회사』를 통해 학문적 희열을 느끼게 된 것은 우리에게 무척 다행스러운 일이다.

영미권 저서는 성서학도들에게 어느 정도 용이한 자료이지만 독어권 저서는 그렇지 못하다. 성서학의 메카인 독일의 자료를 꾸준히 국내에 소개해 오고 있는 민경구 교수에게 감사하다. 고대 이스라엘의 역사적 배경을 강의실에서 가르칠 적절한 교재 찾기가 쉽지 않았는데 참으로 반가운 출간이다.

추천사 3

김종은 박사
Marburg대학교 구약학(Dr. theol)

참 유익한 책이다. 번역서를 읽으면서 15년전 마부르크대학교 신학부 강의실에서 열정적으로 강의하던 케슬러 선생님의 모습과 유학 초창기에 강의를 이해하지 못해 답답해할 때 교수 연구실까지 찾아가 묻고 또 물어도 귀찮아하지 않고 자세히 설명해 주셨던 라이너 케슬러 선생님의 모습이 떠오른다.

역자에게 추천사를 부탁받고 한동안 머뭇거렸다. 귀국 후 한두 번 발표한 것이 전부인 제가 추천사라는 명목으로 몇 줄 긁적거리는 것으로 오히려 번역서의 가치를 떨어뜨리고 역자에게 누를 끼치게 될까봐 썼다 지웠다를 반복했다.

『고대 이스라엘 사회사』를 읽고 있으면 시대를 거치면서 그 사회가 어떤 모습을 갖추었는지 머릿속에 그려진다.

프란츠 카프카가 친구인 오스카 폴락에게 "한 권의 책은 우리 안의 얼어붙은 바다를 부수는 도끼여야 한다네"라는 편지를 썼다고 한다. 이 말을 조금만 빌려 쓰고 싶다. 고대 이스라엘 사회에 대한 우리 안의 편견과 고정 관념을 부수는 도끼와 같은 이 책을 우리말로 번역하여 쉽게 접근하도록 안내한 민경구 박사에게 감사의 마음을 전한다. 아무쪼록 이 번역서가 이스라엘 사회사에 관심이 있는 목회자와 신학생에게 선명한 길라잡이가 될 것이라 확신한다.

추천사 4

임 시 영 박사
성결교신대원 원장, 신수동교회 담임목사

먼저 라이너 케슬러의 이 책이 번역 출판되어 기쁘다. 동일성의 원리 아래 이뤄지는 해석학적 한계를 넘고자 성서학의 연구는 선입견(교조/입장)을 배제하고, 해석학적 원칙이 본문의 증언을 강제한 결과 발생할 수 있는 자의적 해석을 극도로 조심해 왔다(볼프). 그러나 동시에 '권위에 의한 선입견'(집단적 주체의 이해)에 따른 이해의 폭을 상실한 것도 사실이다(가다머). 기실 성서학은 본문으로부터 시작해서 그것의 독자와 그들의 세계를 향한 방향성을 가진다.

그러나 그다음은 피보팅, 곧 읽기의 방향을 돌려 독자와 그들의 세계로부터 다시 성서의 본문을 향해야 한다. 그리고 이것은 끊임없이 순환하는 작업이어야 한다(총체적 읽기). 이것이야말로 과거의 것에서 이해에 머물러 있는 상황을 현재의 의미를 찾는 해석으로 만드는 경과다. 이 책이 말하는 사회사적 방법은 기독교의 메세지가 초월주의로 흐르는 것을 막고, 그리스도에 관한 철학으로 변질되는 것에 경종을 울린다.

그래서 나는 독자와 그들의 세계에 대한 연관성으로부터 성서 이해의 새로운 방향성을 찾는 모든 목회자와 신학도에게 이 책을 강력히 권한다.

에스라성경대학원대학교 설립자,
故 백정란 명예이사장님께
이 책을 헌정합니다.

고대 이스라엘 사회사

Sozialgeschichte des alten Israel: Eine Einführung
Written by Rainer Kessler
Translated by Kyung-Goo Min

© Original Edition
Sozialgeschichte des alten Israel: Eine Einführung, 2nd edition 2008
wbg (Wissenschaftliche Buchgesellschaft), Darmstadt, Germany
All rights reserved.

Translated and printed by permission of wbg.
This Korean Edition Copyright © 2022 by Christian Literature Center, Seoul, Korea

고대 이스라엘 사회사

2022년 9월 20일 초판 발행

지 은 이 | 라이너 케슬러
옮 긴 이 | 민경구

편　　집 | 한명복
디 자 인 | 박성숙, 서민정, 박성준
펴 낸 곳 | (사)기독교문서선교회
등　　록 | 제16-25호(1980. 1. 18.)
주　　소 | 서울특별시 서초구 방배로 68
전　　화 | 02-586-8761~3(본사) 031-942-8761(영업부)
팩　　스 | 02-523-0131(본사) 031-942-8763(영업부)
이 메 일 | clckor@gmail.com
홈페이지 | www.clcbook.com
송금계좌 | 기업은행 073-000308-04-020 (사)기독교문서선교회
일련번호 | 2022-103

ISBN 978-89-341-2485-6 (94230)
ISBN 978-89-341-1768-1 (세트)

이 책의 저작권은 (사)기독교문서선교회가 있습니다.
신저작권법에 의하여 한국 내에서 보호받는 저작물이므로 무단 전재와 무단 복제를 금합니다.

고대 근동 시리즈 ㊴

Sozialgeschichte des alten Israel

고대 이스라엘 사회사

라이너 케슬러 지음 | 민경구 옮김

CLC

목차

추천사 1 **강철구 박사** | 웨스트민스터신학대학원대학교 구약학 교수   1
추천사 2 **기민석 박사** | 한국침례신학대학교 구약학 교수   3
추천사 3 **김종은 박사** | Marburg대학교 구약학(Dr. theol)   4
추천사 4 **임시영 박사** | 성결교신대원 원장, 신수동교회 담임목사   5
저자 서문   12
역자 서문   14

제1장 서론   17
   1. 특별한 분야와 방법으로서 사회사   17
   2. 사건사(Ereignisgeschichte)와 "오랜 기간"   20
   3. 사회사 서술   23
   4. 연구사   26

제2장 이스라엘 사회사 방법론 입문   43
   1. 삶의 공간으로서 환경   43
   2. 물질적 유산들   48
   3. 히브리 성서의 본문들   56
   4. 유사성에 대한 연구   70

제3장 이스라엘 사회사의 시대 입문 77
   1. 친족을 기반으로 하는 사회 집단으로서 이스라엘 생성 82
   2. 초기 이스라엘과 유다에서 발생한 국가 126
   3. 고대 계층 사회의 형성 201
   4. 포로와 그 결과 224
   5. 페르시아 시대의 지방 사회 집단 244
   6. 헬레니즘 시대의 유대 민족 312

결론 352
   1. 이스라엘 사회사의 시대를 관통하는 특징들 352
   2. 이스라엘 정체성 355
   3. 조망: 사회사의 신학적 중요성에 대하여 357

사료 모음집 360
고대 문헌 361
참고 문헌 362
성경 색인 400

저자 서문

라이너 케슬러

Marburg대학교 구약학 은퇴교수

고대 이스라엘 사회사에 대한 필자의 관심은 1970년대에 박사 과정으로 거슬러 올라간다. 당시에 Heidelberg에서 필자는 Frank Crüsemann 그리고 Christof Hardmeier와 정기적으로 만남을 가졌고, 구약성서 연구를 위한 새로운 방법론에 접근하기 위해 토론했다. 많은 시간이 지나고 1985년에 Willy Schottroff의 초대로 Frankfurt am Main에서 정기적인 강의를 하게 되었고, 사회사에 대한 관심이 새롭게 고무되었다. 1987-1991년에 Bielefeld에 소재한 Kirchliche Hochschule Bethel에서 Frank Crüsemann의 조교로 있으면서, 필자는 교수 자격 논문(Habilitationsschrift)을 쓰며 사회사에 대한 주제에 몰입했다.

1993년에 Marburg대학교에 초빙된 이후에 강의 시간에 사회사 주제를 토론할 기회를 얻었다. Marburg대학교 신학 분과를 특징짓는 개방적 분위기와 학제 간의 좋은 협력, 특히 사회윤리, 고대 근동, 셈어학 그리고 고고학 동료와의 협력은 굉장한 자극을 주었고, 이 연구에 반영되었다.

1985년 이후부터 필자는 아주 호감이 가는 소규모 연구 모임에 참여했고, 이후에 이 모임은 그것이 설립된 장소를 따라서 "Heidelberger Arbeitskreis"(하이델베르그 연구 모임)이라 불렸다. 신구약 성서학자, 사회윤리 분야에서 학문적으로 활동하는 학자 그리고 교회 현장에서 활동하는 사람들이 사회사적으로 성서를 해석하는 것에 대해 질문하고 그것이 신학과 교회에서 어떠한 의미가 있는지 토론하기 위해 매년마다 1회 모임을 가졌다. 이 모임이 필자에게 주는 영향은 헤아릴 수 없이 많았다.

Eckart Otto가 RGG 4판의 "Israel. II. 4." 아티클에서 이스라엘 사회사를 90줄로 작성하는 데에 필자를 초대했을 때에야 비로소 필자는 *Sozialgeschichte des alten Israel*(『고대 이스라엘 사회사』)라는 제목으로 단권의 저서를 저술하기로 결정하기에 이르렀다.

고려할 사항은 간단했다. 만약 한 사람이 1,000년이 넘는 사회사를 90줄로 요약하고자 한다면, 그는 대략 200페이지로 서술할 수 있을 것이다. Darmstadt에 소재한 출판사 Wissenschaftlichen Buchgesellschaft에 감사를 표한다. 이 출판사는 이러한 생각에 즉각적으로 긍정적 답변을 주었고, 이 연구가 완성될 수 있도록 도와주었다.

위에 언급한 동료들 이외에도 필자의 오래된 학문적 동료인 Gießen에 있는 Dr. Uta Schmidt에게 특별히 감사를 표하고 싶다. 슈미트박사는 이 저술의 모든 원고를 읽어 주었고, 수많은 유익한 조언을 해 주었다. 필자는 그녀의 조언을 수용하여 부분적으로 아주 중요한 표현의 변화와 배열의 변화를 실행했다. 필자의 지도하에 수학하는 Silke Arendsen과 Christian Vosloh는 이 단행본을 완성하는 과정에 도움을 주었고, 그들에게도 감사를 표한다.

필자의 마지막 소망은 신학을 공부하는 학생, 목회자, 교사 그리고 구약학 동료들이 히브리 성서를 가지고 자신의 연구를 수행하며 본 단행본으로부터 유익을 얻을 수 있기를 바란다.

역자 서문

민 경 구 박사
에스라성경대학원대학교 구약학 교수

케슬러(R. Kessler)의 『고대 이스라엘 사회사』(*Sozialgeschichte des alten Israel. Eine Einführung, Wissenschaftliche Buchgesellschaft*)는 영어(*The Social History of Ancient Israel: An Introduction*, Fortress Press), 스페인어(*Historia Social del Antiguo Israel*, Ediciones Sígueme, S. A.) 그리고 포르투갈어(*História Social do Antigo Israel*, Paulinas)로 번역될 정도로 인지도가 있는 책이다. 신학에 대한 열정이 세계 어디보다 뒤쳐지 않는 한국에서 이 책이 아직 번역되지 않았다는 점이 의아스러웠다.

사회사적 연구는 결코 쉽지 않은 분야이다. 여기에는 몇 가지 이유가 있다.

첫째, 저자가 내용에서 언급했듯이 사회학적 관점으로 이스라엘의 단면을 연구하는 것은 오랫동안 '성서를 이해하기 위해 종속된 보조 학문 정도'로 취급되었다. 이 연구 방법은 오랫동안 신학자의 관심에서 벗어나 있었으며, 그런 이유로 관련된 출판물 역시 많지 않은 것이 현실이다.

둘째, 사회사를 연구하기 위한 자료의 한계이다. 고대 이스라엘의 사회를 연구하기 위해 주어진 자료는 성서 연구를 위해 주어진 자료와 크게 다르지 않다. 고대 이스라엘은 문자를 활용하여 신앙을 표현하거나 교육하기에 노력했고, 그들의 삶을 서술하기 위해 문자를 활용한 경우는 제한적이다.

셋째, 사회사의 관점이 대단히 방대하다. 사회사를 비롯하여 연구를 수행하는 데 중요한 요소는 어떠한 '관점'을 유지하는가이다. 하나의 사회를 구성하는 단면은 경제, 문화, 종교, 제도를 비롯하여 대단히 방대하며, 과거의 사회라 하더라도 그것은 다르지 않다. 게다가 저자가 서술한 것처럼 고대 이스라엘 사회사는 '고대 이스라엘의 역사적 총체'를 이해하기 위해 그리고 '히브리 성서의 신학적 총체'를 이해하기 위해 필수적이므로, 사회사 연구는 전체 사회를 대변할 수 있는 요소는 무엇인가에 대해 질문해야 한다.

넷째, 고대 이스라엘의 사회사에 대한 연구는 사회학자의 몫인가 아니면 신학자의 몫인가?

저자가 서문에서 밝히고 있듯이 신학자의 연구만으로는 이러한 연구를 수행하는 데에 한계가 있어서 다양한 학문과 공조가 필요한 것이 현실이다. 즉, 사회학적 관점은 신학적 지식을 넘어서 인문학적 지식을 요구한다는 점에서 R. Kessler의 연구는 신학과 인문학의 경계를 넘나들고 있으며, 저자는 일생을 바쳐서 연구의 불모지에 학문적 디딤돌을 마련하고 있다.

한국 기독교는 오랫동안 실용적 신학을 추구해 왔다. 소위 '교회를 위한 신학'이 그것이다. 그 결과 한국에는 신학 교육 기관이 많이 설립되었고, 한 해에도 수많은 목회자가 배출되며, 대형 교회가 한 손가락에 꼽을 수 없을 만큼 우뚝 서게 되었다.

그럼에도 불구하고, '교회에 신학이 부재한 이유는 무엇인가'라는 질문이 필자의 뇌리를 떠난 적은 없다. 한국의 학문적 풍토에 대해 '기초 학문이 약하다'고 토로한다. 한국 교회도 다르지 않은 듯하다. 이것은 필자 자신에 대한 반추이기도 하다. 나는 한국 사회에 '적응'했는가?

적응이라는 단어가 이처럼 낯설게 느껴진 적은 없다. 역자는 R. Kessler의 『고대 이스라엘 사회사』를 통해 다시 한번 학문적 희열을 경험했다. 이론적 연구가 성서 해석에 얼마나 지대한 영향을 끼치는지 한국 교회에 '적응'했다면 결코 느끼지 못했을 희열이다. 적응이 주는 불편함과 어색함이 주는 희열, 독자들에게도 이 희열이 고스란히 전달될 수 있기를 소망한다.

역자가 R. Kessler의 『고대 이스라엘 사회사』를 번역하는 데 자극을 준 인물이 있다. 한 명은 독일 유학 중에 만났던 R. Kessler의 지도를 받아 Marburg대학교에서 예언서로 학위를 마친 김종은 박사이다. 한국의 한 학회에서 다시 만났을 때 그는 R. Kessler의 책을 번역할 것을 추천했다. 그 이후에 역자가 한국에서 수학할 때에 큰 영향을 받았고, 무엇보다 수많은 역서를 번역한 차준희 교수 역시 역자에게 R. Kessler의 책을 번역할 것을 권했다. 이후에 필요한 부분을 번역하여 수업시간에 활용하는 정도였으나, 역자의 수업에 참여했던 학생들도 책을 번역해 줄 것을 요청하여 R. Kessler의 책이 빛을 보게 되었다. 지면을 통해 김종은 박사, 차준희 교수 그리고 수업에서 함께 토론했던 학우들에게 감사를 전한다. 그리고 이 책 출간을 허락해 준 기독교문서선교회(CLC) 박영호 대표에게도 감사를 드린다.

책이 번역되는 동안 역자는 여러 업무를 중단해야 했고, 특히 가사의 일은 오롯이 아내의 임무로 돌아갔다. 번역하는 동안 필자의 고통을 잘 받아 준 유일한 사람은 아내, 선민이다. 두 딸 시은과 시야도 아빠의 작업 시간을 방해하지 않기 위해 배려를 해 주었다. 사랑하는 가족에게 이 글을 통해 감사를 표한다.

저서와 역서를 세상에 보낸다는 것은 학문적 모습을 노출하는 것 같아 주저할 때가 있다. 하지만 학문적 동지를 만나고, 신학의 길을 함께 걸어가는 동역자와 인문학 대화를 하는 기쁨의 도구가 되기에 용기는 낼 수 있었다. 이 책을 통해 다시 만날 그리고 함께 소통할 분들께 미리 감사를 전한다.

향교가 보이는 에스라 연구실에서

제1장

서론

이 단행본에서 고대 이스라엘 사회사는 역사학 분야로 연구되었다. 동시에 고대 이스라엘 사회사는 본질적으로 신학의 영역이기도 하다. 왜냐하면, 유대교와 기독교에 있어서 신학적 기본 문헌인 히브리 성서는 하나님의 역사를 서술할 뿐이며, 신들의 역사라는 의미로 보이는 "신화적"(mythisch)인 것을 서술하지는 않는다. 오히려 히브리 성서는 인간과 함께하는 하나님의 역사를 서술하며, 자신의 백성인 이스라엘과 함께한 하나님의 역사에 초점을 맞추고 있기 때문이다.

이스라엘 백성의 역사가 없다면 이 백성과 함께한 하나님의 역사는 파악될 수 없다. 이스라엘 사회사는 고대 이스라엘의 역사적 총체를 이해하기 위해서만이 아니라, 고대 이스라엘에 관한 하나의 문서, 즉 히브리 성서의 신학적 총체를 이해하기 위해서 필요하다.

1. 특별한 분야와 방법으로서 사회사

1) 역사 서술의 한 분야로서 사회사

특정한 기간 동안에 일어난 한 백성의 역사는 여기에서는 히브리 성서 문헌에 언급되었고, 그 문헌들이 발생한 시대에 있었던 이스라엘 역사를 가리킨다. 그 백성이 사회의 총체를 이룬다는 점에서 항상 사회사라고 할 수 있다. 그럼에도 불구하고 사회사는 역사학의 분야로서 특별한 대상을 다룬다. 사회사는 종교사, 문헌사 혹은 예술사와 같은 다른 특별한 역사들과 근접해 있다.

사회사의 특별한 대상은 무엇인가에 대한 대답은 다른 특별한 역사(Spezialgeschichten)와 비교할 때 다소 명확하지 못하다. 우리는 경제사의 주제인 한 사회 집단의 경제 체재에 대해 고려하지 않고는 그 사회 구조에 대해 언급할 수 없다. 마찬가지로 우리는 헌법(rechtliche Verfassung)과 법의 역사(Rechtsgeschichte)라는 주제를 간과할 수 없다. 그와 동일하게 정치 구조(politische Struktur)와 제도들(Institutionen) 역시 간과할 수 없지만, 그것의 역사를 기술하는 것은 정치학의 몫이다.

분명히 인정할 수밖에 없는 불명확성에도 불구하고, 사회사가 사회 집단(Gesellschaft)을 명확하게 표현할 수 없다는 것과 특정한 사건들을 근본적으로는 다룰 수 없다는 점에서 사회사의 주제는 제한될 수밖에 없다. 사회사의 주제는 오히려 사회 집단의 **형태**(Gestalt) 자체이다. 물론 '형태'라는 은유는 본래 정체된 것은 아니지만 정적인 것에 가깝다. 사회 집단의 형태는 끊임없는 변화에 직면했고, 그러한 변화는 대부분 인지되지 않았으며, 때로는 반대로 격렬한 역동적 모습으로 나타나기도 했다.

그러므로 사회사는 그 이름이 반영하고 있듯이 항상 사회사에 나타난 사회 집단의 형태를 다룬다.

2) 해석학적 방법으로서 사회사

지난 35년간 진행된 이스라엘 사회사에 대한 논의를 볼 때, 사회사를 역사 서술의 한 분야, 다시 말해 고대 이스라엘 사회 집단의 형태를 묘사하는 것으로 간주하는 것은 유지될 수 없다. 왜냐하면 신학 분과로서, 구약성서 해석학의 한 분야로서 이러한 역사 서술은 항상 성서 본문을 다루기 때문이다. 사회사적으로 보다 새로운 방향을 지향하는 해석학은 여기에서 과거에 양식사가 연구했던 "삶의 자리"(Sitz im Leben)에 대해서 만이 아니라, 본문에 기록된 **관심사**(*Interessen*)에 대해서도 질문한다. 사회사적 해석학은 이 질문을 역으로 다음과 같은 질문과 연결시켰다. 본문에 기록된 종교적 개념이 당시 사회 집단의 발전에 어떻게 영향을 끼치는가?[1]

본문에 표현된 관심사에 대한 문제를 고려하면 이러한 특징은 사회사적으로 수행되어야 할 다음과 같은 해석에 종속된다. 하나의 사회 집단에는 수많은 관심사가 존재했으며, 이러한 관심사는 한편으로는 교차되거나, 다른 한편으로는 상존했으며, 또는 개별적으로 진행되거나 혹은 갑작스럽게 대립할 수도 있었다. 물론 일반적으로 특정 본문에 특정한 의도가 단순하게 반영되어 있다는 의미는 아님에도 불구하고, 사회사적 해석은 본문들에 수많은 관심사가 엮여 있다는 것을 출발점으로 삼는다.

> 성서의 다양한 진술들이 모순되었다는 점은 … 일반적으로 각각의 본문들이 다양한 사회적 기원을 갖는다는 것을 전제로 했을 때에 입증된다.[2]

만약 누군가가 이것을 연구하고자 한다면, 이러한 관심사가 엮여있는 것을 부각시킬 필요가 있으며, 다양한 관심사를 유발하는 상황들을 탐구해야 하고, 이러한 관심사가 상호 작용과 변화가 일어나는 동력을 파악해야만 한다.

동시에 본서는 사회사적 성서 해석으로부터 위에서 언급한 견해들이 나타날 수 있음을 견지하려 한다. 이러한 결과물은 성서 본문과도 연관성이 있다. 그 결과 사회사적 성서 해석은 "성서 문헌의 특정 영역에서 발견되며, 인

---

1 참조하라. Otto 1981.
2 Schottroff [1987] 1999a, 2.

간 사회 집단의 역사에서 언제나 존재했던 이상적으로 은닉시키려는 경향, 미화시키려는 경향 그리고 조화시키는 경향들에 역행하는 것이다. 또한, 이러한 사회사적 성서 해석은 오늘날과 마찬가지로 존재했던 당대의 실제 사회 갈등을 기술하는 것이기 때문에, 이데올로기에 비판적으로 작용한다."[3] 따라서 사회사적 성서 해석으로 간주되는 결과들은 사회윤리와 실천신학적 문제에까지 관여하며, 그 결과 우리는 극단적으로 "사회사적 성서 해석이 자체로는 해방신학(Theologie der Befreiung)의 일부"로 드러난다고 말할 수도 있다.[4]

이러한 노선은 여기에서 더 이상 거론되지 않을 것이다.[5] 뒤이어 나오는 상론을 이해시키려는 목적으로 사회사적 성서 해석의 이해와 연루된 모든 결론 그리고 모든 함의에 관여할 필요는 없다. 오히려 필자는 고대 이스라엘 역사 서술의 한 부분으로서 이스라엘 사회사를 재구성하려는 시도보다, 나의 의견에는 "이스라엘 사회사"(Sozialgeschichte Israels)가 보다 포괄적이라는 것을 언급함으로써 개인적인 개별 관심사에 주목할 것이다.

2. 사건사(Ereignisgeschichte)와 "오랜 기간"

사회사를 역사에 나타난 한 사회 집단의 사회적 형태에 관한 연구로 규정하는 것에는 정적인 요소와 역동적인 요소를 서로 연결하려는 시도가 배경에 있다. 시대의 역동적 요소들은 살아 있는 유기체의 실재 속에서 동일한 연속체로 존재하는 것이 아니라, 오히려 다양하게 각인된 모습으로 변화했다. 급격한 변화의 시간은―적어도 표면적으로 보이기에―거의 변

---

3 위의 책, 3
4 위의 책.
5 몇몇 각주는 이 책의 결론 부분에서 찾아볼 수 있다.

화가 없는 상대적으로 안정적인 긴 단계(Phasen)와 번갈아 나타난다.

역사의 이러한 다양한 역동성을 고려하는 것은 모든 역사 서술 방법의 과제이다. 프랑스 역사가인 브로델(Fernand Braudel)이 1946년에 지중해에 대하여 기초적 연구를 수행한 이후에, 사람들은 상이하게 진행된 세 가지 규칙적인 반복을 구분했다. "오랜 기간의 역사"는 인간과 자연 세계의 관계를 보여 준다. 자연은 인간에게 주어진 것이기 때문에, 이 역사는 "마치 변화가 없는 것처럼" 흘러갔다(적어도 브로델이 자신의 책을 집필했을 당시에, 그것은 어느 정도 유효했다). 그와 달리 역사 서술의 전통적인 대상으로 간주되는 "사건사"(Ereignisgeschichte)는 개별 사건들, 즉 표면적으로 보기에 신속하게 변화하는 것들을 취급한다.

사회사는—브로델에 따르면 "집단과 집단화의 사회사"(die [Sozialgeschichte] der Gruppen und Gruppierungen)—둘 사이에 끼어 있다. 사회사는 자연적인 조건들과 그 당시에 부지중에 변화하는 조건들을 고려해야만 한다. 그러나 사회사는 동시에 "사건들"을—우리가 다룰 대상으로는 차례로 나타나는 앗수르, 바벨론, 페르시아 그리고 그리스의 패권—고려해야만 하며, 그것들이 이스라엘 사회 집단의 사회적 형태에 끼친 영향도 연구해야 한다.[6]

역사를 서술하려는 각각의 형태는 이러한 상이한 주기적 반복을 고려해야만 하지만, 각각의 형태는 동시에 상이한 초점을 갖고 있다. 하나의 사건사에 대해서는 모순이 되는 논쟁이 발견되기도 하는데, 예를 들어 바벨론의 예루살렘 점령은 B.C. 587년 혹은 586년 중에 언제 일어났는 지이다. 사회사에 있어서 이러한 1년의 차이는 사소한 것이다. 문헌사(Literaturgeschichte)에는 흥미로운 질문이 제기되기도 한다. '아모스 혹은 미가와 같은 예언자들은 자신의 구두 선포를 스스로 문서화했는가 아니면 문서화는 적어도 예언자가 죽은 이후에 문서화를 진행한 제자 혹은 추종자들의 작품

---

[6] Braudel 1992, 21 인용.

인가?' 그와 달리 예언서 본문을 사료(Quelle)로 수용하는 사회사에서 이러한 질문은 부차적인 것이다.

그러한 실례는 자의적인 인상을 주지 않으면서도 셀 수 없이 많이 언급할 수 있다. 왜냐하면, 하나의 예언 본문이 포로기 이전의 것인가, 혹은 포로기 이후 시대에 기인한 것으로 과거에 역투영하는 것인가 하는 점은 당연히 사회사에도 중요하기 때문이다.[7] 그리고 다윗과 솔로몬에 대해 보도하는 군사, 외교 혹은 상업 정치적 사건들이 역사적 실재로 소급될 수 있는가, 아니면 그것은 문학적 가공물을 묘사하는가 하는 점 또한 사회사 연구가 흥미롭게 보는 영역이기도 하다.

그럼에도 불구하고 견지되어야 할 것이 있다. **사회사는 "완만하게 변화하는 역사"이다.**[8] 사회사가 역사 서술이라는 점에서 볼 때, 사회사는 당연히 변화를 다루고 있다. 하지만 사회사는 우선적으로 형태를―좀더 나은 표현으로는 다양한 형태들을―인식한다. 사회사가 연구하는 사회 집단은 이러한 형태를 수용했으며, 이 형태들은 상당히 오랜 시대를 지나면서 견고히 되었다. 그러므로 사회사는 모든 개별적인 사건에 관심을 가질 필요가 없으며, 또한 사회사가 참고한 모든 사료를 십 년 단위로 정확하게 연대 설정할 필요가 없다. 사회사는 사건과 사료의 연대 측정과 관련하여 어느 정도 검증된 불명확성(eine gewisse kontrollierte Unschärfe)을 허용할 수 있다.

---

[7] Chaney 1986, 58. 그는 그러한 시대적 단절을 위해서 "조직적인 분수령"(systemischen Wasserscheide[systemic watershed])이라는 개념을 사용했다.

[8] Braudel 1992, 21.

3. 사회사 서술

역사를 사회사적으로 서술하는 것의 과제는 한 사회 집단의 형태를 서술하는 정적인 순간을 그 집단의 역사적 발전을 서술하는 역동적 순간과 연결시키는 것이다. 이러한 과제를 바탕으로 역사 기술을 위한 두 가지 단초가 기본적으로 가능하다는 결론에 다다른다. 사회사적 묘사는 사회 집단의 형태에서 시작하여 '사회 집단의 형태'라는 무형의 현상을 구별하거나, 혹은 역사적 발전에서 시작하여 '완만한 변화'가 나타나는 시대에 따라 체계적으로 분류하는 것을 기획한다.

1) 제도사로서 사회사

'사회 집단'(Gesellschaft)은 너무도 포괄적이며 추상적인 개념이다. 만약 특정한 사회 집단을 하나의 개념으로 특징지으려 한다면—사람들은 과거 시대를 '농경 사회'(Agrargesellschaft) 혹은 '봉건 사회'(Feudalgesellschaft)라는 개념으로 표현하고자 했으며, 현대 시대를 '소비 사회'(Konsumgesellschaft) 혹은 '체험 사회'(Erlebnisgesellschaft)라는 개념으로 연상한다—전형적인 의도를 따름에도 불구하고 우리는 그것을 통해서 이 사회 집단의 특정한 특징만을 일반적으로 파악할 뿐이다. 환언하면, 사회 집단적 관계들이 총체적으로 엮여 있는 것은 파악되지 않는다.

그러므로 추상적이며 정형이 없는 현상인 사회 집단을 세분화해야 할 필요가 있다. 만약 전체 사회 집단을 하나의 방대한 시스템으로 이해한다면, 우리는 부분적 시스템에 대해서 언급할 수 있다. 프랑스 사회학의 전통에 따라서 필자는 제도(Institution)라는 개념을 사용한다. 이 개념은 일상

적인 독일어 개념보다 훨씬 포괄적인 의미를 담고 있다.[9]

만약 우리가 사회사를 서술할 때 이러한 제도를 출발점으로 삼는다면, 필연적으로 정적인 순간이 지배적일 수밖에 없다. 그럼에도 불구하고 역동적인 순간이 사라지는 것은 아니다.

첫째, 모든 제도에는 다시금 각각의 역사가 있으며,
둘째, 이스라엘과 유대의 왕조와 같은 특정한 제도들은 독특한 역사적 자리와 결부되었기 때문이다.

이러한 두 가지 사실을 볼 때, 제도에 초점을 맞추어 사회사를 서술하는 것에는 강점이 존재한다. 이러한 서술은 다양한 제도들이 발달 과정에서 다양한 변화를 겪는다는 것을 고려할 수 있다. 비교적 짧은 왕정 시기에 군사 제도가 수차례 변화를 겪게된 반면, 가족 구조는 오랜 시기가 지났음에도 상당히 안정된 상태를 유지했다. 명확한 제도적 위계 질서를 서술할 수 있다는 장점이 가족 구조와 밀접하게 결부되어 있다.

따라서 게스텐베르거(Erhard Gerstenberger)는 자신의 『구약성서신학』(Theologien im Alten Testament)에서 "이스라엘 사회사 개요"(Abriß der Sozialgeschichte Israels)를 앞에 배열했으며, 이스라엘 사회사 개요를 다음과 같이 분류했다. 가족과 씨족(Familie und Sippe) - 촌락과 소도시(Dorf und Kleinstadt) - 지파 동맹(Stammesverbände) - 왕정 국가(Der monarchische Staat) - 고백 공동체와 지역

---

[9] 본래 프랑스어 제목인 Roland de Vaux의 『구약성서의 제도』(Les institutions de l'Ancien Testament)를 『구약성서와 생활 질서』(Das Alte Testament und seine Lebensordnungen)라고 번역했다는 점에서 번역자는 제도를 고려하기 위해 노력했다고 볼 수 있다(de Vaux [1958/1960] ²1964/1966). 물론 "생활 질서"(Lebensordnung)라는 개념을 볼 때, 생활 규정 신학에 맞춰진 규범적인 것은 흔들릴 수밖에 없으며, 이러한 규범적인 것은 사회적 제도-개념에서는 낯선 것이다.

공동체(Konfessions- und Parochialgemeinden).[10] 기본 제도로 평가되는 처음 세 제도들은 물론 가변적인 것이다. 하지만 이 세 제도들은 구약성서 전반에 걸쳐 발견되는 제도로서 모든 시대에서 중요한 것이기도 하다. 그와 달리 왕정 국가 혹은 고백 공동체 그리고 지역 공동체는 명백하게 이차적인 것이며, 단지 제한된 시대에만 대체로 존재했을 뿐이다.

후자의 경우는 제도에 초점을 맞춘 사회사 서술이 여러 시대의 중요 개념을 다루어야 함을 보여 주며, 이러한 사회사 서술은 불확실한 시기도 이 시대들에 편입시켰다. 이로 인해 시대 구분 자체를 사회사 서술의 출발점으로 삼을 수 있다는 가능성이 열렸다.

2) 시대사로서 사회사

만약 사회사 서술이 제도적인 것으로 시작하는 대신에 시대적인 것으로 시작한다면, 이것은 사회사 서술의 대안적인 형식이지, '틀린' 것에 대립하는 '옳은' 것을 말하는 것은 결코 아니다. 두 가지는—제도적 서술과 시대적 서술—항상 짝을 이루는 것이며, 단지 강조점이 상이할 뿐이다. 제도에 대한 서술이 시대라는 개념을 항상 취해야 하는 것처럼, 시대를 따라 서술하는 것도 그것이 묘사하고자 하는 제도라는 개념을 항상 취할 수밖에 없다.

여기에서 시대를 따르는 서술 방법을 선택함으로 인해 역사적 발전이 강조되며, 사회 집단의 구조에 대한 묘사는 시대를 구분하는 것에 종속된다. 그렇지 않으면 우리는 이스라엘 사회사(Sozialgeschichte) 대신에 오히려 이스라엘의 사회학(Soziologie)이라고 표현해야 할 것이다. 따라서 사회사 서술은 가족 구조에서 나타나는 일상적인 진행 과정을 강조하기보다는 대변혁과 특정한 시기를 특징짓는 것에 강조점을 두고 있다. 이로 인해 전근

---

10 Gerstenberger 2001, 21-25.

대(vormodern) 사회 집단은 설명이 가능한 대략 천 년 동안에 모든 점에서 극적인 발전을 겪었다는 인식이 형성되었다.

시대를 따르는 서술하는 방법을 선택하는 것은 제도에 의거하여 서술하는 것을 평가절하시키는 것이 아니며, 오히려 이 방법은 제도에 더욱 의지하거나 제도와의 연관성을 유지한다. 시대를 따라 서술하는 방법은 더 나아가 특정한 연구사적 입장을 포함하는 결정이다. 이것은 다음 단락에서 보다 면밀하게 설명될 것이다.

4. 연구사

성서 기록을 정경으로 이해하고 그것을 해석하는 것이 요구된 이래로, 사람들은 성서 시대의 이스라엘 역사와 서술된 실재들, 즉 성서에 기록된 소재들, 지정학적 위치 그리고 사회 집단적 제도와 같은 실재에 대해서 관심을 가졌다. 왜냐하면 문서의 다양한 의미를 교육하는 제반 사항에서 **문자의 의미**(sensus literalis)는 항상 결정적인 역할을 하며, 문자의 의미는 역사와 실재에 대한 지식이 없이는 연구될 수 없기 때문이다. "히브리 고고학"(Hebräische Archäologie)에 대한 서술에서 벤징거(I. Benzinger)는 고대 분야에 대한 역사를 짧게 요약하여 보도한다.[11]

물론 19세기 이후부터 이 분야는 전례 없는 발전을 이루었다. 상형문자와 쐐기 문자를 해독하는 것, 근동 지역 발굴, 유럽 학자들이 근동 지역 연구 현장에 직접 참여하는 것이 증가했다. 문서를 새로운 형태로 제작하는 것(사진술)은 문서의 양이 증가함에 따라 문서에 대한 지식을 향상시켰으며, 그로 인해 새로운 양질의 것도 등장하게 되었다. 다시 말해, 지금까지

---

11 Benzinger 31927, 5-8.

는 성서 자체가 고대 이스라엘의 역사와 실재를 위한 거의 유일한 사료였다면, 성서는 모든 것보다 우선되는 가치로 규정되기는 하지만, 이제는 다른 많은 것 가운데 하나의 사료가 되었다.

이러한 새로운 정황은 19세기 말 이후부터 개론 서적들이 홍수를 이루어 출판되는 결과로 나타났다. 반면에 이 연구 서적들은 성서의 고대 유산에 대하여 여전히 오래된 연구 전통에 서 있었다.

1) 성서 고대 유산의 전통

위에서 언급한 벤징거는 자신의 저서인 『성서 고고학』(*Biblische Archäologie*)에서—1893년에 초판이 출간됐다—성서 고고학에 대해 정의하며 서술을 시작한다. 그에 따르면 성서 고고학은 "특별히 역사 분야에 대한 명칭으로서, 히브리인의 총체적인 삶의 양태, 관습과 습관, 시민과 종교 제도를 학술적으로 서술하는 것을 과제로 삼는다."[12] 한편으로 이것은 상당히 포괄적인 고고학 개념이며, 오늘날 고고학 개념이 발굴과 발굴 결과에 제한되어 사용되는 것보다 포괄적이다. 다른 한편으로 이것은 항상 "끊임없이 연구돼야 하는 문화사적 총체"에서 유래한 일부 분야를 다룬다.

성서 고고학이 그렇게 포괄적으로 이해되는 반면 "정치사, 문헌사와 종교사"는 그러한 문화사적 총체로부터 배제되었다.[13] 동시에 벤징거 저서의 구조는 그러한 서술의 본보기이다. 그는 구조를 네 부분으로 나누었는데 다음과 같다. 땅과 인간, 개인적 유산, 국가적 유산 그리고 종교적 유산.

벤징거는 포괄적인 서술을 위해서 "정치사, 문헌사 그리고 종교사"를 고려해야만 한다고 주장하지만, 명백하게는 키텔(Rud. Kittel)이 그것을 수

---

[12] 위의 책, 1.
[13] 위의 책.

행했다. 키텔은 이미 1888/1892년에 초판이 출간된 자신의 저서 『이스라엘 역사』에서 문화사적 요소와 종교사적 요소를 통합시키는 것을 감행했다. 정치사에 따라 연대기적으로 분류된 저술의 각 단락에 시대의 문화와 종교에 대한 서술이 보충되었다.[14]

키텔에게는 보편적 이스라엘 역사의 일부분이었던 것이 베톨렛(Alfred Bertholet)에게는 표제어가 되었다. 그는 1919년에 출간된 자신의 저서를 『이스라엘 문화사』(Kulturgeschichte Israels)[15]라고 명명한다. 그러나 이스라엘 문화사로서 가장 큰 영향력을 끼친 것은 페더슨(Dänen Johs. Pedersen)의 저서이다. 그의 첫 번째 전권(全卷)은 이미 1920년에 덴마크어로 출판되었다. 페더슨의 영어 번역본인 『이스라엘, 생활과 문화』(*Israel, Its Life and Culture*)는 1926년과 1940년에 네 권으로 출간되었다.[16] 여기에는 대략 160페이지 정도가 영혼(Seele)에 대한 히브리적 이해를 포괄적으로 다루고 있는데,[17] 이것은 프랑스 사료 편찬에서 정신사(Mentalitätsgeschichte)로 불리는 것이지만, 페더슨의 저서에는 사회사로 편입되었다. 그와 유사한 것을 바론(Salo Wittmayer Baron)은 1937년 자신의 기념비적 저서인 『유대 사회사와 종교사』(*Sozial- und Religionsgeschichte der Juden*)에서 시도했지만, 이 저서는 유럽에서 실질적인 영향력을 발휘하지는 못했다.[18]

성서 고대 유산에 대한 전통적 입장에서 사회사를 서술하는 것은 드보(Roland de Vaux)의 『생활 질서』(*Lebensordnung*)를 통해서 명백한 정점에 도달한다. 두 권의 부제를 관찰하면, 우리는 이미 벤징거가 『성서 고고학』(*Biblische Archäologie*)에서 보여 주었던 구조와 정확히 일치하는 것을 재발견

---

14 Kittel ⁵/⁶1923.
15 Bertholet 1919.
16 Pedersen 1959.
17 위의 책, 99-259.
18 Baron ²1952.

하게 된다. 제1권은 "유목생활 존속"(Fortleben des Nomadentums) – "가족 생활 형태"(Gestalt des Familienlebens) – "백성을 위한 시설과 율법"(Einrichtungen und Gesetze des Volkes)을, 제2권은 "군대와 전쟁"(Heer und Kriegswesen) 그리고 "종교 생활 규정"(Die religiösen Lebensordnungen)을 다루었다.[19]

여기에서 제시된 논문들은 다음과 같은 두 가지 공통점을 고수하고 있다.

첫째, 해설적(deskriptiv)으로 작성되었고, 자신들이 묘사한 고대 이스라엘의 사회 집단 형태와 관련하여 각각의 이론을 제시한다는 점이다. 1899년에 '이스라엘인들의 사회적 상황'(sociale Verhältnisse der Israeliten)을 분석하여 제시한 불(Frants Buhl)은 자신이 "모든 이론과 구조와는 동떨어진 구약성서에 있는 자료를 간단하고도 일목요연한 서술하고자 한다"고 언급한다.[20]

둘째, 키텔의 『이스라엘 역사』(Geschichte Israels)를 제외하고 이 서술들은 역사적으로 이차원적인 평면을 고수했다. 폴쯔(Paul Volz)는 1914년 발간된 『성서 유산』(Die biblischen Altertümern)에서 다음과 같이 주장했다.

> 몇몇 단락 내에서 시간적으로 광범위하게 분리되어 있는 것들이 전혀 고려되지 않은 채 다양하게 공존하고 있다.[21]

그것에 대해서 폴쯔는 두 가지 근거를 제시했는데, 즉 사회 제도 내부의 통시적 발전을 종종 추적하기 어려울 수 있다는 것과 삶의 방식은 시간이 흐르면서도 여하튼 거의 변화하지 않았다는 것이다. 인지하지 못한 세 번

---

19   de Vaux ²1964/1966. 덧붙여서 위에 각주 17을 참조하라.
20   Buhl 1899, 서문.
21   Volz 1989, 서문.

째 근거가 여기에 추가될 수 있다. 이러한 서술이 보여 주는 역사상(歷史像, Geschichtsbild)은 중요한 위치를 차지한 오경 서술과 통일성을 이루려 했던 초기 시대보다 훨씬 더 강력한 성서절대주의(biblizistisch)를 추구한다.

일반적으로 주요하게 두 가지 시대가 존재하는데, 환언하면 땅 점유 이전 상황과 땅에서의 상황이다. 낭만적 기원을 갈망한 후대의 결과로서 왕정 시대에 이르기까지 초기 시대에만 실제적인 관심이 있었다. 따라서 키텔은 자신의 저술인 '이스라엘 역사'를 B.C. 587년 예루살렘 멸망과 함께 종결되는 것으로 서술했다.

따라서 이후에 다루게 될 저자들과 달리 성서 유산의 전통적 입장에 서 있는 연구들은 "전반적으로 이론 정립하기를 포기한 해설적 연구서"[22]로 요약될 수 있다. 이러한 방식의 연구는 이스라엘 사회사를 시대사(Epochengeschichte)로 서술하기보다, 오히려 제도사(Institutionengeschichte)로 서술하는 것으로 분류될 수 있다. 물론 시대에 초점을 맞추는 관점이 제도에 초점을 맞추는 것을 결코 평가절하시킬 수 없다. 마찬가지로 고대 이스라엘 상황을 해설적으로 서술하는 방식이 어떤 다른 방법에 추월당하거나 하지 않는다. 왜냐하면 그러한 해설적 서술들은 새로운 연구 상황에서도 항상 필요한 것들이기 때문이다.[23]

2) 고대 유대교의 종교사회학

위에서 특징지어진 성서 고고학에 있어서 실재와 사회 집단적 상황을 연구하는 것은 성서를 이해하기 위해 종속된 보조 학문 정도로만 취급된

---

[22] Welten 1989, 212.
[23] 최근에 연구된 것의 한 예로 필자는 Matthews / Benjamin ²1995만 언급할 것이다.

다.²⁴ 이것은 고대 이스라엘을 종교사회학적인 관점으로 보는 것과는 차이가 있다. 종교사회학적 관점은 종교 자체와 종교를 산출해 내는 사회 집단을 이해하려는 것이다. 종교사회학적 관점에 있어서 성서는 연구의 본래 목적이 아니라 오히려 사료이며, 기껏해야 연구 대상인 종교와 사회 집단의 일부분에 지나지 않는다.

이에 대해서는 1921년 출간된 베버(Max Weber)의 유작인 『고대 유대교』(Das antike Judentum)에 대한 연구가 모범적인 예시이다.²⁵ 이 연구가 종교사회학 소논문 모음집의 세 번째 책으로 출간되었다는 것은 고대 유대교의 조직적 위치가 성서학이 아니라, 바로 종교사회학에 배열된다는 것을 보여 준다.

베버가 『고대 유대교』(Antike Judentum)라는 타이틀에 첨부된 6페이지 분량의 포괄적 주(註)에서 입장을 밝힌 것처럼, 그는 성서학자의 연구를 의지했다.²⁶ 베버는 다른 것에 대해 문제 제기를 한다. "사회학적으로 보았을 때" 유대인은 "최하층 민족"(Pariavolk)이었다²⁷는 명제를 출발점으로—베버에 따르면 그러한 정의는 바벨론 포로기부터 현재에 이르기까지 유대교에게 적용된다—그러한 문제 제기가 나타나게 되었다.

그러므로 문제는 다음과 같다. 가장 독특한 특성을 가진 유대인이 어떻게 최하층 민족이 되었는가?²⁸

24　Schottroff 1974, 47. "고대 이스라엘의 사회적 실재에 대한 연구는 오늘날까지도 역사적 보조 학문의 상태를 벗어나지 못하고 있다."
25　Max Weber 에 대한 다양한 문헌에 대해서 참조하라. Kreuzer 1994; Otto 1982; 동저자, 2002; Schäfer-Lichtenberger 1983; Talmon 1986d = 1988.
26　Weber 2005, 234-240.
27　위의 책, 241.
28　위의 책, 244.

이러한 질문에 답하기 위해 베버는 국가 이전 사회 집단의 주요 계층에 대해 연구하기 시작했으며, 베두인(Beduinen), 도시 정착민(Stadtbewohnern), 농업 인구(Bauern)와 반 유목민(Halbnomaden)에 대해 연구했다. 그는 각각의 그룹을 평면적으로 기술하는 것에 만족하지 않고, 상호 이해관계를 확립했다.

> 도시 세습 귀족과 베두인족에 대항하는 두 그룹, 즉 농민과 목자가 존재했다. 그와 동일한 대립각이 처음 언급된 두 그룹과 관련하여서도 관찰되며, 그 결과 그들 사이에 하나의 이익 사회 집단(Interessengemeinschaft)이 생성되었다.[29]

상호 이해관계가 상대적으로 견고한 평형을 형성하는 사회 집단의 형태(Gesellschaftsform)에 대해 베버는 "언약"(Bund) 개념을 단초로 삼아 "동맹공동체"(Eidgenossenschaft)라고 명명했다.[30] 이러한 동맹 공동체는 "전쟁의 신인 야웨와 언약을 맺고 그 언약을 기반으로 이뤄진 전쟁 동맹(Kriegsbund)"을 의미한다.[31]

> 존속이 불안정했던 이스라엘 동맹은 왕정 시대에 이르기까지 지속되었지만, 항구적인 정치적 기관이 전혀 존재하지 않았다는 점은 명백하다.[32]

이러한 정의는 군주 국가의 발생이 고대 이스라엘 사회사에서 새 시대의 시작을 의미한다는 점을 내포한다. 군주 국가 발생은 사울 왕권이나 다

---

29 위의 책, 316.
30 위의 책, 347.
31 위의 책, 357.
32 위의 책, 360.

윗의 초기 시대에는 적용되지 않지만, 그러나 "다윗이 예루살렘 도시에 거주한 이후, 최종적으로는 솔로몬이 왕권 구조에 전반적인 변화를 가져온 이후에"[33] 비로소 군주 국가가 발생했을 것으로 간주된다. 이러한 새로운 구조 변화를 알려 주는 결정적인 모습은 도시에 거주하는 것(Stadtsässigkeit)과 "그 결과로 나타나는 군사 제도의 변화이다."[34]

> 농부, 목동 부족 그리고 소규모 산악 도시의 느슨한 동맹 공동체를 탈피하여 … 솔로몬은 엄격하게 조직화된 정치적 구조를 만들려고 시도했다.[35]

당연히 이 왕권의 종말은 세 번째 시대, 다시 말해 베버가 언급한 소위 최하층 민족의 시대로 넘어가는 전환점이 되었다. 물론 베버에 따르면 이 세 번째 시대의 뿌리는 그 이전에, 특히 포로기 이전 예언자들에게서 발견된다. 계속해서 그에 따르면 '최하층 민족'은 "제의적, 외형적 혹은 실제적으로 사회적인 주변 환경으로부터 단절된 이주민"으로 이해될 수 있으며, 그것으로부터 "주변 환경에 대한 이 백성의 본질적인 행동 양식, 무엇보다 … 자율적이며 독립된 유대인 거주 지역(Ghettoexistenz)과 내부 윤리와 외부 윤리의 이원론적 특성이 파생되었다."[36]

최하층 민족에 대한 베버의 주장을 여기에서 논의하지는 않을 것이다. 실제로 그의 주장을 추종하는 자도 없다.[37] 그러나 우리에게 중요한 것은 그로 인해 무엇이 나타나게 되었는가 하는 점이며, 그것은 베버가 제시한

---

33 위의 책, 381.
34 위의 책.
35 위의 책, 382.
36 위의 책, 241.
37 이러한 Weber의 주장을 비판하는 것에 대해서 참조하라. Guttmann [1925] 1981, 321; 상세한 것으로 Cahnman 1974.

단초에 대한 전반적인 평가로 간주되기도 한다. 성서적 고대 유산을 해설적으로 서술하는 것과 달리 베버는 연구 대상인 사회 집단을 이론적으로 파악하는 것에 관심을 기울였다. 그는 이 사회 집단을 동맹 공동체, 군주 국가 그리고 최하층 민족으로 명명했다.

또한, 역사 의식이 결여된 서술 혹은 기껏해야 땅 점유 이전 시대와 땅에서의 생활을 구별하는 정도의 서술과 달리 베버는 위에 언급한 세 가지를 시대적인 특징으로 다루고 있으며, 덧붙여 시대의 과도기적 변화들을 관찰한다. 동시에 그는 키텔의 『이스라엘 역사』와 달리 이스라엘 역사가 왕정이 막을 내리는 것으로 종결시키지 않았다. 오히려 베버는 자신의 연구를 두 부분으로 나누고, 두 번째 부분 중에서 뒷 부분을 "최하층 유대 민족의 기원"(Die Entstehung des jüdischen Pariavolkes)이라는 주제에 전념했다.

물론 베버의 연구는 관련된 저자들에 의해서 드물게 명시적으로 언급될 뿐이지만, 그의 연구가 독일어권 구약성서 연구에 끼친 영향은 대단하다. 무엇보다 **알트**(Albrecht Alt)와 **노트**(Martin Noth)는 사회 집단 형성에 대한 이론적 관심과 사회 집단이 발달하고 변화하는 것에 대한 이론적 관심을 수용했다.

또한, 유목민이 소규모 가축을 이끌고 계절별로 이동하는 것(Transhumanz), 국가 이전 시대의 전쟁 부족 동맹, 왕정 시대에 도시-지방-대립의 중요성 또는 포로기 이후 이스라엘을 제의 공동체로 서술하는 것과 같은 개별 명제들은 어렵지 않게 베버에게로 소급된다. 덧붙여서 국가 이전 이스라엘의 암픽티오니(Amphiktyonie) 가설과 같은 명제가 등장했으며, 혹은 중세 봉건주의(Feudalismus)에서 수용한 개념들(봉신, 봉토, 군주 등)이 왕정 시대에 적용되었다.[38]

---

[38] 전자인 암픽티오니(Amphiktyonie) 가설에 대해서 참조하라. Noth 1930. 그리고 후자의 것에 대한 소논문은 Alt ⁴1968/³1964/²1968에서 볼 수 있는데, 이것은 이스라엘에 나타난 사회 집단의 관계에 대해 연구했다.

이런 명제와 개념들을 물론 베버에게서 찾아볼 수는 없지만, 전적으로 "베버의 논제에서 출발한 … 영향"³⁹이다. 이러한 명제와 개념은 베버의 경우와 마찬가지로 사회학, 특별히 종교사회학의 도움을 받아 고대 이스라엘의 사회적 그리고 종교적 영향을 이해하는 것에 기여했다.

독일에서는 오랫동안 인지하지 못했지만, **프랑스**에서는 19세기 말부터 20세기 중반에 이르기까지 시종일관으로 고대 이스라엘에 관한 독자적인 상(Bild)이 발달했다. 하지만 이것은 기본적인 관심사와 구조에 있어서 막스 베버가 초안을 마련한 것과 비교될 수 있다. 슈트라스부르크(Straßburg) 개신교 구약학자인 안토닌 코스(A. Causse)는 1937년에 자신의 역작을 출간했다. 『민족 집단에서 종교 공동체에 이르기까지, 이스라엘 종교의 사회학적 문제』(Du groupe éthnique à la communauté religieuse. Le problème sociologique de la religion d'Israël)이다.

이 저서의 헌정사는 코스가 어떤 전통에 위치해 있는지 그리고 그가 베버로 대표되는 독일어권 연구 방향과 차이가 있음을 보여 준다. 이 책은 다시 말해 "원시 사고방식에 대한 연구의 대가"⁴⁰인 레비-브륄(Lévy-Bruhl) 교수에게 헌정되었다. 코스는 베버의 "직관적"인 통찰에 대해 존경을 표하면서도, "이스라엘의 사회 질서에 대한 고찰과 사고방식의 원시 구조에 대한 고찰"이 결여된 것에서 베버 연구의 약점을 간파했다.⁴¹

정신사(Mentalitätsgeschichte)에 대한 프랑스 사료 편찬이 오늘날까지도 중요한 비중을 차지함에도 불구하고 코스는 시종일관 베버와 비교할 만한 목표를 추구했다.

---

39 Schottroff 1974, 54.
40 Causse 1937, Widmung ("le maître des études sur la mentalité primitive").
41 위의 책, 9, 각주 1: Weber "당신은 이스라엘의 사회 질서(organisation sociale d'Israël) 와 사고방식의 원시 구조(la structure primitive de la mentalité)에 대해 충분히 고려하지 않았다."

핵심 문제는 원시적, 비논리적 그리고 일상적인 사고방식에서 보다 발전된 윤리적, 논리적 그리고 개인주의적 이해로 어떻게 변화되었는가를 파악하는 것이다. 필자는 뒤에서 고대 이스라엘에 나타난 사회 그룹의 위기와 유대 공동체의 기원을 연구함으로써 이러한 변화에 대한 몇몇 관점을 정의하려 시도했다.[42]

베버와 마찬가지로 이러한 기획은 두 가지 다른 사항을 주제로 다룬다. 한편으로 사회 형태들과 그것에 속한 사고방식은 몇몇 개별 시대를 통해서 볼 때 사회학적 개념으로 이해되어야 한다("인종 그룹", "종교 공동체", "국가"[43], "이교도"[44]). 다른 한편으로 변화에 대하여 근본적인 관심을 갖는다. 이러한 관심은 제목에서 이미 반복하여 표현되었듯이 "-부터 -까지"를 가리키며, 항상 "경과, 진행"(passage)에 대해서 언급한다. 이미 위에서 인용했듯이, 네 가지 주요 단락 가운데 두 곳의 표제어에서 "사회 그룹의 위기"에 대하여 다루었다.[45]

따라서 만약 벨텐(Peter Welten)이 "광범위한 이론 정립을 포기한 서술적 연구서" 이후에 새로운 사회사 연구의 두 번째 선구자적 "전문 그룹"으로서 "비-마르크스주의 이론 정립을 위한 연구서"(Werke mit nicht-marxistischer Theoriebildung)라는 제목으로 베버와 코스의 연구를 정리했다면, 그것은 모든 점에서 타당하다.[46]

---

[42] 위의 책, 9. "… 중요한 문제는 더 진보적인 도덕적, 이성적, 개인주의적 개념에 대해 …어떻게 원시적이고, 전(前) 논리적이며, 집단적인 사고방식에 대한 구절처럼 보이는지를 아는 것이다. 뒤이어 나오는 페이지에서 나는 이 구절의 일부 측면을 드러내고자 했다…."

[43] 위의 책, 183.

[44] 위의 책, 236, 301.

[45] 위의 책, I 그리고 II 단락.

[46] Welten, 1989, 213.

3) 1968년 이후

제2차 세계대전 이후의 시대에는 세계대전 중에 입안된 고대 이스라엘 상(像)들이 우선은 그 배경에 대해 의문시되지 않고 계속해서 타당성을 인정받았다고 할 수 있다. 독일어권에서 알트(Alt)와 노트(Noth)를, 스칸디나비아-앵글로섹슨-네덜란드 지역에서는 페더슨(Pedersen)을 그리고 프랑스적으로 각인된 로마 지역[47]에서는 코스(Causse) 그리고 그와 비슷한 저자들을 언급할 수 있으며, 그들은 포괄적으로 일치된 의견을 시사하고 있다. 물론 비판적인 의견도 분명히 존재하지만 그것은 소수에 불과하며, 전체적으로 볼 때 사회사에 대한 관심은 역시 적은 편이다. "보다 새로운 사회사"(die neuere Sozialgeschichte)로 출발한 이후에도 '사회사'가 지배적인 경우는 거의 없었으며, 간혹 과거와는 전혀 무관한 완전히 새로운 것이 나타나기도 했다.[48]

보다 새로운 사회사 연구에 대한 출발은 두 가지 면에서—실제적이며 상징적인 연도인—1968년과 결부되어 있다. 1968년은 한편으로 국회 외부의 정치, 사회 그리고 문화적 운동이 대부분 서유럽 나라에서 등장한 해이다. 이 운동에 참여한 자들 중에는—특별히 큰 비중을 차지하는 것은 분명 아니었지만—독일에서 신학을 공부하는 이들, 학생 공동체에 소속된 자들이 있었으며, 또한 교회 위원회(Gremien), 특별히 주교 모임(Synoden)에서 활동하는 자도 이었다. 당시 상황에 대한 비판을 통해서 그리고 사회 집단과 교회에서 변화하려는 노력을 통해서 그들은 성서의 다른 전통들 이외에도 특별히 예언자들의 사회 비판을 새롭게 발견했다. 바로 그해에

---

[47] 이스라엘에서는 히브리 성서에 대한 관심사를 지도로 완성하는 것을 종종 학자의 출생지에 먼저 의존한다. 학자들은 대부분 그들이 위치한 전통에서 의무감을 느낀다.

[48] Welten 1989, 207. 그는 "최근 우리 학문의 역사(Wissenschaftsgeschichte)는 20세기에 구약성서를 사회사적 관찰 방법으로 임하는 것을 망각하고 있다"라고 올바로 지적했다.

베스트팔렌(Westfalen) 지역에서 열린 "Kritische Blätter"는 프로그램의 이름을 "AMOS"라고 명명했다.

1968년은 또한—상징적이며 함축적 의미로—라틴 아메리카의 해방신학 (Befreiungstheologie)이 태동한 해이다.[49] 제2차 바티칸회의 결과로 인해 1968년 콜롬비아 메데인(Medellín)에서 개최된 두 번째 라틴 아메리카 주교회의는 성서의 새로운 가치와 가난한 이들에 대해 관심을 기울일 것을 공식적으로 승인했다. 그 후 1970년에는 페루 리마(Lima)에서 강령이 되는 구띠에레즈(Gustavo Gutiérrez)의 『해방신학』(Teología de la liberación)이 스페인어로 출판되었고, 이것은 이미 1973년 독일어로 번역되어 출간되기도 했다.[50]

독일의 (그리고 그밖의 서유럽 나라들의) 국회 밖에서 일어난 운동에서 언급된 발언의 대부분은, 라틴 아메리카에서 **대중적인 강연**(lectura popular)이라는 타이틀로 기초 공동체(Basisgemeinden)에 시행되었던 중요한 부분과 마찬가지로, 비공식적인 문헌(graue Literatur)에 속하는 것들이다.[51] 전공 학문의 연구사에서 그러한 "팜플렛 같은 문헌들"[52]의 영향은 우선은 간접적이지만 광범위하게 나타났다. 그러한 영향은 예언자적 사회 비판을 주제로 다룬 소논문에서 굉장히 많이 표현되었다.[53] 극소수의 경우에 이 논문들은 새롭게 제기된 관심을 긍정적으로 수용했지만, 대부분의 경우에는 추측된 혹은 실제로 표현된 주장들, 다시 말해 구약성서 예언자를 사회 혁명가 (Sozialrevolutionäre) 혹은 해방을 위한 투쟁자(Befreiungskämpfer)와 같은 자로

49　de Wit 1991, 25.
50　Gutiérrez [deutsch 1973] [10]1992.
51　참조하라. Welten 1989, 208; 라틴 아메리카에 대해서 참조하라. 간결하면서도 유익한 조망에 대해서는 Reimer, 1992, 11-17.
52　Reimer 1992, 13.
53　저술이 너무도 많아서 다음 것만 언급하겠다. Koch [1971] 1991; Wanke 1972; Fendler 1973; Stolz 1973; Loretz 1975; Holm-Nielsen 1976. 열거를 다 할 수 없으며 70년대 중반으로 중단하겠다.

이해하려는 주장을 거부했다.[54]

이러한 문헌이 홍수처럼 출판되었다는 점은 전공 학문과는 전혀 별개인 외적 동인이 큰 영향을 끼치고 있음을 보여 준다. 이러한 동인은 절대적인 것으로 자리매김하지는 않았는데, 왜냐하면, 60년대 후반과 70년대 초반의 연구자들은 자신보다 선배인 전공 학자들과 전적으로 대립하고 있기 때문이다.[55]

새로운 사회 집단의 발달에 대한 첫 반응은 짧은 소논문들에서 잘 표현되어 있다. 이러한 첫 번째 반응 이후에 70년대 중반부터 연구서들이 발간되었는데, 이것은 1920년대 이후부터 이미 제기되었던 의문들에 대해 새롭게 관심을 갖고 연구한 것들이다. 오래된 이론들, 즉 노트의 "암픽티오니"(Amphiktyonie)는 게우스(C. H. J. de Geus, 1976)를 통해서, 베버의 "동맹 공동체"는 쉐퍼-리히텐베르거(Christa Schäfer-Lichtenberger, 1983)를 통해서 재고되거나 해체되었다.[56]

하지만 보다 오래된 단초들을 구체적으로 비판하는 과정에서 사회 집단의 형태를 이론적으로 파악하려는 그들의 의도는 긍정적으로 수용되었다. 특히, 사회학적인 것을 지향했던 막스 베버의 단초는 견지된 것으로 보인다. 슐룩흐터(Wolfgang Schluchter)가 발행한 두 권의 책, 즉 1981년의 『고대 유대교에 대한 베버의 연구』(*Webers Studien zum antiken Judentum*) 그리고 1985년의 『고대 기독교에 대한 베버의 관점』(*Webers Sicht des antiken Christentums*)에서 계속해서 수많은 성서학자가 협력했다는 것이 그것을 보여 준다.[57]

---

54   Holm-Nielsen(1976, 22)의 전형적인 문장은 어느 정도 요약을 해 준다. "예언자들은 결코 마르크스주의가 의미하는 전복자(Umstürzler)와 혁명가(Revolutionäre)가 결코 아니다. 따라서 우리는 예언자의 선포를 마르크스주의의 공동체 이해를 위한 토대로 사용해서는 안 된다."

55   여기에서는 단지 Kraus 1955; Alt [1955] ²1968c; Donner [1963] 1979만 언급되었다.

56   C. H. J. de Geus 1976; Schäfer-Lichtenberger 1983.

57   Schluchter 1981; 동저자, 1985.

하지만 그것이 오래된 이론을 해체하는 것을 멈출 수는 없었다. 오래된 이론을 대신해서 새로운 제안들이 등장했다. 지그리스트(Christian Sigrist)의 사회학과 인류학에 대한 연구를 기반으로 해서 크뤼제만(Frank Crüsemann)과 노이(Rainer Neu)는 국가 이전의 이스라엘을 부분적으로 이루어진 부족-사회 집단(Lineage-Gesellschaft) 그리고 질서를 갖춘 무정부(Anarchie) 상태로 서술했다.[58] 예언자적 사회 비판의 배경이 되는 사회 집단의 상황에 대해 로레츠(O. Loretz)는 보벡(Hans Bobek)이 수용한 금리자본주의(Rentenkapitalismus) 개념을 도입한 반면에, 키펜베륵(Hans. G. Kippenberg)은 막스(Karl Marx)를 의존하여 고대 계층 사회(Klassengesellschaft)로 표현하는 것을 선호했다.[59] 포로기 이후 이스라엘은 다시금 바인베륵(Joel Weinberg)에 의해 시민-성전-공동체(Bürger-Tempel-Gemeinde)로 표현되었다.[60]

새로운 이론을 정립하는 과정에서 마르크스주의가 끼친 영향은 비교적 근소하다.[61] 물론 사회 집단 계층에 대한 개념이 종종 사용되고, 계층 간 대립의 역동성을 기반으로 역사적인 발전을 이해하려는 시도가 진행되고 있으며, 또한 경제적 그리고 사회적 여건에 중요한 가치를 부여할 뿐만 아니라, 동시에 소유 관계에 대해 특별한 관심을 기울인다. 하지만 이 모든 것은 이미 베버(Max Weber)의 연구에서도 발견되고 있다. 물론 이미 결정된 마르크스주의에 입각한 64페이지에 이르는 모스크바 교수인 루르예(M. Lurje)의 『이스라엘-유대 국가에 나타난 경제적 그리고 사회적 상황』(wirtschaftlichen und

---

58 Crüsemann 1978; Neu 1992.
59 Loretz 1975; Kippenberg 1977b. - 논쟁에 대해서는 참조하라. Kessler 1994.
60 Weinberg 1992.
61 반 마르크스주의적 충동으로 인해 이것은 그때그때 다르게 평가되지만 거의 입증되지 않는다. 우리는 로레츠(Loretz, 1976, 272)가 의심한 것을 비교할 수 있다. 그에 따르면 보다 최근 논의에서 예언자들은 "예를 들어 K. Marx를 기반으로 삼는 이들의 영향으로 인해 현대 사회주의의 공동 창시자"로 관찰된다고 각주에 첨부했다. "예를 들어 문헌들에서 나타난 대부분 막연한 암시를 보라."

sozialen Verhältnisse im israelitisch-jüdischen Reiche)에 대한 포괄적 연구는 예외로 취급된다. 그리고 이 연구는 1927년에 이미 BZAW 시리즈를 통해서 출판되었다.[62] 그렇지 않으면 우리는 마르크스와 논쟁에서 발생한 연구가 전달하는 막연한 마르크스주의의 영향하에서 시작해야 할 것이다.

새롭게 생성된 사회학에 대한 관심은 당연히 이론적 구상을 제시하는 것에만 국한되지 않았다. 개별 논문이 다양해지는 가운데 주요 연구가 실행되고 있는 실정이다. 개별 연구들은 특정 시기에 집중한다. 예를 들어 "고대 이스라엘 국가의 형성"(The Formation of the State in Ancient Israel) 또는 "포로기 이전 유다의 국가와 사회"(Staat und Gesellschaft im vorexilischen Juda).[63] 개별 연구들은 또한 특정 제도들에 대해서도 연구를 진행했다. 예를 들어 "고대 이스라엘 왕정 시대의 관료들"(Die Beamten der israelitischen Königszeit) 혹은 "이방인(*ger*)의 사회 유형의 개념"(sozialen Typenbegriff des Fremden [*ger*]).[64] 그밖에도 이러한 개별 연구는 특별히 사회사적 관심을 가지고 특정한 성서 본문들을 관찰했다.

"역사-비평, 사회사, 고고학적 관점에서 바라본 아모스서의 사회 비판"(Die Sozialkritik des Amos-Buches in historisch-kritischer, sozialgeschichtlicher und archäologischer Perspektive) 혹은 "이스라엘 예언자들에 나타난 사회 정의"(Die

---

62 Lurje 1927. 당시 Marburg 교수였던 바움가르트너(W. Baumgartner)는 그 연구에 대한 첫 반응을 다음과 같이 표현했다. "곳곳에 표현된 입장은 다른 여느 현대적인 입장과 마찬가지로 너무도 정당하며 또한 너무도 주관적이어서, 그가 편협적인 것을 입증하기는 쉽지 않다. 단지 그는, 지금까지 관찰되지 않은 혹은 충분히 관찰되지 않았던 것을 관찰함으로써, 자신의 편협함에 나타난 구약성서에 대한 이해를 도우려하지는 않았는가 하는 의문이 든다"(1927, 316). 40년이 지난 후 그러한 솔직함이 크라우스(Kraus)에게서는 더 이상 나타나지 않고 있다. "구약성서 연구에 있어서 이 책은 속이 뻔히 보이는 논지들을 통해서 사사기 시대에 자본주의가 존재했음을 '논증'하려 시도했으며, 이러한 '논증'을 기반으로 해서 경제적-대립의 역사상을 재건했다. 이 책은 명백하게 논쟁의 여지가 없는 '아웃사이더'로 취급된다."

63 Frick, 1985; Kessler 1992.

64 Rüterswörden 1985; Bultmann 1992.

soziale Gerechtigkeit bei den Propheten Israels).[65] 이와 함께 몇몇 단행본을 거론할 수 있다. 그밖에도 더 많은 것이 있으며, 수많은 소논문과 사전적 아티클에 대해서는 언급도 하지 않았다.

이러한 개관을 정리하려는 시도는 머뭇거리며 진행되었다. 렘케(Niels Peter Lemche)는 1988년에 "이스라엘 사회의 새로운 역사"(A New History of Israelite Society)라는 부제가 덧붙은 저서인 『고대 이스라엘』(Ancient Israel)을 통하여 중요한 동인을 처음으로 제공했다.[66] 독일어권에서는 1992년 발간된 알베르츠(Rainer Albertz)의 『이스라엘 종교사』(Religionsgeschichte Israels)와 2001년 출간된 게어스텐베르거(Erhard Gerstenberger)의 『구약성서 신학』(Theologien im Alten Testament)를 꼽을 수 있다.[67] 물론 이 연구들은 또 다른 특정한 분야에 몰두했지만, 그러나 이스라엘 역사에 나타난 개별 시대의 사회사적 발달을 근간으로 해서 각각의 역사적 주제들에 관한 윤곽을 그려냈다. 영어권에서 아메리카 시리즈인 "Library of Ancient Israel"에서 1999년 발간된 맥넛(Paula McNutt)의 논문 『고대 이스라엘 사회의 재구성』 (Reconstructing the Society of Ancient Israel)과 2001년 출판된 갓월드(Norman Gottwald)의 『고대 이스라엘의 정치』(The Politics of Ancient Israel)에 대한 두 연구가 거론될 만하다.[68] 알베르츠와 게어스텐베르거의 경우와 유사하게 2001년에 출간된 플라인스(David Pleins)의 연구 『히브리 성서에 대한 사회적 관점』(The Social Visions of the Hebrew Bible)는 윤리적 개념에 전념하긴 했지만, 사회사로 이해된다.[69]

---

65 Fleischer 1989; Sicre 1984.
66 Lemche 1988.
67 Albertz 1992; Gerstenberger 2001.
68 McNutt 1999; Gottwald 2001. 갓월드의 책은 『고대 근동과 이스라엘 정치』 (서울: CLC, 2018)라는 제목으로 번역 출간되었다.
69 Pleins 2001.

제2장

이스라엘 사회사 방법론 입문

이스라엘 사회사에는 무엇이 기술되느냐에 대해 개론에서 서술한 이후에, 이제는 어떻게 이러한 묘사를 완성해 갈 수 있는가에 대해 언급해야 한다. 여기에는 다양하게 상호 교차되는 세 영역이 고려되어야 한다. 첫 번째는 한 사회 집단의 사회사가 이뤄지는 공간인데, 그것은 그 집단의 지정학적 그리고 역사적 환경 조건들이다. 그다음으로는 방법론과 관련된 사료에 대한 것인데, 그것은 서술을 진행해 나갈 수 있는 원료이다. 마지막으로—사료에 대한 질문과 밀접하게 연관된 것으로—이론을 형성하는 것에 대한 문제와 동시에 서술에 나타난 유비와 범주의 적절성에 대한 연구가 중요한 역할을 한다.

1. 삶의 공간으로서 환경

* 참고 문헌: *Knauf 1994*.

우리는 서문에서 언급한 역동성을 구별하는 것을 상기할 수 있는데, 브라우델(Fernand Braudel)에 따르면 모든 역사 서술은 그러한 역동성을 고려해야만 한다. 가장 먼저 그는 "오랜 기간의 역사"를 제시했다.[1] 여기에서 지정학은 역사 서술의 일부이다. 각각의 사회 집단은 특정한 지정학적 공간이라는 조건하에서 존재한다. 동시에 각각의 사회 집단은 특정한 역사적 공간이라는 조건하에서 존재하며, 각각의 사회 집단은 지정학적 공간과 마찬가지로 역사적 공간에 대해서도 상호 관계를 갖는다. 필자는 삶의 공간으로 간주되는 이 두 가지를 환경(Umwelt)이라는 개념으로 요약한다.

1) 지리적 환경

하나의 민족이 살아가는 지정학적 환경의 조건들을 결코 무시할 만한 것이 아니라는 점을 고대 이스라엘도 이미 잘 알고 있었다. 애굽처럼 강이 범람하는 지역에서 관개(灌漑, Bewässerung)를 이용한 경제 활동 그리고 신명기 11:10-11에서 보여 주는 것처럼 가나안 산간 지역의 비농사(Regenbau)를 비교하는 것은 지정학적 환경의 중요성을 보여 주는 좋은 예라 할 수 있다.

> 네가 들어가 차지하려 하는 땅은 네가 나온 애굽 땅과 같지 아니하니 거기에서는 너희가 파종한 후에 발로 물 대기를 채소밭에 댐과 같이 했거니와 너희가 건너가서 차지할 땅은 산과 골짜기가 있어서 하늘에서 내리는 비를 흡수하는 땅이요(신 11:10-11).

상이한 지정학적 조건들을 근거로 하는 이러한 비교는 사회사에 있어서 몇 가지 결론을 추론하게 한다. 커다란 하곡(河谷, Flusstäler) 대지는 필연적으로 초기부터 고도의 문명이 발달한 지역에 속한다. 그 지역에는 관개 수로 시스템이 구비되어 있음이 분명하다. 강물이 보다 효과적으로 이용될

---

[1] 위에 II를 참조하라.

수록, 이 시스템은 보다 조직적으로 정비되어 있으며, 그러한 곳에서 가장 먼저 국가가 형성된다.

물론 "하늘에서 내리는 비를 흡수하는" 땅에서 사람들은 자신의 삶의 조건을 향상시키기 위하여, 빗물받이와 계단식 설비를 만들어서 자연에 변화를 가져올 수 있었다. 그러나 규모가 작고 험준한 땅에서—"산과 골짜기의 땅"에서—사람들은 작은 그룹들로 나뉘어서 어려움 없이 생존할 수 있었고, 그들은—여하튼 특정한 시기에—자연스럽게 보다 커다란 조직의 형태로 발전할 수 있었다. 지중해 동부 해안 지역에서도 남부에 위치한 가나안 땅[2]은 지정학적 삶의 공간이 다양하다는 특징을 갖고 있다. 에브라임과 유다의 산간 지역에서 시작하여 쉐펠라[Schefela: 사빌, 참조. 미 1:11 - 역주] 구릉 지역을 지나면 해안가를 따라서 풍요로운 평야 지대가 펼쳐진다. 또한 평야 지대, 특별히 북쪽에 인상깊게 펼쳐진 이스르엘-평원은 산간 지역을 중단시켰다.

근접한 이웃들에게서 관찰되는 아주 다양한 생산 조건과 삶의 조건을 볼때, 작은 공간의 지정학적 구조는 사회적 발전에 중요한 역할을 했다. 한편으로 이러한 소규모 지정학적 구조는 물물 교환을 필요로 했다. 물물 교환은 이스라엘 역사의 모든 시대, 즉 그들이 산간 지역을 점유한 시기인 철기 시대[3] 초기부터 교역(交易)을 조절하는 느헤미야 시대에 이르기까지 (느 13:15-22) 통틀어 대단히 중요한 역할을 했다.

이러한 구조는 다른 한편으로 사회의 발전이 동시적으로 일어나지 않는다는 점을 제시한다. 산간 지역보다는 평야 지역에서 훨씬 오래전부터 정착민이 있었으며, 국가 형성을 위한 움직임이 있었다. 그 결과 이스라엘과

---

2 "가나안"이라는 칭호를 필자는 여기에서 이스라엘, (시리아-) 팔레스타인 혹은 지중해 동부 지역과 마찬가지로 '땅과 이름'으로 사용한다. 참조하라. Zwickel 2002, 16-22.

3 아래 이스라엘 사회사의 시대 입문 I. 1. C를 참조하라.

유다 지역에서 국가 생성은 다른 국가들의 현존을 이미 전제하는 "이차적인 국가 형성"(sekundäre Staatsbildung)으로 나타났다.⁴

마지막으로 소규모의 지정학적 조건은—후기 청동기 시대의 가나안 도시국가와 블레셋 도시들로부터 페르시아 시대의 행정 도시에 이르기까지—지역의 정치 형태가 대부분 극히 소규모로 되어 있다는 결론에 도달하며, 동시에—상이한 민족들의 정착 지역과 헬레니즘 시대 그리스 도시 국가에 이르기까지—다양한 모습이 통상적으로 공존한다는 결론에 이르게 된다.

이스라엘과 유다에서 이차적으로 국가가 형성될 수 있었다는 것은 그 지역의 지정학적인 내부 구조의 간접적인 결과일 뿐만 아니라, 동일하게 그 지역이 속한 **지정학적으로 복합적인 상황**의 결과이기도 하다. 시리아-팔레스타인은 주변 국가로부터 개방된 큰 지역이다. 이 땅은 메소포타미아에서 애굽으로 가는 길을 관통하는 지역에 위치해 있다. 큰 강을 끼고 초기에 생성된 국가들은 시리아-팔레스타인 땅을 대단히 중요한 지역으로 간파했고, 그곳을 자신들의 세력하에 두어 진군과 완충 지역으로 활용했으며, 역사의 변화에 맞추어 다양한 형태로 효율적으로 이용했다.

동시에 그 땅은 주변 지역에 대해서도 개방되어 있다. B.C. 2-1천 년에 동쪽 사막에서뿐만 아니라 지중해를 통해서 이 지역으로 민족 대이동이 있었다. 이들은 혼합 민족이었다. 후대의 성서 본문들이 가나안 정착민들에 대해 종종 오래된 민족 리스트의 형태로 보도하는데, 이는 근거가 없는 것은 아니다(창 15:18b-21; 출 3:8, 17 등등). 하지만 이 리스트에 전제된 상황이 역사성을 가지고 있는가는 하는 점은 중요하지 않다. 중요한 것은 혼합 민족을 다루고 있음을 인식하는 것이다.

마지막 언급으로 인해 우리는 엄밀한 의미에서 더 이상 지정학적 환경이 아니라, 이스라엘이 속한 역사적 환경 조건에 진입하게 되었다.

---

4 덧붙여서 아래 이스라엘 사회사의 시대 입문 I. 2.를 참조하라.

2) 역사적 환경

이스라엘 자신들이 역사 무대에 등장함으로 인해 가나안 땅이 **백지**(*tabula rasa*) 상태가 되지 않는다는 점을 항상 자각해 왔다. 애굽에서 나와서 땅에 거주하던 주민들을 멸절시키고, 몰아내고 혹은 굴복시키며 땅을 점유한 이스라엘 백성의 기원에 대한 이야기가 그것을 말해 준다. 이러한 역사 구성과 반대로 오늘날 관점에 따르면 이스라엘은 그 땅에 광범위하게 퍼져 있는 토착민에 의해 자생적으로 생겨난 것이고, 외부에서부터 유입된 요소의 비율은 다소 낮을 것이라고 추정하지만, 이러한 이야기는 이 이스라엘이 이전부터 항상 존재했던 것은 아님을 상기시킨다.

이스라엘의 역사적 환경 가운데 가장 중요한 점은 이스라엘이 출현하기 훨씬 이전부터 가나안 지역에는 발전된 문화를 가진 다양한 국가가 이미 존재했다는 것과 그리고 메소포타미아와 애굽에는 구별된 국가 형태, 법과 통치 시스템, 정교한 문헌들과 발전된 고도의 종교를 볼 때 고도의 문화가 존재했다는 것이다. 그러한 고도의 문화에 덧붙여서 후대에는 헷족속의 문화가 소아시아 지역에 유입되었다. 이러한 모든 문화는 시리아-팔레스타인이라는 지리적 요충 지역에 자신들의 흔적을 남겨 놓았다.

이스라엘 초기 시대에 애굽은 특별히 중요한 영향을 끼쳤다. 왜냐하면, 아시아의 힉소스-왕조가 애굽으로부터 축출당한 이후에 파라오 왕국은 지중해 동편의 아래 지역에 위치한 가나안 국가들까지 통치했기 때문이다. 하지만 이 국가들의 멸망 그리고 그것과 결부되어 지중해 동편에 대한 애굽의 직접적인 영향의 감소는 B.C. 1천 년으로 변화하면서 그 지역에 이스라엘과 유다라는 독립 국가가 생성될 수 있는 조건들 중의 하나이다. 물론 이 독립 국가의 생성은 고대 근동의 강대국의 측면에서 볼 때 전체적으로 권력의 부재가 있었기 때문에 비로소 가능했다.

하지만 이러한 권력의 부재는 아주 일시적인 것이었다. B.C. 8세기 이후 그리고 그 이후로 이 지역은 끊임없이 외부 강대국이 패권을 차지하려 했던 지역의 한가운데 있었고, 대부분의 경우에 강대국에게 직접 굴복하기도 했다.[5] 이스라엘 역사는 그때부터 앗수르와 애굽, 바벨론과 페르시아, 그리스와 로마를 간과하고는 서술될 수 없다. 당연히 이스라엘 사회사도 이러한 전체적인 역사의 변화로부터 영향을 받지 않을 수 없었다.

2. 물질적 유산들

* 참고 문헌: I. Finkelstein / Silberman [2]2003; Vieweger 2003; H. Weippert 1988; Zwickel 2002.

지정학적 그리고 역사적 환경은 이스라엘이 자신들의 사회 형태를 갖추고 발전시킬 수 있었던 삶의 반경, 즉 틀을 제공한다. 그러나 우리는 어떻게 이 사회적 형태 자체를 파악할 수 있을까? 우리는 이스라엘 사회사를 위한 **사료**(Quellen)는 무엇인가 하는 질문에 직면한다. 이 사료들은 절대적으로 너무 다양하며, 그 다양성으로 인해 너무도 상이하게 가치 평가를 받는다. 본질적으로 이 사료들은 세 가지로 분류된다. 고고학을 통해 발견된 현대의 물질적 유산들, 성서 본문들 그리고 다른 사회 집단과 비교함으로써 이스라엘의 상황을 유추할 수 있는 단서들.

이것을 열거하는 순서는 임의적인 것이 아니라, 오히려 1차, 2차 그리고 3차 사료들로 이해될 수 있다. 최근의 역사 편찬에 대한 논의에서 1차 사료와 2차 사료들이 구별되어야 한다는 것과 성서 문헌은 2차 사료에 속한

---

[5] "Rhythmus der Geschichte Syriens und Palästinas im Altertum"(「고대 시리아와 팔레스틴 역사의 변화」)"에 대해서 같은 제목으로 쓰인 Alt의 기본적인 소논문을 참조하라 [1944] [2]1968a.

다는 인식이 관철되었다.⁶ 이러한 이해에 따르면 1차 사료는 "고고학적 기준에 따라서 … [생성 연대를] 상대적이지만 정확히 설정"할 수 있는 것이며("Kriterium der Datierbarkeit") 그리고 "서술되는 사건과 동시대 혹은 직후에 생성된 것"이다("Kriterium der zeitlichen Nähe").⁷ 성서 본문은 이 두 가지 기준에 적합하지 않다.

성서 본문은 일반적으로 서술된 사건으로부터 상당한 시간적 공백을 갖고 생성되었다. 본래 문서(authentische Dokumente)가 성서 본문에 담지되어 있다 하더라도, 본문의 생성 시기는 단지 가설로만 재구성되기 때문에, 우리는 그것을 단지 "필사본의 필사"(copies of copies)⁸로 이해할 수 있을 뿐이다.

그럼에도 불구하고 1차 사료와 2차 사료를 구분하는 것은 단지 형식적인 구분일 뿐이며, 그러한 구분이 사료의 역사적 신빙성에 대해 어떤 것도 말하지는 않는다.⁹ 비스마르크(Bismarck)의 "Gedanken und Erinnerungen"은 의심할 여지없이 19세기 후반에 대한 1차적 사료이지만, 여러 가지 면에서 볼 때 100년 뒤에 기록된 19세기 후반에 대한 역사적 연구들보다 거의 신뢰할 수 없는 정보를 제공해 주고 있다. 따라서 신빙성에 대한 결정은 각각의 개별 사료에 대한 비평적 평가, 즉 사료들이 1차적 혹은 2차적 특성을 가지고 있는지에 대한 평가를 요구한다.¹⁰

---

6 논쟁에 대해서 참조하라. 한 예로 Knauf 1991, 특별히 46-55, 그리고 덧붙여서 비평적으로 진행된 Uehlinger의 각주 그리고 1995, 59-60를 참조하라. 마찬가지로 Niehr 1997.
7 Uehlinger 1995, 60.
8 Knauf 1991, 47, 각주. 1.
9 그런 점에서 필자는 Schaper(2000)의 의견과 결부되어 있다. 그는 "1차 사료와 2차 사료를 구분하는 것을 … 결코 완벽하게 지적할 수 없다"(21)는 것을 출발점으로 한다. 그는 만약 "그 구별하는 것이 사료의 가치에 대한 판단과 그것을 서열로 배열하는 것을 전제로 한다"면, 구별하는 것이 오히려 "잘못될 수도 있다" 는 것에 무게를 두었다(19).
10 고고학 사료와 문헌 사료의 관계에 대한 논쟁에 대해서는 Edelman의 모음집(1991)에 나타난 논문들을 참조하라. 마찬가지로 Whitelam 1986.

1) 고고학 – 예술품들 그리고 해석

만약 1차 사료들이 위에 언급한 정의, 즉 시대적 근접성이라는 기준(Kriterium der zeitlichen Nähe)과 연대 설정 기준(Kriterium der Datierbarkeit)을 통하여 두각을 나타낸다면, 그다음으로 우리는 고고학을 참조할 필요가 있다. 고고학은 각각의 사회 집단이 고대에 사용했던 물질 유산을 발굴하며, 그로 인해 과거를 엿볼 수 있는 창이 열리게 된다.

물론 고고학 연구의 모든 결과물이 **사회사적 관심의 대상에서** 동등한 중요성으로 취급되지는 않는다. 성전과 궁전 같은 기념비적인 건축물은 물론 존재적인 면에서 중요하다. 그것들은 사회 집단의 구조가 특정한 수준에 이르렀음을 전제로 하는 것이다. 우리는 그것을 누가, 어떠한 상황에서, 누구를 위해 건축했는가를 사회사적으로 질문해야 한다. 하지만 바로 그러한 질문에 고고학 자체는 전혀 대답할 수 없다.

그와 달리 사회사적으로 동일하게 중요한 것은 성전의 길이와 폭-형태가 어떠한가, 혹은 궁전에 상층(Obergeschoss)이 있는가 여부이다. 기념비적 건축물보다 사회사적으로 더욱 중요한 것은 오히려 전체적인 도시 설계인데, 이것은 사회 구조를 추론하는 데 도움이 된다.[11]

마찬가지로 사회사적으로 높은 중요성을 가지는 것은 전체 지역에 대한 측량도(Oberflächenuntersuchungen)로서 정착 구조, 농업 생산 그리고 수백 년이 경과하면서 그러한 것이 변화하는 것에 대한 정보를 제공한다.[12] 여기에서 고고학과 정착지에 대한 지정학적 연구는 아주 밀접하게 되었다. 또한, 건축 이외의 다른 유산들은 사회사에서 상이한 가치 평가를 받고 있

---

[11] 이 문제에 대해서 참조하라. Crüsemann 1979; J. K. de Geus 1982.
[12] 참조하라. 예를 들어 I. Finkelstein 1988-1989; I. Finkelstein, 1988, 4장 "The Survey of the Territory of Ephraim"(121-204); 논쟁에 대해서는 참고하라. BASOR 277/278 요약적인 소논문으로 Dever 1990.

다. 인장(Siegel)이 존재했다는 사실은 기록 문화에 대한 추론을 가능하게 한다. 인장에 수많은 미술 자료가 발견된다는 점은 종교사에 근접할 수 있는 새롭고도 너무도 풍부한 길을 열어 준다. 그러나 그러한 삽화로부터 사회적 상황에 대해 직접적으로 얻을 수 있는 것은 전혀 없다. 따라서 도상학(ikonografisch)적으로 중요한 모든 유산은 유용한 가치가 있다.

만약 고고학에서 발굴된 고대 이스라엘의 유적이 사회사에 대한 특별한 관심을 가진 관점에서 상이한 중요성을 가진다면, 이 유적을 1차 자료로 사용하는 것은 방법론적으로 유보될 수밖에 없다. 왜냐하면 유적과 같은 물질적 유산은 침묵하여 존재할 뿐이며, 오직 해석을 통해서 비로소 언어로 표현될 수 있기 때문이다.[13]

고고학은 극히 제한적인 경우에 완벽한 유적을 발견할 수 있기 때문에, 그것을 재구성하는 것이 해석의 첫 번째 과정이다. 동일한 조사임에도 불구하고 그것을 재구성하는 것이 모순될 수 있음을 B.C. 1200년경으로 평가되는 에발산 발굴물이 보여 준다. 이것을 발굴한 학자들은 발굴물을 부속실을 가지고 있으며 신성한 영역을 구분하는 외벽이 있는 제의 장소로 해석했다.[14] 다른 이들은 그것을 농사용 건물 그리고 가축을 모아 놓은 울타리가 있는 농가로 이해했다.[15] 발굴된 1차 사료의 가치는 어떻게 재구성하느냐에 따라 완전히 다르게 평가될 수 있는 것이 분명하다.

재구성된 유산에 대한 **연대 설정**은 해석의 두 번째 과정에서 진행되어야 한다. 고고학 협회 내부에서는 수년 전부터 특별히 북이스라엘에서 발견된 기념비적 건축물의 연대를 설정하는 것에 관하여 **상위** 혹은 **하위 연**

---

13 만약 I. Finkelstein 과 Silberman 이 영어 부제인 "Archaeology's New Vision of Ancient Israel"를 "Die archäologische Wahrheit über die Bibel"로 번역했다면, 이들의 독일어 번역은 (^{2}2003) 너무도 자명한 것을 불쾌한 방법으로 무시했다.

14 Zertal 1986 - 1987.

15 Fritz 1996, 88.

대에 대한 활기찬 논쟁이 일어났다. 그것은 이 건축물이 B.C. 10세기 혹은 8세기 가운데 어느 시대로 상정될 수 있는가에 대한 문제였다. 첫 번째 경우에 따르면 그 건축물들은 성서가 서술하는 솔로몬의 건축 활동에 대한 근거가 되며, 두 번째 경우에 따르면 성서의 보도는 실제로는 북왕국 왕들이 비로소 실행했던 건축 활동을 역투영(Rückprojektion)한 것으로 입증된다.[16]

여기에서 고고학과 성서 본문을 해석하는 것은 불가피하게 연결되어 있음을 알 수 있다. 그렇기 때문에 내가 후자의 경우를 역사적으로 신빙성있는 것으로 취할지 또는 후대의 역투영으로 이해할지에 대해서는 본문 자체를 명백하게 규명하기 위해 시도해야 한다. 단순히 본문을 알 수 없다고 하는 것(Nicht-zur-Kenntnis-Nehmen)이 때때로 고고학적 해석과 본문 해석의 순환으로부터 벗어나는 출구로 제안되기도 하지만, 결코 해결책은 아니다.

결국, 고고학적 판단은 마지막 과정에서 이뤄져야 할 이론적인 해석에 종속된다. B.C. 8세기 (북쪽의) Tell el-Farʻah 도시를 발굴하는 과정에서 두 가지 상이한 가옥 형태의 숙소가 발견되었다. 큰 것은 수평 단면이 100-110제곱미터이며, 작은 것은 65-80제곱미터 정도였다. 발굴자인 롤랑 드 보(Roland de Vaux)는 이것을 B.C. 8세기 예언자들에게도 찾아볼 수 있는 "사회의 근본적인 변화"[17]를 암시하는 증거로 간주했다. 하지만 이러한 이해는 고고학적 판단 자체에서 나온 것이 아닌데, 이것은 전혀 다르게 해석될 수도 있기 때문이다. 파우스트(Abraham Faust)는 큰 집에 거주했던 사람을 대가족 사회 형태에서 살았던 이들로 추측하며, 작은 집에는 소규모 혹은 핵가족이 거주했을 것으로 추측했다.[18]

---

16 북쪽에 있는 기념 건축물의 연대 설정에 대한 의문에 대해서는 아래 이스라엘 사회사의 시대 입문 II. 1. 각주 9를 보라.
17 de Vaux ²1964, 122; 최근 Nurmi(2004, 226-227)의 서술을 참조하라.
18 Faust 1999. 다르게 평가하는 것으로 Fleischer 1989, 391-394.

고고학적 발굴에 보편적으로 유효하다고 평가되는 것은 독특한 발굴 그룹들, 즉 문서화된 증거들에도 **융통성 있게**(*cum grano salis*) 적용된다.

2) 이스라엘과 주변 세계의 비문 자료

이스라엘 주변 세계에서 출토된 문서화된 발굴품은 무엇보다 애굽과 메소포타미아에 대한 것이 대부분이다.[19] 여기에서 사료들은 충분하지만, 그러나 그것들은 이스라엘 사회사를 재구성하는 데 단지 간접적으로만 사용될 수 있다. 우리는 사회적, 경제적 그리고 법적 상황에 대한 본문에서 항상 어떤 정보를 추론할 수 있으며, 그것은 이러한 문서를 생산해 낸 사회 집단의 형태를 재구성하는 용도로만 직접적으로 사용될 수 있다. 이후에 두 번째 단계에 이르러서야 비로소 이스라엘로 전용을 가능하게 만들 수도 있는 유사성을 찾을 수 있다. 이 문제에 대해서는 곧 다시 언급하겠다.[20]

그와 달리 이스라엘 자체에서 발견되는 비문 자료는 대단히 결핍되어 있는 실정이다.[21] 비문들이 희박하게 존재하는 점은 당시 사회 집단이 애굽과 메소포타미아와 비교할 때 두드러진 통치 구조를 거의 갖지 못했다는 사실과 연결되며, 그로 인해 문서를 거의 생산하지 못했다는 것에 기인한다. 경미하게 발견되는 것은 무엇보다 필기 재료에 기인한 것이기도 하다. 임의적인 본문들은―편지와 행정 자료들―대부분 먹물로 기록된 파편 조각인 오스트라카(Ostraka)이다. 여기에는 특별히 사마리아, 아랏 그리

---

19 이용된 자료의 일부는 번역하는데도 사용될 수 있다. 번역을 위한 본문은 구약성서 전통을 고려하려 선택되었다. 여기에서는 무엇보다 Context, TGI 그리고 TUAT 를 거론할 수 있다.
20 아래 이스라엘 사회사의 시대 입문 I. 1.을 참조하라.
21 번역과 함께 기록된 원문은 주로 KAI, HAE 그리고 WSS에서 확인할 수 있다. 번역은 Textbook, Smelik 그리고 AHI 에서 볼 수 있다..

고 라기스에서 발굴된 대규모 오스트라카가 있는데, 이것은 사회사적으로도 흥미로운 발굴물이다.[22] 하지만 초기 발굴 과정에서 기록된 많은 오스트라콘(Ostrakon)의 먹물이 색이 바랬고 오물이 묻어 있었고, 의도적이진 않았지만 세척 과정에서 "지워지기도" 했다고 추정된다. 다른 중요한 필기 재료는, 무엇보다 문서(Urkunde)로 된 파피루스(Papyrus)이다(참조. 렘 32:11-14, 44). 예루살렘이 B.C. 587/586년에 점령당하며 파괴된 문서 보관실에서 수많은 문양이—즉, 도기에 새겨진 인장 각인—출토됐다. 그것의 뒤편에는 끈의 흔적이 확인되었는데, 그것을 통해 봉인된 꾸러미들은 일찍이 묶여 있었음을 알 수 있으며, 마찬가지로 두루마리로 되어 있는 파피루스의 구조도 유사했음을 알 수 있다.[23] 그러나 모든 파피루스 두루마리는 화재로 소실되었고, 나머지 파피루스는 시리아-팔레스타인의 날씨로 인해 상태가 좋지 않다.

그밖에도 기록된 인장은 이스라엘 사회사를 연구하는 데 중요한 역할을 한다. 서셈족어로 각인된 인장과 연관된 자료는 1217개에 달한다. 그중에 711개는 히브리어로 확인되었으며,[24] 2003년에 출간된 고대 히브리어 비문에 관한 소책자 형식의 편찬물은 "대략 945개의 인장, 문양 그리고 항아리에 찍힌 소인" 등의 자료를 기반으로 한 것이다.[25] 동시에 소유자의 이름 이외에도 존칭을 기록하고 있는 인장들은 사회사적으로 재구성을 위해서 특별히 중요한 것들이다.

기록되지 않은 유물들의 경우와 마찬가지로 단순히 문서로만 존재하는 유물들도 역시 중요하다. 얼마나 많이 또는 적게 기록되었는지, 얼마나 많

---

22   Samaria-Ostraka 에 대해서는 아래 99-100을 그리고 Arad 과 Lachisch Ostraka에 대해서는 이스라엘 사회사의 시대 입문 II. 3. B 그리고 4. B를 참조하라.
23   Avigad 1986, 특별히 15, 17의 그림들 그리고 18-19의 서술.
24   WSS.
25   HAE II/2, 81.

은 또는 소수의 사람이 인장을 소유했는지, 국가 공무원 이외에도 개인이 인장을 소유하고 있었는지 그리고 여성도 개인 인장을 소유했는지, 그러한 모든 질문은 사회 집단의 형태를 이해하기 위해서 중요하기 때문이다.

위에서 언급한 것처럼 기록된 그리고 기록되지 않은 증거들이 1차 사료가 된다. 우리는 때때로 1차 사료만 활용하여 이스라엘 역사를 서술하는 것이 가능하지 않은가 의문을 제기할 수 있다.[26] 그러한 행위는 사고(思考)에 대한 대담한 시도로 분명 매력적이다. 그럼에도 불구하고 필자는 그것을 계속해서 진행하지는 않았다. 왜냐하면, 그것을 위해서는 신학적으로 채색된 성서 전승을 의존하는 대신에 오직 고고학 발굴의 우연성 그리고 전적으로 물질적 유산에 표현된 사회 집단 실생활에 관한 제한된 영역만을 배타적으로 의존해야 하기 때문이다.

예를 들어서 이스라엘에 노예가 존재한다는 것에 대해 금석학적으로 엘레판틴(Elephantine)에서 출토된 문서들과 B.C. 5-4세기에 유래한 사마리아 파피루스들이 처음으로 증명한다. 그럼에도 불구하고 우리는 이스라엘에 노예가 존재해 왔다는 것을 추측할 수 있다. 왜냐하면, 그것을 위해서 우리는 다른 사료들을 근거로 활용할 수 있기 때문인데, 즉 한편으로는 고대 사회 집단과 비교할 만한 유사성을 의존하거나 혹은 다른 한편으로는 노예에 대해서 이미 언급하는 성서 본문에 의존하기 때문이다.

마지막으로 페르시아와 헬레니즘 시대에 '기록된' 유산들의 독특한 형태, 즉 동전에 대해 언급할 필요가 있다. 동전의 경우에는 그것이 단순히 발생하는 것도 중요한 의미가 있다.[27] B.C. 6세기에 리디아 왕 크로이소스(Kroisos)를 통해서 소아시아 지역에 비로소 동전이 도입되었고, 그것은 페르시아인들이 수용하여 관습이 되었다. 그때까지 사용되었던 인장이 없는

26　Miller 1991.
27　덧붙여서 Schaper(2000, 153-161)의 조망을 참조하라.

은과 비교했을 때 동전 사용은 번거로운 계량 과정이 불필요하다는 장점과 은화의 가치가 인장을 통해서 지정되고 보증되었다는 장점을 갖는다. 하지만 그것은 동전이 동시에 다량으로 유입되었음을 의미하지는 않는다. B.C. 521년 이후에 실재했던 페르시아 제국의 화폐, 즉 금으로 된 다레익(Dareike)과 은으로 된 시글로스(Siglos)는 일상에서 사용하기에는 지나치게 높은 액면가를 지니고 있었다. B.C. 5세기 중반 이후나 되어서야 작은 동전들, 즉 다양한 지역 화폐, 지방 총독의 동전(Satrapenmünzen), 지방 행정 화폐들이 주조되었다. 이러한 화폐 사용이 경제 체제와 동시에 사회적 상호 관계에 영향을 끼치고 있었다는 점은 명확하다.

3. 히브리 성서의 본문들

만약 우리가 물질적 유산에 대해 조망한 이후에 두 번째로 성서 본문으로 시선을 돌린다면, 가장 먼저 연대 설정의 기준과 시기적인 근접성의 기준에 따라 형식적인 구별이 근저로 놓여 있기 때문이다.[28] 하지만 이것이 전부는 아니다.

> 구약성서는 신학적인 책이다.[29]

물론 이 책은 세계 종교 문학에 관한 다른 작품들에서 유래를 찾아볼 수 없는 것으로서 역사를 비평적으로 고찰하지만, 그러나 구약성서는 동시에

---

28 위에 이스라엘 사회사 방법론 입문 II. 1.을 보라.
29 Rolf Rendtorff는 자신의 저서를 그와 같은 말로 시작하고 있다 "Theologie des Alten Testaments" 1999, 1.

신학적으로 해석된 역사이다. 만약 우리가 이러한 히브리 성서의 심오한 신학적 특성을 진지하게 받아들인다면, 성서 본문이 이차적인 혹은 간접적인 의미에서 마찬가지로 역사적 사료라는 것을 인정할 수 있다.

덧붙여서 성서 본문은 많은 부분에서 가공되었다.[30] 그로 인해 본문의 장르(Gattung)에 대해서 말할 수 있다. 가공된 이야기(Erzählung)의 진정성은 이 가공된 이야기가 이외에 다른 곳에서도 실재로 발견되며 일치한다는 것에 있지 않다. 실재와 일치하는 특성은 경찰 보고서 혹은 회의록 같은 진실된 보고서(Bericht)에서 관찰될 수도 있다.

그와 반대로 가공된 이야기는 자신만의 세계를 연출한다. 이러한 이야기가 본문 이외의 세계에 관여하는 것은 전적으로 유동적이며, 여하튼 본문의 상황을 진실 혹은 거짓의 범주로 이해되어서는 안 된다. 실제로 아주 근소한 성서 본문만, 예를 들어 열왕기서에서 분리해낼 수 있는 연대기 본문들이 보고서로 이해될 수도 있다. 물론 이것들도 보다 큰 규모의 가공적인 연결 고리, 다시 말해 열왕기서에 있는 이스라엘과 유다 역사를 신학적으로 해석한 서술 안으로 삽입되었다.

다른 성서 본문들은 보고서(Bericht)도 이야기(Erzählung)도 아니다. 법적인 본문, 지혜 격언을 고려해야 하며, 욥기 같은 큰 분량의 지혜 문학, 시편 또는 예언자의 지혜도 고려해야 한다. 이러한 본문들이 역사적으로 신뢰할 만한 것을 전달하려는 목적으로 기록되지 않았다 점은 너무도 명백하다. 그럼에도 불구하고 이 본문들은 사회사적으로 재구성을 시도하는 데에 굉장히 중요하다.

---

30 Ph. R. Davies 1995, 13: "모든 이야기는 가공되었다. 그리고 그것들은 역사적 사실을 내포해야만 한다." 그것으로부터 Davies는 다음과 같은 결론을 내린다. 이미 문학적 본문을 역사적으로 평가하려는 시도는 문헌에 대해서뿐만 아니라 역사 서술에 대해서도 "반역"하는 것이다(17). Barstad(1998)를 통해서 우리는 이러한 자세를 "성서 혐오"적이라고 표현할 수 있다.

그렇다면 고대 이스라엘 사회사를 재구성하는 데에 있어서 성서 본문의 가치는 어디 즈음에 존재하는가? 이미 언급된 것들로부터 우리는 본문의 가치가 종류에 따라서 상이하게 평가될 수 있다는 점을 추론할 수 있다.

1) 성서 보도의 역사적 신빙성

성서 본문들이 신학적으로 각인된 그리고 가공된 특성을 지니고 있음에도 불구하고, 이 본문들은 전체적으로 신뢰할 만한 보도를 담고 있다. 왕정 시대 이후의 전체 사건 시리즈는 성서 이외의 사료들을 통해서 증명된다. 동시에 만약 성서 본문과 성서 이외의 본문을 비평적으로 읽는 것을 이해한다면, 우리는 중요한 골자를 이루는 자료뿐만 아니라, 예상외로 많은 개별 부분에도 일치하는 것들이 존재함을 확인할 수 있다.[31]

역사를 연구하는 모든 이가 동일한 사료를 사용하기 때문에, 사료를 평가함에 있어서 나타나는 차이점은 방법론이 원인일 것이다. 이것은 소위 최소주의자(Minimalismus)의 예를 통해 알 수 있다.

가장 저명한 이들 중에 데이비스(Philip Davies), 렘케(Niels Peter Lemche), 톰슨(Thomas Thompson) 또는 화이트램(Keith Whitelam)을 언급할 수 있다. 이들의 저술에서 볼 수 있듯이 '이스라엘 역사'를 근본적으로 해체하는 연구는 어떠한 배경도 질문하지 않은 채로 남겨 두지 않았다는 점에서 자신들의 업적을 남겼다. 이것은 비평 학문의 과제이기도 하다. 물론 사료를 다루는 것이 항상 문제가 없는 것은 아니다. '외적 증거'를 통해서도 입증된 것은 단번에 '인정되었다'.

렘케(N. P. Lemche)는 메르넵타 비문(Mer-en-ptahs-Stele), 메사 비문(Mescha-Stele), 앗수르 사료에 나타난 아합에 대한 언급 그리고 산헤립이 예루살

---

31   논쟁에 대해서는 Grabbe(1997)와 Long(2002)의 소논문들을 참조하라.

렘을 포위한 것과 느부갓네살이 예루살렘을 점령한 것을 인정했다.³² 방법론적으로 우리는 다음과 같이 결론내릴 수 있다. 성서 본문이 '외적 증거'를 통해 보증되는 사건을 인지하며 또한 성서 본문이 역사적 핵심을 함유하고 있다면, 이것은 다른 이야기에서도 **유사할**(per analogiam) 것으로 추측할 수 있다. 그러나 비평적 검토 없이 개별 경우를 추측해서는 안 된다. 렘케는 정반대의 결론을 도출한 것으로 보인다. 그는 이론의 여지가 없다고 판단되지 않는 불분명한 모든 것에 대해 비역사적일 수 있다는 의심을 제기한다.

만약 우리가 그 이야기가 어떻게 발생되었는가에 대하여 상황 속에서 설명할 수 있다면, 렘케의 의견은 방법론적으로는 인정될 수도 있다. 그런 점에서 렘케는 아쉽게도 학문적인 논증의 발판을 거부했으며, 억측으로 나아갔다. 그의 의견에 따르면 출애굽기 1:11에서 애굽의 건축을 언급하는 것은 건축에 대한 후대의 투영이며 "그것들은 아마도 파라오 느고(Necho) 시대에 일어났을 것이다"(B.C. 7세기 말). 그러나 우리는 그러한 건축에 대해 전혀 알지 못한다. 다윗과 사울에 관한 전통에 대해서도 그는 억측을 하고 있다. " … 본래 B.C. 10세기 예루살렘의 상황 혹은 유다와는 전혀 무관한 전통이 유대인의 전통으로 단순하게 변형되었다는 것은 개연성이 있다."³³ 렘케는 "일어났을 것이다" 그리고 "개연성이 있다"라는 표현으로 거의 대부분의 것을 주장한다.³⁴

성서 본문이 사건사(Ereignisgeschichte)에 대해 믿을 만한 보도를 함유하고 있다는 것은 광범위한 근거를 볼 때 수긍이 간다. 이미 후대 청동기 시대에 있었던 파라오와 서신 왕래가 보존하고 있듯이, 고대 문명 전통에 따라 유대 왕권은 예루살렘에 등장했다.³⁵ 새로운 요소들이 이러한 문명에 등장

---

32 Lernehe 1994, 169, 171-172. 190.
33 위의 책, 187.
34 Lemche에 대한 비판으로 참조하라. Norin 1994.
35 Amarna 서신 왕래에 대해서 아래 이스라엘 사회사의 시대 입문 I. 1.을 보라.

함으로 인해 고대 전통이 해체되었다는 것은 거의 가정할 수 없는데, 특히 예루살렘 전통은 입증된 바와 같이 문명화 사회에 충분히 순응되었기 때문이다.

연대기적 역사 편찬에 대한 증거로 열왕기상 14:25-26을 언급할 수 있다. 이 본문을 토대로 파라오 시삭(Schischak)은 역사적으로 B.C. 10세기 후반이 시작될 즈음으로 입증된 출정에서 예루살렘에서 무력으로 조공을 탈취해 갔지만, 그 도시를 점령하지는 않았음을 추론할 수 있다. 내러티브에는 나타나지 않는 이러한 성격의 진술은 양식사와 전승사를 근거로 보았을 때 그리고 문명화된 사고의 일반적인 원칙을 보았을 때 마찬가지로 문서로 전승되었을 것이다.[36]

만약 사건사에 대해—비평적으로 고찰한—신뢰할 만한 보도가 존재한다는 것을 가정할 수 있다면, 이는 개별 사건에 얽매이지 않고 사회 집단의 구조를 탐구하는 사회사에 더욱 중요하게 적용된다.

2) 허구성과 주변 환경

우리는 광의적 의미에서 역사 전승으로 분류될 수 있는 자료가 풍부한 상태에서 시작한다. 이미 우리가 잘 알고 있는 역사서들은(창 - 왕하; 스; 느; 역대기; 룻; 에; 마카비서; 유딧서; 토빗서) 보도(Bericht)가 아니라 이야기(Erzählung)이며, 그런 점에서 가공된 것이다. 그러나 역사책들은 일반적인 현대 장르, 즉 이야기가 전개되는 생활 영역조차도 창작하는 판타지 혹은 공

---

[36] Finkelstein(2002) 과 반대로 이것은 고수될 수 있다. 그는 다음과 같이 추측한다. "… 애굽 군대가 침입하는 것에 대한 기억은 구두로 전승되었고, B.C. 9세기 후반에 기록되었다…"(112). 동시에 그의 논증은 순환논법적이다. 그의 의견에 따르면 문서화는 유다에서 겨우 완전하게 국가가 생성된 9세기 후반에나 존재했기 때문에 B.C. 10세기에 어떤 기록된 문서도 존재할 수 없으며, 따라서 시삭에 대한 기록은 구두로 성서에 전승되었을 것이다.

상 과학과 같은 현대 장르의 의미에서 가공된 것이 아니다. 성서 이야기는 오히려—이스라엘이 땅에서 거주하게 되는 시점 이후부터 증가하며, 우리는 또한 많은 저자를 추측해야만 한다—시종일관 실제적인 생활 영역에서 진행된다.

이 이야기들은 오히려 도스트예프스키(Dostojewski)의 소설과 유사하다. 모든 인물은 창작되었을지 모르나, 그것을 통하여 우리는 19세기 러시아의 사회 상황에 대해서 다양하게 경험할 수 있다. 이런 의미에서 극중 인물의 역사성이 중요한 것이 아니라, 오히려 이야기 저자들이 등장인물을 무대에 등장시키는 주변 환경(Milieu)이 중요하다.

물론 성서 이야기를 검토하지 않은 채 이야기에 전제된 환경(das in der Erzählung vorausgesetzte Milieu)과 서술되는 시대의 환경(das Milieu der erzählten Zeit)을 동일시하는 것에서 출발할 수도 있다. 이야기에 전제된 주변 환경은 또한 서술자의 시대적 환경(das Milieu der Zeit des Erzählers)이 될 수도 있다. 그러나 만약 등장인물이 동시대적인 환경에서 나온다면, 성서 이야기에는 도스트예프스키의 경우와 같은 것들이 존재하지 않으며, 오히려 서술하는 시대와 서술되는 시대 사이를 엄격하게 구별해야 하는 역사적 이야기와 유사하다.

그로 인해 우리는 시대착오적인 역투영의 문제에 직면하게 된다. 개별적인 경우는 검증을 하지 않고는 계속 진행할 수 있다. 일례로 만약 창세기 24장의 서술자가 아브라함을 낙타를 소유한 부유한 자로 묘사한다면, 우리는 당시에 낙타를 길들일 수 있었다고 생각할 것이다. 그러나 낙타를 길들이는 것은 B.C. 1천 년 전에는 발견되지 않으며, 그런 이유로 우리는 여기에서 시대착오를 추측할 수 있다.

예레미야 32장은 다른 경우를 보여 준다. 예레미야 32장 서술자는 어떻게 매매 행위에서 합의된 금액을 저울에 달 수 있었는지, 어떻게 양쪽에서 작성된 매매 서류가—한편에는 개봉되고 다른 한편으로는 밀봉된—발행되었는지 그리고 증인들이 차례로 서명했는지 보여 준다(9-12절).

우리는 B.C. 6세기 초반, 즉 서술되는 시대에는 동전이 없었으며, 무게를 달아 돈을 계산했다는 것을 알고 있다. 또한, 뒷면에 파피루스 흔적과 끈이 있던 흔적을 보이는 수많은 인장의 발굴을 근거로 해서, 그리고 인접한 지역 문화의 발전 과정과 보다 후대 시대에 발견되는 유사한 사건의 발전 과정을 근거로 해서, 우리는 실제로 매매 서류가 정확히 그런 형태로 작성되었다는 결론을 내릴 수 있다. 서술자는 자신의 역사를 기술할 때마다, 서술되는 시대에 상응하도록 주변 환경을 묘사했다.

따라서 시대착오적인 역투영이 존재하는가를 점검하는 것은 아마도 모든 개별 경우에 필요하다. 그럼에도 불구하고 모든 주변 환경에 대한 진술을 신뢰하지 못한다며 총체적 의심할 어떠한 근거도 없다. 그것은 앞으로 논의해야 할 부분과 결부되어 있다.

3) 의도적인 전승과 비의도적 전승

사회사를 재건하려는 우리의 시도에서 흥미로운 대부분의 것은 우리가 사료로 이용하는 본문에서는 단지 틈틈이 발견될 뿐이다. 위에 언급된 예레미야 32장 이야기는 우리에게 B.C. 6세기 초의 매매 과정에 대한 정보를 제공하려는 것이 아니다. 오히려 예레미야 32장은 비록 바벨론이 예루살렘을 포위하고 있지만, 예언자 예레미야가 후대의 어느 시점에는 정상적인 매매 거래가 가능하게 될 것이라는 희망을 이미 표현하고 있다는 점을 보여 준다. 사건의 경제적인 측면, 특별히 사회사적 그리고 경제사적으로 흥미진진한 질문이—은을 저울에 달았는지 혹은 동전으로 계산했는지—서술자에게는 전혀 무의미한 것이다.

일반적으로 구약성서의 서술하는 본문들은 사건에 관심이 있으며, 사건이 전개되는 상황은 단지 배경으로 전제되었을 뿐이라고 말할 수 있다.[37] 그것은 다른 본문 그룹에도 적용된다. 예언자의 말은 예언자가 선포해야만 했던 신적 메시지를 위해서 전승되었다. 이 선포는 구체적인 역사적 세계에서 나타났기 때문에, 마찬가지로 이 세계는 본문 속에서 모습을 드러낸다. 그러나 이 선포를 전승하는 것이 본문의 목적은 아니다.

그와 동일한 것을 지혜적인 잠언에서도 볼 수 있다. 지혜의 잠언이 전달하려 했던 세계의 지식은 그 지혜가 작동되어야 했던 세계를 전제하고 있다. 그러나 이 세계 자체는 결코 의도된 것이 아니며, 별도로 전승의 대상일 뿐이다. 자이페르트(Helmut Seiffert)는 이것을 학문적으로 의도적인 전승과 비의도적인 전승의 구별이라고 표현했다.[38]

사회사는 비의도적인 전승과 배경이 되는 상황에 직접적인 관심을 갖는다. 이것은 이중적인 결과를 수반한다. 한편으로 이것은 우리가 본문에서 추론할 수 있는 지식이 불완전할 뿐이라는 결론으로 이끈다. 다른 한편으로 물론 본문은 의도적으로 전승한 것을 특별히 부각시켜 보여 주기를 바라지만, 그러나 암시된 상황에 대해서는 동일한 관심을 가정할 수 없다는 점을 전제해야 한다. 따라서 예레미야의 선포가 신뢰할 만한 것으로 입증된다는 것이 예레미야 32장의 직접적인 의도이다. 그와 달리 그것이 어떤 상황에서 전개되는지에 대해서는 관심 밖이다.

허구와 주변 환경을 구별하는 것과 마찬가지로 의도적 전승과 비의도적 전승을 구별하는 것은 물론 암호의 특성을 갖지만, 그러나 역사적 신뢰성을 위한 절대적이며 확실한 징후는 아니다. 어떤 경우에도 우리는 성서 본

---

37 역사를 재구성할 경우에 사건과 상황을 구별하는 것에 대해서 Kreuzer(2001, 56-57)의 글을 참조하라.

38 Seiffert 1970, 61-64.

문의 증거를 다른 증거들과 맞추어 조정하려고 시도해서는 안 된다. 동시에 우리는 다시 연대 설정에 관한 문제에 직면하게 된다. 우리가 그 질문을 다루기 전에, 우선은 본문 그룹에 대해 시선을 고정할 필요가 있다. 서술들, 예언자 격언 그리고 지혜 문서들에서처럼 이 본문 그룹에도 다른 방법이긴 하지만 본문과 현실의 관계가 제시되었다. 필자는 그러한 본문 그룹을 법적인 본문이라고 생각한다.

4) 규범과 현실

법적인 본문은 그때그때 사회사적으로 관심 있는 환경에서 진행된 이야기가 결코 아니다. 이 법적 본문은 사회사적 재구성을 위해 사용될 수 있는 정보만을 틈틈이 그리고 비의도적으로 전승한 것이 결코 아니다. 오히려 이 법 본문은 인간을 위해 작성된 만큼, 인간의 사회적 세계에 영향을 주고자 했다. 그런 이유로 이 본문은 다른 본문 그룹과 달리 사회적 기구와 발전 과정에 대한 정보를 충분히 담고 있다.

이 본문들이 담고 있는 정보는 사회사적 재구성을 위해 매우 유용한 것들이다. 우리가 위에서 주장했듯이, 만약 우리가 고고학적 혹은 비명(碑銘)의 사료만을 가졌었다면,[39] 고대 이스라엘의 노예에 대해 전혀 알지 못했을 것이다. 따라서 고대 이스라엘의 노예 제도를 오판하는 행위는 출애굽기 21장, 신명기 15장과 레위기 25장에서 발견되는 성서의 노예법 그리고 노예와 관련된 그밖의 규정을 통해서 제외될 수 있었다.

그럼에도 불구하고 법적 본문들이 단순하게 현실을 묘사하지 않다는 점은 명확하다. 혹자가 독일 연방의 기본법과 연방 국가에 유효한 개별법을 근거로 독일 연방의 사회적 현실을 재구성하려 한다면, 비뚤어진 상을 얻

---

39 위에 이스라엘 사회사 방법론 입문 II. 2.를 보라.

게 될 것이다. 그와 동일한 것이 성서법에도 적용된다. 성서법은 각각 이상적인 모습, 이스라엘 사회와 종교 형태는 어떤 모습이어야 하는가에 대한 강령을 함유하고 있다. 그러나 그것을 근간으로 실제적인 상황을 직접적으로 역추론하는 것이 가능하다고 말하지 않는다. 이 강령이 어느 정도 변화되었는가에 대해서 알고자 한다면, 법 문서로 평가되는 다른 사료들을 직접 연구해야 한다.

따라서 성서의 법 모음은 일차적으로 강령으로 읽혀야 하며 현실을 묘사하는 것은 아니다. 그럼에도 불구하고 이 법 모음은 엄격한 의미에서 유토피아적 프로그램이 아니라, 오히려 자신들이 발견한 세상을 설계하여 제시하려 한다. 그러므로 이 법 모음들은 세상의 제도들과 연결될 뿐만 아니라, 세상의 문제들에 관여함이 분명하다. 노예 제도에 대해서는 이미 위에서 언급했는데, 규범과 현실에 대한 질문은 노예 제도와 구체적으로 연결된 법을 사용하여 법적 본문에서 설명이 가능하다.

신명기 23:16[17]은 주인에게서 도망친 노예를 주인에게 넘겨서는 안 되며, 노예가 선택한 곳에서 정착할 수 있도록 보호하라고 청자(聽者) 이스라엘인에게 요구한다. 그것을 근거로 노예 제도가 규범으로 확정된 시대가 있었다는 것과 노예가 자신의 주인으로부터 도망치는 문제가 있었다는 것도 알 수 있다. 법에는 사회 집단이 중요하게 여기는 것만이 규정되어 있기 때문에, 우리는 노예가 주인으로부터 도망치는 경우가 빈번하게 발생했다는 것을 추정할 수 있다. 그와 달리 고대에서 유일한 노예 제도 폐지에 관한 이 강령이 실제로 노예 제도 폐지로 귀결되었는가에 대해서는 본문으로부터 추론할 수 없다. 그것을 확인하기 위해서는 다른 사료들이 필요할 것이다.

제도, 문제 그리고 강령의 관계를 정확하게 규정해야 한다. 그것은 단순히 제도에만 관심을 가진 채 법 본문을 해석하는 것이 아니라, 제도의 역사에도 관심을 갖고 법 문서를 해석하는 것, 더 나아가 법 본문의 연대를 파악하는 것이 필요하다. 법적 본문은 이러한 문제 제기를 그밖의 다른 본문과—물론 다른 본문이 그 특성에 따라 상이하게 배열되기는 하지만—
서로 공유한다.

5) 성서 본문의 연대 설정에 대한 문제

허구성과 주변 환경, 의도적 전승과 비의도적 전승 그리고 규범과 현실의 관계에 대한 모든 질문은 본문의 연대 설정에 대한 질문으로 귀결된다. 동시에 사건사와 "오랜 기간"(Ereignisgeschichte und "lange Dauer")이라는 주제어에서 이미 진술했던 것을 우선 되새길 필요가 있다. 사회사적 문제 제기에서 몇 년 혹은 몇 달은 큰 의미가 없다. 그리고 문학사적으로는 흥미로운 저자(예를 들어 예언자)의 인물에 대한 질문는 전혀 의미 없다. 그럼에도 불구하고 연대 설정에 대한 문제는 단순히 임의로 할 수 있는 것이 아니다.

연대 설정에 대한 문제는 본문의 특성에 따라 다양하게 제기된다. **역사적-내러티브적인 본문**을 서술되는 시대(erzählte Zeit)와 서술하는 시대(Erzählzeit)로 구분하는 것은 기초적인 과정이다. 이 시대가 동일하지 않다는 것은 모든 이야기에 적용된다. 흥미로운 것은 시대 간격이 어느 정도까지 떨어져 있는지, 그리고 현존하는 이야기들에 대한 신뢰성을 어느 정도 인정할 수 있는가 하는 점이다. 덧붙여서—열왕기서와 같은 것에 있는—이야기들이 보다 오래된 사료 본문을 이용했는지, 뿐만 아니라 혹시 공식적인 기록물에 접근할 수 있었는가를 조사해야 한다. 신뢰할 만한 구두 전승이 있었을 것이라는 가능성 역시 배제되어서는 안 된다.

마지막으로 서술자들은 시종일관 역사적 간격을 인식할 수 있었을 것이다. 만약 서술자들이 소위 '사사 시대'에 대해서 서술한다면, 그들은 당시 이스라엘에 왕이 부재했다는 것을 알고 있었다. 결국 개별적 경우를 조사하지 않고는 어떤 것도 얻을 수 없다. 한 가지는 분명하다. 서술되는 시대는 서술하는 시대보다 결코 후대일 수 없다.

이면에는 결코 도달할 수 없는 출발점을 고정하는 것은 무엇보다 예언자의 이름으로 배열된 개별 **예언 본문**에서 중요하다. 예언자의 이름으로 모인 본문들은 결코 저자인 예언자보다 고대의 것이 될 수는 없다. 하지만 이 본문들은 당연히 후대로 간주될 수도 있는데, 왜냐하면 우리는 상당한 예언 문서가 수백 년이 지나며 부분적으로 전승 과정(Überlieferungsprozess)과 이어쓰기 과정(Fortschreibungsprozess)을 거쳤을 경우를 고려해야 하기 때문이다. 여기에서 연대 설정에 대한 문제는 개별 본문을 연구하여 진행해야 한다.

성서의 **법 문서**들은 메소포타미아 자료와 달리 우리가 알고 있는 왕으로부터 기인하지 않았으며, 오히려 오경의 기원 이야기에 따르면 전체적으로 출애굽하여 문명의 땅에 입성하기까지의 중간 시대에 생겨났다. 이 법 문서가—신학적으로 가장 중요한—가공물이라는 점은 이미 오래전부터 잘 알려져 있다. 그렇다면 이 본문의 연대를 어떻게 설정할 수 있을까?

여기에서 너무도 잘 알려진 합의, 즉 본문의 상대적인 순서는 무엇인가에 대한 합의가 생겨났다. 학자들은 일반적으로 출애굽기 20-23장의 언약 법전(Bundesbuch)이 신명기보다 오래된 것이며, 그리고 신명기가 제사장적 법(priesterliche Gesetze)보다 오래되었다는 것을 출발점으로 삼는다. 하지만 상대적인 연대기를 기반으로 해서는 절대적인 연대 설정에 대해서 어떤 것도 표명할 수 없다. 국가 이전의 상황을 재구성하기 위해 언약 법전을 인용해도 될까? 혹은 언약 법전은 B.C. 8세기 사회 집단을 반영하는가? 법문서를 관찰한 결과 개별 본문을 조사하는 것이 불가피하게 요구된다 하여도 그것은 그리 놀라운 것이 아니다.

본문의 장르를 기반으로 볼 때 **시적 그리고 지혜 본문**은 대부분 연대 설정에 관하여 폐쇄적인 입장을 갖는다. 이 본문은 신앙, 삶 그리고 세계 정세의 기본 상황을 설명할 뿐이며, 연대를 알 수 있는 사건들에 대해서는 설명하지 않는다. 역사적인 상황에 설정되어 선포하는 예언자의 말과 달리, 시와 지혜 본문은 명백하게 시대를 초월한다. 그럼에도 이 본문들은 사회사적 재구성을 위해서 분명히 가치가 있다. 왜냐하면, 그것들은 명백한 기본 상황을 반영하고 있기 때문이며, 우리는 이 본문들이—가난한 자와 부자에 대한 진술들처럼—모든 시대 혹은—예를 들어 왕의 잠언처럼—부분적인 시대에 유효하다는 것을 출발점으로 삼을 수 있기 때문이다.

만약 본문의 연대 설정에 대한 질문이 본문을 개별적으로 조사하는 방식으로 진행된다면, 내 의견에는 구약성서학 분야에서 대부분의 본문을 포로기 이후(nachexilisch) 시대로 소급시키는 것 그리고 재구성하기 위한 모든 시도에서 암흑 시대인 포로기 이전(vorexilisch) 시대를 지속적으로 배제하는 것에 대한 어떤 원인도 존재하지 않는다. 분명한 것은 포로기 이후 시대에 구약성서 대부분의 기록이 비로소 자신의 최종 형태를 갖추었다는 점이다. 하지만 그런 이유로 이 기록이 일반적으로 포로기 이후 시대를 반영하고 있다는 의미는 아니다. 이러한 이해와 반대로 언급할 수 있는 것은 다음과 같다.

첫째, 대부분의 본문은 단번에 주조된 것이 아니라, 오히려 명백한 성장의 흔적을 보여 준다는 점이다. 후대의 성장이 발견되는 곳에는, 또한 오래된 부분도 반드시 존재해야만 한다.

둘째, 역투영이 보편적으로 있었다는 논제를 반박하는 것으로 자료의 다양성을 제시할 수 있다. 아모스와 호세아, 이사야와 미가, 예레미야와 에스겔에 소급되는 기록들이 기본적으로 상이한 특성을 보인다는 점은 이 기록이 다양한 예언자라는 인물로 소급된다는 것과 같은 의미이다.

셋째, 단어 선택을 면밀히 관찰하는 것이 필요하며, 그 결과로 시대를 관통하는—하지만 연대 설정을 하는 것이 실제로 쉽지 않은—기본 상황을 시간의 제약을 받는 표현들로부터 구별하는 것이 가능하다.

느헤미야 5장에도 반영되어 있듯이 우리는 모든 고대 시기에 있었던 지배적인 상황, 즉 부유한 토지 소유자와 채무자인 소작인이라는 상황을 기반으로 삼을 수 있다. 느헤미야 5장을 단서로 삼아 그것과 동일한 상황을 보이는 예언서 본문을 페르시아 시대로 연대 설정할 수 있다.[40] 하지만 동시에 느헤미야 5:7 에서 지배층은 *ḥorim*(귀인)과 *sᵉganim*(민장)으로 나타나고 있다는 점과 이 표현은 포로기 이전 예언자로 소급되는 본문들에는 전혀 나타나지 않는다는 점이 간과되었다. 그와 반대로 이사야 3:14는 느헤미야 5장에는 나타나지 않는 "장로과 공직자"에 대해 서술한다. 이러한 세부 사항은 오히려 모든 본문이 하나의 동일한 시대에서 기원했다는 것에 이의를 제기한다.

위에서 이미 인용했던 밀러(Maxwell Miller)의 질문에 다시 한번 관심을 기울일 필요가 있다.

> 히브리 성서를 의존하지 않고 이스라엘 역사를 기록한다는 것이 가능한가?[41]

---

40 Kaiser(⁵1981)의 사 3:12 에 대해서 84; 사 5:8에 대해서105; Carroll(1986)의 렘 5:26-28에 대해서 189를 보라. Levin(2003c)은 이러한 관점을 가지고 가장 광의적인 관찰을 했다. 가장 먼저 그는 포로기 이전 예언자 본문에서 가난한 자에 대한 모든 언급을 이차적인 것으로 설명했다. (마찬가지로 법 문서에서 가난한 자가 나타나는 것도.) 그 후에 그는 다음과 같이 주장했다. "분명한 사실은 진정한 역사적 상황은 이면에 존재한다는 것을 추정할 수 있다는 것이다." 마지막으로 그는 이러한 "역사적 상황"을 연구하면서 신속하게 발견했다. "실제로 느헤미야 5:1-13에 있는 설명은 "그 당시에 실제로 농사의 위기가 있었음을 보여 주는 증거이며…"(331).

41 Miller 1991; 위에 이스라엘 사회사 방법론 입문 II. 2. 각주 26을 참조하라.

필자는 이미 고고학 유물로 기록되는 현실 영역은 제한적이기 때문에 그리고 그것의 발굴은 역시 우연한 사건이므로, 성서 본문의 활용을 포기하는 것이 절대적으로 진보한 단계는 아님을 피력해 왔다. 하지만 우리는 여전히 진일보해야만 한다. 히브리 성서와 무관하게 이스라엘 (사회) 역사를 기록하는 것이 가능하다 할지라도, 그것은 역사적-방법론의 관점에서는 부적합하다고 간주된다. 왜냐하면, 어떠한 역사 서술도 역사 사료의 일부를 자의적으로 통째로 강탈해서는 안 되기 때문이다. 역사 서술은 역사 사료를 비평적으로 관찰해야만 한다. 물론 우리는 조사 결과에 대해 개별적으로 논쟁을 벌일 수도 있다. 하지만—만약 구약성서 본문이 가지는 신학적인 기본 특성, 본문의 개별적인 특성 그리고 본문의 역사적 기원을 고려한다면—이스라엘 사회사를 재구성하는 것에서 구약성서 본문을 기본적으로 배제해야 할 근거는 존재하지 않는다.[42]

4. 유사성에 대한 연구

자료 유물을 이스라엘 사회사 서술을 위한 유일무이한 1차 사료로 취급한다면, 우리는 끊임없이 반복적으로 이 유물들이 한편으로는 해석을 필요로 하며 다른 한편으로는 다른 사료로부터 보충을 필요로 한다는 점에 직면한다. 만약 보도를 보충하는 과정에서 성서 본문을 이용한다면, 다른 이면에는 고고학적 판단을—그밖에도 성서적 판단을—해석하는 문제가 방법론적으로 존재한다. 우리는 다음과 같이 이야기할 수도 있다. **고고학**

---

[42] 모든 이용할 수 있는 사료를 통합적으로 취급하는 것은 사과 혹은 논쟁에 관심이 있는 질문, 즉 성서 이외의 사료들은 성서 본문을 "증명하는" 것인가 아니면 "반박하는" 것인가 하는 질문과는 기본적으로 다르다; 의미 있는 Gottwald의 소견들에 대해서 참조하라(2001, 185).

과 성서 본문에는 자료들이 준비되어 있지만, 중요한 것은 그 자료를 정돈하는 해석의 틀이다.

그러한 해석적 틀은 여기에서 연구하는 이스라엘 사회 집단을 조사하는 것만으로는 전개될 수 없다. 왜냐하면 내가 사용하는 각각의 표현은 우선적으로 보편화와 분리를 통해 개념 형성을 용인하는 비교를 전제로 하기 때문이다. 예를 들어 만약 내가 '국가'에 대해 언급했다면, 그것은 다양하고도 구체적인 국가의 형태를 보편화하는 동시에, 비-국가적인 사회 집단 영역―예를 들어 가족―그리고 비-국가적인 사회 집단 형태로부터―예를 들어 씨족 사회 집단과는―분리하는 것이다. 그밖에도 유사한 것들이 많이 있다.[43]

개념 형성의 가장 보편적 영역을 토대로―예를 들어 '국가' 개념의 경우에―우리는 원칙적으로 역사와 현재에 존재하는 모든 사회 집단을 고려해야 할 것이다. 그러나 만약 우리가 고대 이스라엘 사회 집단의 특별한 사회적 형태를 조사하려 한다면, 시대적 그리고 객관적 근접성을 근거로 구조적 유사성이 존재할 수도 있다는 사회 집단에 집중해야 할 것이다. 이것은 고대 이스라엘에게 있어서 한편으로는 주변 환경에 존재하는 사회 집단 그리고 다른 한편으로는 민족학이 사회 집단에 대해 다루었듯이, 역사적 그리고 현존하는 사회 집단을 고려해야 한다는 것을 의미한다.

물론 역사와 현재라는 두 가지 경우에서 고려되어야 할 것은 구조적 유사성을 입증하는 과정에서 비교는 단지 이해를 돕는 기능만 할 수 있다는 점이다. 예를 들어, 현재 아프리카 지역에 있는 단편적 사회 집단이 이해하는 족보의 의미는 고대 이스라엘에 있었던 족보의 의미와 비교할 만한가 하는 의문이 제기된다. 그러나 그것이 실제로 그러했는지는 증명될 수 없다. 그와 상응한 것을 고대 근동의 법 규정과 법 제도에서 찾을 수 있다.

---

[43] 아래 이스라엘 사회사의 시대 입문 II. 2. B. C.를 참조하라.

1) 이스라엘 주변 환경의 사회 집단

유사성이 기본적으로 이해를 돕는 기능으로서 가치를 한다는 마지막 언급은 다시 한번 명확하면서도 폭넓게 논의되어야 한다. 이스라엘 주변에 위치한 사회 집단은 이스라엘과 시공간적으로 근접해 있었기 때문에, 한눈에 들어온다. 하지만 주변 사회 집단이 사회 집단의 구조적 측면에 있어서 어느 정도로 이스라엘과 근접해 있었는가 하는 점은 개별적으로 나누어서 연구되어야 한다. 이미 위에서 단지 지정학적 근거만으로 커다란 하곡(河谷, Flusstäler)에 자리잡은 애굽과 메소포타미아 지역 그리고 레반트(Levante) 남쪽의 산간 지역에 위치한 사회 집단들이 어떻게 상이하게 발전할 수 있었는지 언급했다.[44] 이러한 사실은 가급적이면 최소 단위로 분리된 단편만을 비교하는 것이 아니라, 포괄적인 시스템들을 비교할 것을 권고한다.

동시에 지정학적 환경 조건에 대한 관찰은 시리아-팔레스타인 지역이 개방된 커다란 공간이라는 것을 보여 주었다.[45] 주변에 위치한 모든 문화적 영향들이 이 지역에서 혼합된다. 덧붙여서 비교적 후대에 발생한 역사적인 전제 조건이 이스라엘과 유다에 유입되었다.[46] 그 결과 우리는 이스라엘과 유다 지역이 처음부터 이방의 문화 요소를 통해 각인되었다는 것을 고려해야 한다.

초기 시대에는 우선적으로 다른 가나안 사회 집단이 중재한 이방의 문화 요소가 관찰될 수 있다. 하지만 곧 B.C. 8세기 이후부터 이스라엘 그리고 좀 더 후대에는 유다만이 앗수르와 바벨론, 페르시아와 그리스 그리고 마지막에는 로마의 직접적인 영향하에 있게 되었다. 그런 까닭에 이스라

---

44 보라. 위에 이스라엘 사회사 방법론 입문 I. 1.
45 참조하라. 위에 이스라엘 사회사 방법론 입문 I. 1.
46 참조하라. 위에 이스라엘 사회사 방법론 입문 I. 1.

엘과 유다 사회 집단의 발전을 내적인 합법성을 바탕으로 격리되고 단독적인 것으로 이해하려 하는 모든 시도는 중단되었다.

또한, 패권 국가가 변화하는 상황 속에서 전체 구조가 항상 관찰되어야 한다. 이스라엘과 유다는 각각 보다 약하고 피지배적인 문화이다. 지배적인 문화는 항상 모종의 영향을 끼쳤지만, 그것 자체가 이스라엘에 지배적인 문화는 아니었다. 따라서 모든 비교 과정에서 개별적으로 나타나는 이러한 저변에 존재하는 구조적 상이성을 항상 염두에 두어야 한다. 동시에 이스라엘은 지배 세력을 수용할 뿐만 아니라, 저항하며 발전했다는 것을 고려해야 한다.

2) 민족학 – 경험에서 이론으로

이스라엘 주변의 사회 집단과 비교하기에 적합한 것은 사회 집단에 대한 비교에도 탁월하게 적용되는데, 그러한 사실은 민족학이 사회 집단에 대해 연구하는 것에서도 인지된다. 여기에서 수행되는 비교는 기껏해야 이해를 돕기 위한 것이지, 결코 증명을 위한 것이 아니다. 또한, 여기에서 사회 집단의 전체 맥락을 고려하지 않고 단절된 현상들을 비교하는 것은 엄격하게 중단되어야 한다.

이것은 민족학이 현존하는 (즉, 연구 시점에서 현존하는) 사회 집단을 연구한다는—이것은 민족학의 주요 업무이기도 하다—전제하에 특별히 유효하다. 우리는 가족 시스템(Familiensysteme)과 족보, 통치 실행의 형태 그리고 선물과 무역의 기능, 법적 상황과 생산물이 편성되는 특징 등에서 전반적으로 수많은 유사성을 찾을 수 있다.[47] 하지만 각각의 세부적인 경우에

---

47 수많은 용례가 1989년과 1997년 Sigrist와 Neu가 발행한 모음집 『Ethnologische Texte zum Alten Testament』에서 발견된다.

도 전체 사회 집단이 항상 유심히 관찰되어야 하며, 동시에 다른 사회 집단과의 상호 작용이 고려되어야 한다. 가족 시스템은 세부적으로 비교될 수 있을 것이다.

그럼에도 불구하고 다음과 같은 질문들은 결코 무의미한 것이 아니다. 주요 관청이 부재하는 사회 집단에서 가족 시스템이 사회 집단의 유일한 조직 체계이었는가, 또는 초기 국가 형태에서 가족 시스템이 국가권력을 견제하는 백성의 조직 체계를 형성하는가, 혹은 황제의 통치에 복종해야 하는 백성은 그러한 상황에서 가족 관계를 넘어서 자신의 정체성을 지켰는가. 동시에 근본적인 차이가 존재한다. 사회 집단은 격리되어 성장했는가(그러한 경우는 부분적으로 대륙에서 발견된다), 혹은 상이한 발전 단계에 있는 사회 집단이 긴밀한 관계를 맺으며 서로 협조했는가, 덧붙여서 이 사회 집단은 유럽의 식민지 통치와 대조되는가(19세기 이후 아프리카에서처럼).

민족학의 경우에 이론 형성에 대한 비교는 동시대적인 고대 사회 집단의 경우보다 더 풍부하게 수행되어야 한다. 따라서 A.D. 20세기에 문화인류학자들이 연구했던 누엘(Nuer), 티브(Tiv) 혹은 딩카(Dinka)의 아프리카 민족은 B.C. 10세기의 고대 이스라엘 그리고 유대 민족과 직접 비교될 수 없다. 그러나 우리는 현존하는 아프리카 민족에 대한 연구를 토대로 단편적인 부족 사회 집단에 대한 이론과 지도부가 부재한 통치에 대한 이론을 세울 수 있다.

지도부가 부재한 사회에 대한 관찰은 국가가 되어 가는 시대부터 나타나는 이스라엘의 명백한 현상을 더 잘 이해할 수 있도록 해 준다.[48] 상호 연관되며 경험적으로 중요한 현상들은 그러한 현상들로부터 파생되어 현재 사회 집단뿐만 아니라 고대 사회 집단을 이해하고 해석하는 틀로써 사용되는 이론들보다 훨씬 적다. **그러므로 고고학적 1차 사료들에 대한 연**

---

48 덧붙여서 참조하라. 아래. 이스라엘 사회사의 시대 입문 I. 2. D.

구, 2차 사료들에 대한 분석 그리고 민족학적 비교를 기반으로 주어지는 경험적 평가와 이 평가를 해석하는 것에 도움이 되는 이론들을 엄격하게 구분하는 것이 방법론적으로 요구된다. 물론 몇몇 이론은 결국 경험적으로 증명될 수 있는 현상을 비교함으로써 생성되었지만, 그러나 이러한 이론이 현상 자체는 아니다. 그로 인해 우리는 현존하는 민족에 대한 학문인 민족학을 이미 능가하는 지점에 도달해 있다.

3) 사회적 범주들

역사에 나타난 사회 집단의 형태를 연구하는 사회사는 일반화시키는 범주가 없이는 진행될 수 없다. 이것은 일부 현상에 대한 실증적인 서술에도 적용된다. 연구사를 회고하며 언급했던 성서 고대 유산의 전통에 관한 서술에는 일례로 '부부'와 '가족'에 대한 주제를 전체적으로 언급한 단원도 있다.[49] '부부'라는 단어에 대응하는 히브리어 용어는 전혀 없다. '가족'의 경우에 우리는 일반적으로 '아버지의 집'(*bêt 'ab*)을 연상하지만, 이 용어가 명확하게 일치하는 것은 아니다. 만약 이에 해당하는 서술에서 '일부다처제(Polygamie)와 일부일처제(Monogamie)' 혹은 '수혼제'(嫂婚制)에 대한 세분화된 표현이 발견된다면,[50] 이 범주는 본문으로부터 생성된 것이 아니라, 오히려 본문에 추가되었다는 것이 너무도 명백해진다.

우리가 개별 현상에 대한 서술로부터 멀어질수록 그리고 사회 집단의 한 형태를 전체적인 것으로 이해할수록, 본문에서 파생되지 않은 범주를 활용하는 것이 더욱더 요구된다. '사회 집단'(Gesellschaft)이라는 용어는 히브리어에는 존재하지 않는다. 그에 상응하는 히브리어 용어로는 종종 '백

---

49 Buhl 1899, 28; Volz 1989, 332; de Vaux ²1964, 45, 52.
50 그러한 것을 de Vaux(²1964, 52, 72)에서 볼 수 있다.

성'(Volk)이 연상된다. 하지만 '백성'은 인종적인 범주이며—사회 집단은 여기에 속하지 않는다—사회적 범주로 이해되는 '백성'은 단지 사회 집단의 부분, 즉 왕가(王家)과 대조를 보여 주는 '백성'을 표현할 뿐이다.

B.C. 20세기가 끝나 가는 시기의 이스라엘을 분절된 종족 사회 집단(Lineage-Gesellschaft), 정돈된 무정부(Anarchie) 상태 혹은 부족 계층 사회 집단으로 표현하든지, B.C. 10세기가 시작하는 시기의 유다와 이스라엘을 대형 국가 혹은 족장 체제(Chiefdom) 혹은 초기 국가로 명명하든지, 포로기 이후 유다에 대해서 신정 정치(Theokratie) 혹은 천민 백성(Pariavolk) 혹은 시민-성전-공동체(Bürger-Tempel-Gemeinde)로 표현하든지, 우리는 항상 사회적으로 형성된 이론에서 유래한 범주를 사용한다. 따라서 사회학에서 차용한 범주를 사용하지 않은 채로 이스라엘 사회사를 서술하는 것은 분명 불가능한 작업처럼 보인다.[51] 그럼에도 불구하고 이러한 이해가—설교와 수업에서 자리를 잡은—현재화하려는 노력을 역사를 재구성하려는 노력에 역투영시켜도 된다는 특별 허가증으로 오해되어서는 안 된다.

현대적인 개념을 배제하면 제대로 수행할 수 없음에도 불구하고, 우리는 고대 이스라엘 사회 집단에서 다른 것 그리고 생소한 것을 추적하여 서술을 해야만 할 것이다. 사람들은 히브리어 śar를 시종일관 '공직자'(Beamter)로 번역했다.[52] 그러나 우리는 동시에 법적 권리가 거의 없고 명성과 개인적 관계를 지나치게 의존하는 사회 집단에서 갖는 공직자의 기능과 오늘날 관료주의적인 국가 체제에서 갖는 공직자의 기능이 다르다는 점을 보여 주어야 한다.

---

51   사회사에 대한 사회학의 의미에 대해서 참조하라. Herion 1986; Lemche 1983; Mayes 1989; Otto 1984; Rogerson 1985; Schäfer-Lichtenberger 2000.
52   Rüterswörden(1985)의 관련된 연구를 참조하라.

제3장

이스라엘 사회사의 시대 입문

지금까지 사회사 연구의 대상과 방법으로 실행된 것들은, 비록 그 용례가 이미 이스라엘 사회사로부터 차용되었다 할지라도, 전체적인 면에서 볼 때 모든 (고대) 사회 집단에 대한 사회사 연구에도 적용된다. 만약 우리가 이제 이스라엘의 특정한 사회사를 자료적으로 서술하는 것에 관심을 갖는다면, 가장 먼저 다음을 명확하게 해야 한다. **우리는 이스라엘에서 무엇을 이해해야만 하는가?**

성서 문헌에서 이스라엘이라는 명칭은 애굽에 정착한 이후부터 전체 백성을 가리키는 것으로 사용되었다. 이 칭호는 창세기에서 출애굽기로 넘어가는 변화를 표시한다. 만약 이러한 서술대로 이스라엘이라는 개념이 처음부터 유다를 포함하는 모든 지파를 포괄한다면, 이 용어의 사용은 왕정 시대 시작과 함께 세분화된다. 만약 이 용어가 이제는 국가의 모습을 표현하는 것이라면, 유다와 이스라엘은 구별된다. 유다는 남왕국이고, 이스라엘은 북왕국이다.[1]

이것은 이미 다윗 시대부터 시작되었다. 사무엘하 2:4에 따르면 우선은 "유다 사람들"이 그를 "유다 족속의 왕"으로 기름부었으며, 그 후에 "이

---

1 단지 북왕국만을 표현하는 "이스라엘"이라는 용어는 이스라엘에서 기원하지 않은 증거에서도 나타나지만, 이 증거는 B.C. 9세기 이후의 것으로 확인된다. 덧붙여서 아래 이스라엘 사회사의 시대 입문 II. 1.를 보라. B.C. 13세기 말의 파라오, 메르넵타 비문에 나타나는 "이스라엘"에 대해서는 위에 이스라엘 사회사의 시대 입문 I. 1. B. C.를 참조하라.

스라엘 모든 장로"가 그를 "이스라엘 왕"으로 기름부었다(삼하 5:3). 만약 북 지파의 장로들이 다윗에 대한 하나님의 약속, 즉 다윗이 "내 백성 이스라엘"의 목자가 될 것이라는 약속을 고려했다면(삼하 5:2), 사무엘하 5:3의 맥락에서 "이스라엘"은 유다를 포함한 전체 백성을 고려할 수 있다. 이러한 이중적 의미는 왕정 시대 역사에 대한 전체 신명기 사가적 서술을 통해서 형성되었다.

B.C. 8세기 말부터 발생한 포로로 인해 상황은 다시 한번 변화되고 복잡해졌다. 앗수르는 추방당하지 않은 북이스라엘 사람 주변에 다른 민족들을 북왕국으로 이주시켰는데, 그렇다면 북왕국 지역에 거주하는 주민은 이스라엘에 속하는가? 남왕국 지역에 남아 있는 자들은 이스라엘에 속하는가? 아니면 이스라엘이라는 개념은 바벨론 골라에 속한 이들로 제한되어야 하는가? 만약 오랫동안 바벨론에 머문 이들이 "이스라엘"이라면, 이 개념은 동시에 땅과는 분리되며, 이전에 존재했던 국가인 이스라엘과 유다에 살던 모든 이에게 이 개념이 해당되지 않는 것은 아닌가? 이것들은 페르시아 시대를 서술할 때 새롭게 고려되어야 할 질문들이다.

그러한 질문들이 여기에서 우선 제기된다는 사실은 이스라엘 사회사를 서술하는 과정에서 "이스라엘"이라는 개념이 얼마나 불명확한가를 보여 준다.[2] 이 개념은 앞으로도 계속해서 사용될 것인데, 그 결과 "이스라엘"에 대해 언급하는 본문에는 본질적으로 세 가지 혼합적인 요소가 관찰된다.

첫째, 인종적 소속감에 대한 인식으로, 무엇보다 공통된 족보 구조에서 표현되었다.

---

[2] Ph. R. Davies(1995, 48)는 "이스라엘"이라는 표현이 10가지로 상이하게 사용되고 있다는 점을 지적했다.

둘째, 땅과 관련성에 대한 표현으로, 골라 공동체에게도 기본적으로 유지되고 있다.

셋째, 이스라엘의 하나님 야웨와 연결되지 않고는 이스라엘이 언급되지 않는다.

물론 여기에는 아마도 왕정 시대에 이르기까지 야웨 곁에 그리고 야웨와 함께 합법적으로 다른 신들이 존재했는가 하는 질문이 여전히 남아 있다.

이러한 세 가지 내부 관점에 덧붙여서 뒤이어 제시되는 서술에는 구약 성서 문서에서 발견되는 것처럼 시간적 공간에 대한 제약이 따른다. 그로 인해 비록 사회사 자체에서 추론된 것이 아니라 문서 생산과 문서의 정경화를 통해 추론된 하한선이 서술에 적용된다 할지라도, 위에 언급한 세 가지 관점과 시대적 공간은 하나가 된다.

이스라엘 (사회) 역사 서술은 언제 시작될 수 있는가? 성서가 제시하는 모습에 따르면 이스라엘 역사는 전역사(Vorgeschichte)로 이해되는 족장의 가족 이야기로 시작한다. 이것은 이스라엘 역사를 서술하려는 수많은 학문적 연구에 수용되었다.[3] 1996년 이후부터 발행된 『성서 대백과』(*Biblische Enzyklopädie*) 시리즈는 제1권에서 마찬가지로 "이스라엘 전역사"(Die Vorgeschichte Israels)를 다루고 있다.[4] 하지만 이스라엘 전역사는 더 이상 성서의 역사상과 일치하지 않는다. 오히려 이스라엘 전역사는 "B.C. 2300년부터 대략 B.C. 1200년에 이르기까지 근동의 역사를 서술하는 것이고, 그

---

[3] 참조하라. Donner(³2000)의 "Die Vorgeschichte Israels"(82) 단원에 나타난 "Die Erzväter"(84-97) 단락. Malamat의 입장에 대해서는 위에 이스라엘 사회사의 시대 입문 I. 1. D. 각주 58을 참조하라.

[4] Lemche 1996a.

안에서 우리는 이스라엘 고유한 역사의 시작을 확인하게 된다."⁵ 만약 "다윗-솔로몬 왕국"⁶ 혹은 적어도 ("B.C. 9세기 말부터 8세기경"⁷으로 보이는) 중반부 왕정 시대를 출발점으로 삼는다면, 이러한 우리는 좀더 하향 조정할 수 있다.

이러한 논의에는 "전역사"(Vorgeschichte)와 "이스라엘의 고유한 역사"(eigentliche Geschichte Israels)를 구별하는 것이 기초로 놓여 있다.⁸ 하지만 이러한 구별은 거의 도움이 되지 못한다. 이미 언급했듯이, 어떤 시대에도 무엇이 '고유한' 이스라엘인가 하는 점이 명확하지 않기 때문이다. 역사는 끊임없는 변화를 겪고 있으며, 그런 점에서 모든 시대는 도래하는 발전에 대한 전역사가 된다. 만약 우리가 이러한 구분을 포기한다면, "이스라엘"이라는 이름은 B.C. 13세기 말에 애굽을 통치했던 한 파라오의 비문에서 처음으로 나타난다는 경험적 사실이 남게 된다. 그 비문에 언급된 "이스라엘" 사회 집단의 규모는 그 당시의 파라오가 생각하는 정도로 간주되어야 한다.⁹ 따라서 이스라엘 사회사 서술은 이 시기에서 출발해야 한다.

최근 몇몇 역사가들이 페르시아 시대 이전의 이스라엘 역사를 순수하게 페르시아 시대에 구성된 것으로 견지하며, 그것의 역사적 가치는 대략 로

---

5   위의 책, 73.
6   이전의 여러 학자에 대해서 Soggin(1991, 29). 마찬가지로 Kinet(2001)은 고대 이스라엘의 전체 역사를 단지 두 시기로 분류함으로써 이러한 단초를 위한 근거로 삼았다. A. 백성이 되는 과정(Der Prozeß der Volkwerdung B.C. 1200-1000년); B. 이스라엘과 유다 왕국(Die Königreiche Israel und Juda B.C. 1000-331년).
7   Soggin 1991, 30.
8   "고유한 역사"는 왕정과 함께 시작해야 한다는 저자에게 문제점으로 지적되는 것은 인류 또는 백성의 "고유한 역사"는 국가라는 것과 함께 비로소 시작할 수 있다는 관념이다.
9   논의에 대해서는 위에 이스라엘 사회사의 시대 입문 I. 1. B.를 참조하라. B.C. 1천 년 중반까지 이르는 애굽 역사의 모든 자료는 율리우스-그레고리안 달력의 연대기로 전용되면서 명백한 불확실성을 갖게 되었다. 계속해서 필자는 (파라오의 이름을 서술하는 방법에) Beckerath(1997)의 연대기에 동조하고 있다.

마 역사에 대한 베르길(Vergil/Virgil) 작품인 애네이스(Änäis/Aeneid - 고대 로마의 서사: 역주)의 가치와 견줄 만하다고 주장하는 것은 방법론적으로 많은 문제가 있다.[10] 분명한 것은 이스라엘 역사가 고대 근동 역사의 일부이며, 그 지역의 다른 민족의 역사보다 더 고귀한 가치를 갖지는 않는다는 점이다. 마찬가지로 모든 역사 서술이 묘사하는 자의 구성이듯이, 이스라엘 역사상(像)이 하나의 구성이라는 점은 자명하다.

하지만 이 두 가지 인식은 실증주의적으로 뒤바뀌었다. "팔레스틴 역사"에서는 "실재성"을 다루고 있는 반면, 이스라엘 역사를 근동의 역사에 삽입하는 것 그리고 개별 역사를 서술하는 구성물에 삽입하는 것으로부터 한편으로는 "창작", 다른 한편으로는 "착안된 과거"라 할 수 있는, "이스라엘 역사"가 구분된다.[11] 이 실증주의가 이스라엘 국가에 대하여 현재 팔레스틴의 요구를 적법화하기 위해 사용된다는 점은 실증주의의 신뢰성을 고취시키지 못했다.[12]

"이스라엘"이라는 이름이 B.C. 13세기 말에 언급됨으로써 우리는 고고학적으로 후기 청동기 시대(B.C. 1550-1200)에서 철기 I 시대 (B.C. 1200-1000)로 넘어가는 과도기로 표현될 수 있는 시대에 다다른다. 따라서 이스라엘의 시작은 이 시대에서 탐구되어야 한다.

---

10 그렇게 이해하는 이로 Ph. R. Davies 1994; 참조하라. Ph. R. Davies 1995; Whitelam 1995.

11 Whitelam(1995, 36)의 의도를 참조하라. "성서 연구의 담론을 통해 주어진 것을 이용하여 상상된 과거의 지배로부터 … 고대 팔레스틴의 과거 현실을 풀기 위해서."

12 덧붙여서 참조하라. Whitelam(1995, 7-8) 그리고 Dever(1998, 50)는 그에 반대하여 격렬한 논쟁을 벌였다. 팔레스틴 집단에 대한 Whitelam의 연구를 수용하여 다음과 같이 표현했다. "그들의 팔레스틴은 유대인의 침해를 받지 않았다."

1. 친족을 기반으로 하는 사회 집단으로서 이스라엘 생성

* 참고 문헌: *Briend / Caquot / Cazelles u.a. 1990; Coote 1990; Coote / Whitelam 1987; Crüsemann 1978; Engel 1979b; I. Finkelstein 1988; I. Finkelstein / Na'aman 1994; Fritz 1996; Gottwald 1979; Halpern 1983; Lemche 1985; ders. 1996a; Neu 1992; Schäfer-Lichtenberger 1983; Sigrist / Neu 1989; Thiel ²1985; Thompson 1992; M. Weippert 1967.*

"이스라엘"은 완성된 실체로 역사 무대에 등장한 것이 아니다. 이스라엘은 오히려 대략 200년 동안 지속되는 과정을 통해서 다양한 요소로부터 형성되었다(하지만 그 이후로 모든 시대에 적절하게 규정될 수 있는 이스라엘의 실체는 존재하지 않는다). 역사가 변함에 따라 변화하는 한 사회 집단의 사회적 형태를 기술하는 것이 사회사의 과제라면, 이스라엘이 변화하는 역동적 순간과 사회 형태의 정적인 순간들을 서로 구분하는 것은 이스라엘이 형성되는 시대를 구분하는 것보다 더 용이하다. 그럼에도 불구하고 뒤이어 언급되는 서술에는 일목요연함을 위하여 이스라엘의 생성과 친족을 근간으로 하는(verwandtschaftsbasiert) 사회 집단의 구조를 연속해서 다루었다.

만약 이스라엘의 생성이라는 첫 번째 역동적 시대가 존재했고, 이후에 견고한 구조를 가진 정적인 시대로 대체되었을 것이라는 인상을 받았다면, 그것은 잘못되었을 가능성이 있다. 이스라엘이라는 존재는 전체 시대 속에서 되어 가는 과정에 있는 존재이다.

1) 이스라엘 집단의 형성

어떠한 정치, 사회 그리고 문화적 상황에서 우리는 생성되는 이스라엘의 첫 윤곽이 인식되는 시대를 발견할 수 있는가?

(1) 후기 청동기 시대의 가나안 사회 집단(B.C. 1550-1200년)

청동기 시대의 지중해 동부 연안에는, B.C. 2천 년 초기 이후부터 명백하게 알려진 것으로, 수많은 **도시 국가**(Stadtstaaten)가 나란히 존재했다는 특징이 있으며, 이 도시 국가는 각각 독립적이었고, 협력과 경쟁을 하며 서로 긴장관계를 맺고 있었다. 그것에 대해서는 애굽의 중왕국(das Mittlere Reich)에서 출토된 저주문서들(Ächtungstexte)이 암시하고 있다. 만약 이 주술들이 이 지역에 대한 애굽의 관심을 이미 보여 주는 것이라면, 애굽 신왕국(das Neue Reich)의 파라오들에게는 자신의 통치가 지중해 동편까지 확장되는 것을 의미한다.

파라오 투트모스3세(Tuthmosis III, 1479-1425)는 자신의 첫 번째 출정을 통해서 팔레스틴에 대한 신왕국의 지배권을 견고히 했다. 동시에 애굽인은 일부 통치자의 경쟁을 이용하여 팔레스틴 지역에 대한 자신들의 지배권에 우위를 점하고 그것을 유지하기 위해 몇몇 도시에 군사 거점을 세웠다. 파라오 아메노피스4세(Amenophis IV), 즉 아켄아텐(Ach-en-aten, 1351-1334)의 왕궁에서 발굴되었고, 그 발굴 지역을 따라 명명된 아마르나-서신(Amarna-Korrespondenz)은 분산된 도시 통치의 모습을 증명하고 있다. 이 서신은 무엇보다 이미 평지 국가의 특성을 갖춘 상당히 큰 통치 지역들이 산간 지역에서도 인식된다는 것을 효과적으로 보충 설명해 준다. 우리는 이스라엘과 유다가 국가로 발전하는 것에 대해 언급할 때, 이러한 모습을 재고해야만 한다.[13]

당시 가나안 지역에 있던 **사회 집단의 내적인 관계**를 재구성하기 위해 유익한 것은 투트모세(Tuthmosis)의 아들인 아메노피스 2세(Amenophis II, 1428-

---

13 아래 이스라엘 사회사의 시대 입문 II. 2.를 보라. 시리아-팔레스틴의 청동기 시대 도시 국가 시스템을 요약하고 있는 것으로 참조하라. M. Weippert 1967, 16-24.

1397)의 출정 기록에 언급된 포로 목록이다.[14] 이 목록은—그밖에 보도와 고고학적 평가를 통해서 첨가되었다—상이한 사회 집단을 제시하고 있다. 몇몇 소규모 국가 형태를 다스렸던 수많은 통치 가문은 군사적으로 직업화된 전차부대에 의존했으며, 제의 전문가와 일반 행정 전문가들이 통치 가문에 둘러싸여 있었다. 이들은 가나안 포로 목록에 언급된 사람들과 결부되었고, 소규모 숫자인 점을 볼 때 그들은 부유한 상인과 장사치이었을 것이다. 농업에 종사했던 주민의 규모는 도시 국가의 경제적 기초가 된다.

추측건대 유사한 군주-중앙 집권 구조로 되어 있는 도시 국가 이외에도 이 포로 목록에는 두 그룹들이 더 나타난다. 이 그룹들은 정착해서 살아왔던 주민들과 동일하지 않으며 또한 서로 구별되는데, 아피루('Apiru)와 샤수-유목민(Schasu-Nomaden)이 그들이다. 또한, 아마르나 서신에서 아피루는 독립된 사회 집단으로 나타난다. 이러한 사료들에서 추론될 수 있는 것처럼, 이러한 중요한 사회 집단적 요소 이면에 어떤 존재가 숨어 있는가?

애굽 사료에서 언급된 샤수(*Schasu*)의 경우에는 유목민(Nomaden),[15] 좀 더 정확히 말하면 소규모로 목축업자를 말한다(현대의 베두인[Beduinen]과 비교할 만한 낙타를 치는 자는 적어도 보다 후대에 나온다[16]). 마리(Mari) 문서가 보여주는 것처럼, 그러한 소규모 목축을 하는 유목민들은 B.C. 2천 년경에 이미 근동에서 확인된다.[17] 동시에 순수하게 주거 지역이 없이 살아가는 것과 장기적으로 정착해 가는 것, 두 시간적 간극에 유목민이 존재했으리라는 포괄적인 관점이 존재한다. 서로 다른 거주지를 가축을 몰고 이동하는

---

14 본문, 번역 그리고 개정에 대해서 Edel(1953), Text(113-136); Helck(1961, 32-42); Context II(19-23).

15 유목 생활의 현상에 대해서 참조하라. Klengel(1972); Knauf(1994, 28-71); Rowton(1973); Rowton(1976); Rowton(1977); Silva Castillo(1981); Staubli(1991).

16 덧붙여서 참조하라. Staubli(1991, 184-199).

17 마리 문서에 나타난 유목 생활에 관하여 참조하라. 무엇보다 Kupper 1957; M. Weippert 1967, 106-123.

것, 계절에 따라서 정착과 유목을 번갈아 바꾸는 것, 불규칙적인 유목 생활 등.[18] 유목민과 정착민의 차이는 원칙적으로 결코 서로 적대적이지 않으며, 오히려 상호 공생하는 관계로 관찰된다.

마이클 로우톤(Michael B. Rowton)은 소논문[19] 시리즈에서 도시 정착화와 그 중간에 존재하는 유목 생활이 뒤섞여 있는 것을 "동종이형(同種二形)의 사회적 그리고 정치적 구조" 혹은 간단하게 "동종이형 구조"(dimorphic structure)[20]로 서술했다. 이 유목 생활은 도시들과 관련되었기 때문에, 로우톤은 중앙아시아와 아라비아에 광범위하게 분포한 유목 생활과 구별하여 그러한 유목 생활을 "폐쇄된 유목주의"(enclosed nomadism)[21]라고 명명했다. 그는 "동종이형 사회"(dimorphic society)라는 상당히 추상적인 표현을 통해서 광범위한 시대에 존재하는 모든 서아시아 지역의 사회 집단에 대한 초안을 잡기 위해 노력했다. 도시와 (유목민) 지파가 물론 사회 집단의 기본 구조를 형성하기는 하지만, 의도된 추상적 개념으로 인해 이러한 도식은 상당히 매끄럽지 못하므로, "동종이형"을 대신하여 "다양한 형태의 사회 집단"(polymorphe Gesellschaft)에 대해 언급하는 것이 가능하다고 생각한다.[22]

우리의 관심을 끌 만한 보다 후대 이스라엘의 지역에 거주하던 유목민에 대해서 잘 알려진 것은 이 유목민이 식량을 찾을 때면 종종 팔레스틴 남쪽에서 나일강 삼각 지대로 이주했다는 점이다. 이것은 B.C. 2천 년을 통틀어서 발견된다. B.C. 19세기로 보이는 베니 하산(Beni Hassan)에서 발견된 크눔호텝(Chnum-Hotep)의 무덤에서 유목민들은 채색으로 묘사되었

---

[18] Staubli 1991, 15-16. "따라서 고대 근동적인 유목 생활 구조는 다음과 같은 이유, 즉 고대 근동 유목 생활에서는 어떠한 시스템도 존재하지 않았기 때문에 좌절되었다."

[19] Rowton 1973, 1976, 1977.

[20] 그렇게 이해하는 학자로 Rowton(1973, 202)을 보라.

[21] 위에 책을 보라.

[22] Lemche(1985, 198)를 보라.

고, 이들은 여자와 아이들, 목축과 선물과 함께 애굽 관리를 통해서 지방 군주에게로 인도되었다.[23]

그리고 B.C. 12세기에 국경 지역의 한 관료는 자신의 상관에게 서신으로 보고했는데, 그가 어떻게 에돔의 샤수(Schasu) 부족을 분류했는지 그리고 분배된 지역을 지정해 주었는지에 대해 보도한다.[24] 아메노피스 2세(Amenophis II)의 포로 목록이 보여 주는 것처럼, 이 샤수 부족은 전쟁 포로로서 나일강 인근 지역으로 이주되었을 수도 있다.

샤수와 함께 언급된 포로 목록에 아피루('Apiru)라는 표현이 등장한다. 어떤 사회 집단이 이들 이면에 존재할까?[25] **아피루**에 대해 가장 먼저 주목해야 할 점은 사료에서 아피루는 샤수와는 명백하게 구별된다는 사실이다. 두 사회적 집단은 동일시될 수 없으며, 어떤 공통된 단면을 갖고 있지도 않다. 후대 청동기 시대에 가나안 지역 사회 집단의 기본 골자인 정착민 그리고 유목민과 비교할 때, 아피루는 두 형태와는 명백하게 구별되는 "제3의 세력"을 형성했다.[26] 아마르나-서신에서 아피루는 애굽을 소동하게 하는 원인이 되었으며, 반란을 일으키는 왕들과 매번 결탁했던 애굽의 적으로 묘사되었다.

특별히 이들은 종종 산간 지역에 거주하는 자로 언급되었다. 이러한 아피루는 B.C. 20세기 내로 평가되는 근동의 수많은 문화 사료에서 나타나기 때문에—애굽뿐만 아니라 누지(Nuzi)와 마리(Mari), 우가릿(Ugarit)과 알라락(Alalach) 또한 히타이트 사료, 이것들은 히브리 성서가 언급하는 B.C.

---

23 H. Weippert(1988, 213) 그리고 Staubli(1991, 그림 15b)에서 확인되는 변화된 그림.
24 TGI Nr. 16. 애굽적인 샤수-묘사에 관한 전반적인 것에 대해서 참조하라. Staubli 1991, 20-66.
25 여러 문헌에 대해서 참조하라. Bottéro 1954; Donner ³2000, 80- 82; Engel SJ 1979, 179-182; K. Koch 1969; Lemche 1996a, 141-150; Loretz 1984; Rowton 1976; de Vaux 1968; M. Weippert 1 967, 66-102.
26 Bottéro(1954, 169-170)는 "제3의 세력"("une ,troisième force")으로 표현했다.

20세기를 회고하는 것으로 보인다.[27]—이러한 모습은 보충된다. 아피루라는 표현은 분명히 인종에 대한 것이 아니라, 사회적 범주를 다루고 있다. 이들은 경제적 혹은 정치적 근거로 볼 때 방랑하는 이주자로 볼 수 있다. 그들은 사회 집단의 변두리에서 약탈자로 살아가거나 혹은—완전히 통합되어—도시 지도자의 용병 혹은 최소한의 법적 권리를 가진 보호받는 주민(Schutzbürger)으로 살았다.

아메노피스 2세의 포로 목록이 보여 주고 있는 것처럼, 아피루는 이따금 애굽으로 끌려간 전쟁 포로로 나타난다.[28] 그곳에서 어떤 운명이 그들을 기다리고 있었는지는 람세스 2세(Ramses II, 1279-1213) 시대의 모범적인 두 서한이 보여 준다.

> … 비축 식량을 군인들과 아피루에게 주어라. 그들은 … 람세스 미아문(Ramses Miamun)의 대규모 건축을 위해 돌을 나르는 자들이다.[29]

이런 관점으로 볼 때 아피루는 샤수와 구별된다. 샤수는 항상 임시 체류에 대한 권리만을 가진 자들이었다. 그들을 애굽으로 이주시킨 원인이 사라진다면, 그들은 분명 자신의 본래 지역으로 돌아갈 수 있었다. 그와 반대로 아피루는 노역을 하는 자들로 그러한 가능성이 거의 없었다.

이렇게 개략적으로 서술할 수 있었던 가나안 사회 집단에 중요한 변화가 B.C. 1200년경에 나타났다. 그보다 조금 이른 시기에, 즉 후기 청동기로 표현할 수 있는 시기가 끝나갈 무렵에 "이스라엘" 칭호가 파라오 메르넵타(Mer-en-ptah) 비문에 나타났다.

---

27 성서 증거 본문에 대해서 참조하라. 특별히 K. Koch 1969 그리고 Loretz 1984.
28 덧붙여서 참조하라. Engel 1979b, 187-190; K. Koch 1969, 67-68; M. Weippert 1967, 90-94.
29 TGI Nr. 12, S. 35; 또한 참조하라. Bottéro 1954, 169-170.

우리는 이것에서 무엇을 추론할 수 있을까?

(2) 메르넵타 비문의 "이스라엘"

메르넵타의 승전비문(1213-1203)은 재위 5년째 되는 해에 있었던 파라오의 리비아 출정에 대하여 보도하는 긴 내용을 담고 있다. 보도의 마지막에는 짤막한 찬양의 노래가 덧붙여 있는데, 그것은 지중해 동부 지역에 대한 통치자의 승리를 요약하고 있다.[30] 비문에는 "가나안"이라는 일반적인 표현이 사용되었다. 그것에 이어서 세 도시들, 즉 아스글론(Askalon), 게셀(Gezer) 그리고 야노암(Inuam)이 나온다. 그 후에 이스라엘을 언급하는 문장이 나온다. "이스라엘은 황폐화되었다. 그것은 씨가 말랐다."

마지막으로는 후르리족(Churriter) 영토인 차루(Charu)가 나온다. 그것을 해석하는 데 중요한 것으로 세 도시들에는 각각의 이름과 함께 이방 땅을 표현하는 상형문자의 한정 용법이 기록되었고, 반면에 "이스라엘"은 인격으로 해석될 수 있는 표식이 있으므로 인간 집단으로 고려할 수 있다는 점이다.

따라서 이 세 도시는 전통적인 가나안 도시 국가를 나타내는 반면, 그와 달리 "이스라엘"은 주민 집단을 가리킨다. 이 주민 집단은 가나안 내에서 지정학적으로 경계를 긋는 특정 지역에 국한하여 거주한 것이 아니며, 도시 국가의 주민과 명백하게 구별된다.[31]

---

[30] Fecht(1983, 107-120)에게서 발견되는 본문과 번역. Hornung 1983; TUAT I(1985), 544- 552; Context II(2000), 40-41. 이 비문의 마지막 찬양 부분에서 "이스라엘"이라는 용어가 나타나기 때문에 사람들은 비문 전체를 때때로 "이스라엘-비문"이라 칭한다. 그로 인해 이 증거 자료는 물론 이스라엘 역사 연구에 있어서 중요한 의미를 갖는다. 그러나 이러한 표현은 비문의 내용과 전혀 일치하지 않는다. 포괄적인 문헌과 관련하여 필자는 다음 학자들을 언급하고자 한다. Bimson 1991; Engel 1979a; Fecht 1983; Fritz 1996, 73-75; Hasel 2004; Hornung 1983; Rainey 2001; Redford 1986.

[31] Hasel(2004)은 제한적으로 다음과 같이 결론을 내린다. "… 이스라엘은 사회민족적인 존재로 나타나며 …"(80-81).

"이스라엘은 황폐화되었다. 그것은 씨가 말랐다"라는 표현은 대단히 관용적 문구이며, "씨"라는 은유적인 단어는 필시 "후손"들로 이해된다.[32] 따라서 우리는 이것을 결코 순수한 농경 문화의 주민으로 제한할 수는 없다. 또한, 유목민적인 혹은 반유목민적인 삶의 양태 역시 배제될 수 없다.[33] 어쨌든 "가나안 도시 국가 이외의 주민을 표현하는 지금까지의 언어 사용과는 구별된다"[34]는 점에 주목해야 한다. 비문을 기록한 자는 자신이 생각하는 주민 집단을 표현하기 위해서 명백하게 아피루 혹은 샤수라는 용어를 사용하지 않았다. 그는 "이스라엘"을 세 도시 국가와 동등한 독립 집단으로 언급하고 있다.[35]

메르넵타 비문의 "이스라엘"과 후대 이스라엘의 공통점은 무엇인가 하는 질문에 다양한 답변이 고려될 수 있다. 비문 자체는 그에 대해 어떠한 대답도 제공할 수 없다. 흥미로운 것은 "이스라엘" 명칭이 신명 요소인 "엘"(El)을 함유하고 있으며, 후대 문서에서 "이스라엘"은 항상 야훼 하나님과 연결되어 있다는 점이다. 그러한 것은 성서 이외에 가장 가깝게는 B.C. 9세기 명문인 메사-비문에서 나타난다.

---

32 Rainey(2001)를 참조하라. 그는 중요한 증거 본문을 언어의 은유적 사용으로 이해했다.
33 Bimson(1991)는 메르넵타 비문에 "이스라엘"이 언급되었다는 사실을 근거로 B.C. 12세기 이전에 그 땅에 새로운 정착 과정이 이미 일어나고 있었다는 결론을 내린다. "철기 시대가 시작하기 이전에 이스라엘은 반유목민적 백성이 되었음이 분명하다"(24).
34 Fritz 1996, 74.
35 Redford 1986. 그는 메르넵타 비문을 세토스 1세(Sethôs I) 시대의 것으로 보이며 카르낙(Karnak)에서 발견된 아스글론-부조(Askalon-Relief)와 비교했고, 아스글론-부조에 언급된 모든 명칭이 메르넵타 비문에서 나타난다는 것을 관찰했다. 단지 아스글론-부조에서 "샤수"라고 기록된 위치를 대신하여 메르넵타 비문에서는 '이스라엘'이 자리잡고 있다. "시문에서 기록된 모든 명칭이 이스라엘을 제외하고는 아스글론-부조에서 차례대로 나타난다. 따라서 B.C. 13세기 초로 평가되는 세티 1세(Seti I)와 람세스 2세(Ramses II)의 서기관에 의해서 민족 그룹으로 묘사되고 거명된 "샤수"는 그것보다 두 세대 후대인 메르넵타 시문에서는 '이스라엘'로 알려졌다"(199-200).

이것은 한편으로는 야웨-숭배자들이 B.C. 9세기에 전통적으로 주어진 이름을 담지했다는 것을 보여 준다. 하지만 다른 한편으로 이것은 메르넵타 비문의 "이스라엘"이 후대에—야웨 하나님을 본질적인 것으로 여기는—하나의 그룹과 일치하거나 또는 그 그룹에 흡수되어 그들에게 이스라엘이라는 신적 칭호를 부여함으로써 연속적인 정체성을 유지할 수 있었다는 것을 제시하지는 못한다.

B.C. 13세기 말의 메르텝타 비문과 그것과 가장 근접한 B.C. 9세기 중반의 메사 비문 사이에는 대략 400년의 공백이 존재하는데, 이것은 메르넵타 비문의 이스라엘이 메사 비문의 이스라엘과 전혀 무관하다는 식으로 해석될 수는 없다. 오히려 이것은 B.C. 9세기 이후부터 수많은 곳에서 그리고 성서 외부의 것에서도 명백하게 증거되는 이스라엘이 이면에 400년의 역사를 가지고 있음을 보여 준다. 이 역사를 재구성하기 위해 우리는 당연히 고고학적 자료와 성서 본문의 도움을 받아야 한다. 두 비문의 시간적 공백이 크다는 점은 메르넵타 비문의 이스라엘이 그 사이에 사라졌다거나 혹은 완전히 무의미한 것으로 몰락했을 것이라는 추정의 근거를 제공하지 않는다.[36]

오히려 이것은 후기 청동기 시대에서 1200년경인 철기 I 시대로 넘어가면서 근동 사회 집단이 심각한 변화를 겪었다는 사실에 기인한 것이다. 이러한 변화의 (이차적) 결과로 초기 철기 시대의 문서 기념비가 현실적으로 전혀 존재하지 않는다. 이제 우리는 그러한 변화를 보게 될 것이다.

---

[36] Bimson 1991, 23 "이런 오랜 침묵은 이스라엘이 그 사이에 존재하지 않았다는 것을 결코 의미하지는 않는다." 그와 달리 Thompson(1992, 274-276, 310-311) 그리고 Ph. R. Davies(1995, 58-60)는 연속성이 존재하지 않는 것으로 이해한다. 내 생각에는 Davies가 제시한 용례들은 그가 제시하려고 했던 것의 정반대를 입증한다. "오늘날의 '영국인'은 로마 시대의 브리튼인(Briton)이 아니며, 그들 대부분은 브리튼인의 후손도 아니다"(59). 그러나 그런 이유로 켈트계 영국인이 '대영 제국의 역사'에 속하지 않는가? 만약 Whitelam(1994)이 "이스라엘"이라는 표현과 "초기 이스라엘"을 찾으려는 연구를—적어도 "당분간"—포기할 것을 요구한다면, 그러한 입장은 결론에 도달해 있다. '최소주의'에 대한 비판과 "이스라엘" 명칭의 연속성에 대해서 참조하라. Rösel 2002.

(3) 철기 시대로 넘어가며 나타난 가나안 사회 집단의 변화

B.C. 1200년경 지중해 동부의 남쪽에서 일어난 것은 전반적으로 "붕괴"[37], "해체"[38], "몰락"[39] 또는 "대변혁"[40]이라는 용어로 기술된다. 이 과정에는 상호 작용하며 강화되는 수많은 측면이 있다.

B.C. 13세기 말까지 애굽과 히타이트는 지중해 동편의 남부 또는 북부 지역에 대한 패권을 나누었다. 하지만 제국의 내부 권력은 신속하게 붕괴되었고, 제국의 이해관계를 국경 밖에서도 인지할 수 있었다. 람세스 2세 (Ramses II.)의 죽음(B.C. 1213년) 이후에 국가를 결속시키려는 시도는 증가하는 내부의 난관에 봉착했다. 물론 메르넵타는 지중해 동편의 남부 지역을 다시 한번 성공적으로 장악할 수 있었지만, 그러나 그의 승전비는 무엇보다 그가 서쪽에서 애굽에 대항하여 쇄도하는 리비아를 퇴치하는 데 엄청난 에너지를 소모했다는 것을 증언한다.

메르넵타의 후계자 역시 가나안 남쪽으로 진출을 시도했으며, 현존하는 애굽 문헌들은 드물게 B.C. 12세기에 대해 증거하고 있다.[41] 하지만 이 지역에 대한 애굽의 영향력은 지속적으로 감소했으며, 애굽이 패권을 차지했다고 더 이상 말할 수 없을 것이다.

애굽의 내부 발달은 소위 **바다 민족(Seevölker)**이라 불리는 민족의 유입으로 야기된 것이 아니라, 오히려 강화되었다. 에게해에서 뱃길을 타고 새로운 정착지를 찾아온 그룹들은 중요하다. 람세스 3세(Ramses III. 1183/82-1152/51)가 그들이 애굽에 근접하지 못하도록 막는 것을 성공한 이후에,

---

37 Donner ³2000, 48.
38 Lemche 1996a, 141.
39 그러한 이해에 대해서 Fritz 1996, 67; Lemche 1996a, 148.
40 Lemche 1996a, 150. 전반적인 과거 집단에 대해서 참조하라. Soggin 1988a; Tadmor 1979.
41 개관에 대해서 참조하라. Fritz 1996, 69.

그들 중에 블레셋이라는 그룹들은 후대에 팔레스틴이라 불리는 남쪽 해안에 정착했고, 그곳에서 가나안의 전형에 따라 도시 국가를 형성했다.

애굽은 이러한 정착에 전반적으로 호의적으로 대했으며, 블레셋 국가를 경쟁자라기보다는 오히려 애굽의 이해관계에 도움을 주는 이들로 평가했다는 추측은 분명히 잘못된 것이 아니다. 그럼에도 불구하고 이 사건은 동시에 가나안 지역에 대한 애굽의 직접적인 영향력이 감소하고 있음을 보여 주는 것이다.[42]

이처럼 세계의 정치적 상황이 변하는 것과 함께 가나안의 **내부 상황**이 근본적으로 변화하는 조짐이 나타났다. 물론 모든 도시가 멸망한 것은 결코 아니기 때문에, 여기에서 "가나안 도시 국가의 몰락"을 말하는 것은 과장된 것이다.[43] 하지만 밀집된 도시 국가의 네트워크 같은 시스템은 전체적으로 헤어 나올 수 없는 위기에 봉착하게 되었다. 그 위기의 끝인 B.C. 1천 년경에 도시 국가는 지배적인 현상이 아니었으며, 오히려 영토 국가(Flächenstaaten)가 등장했다.

동시에 이러한 발전은 개별적이며 세분화되어 진행되었다. 하솔(Hazor), 세겜(Sichem) 그리고 아벡(Afek)과 같은 중요한 도시는 이미 B.C. 1200년경에 파괴되었고, 그 이후에는 사람들이 그곳에 거의 정착하지 않았거나 또는 아주 희박하게 정착해서 살아갔을 뿐이다. 벧-스안(Bet-Schean)과 라기스(Lachisch), 므깃도(Megiddo)와 게셀(Gezer)과 같은 다른 중심 지역들은 B.C. 12세기 동안에도 정착민이 여전히 존재했다. 더군다나 므깃도와 벧-스안의 경우에는 자료 문화를 근거로 볼 때, 청동기 시대의 정착지들이 멸망한 이후에

---

[42] 초기에 선호되었던 "바다 민족의 유입" 그리고 그와 연결된 "민족의 이주"를 극적으로 묘사하려던 것을 유보하는 것에 대해서 Thompson(1992, 263-274)은 정당하게 주의를 주었다. 물론 일방적으로 군대 정치적으로 각인된 설명이기는 하지만 Drew(1993)도 참조하라.

[43] 그러한 이해로 Fritz 1996, 67.

거주민은 마찬가지로 가나안인으로 채워졌다는 결론을 내릴 수 있다. 다른 도시들은 그와 달리 B.C. 10세기까지 전혀 사람이 정착하지 않았다.[44]

청동기 시대에 가나안 도시들이 멸망한 것과 병행하며, 그것과 인과적으로 명백하게 연결된 것으로 초기 철기 시대에 가나안 땅에 **새롭게 정착**하는 자들이 등장했다. 산간 지역 전반에 걸쳐서 새로운 정착지가 생겨났는데, 이것은 오래된 도시들과 본질적으로 구별된다. 새로운 정착지는 훨씬 소규모이었다. 소규모 정착지에는 도시를 구분 짓는 성벽과 성문 그리고 대표하는 특징적인 건물들이 없다.

거리 안내와 장소의 시설이 보여 줄 것 같은 의도적인 계획은 일반적으로 거의 인식될 수 없다. 새롭게 정착지에서 지배적이었던 가옥의 형태는 오래된 도시들에서 선호되었던 가옥의 형태와는 구별된다. 지표면을 연구한 결과는—해안가와 이스르엘 평원을 제외하면—이 땅이 한결같이 정착지이었음을 보여 준다. 게다가 오래된 도시들이 존재하지 않았던 네게브(Negev) 지역도 이러한 정착지에 포함된다.[45]

새로운 정착 지역은 오래된 도시 국가의 주변 지역과는 경제-지정학적으로 명백하게 구별된다. 도시 국가의 평야에서 농업 경제의 가장 중요한 생산품은 곡식이다. 그러나 산간 지역에는 곡식 재배 면적이 너무도 적다. 하지만 산간 지역의 고원 지대 그리고 무엇보다 비탈진 지역은 올리브, 과일 그리고 포도 재배에 적합하다.

---

44 실례에 대해서 참조하라. 위의 책, 69-70. 가나안 도시들에 대해서는 마찬가지로 Gonen 1984.

45 네게브 지역에 대해서는 참조하라. Fritz 1975; Axelsson 1987. 하지만 모든 새로운 정착지가 동시에 나타난 것은 아니다. 덧붙여서 참조하라. I. Finkelstein 1988, 324-330. Vieweger(1993)는 네게브와 비교함으로써 갈릴리 산간 지역을 조명했고, 그 결과 가나안 땅의 여러 지역에서 다양한 발전이 있었음을 보여 주었다. 갈릴리에 대해서 참조하라(Gal 1992). 다양한 지역에서 기존에 존재해 왔던 사람들에 대해서 참조하라. I. Finkelstein/ Na'aman(1994)책에 있는 여러 소논문 그리고 동요르단에 대해서 Mittmann 1970.

특별히 비탈진 지역을 농경지로 활용하게 위해 설치한 계단식(Terrassen) 설비는 기술이 상당히 진보했음을 의미한다. 우리는 새로운 정착지에서 종종 빗물통과 곡물 창고, 덧붙여서 부피가 큰 용기(Pithos)가 저장고로 사용되는 것을 알 수 있다. 이 모든 것은 경제 방식이 결코 원시적이지 않았음을 암시하는 것으로, 오히려 산간 지역의 자원을 이용하는 방법(계단식 설비, 빗물통)과 재고(在庫) 관리(곡물 창고, 용기)에 있어서 상당한 수준에 이르렀다는 것을 보여 준다.[46]

당시 사람들이 올리브, 과일 그리고 포도주로만 삶을 영유한 것은 아니다. 곡물은 예나 지금이나 기본 식료품이다. 새로운 정착지에서 그것은 제한된 양으로 그리고 특정 지역에서만 재배되었기 때문에, 우리는 여기에서 두 가지를 추론할 수 있다.

첫째, 산간 지역에서 재배된 곡물이 모든 지역에서 유통될 수 있도록 새로운 정착지들은 상호 무역을 해야만 했다. 그리고 산간 지역의 곡물이 충분하지 않았을 것이므로, 오래된 도시 거주민의 곡물과 자신들의 생산품을 물물 교환하기 위해 새로운 정착지 사람들은 오래된 도시 주민과 무역 관계를 맺어야만 했다.[47] 새로운 정착지와 오래된 도시들 사이에 어떤 갈등이 존재했는가 하는 문제가 제기되지만, 기본적인 경제 상황을 볼 때 그들 사이에 어떤 반목도 존재하지 않았을 것이다. 오히려 그들은 서로에 보완하는 관계였다.

---

46 참조하라. 경제적 상황에 대해서 위에 이스라엘 사회사 방법론 입문 I. 1.을 참조하라. 정착 지역의 지정학에 대해서 참조하라. I. Finkelstein 1988, 특별히 324-335에 나타난 안내를 참조하라; 동저자, 1988-1989; 동저자, 1989. 지역 경제에 대한 전제 조건에 대해서는 참조하라. Hopkins 1985 그리고 Borowski 1987.
47 Nurmi 2004, 82: "새로운 정착지는 곡물을 저지대에서 수입해야 했으므로, 특성화는 정착지 사이의 교역을 가능하게 만들었다."

이 새로운 정착민은 어디에서 왔을까?[48] 그것에 대해 많은 가능성이 있으므로, 우리는 어느 하나만을 수용하는 것이 불가능하다는 점을 처음부터 견지해야 한다. 청동기 시대 도시의 붕괴가 그 거주자 그룹이 해체되었음을 의미하지는 않는다. 이것은 전체적으로 이 도시들과 그 주변에 거주했던 기존 거민들은 새로운 정착민들과 뒤섞여 살게 되었다는 것을 의미할 수도 있다. 도시가 붕괴되기 이전에 이미 그 땅에서 발견되는 아피루는 특별히 새롭게 형성되는 정착지에서 싹이 날 수 있었다.[49] 새로운 정착민이 더 많은 것은 (반-)유목적 배경으로 설명될 수 있다.[50]

애굽 문서에 나타난 샤수와 가장 근접한 이들로 평가되는[51] 이 소규모 가축 유목민들은 종종 도시와 공생(共生) 관계에 있었으며, 만약 이 도시가 붕괴됐다면 그들은 새로운 생존 가능성을 찾아야만 했다. 그럼에도 그 땅에 새롭게 정착한 이주자가 외부에서 유입되었다는 점도 배제되어서는 안 된다.[52]

---

48 덧붙여서 I. Finkelstein 1988, 336-348 "The Origin of the Israelites."
49 참조하라. Rösel 1992, 59: "물론 하비루(Habiru)가 이스라엘화되었다는 것이 발견된다 할지라도, 이스라엘 사회 집단이 자신의 기원을 청동기 시대의 하비루(Habiru)에게서 찾을 수는 없다."
50 I. Finkelstein 1988, 337: "… 철기 I 시대에 고원 지대에 백성 혹은 적어도 그들 대부분이 정착하는 것은 유목을 배경으로 하는 것이다."
51 Rösel 1992, 62. "아마도 이스라엘 생성에 중요한 역할을 했던 그룹으로 샤수를 언급할 수 있다." 증거 본문을 검토한 이후에 Rösel은 "샤수는 이스라엘 생성에 있어서 가장 중요한 역할을 했으며, 다른 어떤 그룹들보다도 중요했다"라고 평가한다(65).
52 마지막 가능성에 대해서 "물질 문화가 분명히 가나안 전통에 서 있다"는 이유로 Fritz(1996, 92)는 문제를 제기한다. 나의 의견으로는 이것이 이주를 완전히 배제하지는 않는다고 생각한다. 그럼에도 불구하고 이주하는 것이 새로운 정착에 있어서 지배적인 요소는 아니었을 것이다. I. Finkelstein 1988, 348. "다른 대부분의 학자의 의견에 일치하여 이스라엘 기원에 관한 역사적 진실성의 핵심은 이스라엘의 애굽 기원에 관하여 깊이 뿌리를 내리고 있는 성서 전통에서 있음을 우리는 수용한다. … 정착민 중에서 일부 요인은 물론 국외에서 유입된 것이며 …, 새로운 인구의 일부는 심지어 사막 지역에서 왔을 것이다."

반면에 우리가 지금까지 배타적으로 의존해 왔던 고고학 사료는 **새로운 정착민들의 인종 구성**에 대해서 전혀 정보를 제공하지 않는다. 성급하게 결론지으려는 모든 시도는 기피되어야 한다. "이스라엘" 집단은 새로운 정착이 시작되기 이전에 메르넵타 승전 비문에서 이미 증명되고 있고, 대략 B.C. 1000년경인 철기 II 시대로 넘어가는 과정에서 "이스라엘"이 다시 명백하게 입증되기 때문에, 새로운 정착을 "이스라엘"과 결부시키는 것은 잘못된 것이 아니다. 메르넵타 비문을 근거로 이 "이스라엘"은 오래된 도시의 모습과 어울리지 않으며, 오히려 이제 막 새롭게 나타나는 구조에 어울린다고 추측할 수 있다.

하지만 이것은 상호 배타적인 대립으로 이해되어서는 안 된다. 철기 I 시대에는 일반적으로 이미 정착한 보다 오래된 도시들 이외에도 그 동안 버려진 도시에 새롭게 정착하여 건설하는 것이 존재했다는 사실과 이스라엘 왕정 시대의 관점에서 이스라엘과 가나안 도시가 구별된다[53]는 사실은 일정 시간이 지난 후부터 도시의 주민도 이스라엘에 속한 자로 이해되었음을 보여 준다.

그 이상의 것들은 명확하지 않다. 모든 새로운 정착민이 이 명칭으로 요약될 수 있는지, 혹은 최종적으로 "이스라엘"이라는 표현이 관철될 만한 더 많은 그룹이 공존했는지에 대해서는 열려 있다.[54] 마찬가지로 새로운

---

53 참조하라. Schäfer-Lichtenberger 1983, 제7장 "Siedlungen in vorstaatlicher Zeit."
54 내가 보기에 I. Finkelstein(1988, 27-28)의 제안, 즉 사람의 자의식에 대한 질문으로부터 민족의 소속감에 대한 질문을 제거해야 한다는 제안은 가치 있다. "… 철기 I 시대 이스라엘 사람은 누구의 자손도 아니었으며 … 스스로를 이스라엘로 기술하고 있다. … 따라서 B.C. 12세기 초에 스스로를 히위 사람(Hivite), 기브온 사람(Gibeonite), 겐 사람(Kenizzite) 등으로 여겼던 사람들 조차도, 그들의 후손은 동일한 마을에 거주하여 수 세대가 지난 이후에 스스로를 이스라엘 사람으로 생각했으므로, 여기에서 이스라엘 사람이 고려될 수 있다." 또한, Vieweger(1993, 20, 각주 1)의 정의를 참조하라. "이후에 그룹, 씨족 그리고 지파는 '이스라엘적' 또는 '이스라엘 사람'이라고 표현될 수 있다. 그들은 (혹은 그들의 후손은) 다윗/솔로몬의 왕정 설립 이후에 새롭게 형성된 제국인 이스라엘/유다에서 살아가는 이스라엘의 민족 계층을 의미한다."

정착민이 인종적으로 대체로 통일된 자들로 이해되는지 혹은 어느 시점부터 이들이 나타났는지에 대해서는 미해결로 남아 있다. 그리고 모든 지역의 사회 집단이 변화하는 이런 과정에서 이주자의 역할은 기본적으로 더 이상 명확하게 제시될 수 없다.[55]

(4) 발전 과정으로 이해되는 이스라엘 형성

이 단원의 처음에서 강조한 것처럼, 이스라엘 사회사에서 이스라엘의 형태가 이처럼 변화하는 시대는 없을 것이다. 이러한 변화는 이스라엘이 형성되어 가는 시대라는 점에서 쉽게 이해된다. 이스라엘 형성을 재구성하는 것은 여호수아서가 보여 주는 성서의 모습과 모순되는데, 그것에 따르면 다른 민족들이 이전부터 살아오던 땅을 한 백성이 짧은 기간의 군사 활동으로 정복하여 소유로 삼는 것이 보도되었기 때문이다.

그것은 성서 본문이 역사적으로 신뢰할 만한 회상을 담지하지 못하고 있음을 의미하는 것은 아니다. 만약 전체적인 모습이 해체되고 그것의 개별 요소들이 각각 평가된다면, 비로소 신뢰할 만한 회상이 드러날 것이다.

가나안 땅의 상황과 관련하여 성서는 하나의 모습을 보여 주는데, 그에 따르면 "가나안"은 정치적으로 통일된 집단이 아니라, 오히려 수많은 왕권으로 분산되었다. 땅 점유 이야기에는 "여리고 왕"(수 2:2-3), "아이 왕"(수 8:1-3, 14, 23, 29), "예루살렘 왕"(수 10:1, 3, 5, 23) 그리고 많은 다른 왕이 언급된다. 여호수아 10:1-27에 따르면 예루살렘 왕은 홀로 이스라엘과 대항하여 싸우는 것이 아니라, 다른 다섯 도시의 왕과 연합했다. 그리고 여호수아 11:1-15에 따르면 "하솔 왕"은 더 많은 통치자와 연합을 꾀한다.

---

55 민족성에 대한 의문점에 관해서 위에 이스라엘 사회사의 시대 입문 I. 2. D.를 참조하라.

이러한 보도는 우리가 그러한 동맹 형성에 대해 추론할 수 있는 아마르나-서신과 전적으로 상응한다. 그들은 통틀어서 "아모리의 모든 왕들", "가나안의 모든 왕들"(수 5:1; 참조. 9:1), 또는 "가나안의 왕들"(삿 5:19)로 언급되었다. 또한, 땅의 이전 거주민에 대한 신명기 사가적 리스트(창 15:19-21; 출 3:8; 23:23 등등)는 다양한 특징과 기원을 보여 주는 이름이 후대에 정리된 것이지만, 이 리스트에는 민족적으로 아직 통일되지 않은 이전 거주민이 관찰되고 있다는 점에서 역사적 실재성과 일치한다.

어렵지 않게 인지할 수 있는 것처럼, **이스라엘이 민족이 되어 가는 것**을 보여 주는 성서의 상(像)에는 두 가지 기원사가 조합되어 있다. 하나는 이스라엘을 동쪽 지역에서 가나안 땅으로 이주한 소규모 유목민으로 소급시킨다. 다른 하나의 이야기에 따르면 이스라엘은 "히브리인" 그룹에서 유래했는데, 이들은 애굽의 부역에서 탈출한 자들이다. B.C. 8세기의 호세아에서 이 두 가지 기원에 관한 서술은 서로 독립된 상태로 병존한다(참조. 특별히 호세아 12장에서 야곱 전승과 출애굽 전승이 병존하고 있다).

우선 비교적 후대 백성인 이스라엘이 하나의 단일한 고대 집단에서 곧장 유래하지 않았다고 암시하는 성서의 상은 흥미롭다. 이스라엘인이 애굽에서 도망 나온 "히브리인" 그룹에서 유래했다는 전승은 그 가운데 하나이다. 출애굽기 1:11에 따르면 그들은 파라오를 위해 강제로 식량 비축에 사용될 "비돔"(Pitom)과 "람세스"(Ramses)라는 도시를 건설해야만 했다. 이것은 당연히 위에서 인용한 람세스 2세(Ramses II) 시대로 볼 수 있는 모범서한을 연상시킨다.[56] 이 파피루스와 출애굽기 1:11 기록의 관련성은,

---

56 위에 이스라엘 사회사의 시대 입문 I. 1. B를 보라. Lemche(1996a, 62-65)는 출애굽기 1:11과 이미 언급된 파피루스에서 "애굽에서 이스라엘 정착과 가장 근접하게 연결될 수 있는" 암시들을 관찰했으며, 그러나 "그것을 … 아주 조심히 적용해야 한다"라고 덧붙였다(63). 반면에 출애굽기 1:11 기록을 후대 시대의 역투영으로 설명하려는 그의 독자적 제안은 단순한 억측으로 이해되어야 한다. "이 (사이트[saitisch]) 시대에 파라오 느고는 … B.C. 609년 출정에서 전리품으로 획득한 이스라엘 전쟁 포로를 … 자신

출애굽기 1-15장의 애굽 체류 이야기에서 서술적으로 전개되는 것처럼, 히브리어로는 동일한 'ibri (이브리, "히브리인")가 어떤 본문에도 그처럼 자주 언급되지 않는 이유를 알기 쉽게 설명해 준다(출 1:15-16, 19; 2:6-7, 11, 13; 3:18; 5:3; 7:16; 9:1, 13; 10:3). 그것과 비교하면 이 용례는 요셉과 그의 형제 이야기에서만 집중적으로 발견되며, 특별히 애굽이라는 장소에 국한되어 서술되었다(창 39:14, 17; 40:15; 41:12; 43:32).[57]

이스라엘 이외의 사료들에서 아피루와 함께 샤수-베두인이 언급되는 것처럼, 초기 시대에 대한 성서의 상(像)에도 "히브리인"과 함께 유목 생활을 하는 족장의 가족이 관찰된다. 애굽의 증거 본문에 따르면 어떻게 그러한 소규모 목축 유목민들이 고난의 시기에 일시적으로 정착할 수 있었는지 진술되며 그리하여 그들은 아피루처럼 노역에 동원되지 않고, 족장 가족들이 빈곤한 시기에 애굽으로 피난했다고 서술된다. 그로 인해 이들이 노예로 전락하게 될 것이라는 위험은 전혀 고려되지 않고 있다 (창 12:10-20; 42-46; 참조. 26:2).

한편으로 출애굽 전승과 족장 전승을 비교하는 것과 다른 한편으로 성서 이외의 사료와 비교하는 것은 물론 성서의 최종 본문이 역사적으로 대단히 잘 가공된 구성물임을 보여 준다. 성서 이외의 본문에서 샤슈와 아피루는 항상 엄격하게 상호 구별되는 집단으로 나타난다. 따라서 유목민이 기근으로 인해 애굽으로 피했고, 그곳에서 아피루로 변화되었다는 것은 역사적으로 거의 불가능하다.

의 건축 사업에 투입했다. 만약 이 이론이 전혀 충족되지 않는다면 다른 가능성이 고찰될 수도 있을 것이다…"(63).

[57] 출애굽기 1-15장의 증거 본문과 요셉 이야기에 대해서 참조하라. Kessler 2002, 110, 143. 사무엘상의 블레셋 이야기에서 "히브리"라는 표현이 빈번하게 나타나고 있는 세 번째 구획은 아래 이스라엘 사회사의 시대 입문 II. 4. A에서 다뤄졌다.

그럼에도 성서의 전체적인 모습을 불가피하게 해체한다고 해서 전체의 개별 요소들을 자동적으로 비역사적인 것으로 판단해서는 안 된다. 그러한 경우는 다음과 같은 것을 의미한다. 애굽 체류와 땅 점유에 선행하는 "족장 시대"가 시간적으로 존재하지 않는다 할지라도,[58] 후대 이스라엘의 일부가 창세기 서술에 묘사된 것과 유사한 환경에서 유래했음을 배제하는 것은 아니다.

성서의 모습에 따르면 후대 이스라엘에 관한 자료는 다양한 사료에서 기인한다. 아피루와 샤수의 관련성 이외에도 이스라엘 민족의 기원은 아람인(Aramäer)과의 연관성도 고려되어야 한다(창 11:10-32; 24장; 29-31장; 신 26:5-9). 혼합된 기원의 모습은 역사적으로 볼 때 전적으로 개연성이 있다. 그러나 성서의 모습에 따르면 이스라엘 기원은 어쨌든 비토착민이다. 성서는 명확한 사건의 순서를 전제한다. 가장 먼저 다양한 민족이 가나안 땅에 거주하고 있었으며, 그 후에 이스라엘이 그곳에 이르렀다. 역사적 평가에 따르면 이러한 관점은 병행한다. 그와 달리 메르넵타 비문에는 "이스라엘"이라는 집단이 명백하게 언급되었는데, 이 집단은 애굽에서 민족이 되고 그 후에 땅 점유를 했다는 성서의 묘사와는 조화를 이루지 않는다.

다른 한편으로, 본문이 완강하게 주장하는 비토착민 기원은 근거가 전혀 없는 것이 아니다.[59] 마지막으로 또 다른 민족으로부터 기원도 완강하게 주장되고 있는데, 이에 따르면 그들은 그들이 발견된 지역에서 항상―

---

[58] 수사학적 질문에 대해서 Lernehe(1996a, 34)를 참조하라. "족장 시대가 정말로 있었는가?" 그밖에도 Kamp/Yoffee(1980)를 보라. 그와 달리 Malamat(1983)는 전통적으로 성서가 지향하는 관점을 따라서 족장 시대의 존재를 이스라엘 '원역사'의 일부로 확정했으며, 동시에 수백 년을 너머 소급될 수 있었던 기억은 성서의 보도에서 '단축'(telescoping) 과정을 통해(307) 세 시대로 축약되었을 것이다. 그러나 아쉽게도 Malamat는 문서화 이전 시대에 제의에 대한 기억을 전수한 제의 회상이 어떻게 작용했는지에 대해서는 논의하지 않았다.

[59] Weinfeld(1988)는 마찬가지로 비토착민인 바다 민족이 해안가에서도 병행하여 정착했음을 암시했다.

세상이 창조되면서부터—살아왔다는 것이다. 특정한 지역에 대한 이러한 주장은 거주민이 언젠가 이주했다고 주장보다 훨씬 명백한 근거를 제시하기도 한다.

이스라엘의 기원에 관한 상이한 전통을 진행하는 역사 속으로 통합하려고 성서의 서술이 시도하는 반면, A.D. 20세기에 발전된 **소위 땅 점유에 대한 이론들**은 '본질적인' 과정을 하나의 모델로 이해하려 시도했다. 이에 따르면 군사 정벌 모델,[60] 소규모 목축 유목민이 점진적으로 유입되었다는 모델[61] 또는 가나안 내부의 혁명 모델[62]이 그것이다. 우리는 세 가지 모델에 대해 논의한 결과로 다음과 같이 말할 수 있다. 어쨌든 외부에서 유입된 백성을 통해 땅 점유가 종결되었다는 개념은 지지를 받지 못하는 것으로 판명되었다.[63]

그밖에도 이 세 가지 모델은 한 가지 원인만을 근거로 함으로써 어려움을 겪었다. 실제로 포괄적 의미에서 새로운 정착 혹은 땅 점유로 표현될 수 있는 과정이 다양한 지역에서 그리고 B.C. 1200년과 1000년이라는 다양한 시기에 하나의 단일 모델로 진행되었다는 것은 개연성이 없다.[64] 그

---

60 Albright 1939. M. Weippert(1967, 51)는 이러한 모델을 "고고학적 해결책"(archäologische Lösung)이라 불렀다. Fritz(1990)는 "침입-가설"(Invasions-Hypothese)에 대해 언급한다. 마찬가지로 서술과 비평에 대해서 참조하라. Engel 1979b, 135-146; Fritz 1987.

61 Alt ⁴1968a; 동저자, ⁴1968b; Noth ⁹1981, 67-82. 서술과 비평에 대해서 참조하라. Engel 1979b, 146-151.

62 Mendenhall 1962, 1970; Gottwald 1975; 동저자, 1979; 동저자, 1985.

63 때때로 전쟁 행위로 입증될 수 있는 파괴에서 필연적으로 "이스라엘인"이었다라고 할 만한 어떤 것도 증명될 수 없다. 참조하라. M. Weippert 1967, 125. "만약 정복자들이 후기 청동기 시대에 가나안 도시를 파괴하고 그 잔해 위에 자신들의 승전비를 세웠다면, 아주 쉽게 입증될 수 있었을 것이다."

64 참조하라. Herrmann(1985, 48)은 세 가지 모델에 대해서 언급한다. "중요한 실수 중에 하나는 … 하나의 모델로 보편화하는 것이며, 그리고 정착 과정은 모든 지역에서 동일한 전제와 조건으로 특성화되었을 것이라 추측하는 것이다."

러한 과정은 사회사적으로 볼 때 더 이상 "모델의 형태로" 진행된 것이 아니라, 오히려 여러 모델에서 절대화된 모든 요소가 유입될 수 있었던 다양한 사건으로 이해된다.[65]

따라서 가나안 땅에서의 이스라엘 형성은 발전하는 과정(evolutionärer Vorgang)으로 서술된다.[66] 이 과정은 다양한 지역과 다양한 시기에 상이하게 진행되었다. 철기 I 시기에 가나안 도시 국가 시스템의 붕괴와 병행하여 발생한 것이 있다. 이것은 더 이상 상세하게 재구성될 수 없는 요소들, 즉 고대 도시 국가 시스템, 소규모 목축 유목민 그리고 아피루, 또한 아람 지역에서 온 유랑하는 자의 요소들이 혼합된 것으로 소급된다. 이 사람들의 인종적 그리고 종교적 정체성에 대한 어떤 직접적인 증거도 없다.

우리는 B.C. 13세기 말의 메르넵타 비문에 고대 도시에 대한 언급과 거주민 그룹인 "이스라엘"에 대한 기록이 나온다는 것을 알고 있으며, B.C. 9세기 이후부터 국가로서 "이스라엘"은 비문으로도 입증된다. 그로 인해 고대 도시 국가 이외에도 B.C. 12세기와 11세기에 나타나는 모습이 여하튼 이스라엘 사회사 서술에 속할 수 있다는 점은 분명하다.

그렇다면 우리는 발전하는 집단의 사회적 형태를 어떻게 표현해야 하는가?

---

[65] 참조하라. Coote 1990, 1-2. "이제 성서에 서술된 것처럼 외부 이주자로 인해 팔레스틴 산간 지역에서 전쟁이 없었다는 것은 명확하다. 그리고 Alt와 Noth가 제안한 다른 유목민이 지파 동맹을 서서히 병합하기 위해 팔레스틴에 침투했다는 것도 존재하지 않는 것이 분명하다. 마찬가지로 Mendenhall과 Gottwald가 주창한 농민 봉기도 없었다. 이 세 가지 요소는 초기 이스라엘을 이해하기 위해 계속해서 중요한 역할을 함에도 불구하고, 이러한 관점은 더 이상 적용되지 않는다."

[66] 우리는 "출현"(Emergence)에 대한 개념을 Halpern(1983), Coote/Whitelam(1986; 1987)에게서 그리고 "발생"(Entstehung)에 대한 개념을 Fritz(1996)에게서 확인할 수 있다. 마찬가지로 참조하라. Lemche 1985, 411-435.

2) 친족을 기반으로 한 사회 집단의 구조

(1) 시대적 특징

여기에서 관찰하려는 시대를 포괄적으로 규정하려는 시도가 거의 명확하지 않은 것처럼, 과거 시대에 대한 사회사적 서술이 오늘날 우리의 경험을 통해서 어느 정도로 충분하게 표현되었는가에 대해서는 명확하게 보여줄 것이 거의 없다. "국가 이전 시대"(vorstaatliche Zeit)에 대해서는 일반적으로 언급할 수 있다.[67] 불확실한 국가 이전 시대가 어쨌든 이스라엘과 유다에서 국가가 발생하기 이전에 존재한다는 점에서, 우리는 국가 이전 시대를 순수하게 시간적으로 이해할 수 있다.

하지만, 이것은 당연히 상대적인 것으로 이해될 수 밖에 없는데, 애굽 혹은 가나안 도시 국가와 비교하면 이 사회 집단은 국가가 존재한 이후 혹은 국가가 존재하는 환경에서 생성되고 있기 때문이다. 기본적으로 이러한 각각의 표현은 사회 집단의 보편적 형태로서 국가를 근간으로 삼고 있으므로, 국가가 전제하는 주요 특성은 결여되었다.

만약 우리가 불확실한 국가 이전 시대의 이스라엘을 뒤이어 나타나는 국가 형태를 통해 이해하는 것이 아니라, 동시대의 가나안 국가와 비교함으로써 이해하려 한다면, 결코 쉽지 않을 것이다. 사람들은 "해방된 이스라엘"(liberated Isreal)[68]에 대해 말할 수 있으며, 이러한 이스라엘을 "지도자가 부재한 사회 집단"(akephale Gesellschaft)[69] 그리고 이스라엘의 통치 형태를 "정돈된 무정부상태"(regulierte Anarchie)[70]라고 표현한다. 그러나 이러한 표현들은 Kephalé(지도자) 또는 Arché(통치자)를 염두에 두고 있으며, 지도

---

67   그러한 이해로 Thiel ²1985.
68   그와 같은 것으로 Gottwald(1979)의 부제가 있다.
69   Crüsemann 1978, 203.
70   Neu(1992)의 제목을 참조하라.

자 또는 통치자의 부재를 특징으로 평가하고 있다.

사회 구조, 경제 활동 방식 그리고 통치 상황을 보다 자세히 관찰한다면, 이스라엘 사회사는 비로소 국가 이전 시대의 이스라엘 형태를 파악하기 위한 제안을 검토할 수도 있다. 가장 일반적인 표현으로 필자는 **친족을 기반으로 한 사회 집단**(verwandtschaftbasierte Gesellschaft)이라는 용어를 사용한다.[71] 그것을 통해서 가나안 국가와 차이점이 부각된다. 시기적으로 필자는 대부분 **국가 이전 시대**(vorstaatliche Zeit)에 대해서 서술한다. 잘 알려진 것처럼 그것은 가나안이라는 대규모 사회 집단의 형태 속에 존재하는 이스라엘 일부 집단의 내부 역사에 관한 것이며, 그러한 친족 기반 사회 집단 개념으로부터 국가를 지향하는 것도 추정할 수 있다.

이 시기는 성서적으로는 사사 시대로 표현되며, 이 시대는 땅 점유와 왕정 시대를 명확하게 경계긋는 시대로 이해되었다. 그러나 이러한 상(像)은 학문적 재구성을 위해서는 거의 도움이 되지 않는다. 물론 사사기는 군사적인 구원자 모습과 국가 형성의 단초가 되는 보도를 볼 때, 역사적으로 활용할 만한 정보를 시종일관 포함하고 있다. 하지만 사사들이 이스라엘 전체를 재판하던 시대의 모습은 너무도 명확하게 보다 후대의 왕정 시대를 모범으로 하는 것이다. 사사 시대의 모습은 후대 왕정이 중앙 집권적 통치 그리고 지속적으로 수행된 통치 요소를 왕정 이전 시대로 역투영함으로써 나타나게 되었다.

(2) 사료적 상황

위의 마지막 문장은 국가 형성 이전 시대에 관한 사료가 얼마나 부족한가를 암시한다. 사사기 자체는 이미 언급한 중앙 집권적이고 지속적인 통치 요소만을 제공하는 것은 아니다. 이것은 또한 국가 형성 이전 시대를 서술하는

---

71 Schäfer-Lichtenberger(2000, 186)는 "친족으로 조직된 공동 집단"에 대해 언급한다.

데, 그 결과 이 시대는 왕정의 필요성으로 귀결된다. 따라서 개별적인 에피소드의 배열을 시간 순서로 평가해서는 결코 안 된다. 또한, 사사기 본문에는 적어도 왕정 시대의 표현이 발견된다는 확신을 가지고 있어야 한다. 따라서 사사기 본문은 기껏해야 왕정 시대 이전에 존재하던 시대상을 제공할 뿐이다. 동시에 믿을 만한 기억력이 어느 정도 보존되고 있는가에 대해서는 본문마다 개별적으로 확인되어야 한다.

여기에서처럼 사회 집단 구조를 다루는 곳은 후대의 자료라 할지라도 어느 정도는 신뢰할 만한 것으로 간주된다. 국가 이전 사회 집단의 근간이 되는 친족 관계 구조가 이후의 시대에도 원칙적으로 존재한다는 것을 알 수 있다. 이것은 귀납적 추리를 가능하게 하지만, 귀납적 추리는 변화될 수 있으므로 당연히 조심스럽게 다뤄져야 한다.

성서 자료가 극히 제한적으로 활용되는 반면,[72] 동시대를 보여 주는 성서 이외의 문서 사료는 전혀 존재하지 않는다. 이것은 보도할 내용이 없었기 때문이 아니다. 오히려―재정적 부담을 끊임없이 요구하는 고고학 발견이 우연인 것을 고려해야 하지만―고대 도시 국가 시스템의 붕괴 그리고 동방의 대영 제국이 일시적으로 약화되는 현상은 그나마 문서를 기록할 수 있었던 기록 문화의 두 담지자가 사라지는 결과를 낳았다. 우리는 지중해 동부의 남쪽 지역에 영토 국가가 형성된 이후에 그리고 앗수르가 진출하고 나서, 즉 B.C. 9세기 이후에야 비로소―시적인 기록도 급증하며―문서 증거를 다시 확인할 수 있다.

---

[72] Soggin(1988b)이 볼 때 "왕정 이전 시기의 '이스라엘'에 대해 보도하는 본문은 … 주요 부분에서 이스라엘과 유다가 백성과 국가로 되어 가는 역사상을 우리에게 전해 주기에 질적으로 적합하지 않다"(261). 그러나 그것에 적절한 사료는 결론 내려질 수 없다. "따라서 이스라엘의 전역사와 초기 역사에 대한 나의 서술은 다윗-솔로몬 제국으로 시작한다"(259). Soggin의 입장에 대해서 위에 이스라엘 사회사 방법론 입문 IV. 3. 을 보라.

따라서 고고학적 발견은 일차 사료로서 가치를 지닌다. 이 고고학 발견은 사회사적으로 해석되어야만 한다. 덧붙여서 민족학은 이해에 도움이 되는 학문이다. 민족학에 대한 서술과 그것을 토대로 재건된 이론을 바탕으로 고고학적 평가와 비평적으로 인지된 성서 자료를 해석하는 데 도움이 되는 모델이 여기에서 제시될 수 있는지를 자문해야 한다.

(3) 친족을 기반으로 한 사회 집단의 사회적 구조

친족을 기반으로 한 사회 집단의 사회적 구조를 기술하려 시도한다면, 우리는 이스라엘 사회 집단의 형성에 대해 다루었던 장에서 마지막으로 언급했던 것, 즉 가나안 땅에 새롭게 정착하는 것과 연결시킬 수 있다.[73] 고대 가나안 도시뿐만 아니라 유대와 이스라엘 왕정 시대의 후대 도시와 비교할 때 **새로운 정착**에서 가장 눈에 띄는 점은 큰 문이 있는 성곽 준공 같은 대표적인 건축물이 부재하다는 것이다.[74]

일반적으로—이후에는 예외적인 것도 다뤄야 하겠지만[75]—새로운 정착지의 집들은 거의 동일한 크기로 지어졌다. 그것을 근거로 해서 우리는 집에 거주하며 주변의 들판을 경작하는 개별 가정은 계급 조직적인 상하 관계가 아니라, 오히려 상대적인 평등 관계를 서로 유지했다는 결론을 내릴 수 있다.

더 나아가서 새로운 정착지가 너무 작다는 특징이 있다.[76] 개별적인 경우에 그것은 새로운 정착지 주민이 전체적으로 친족 관계를 형성했다는 것을 의미한다. 씨족 집단과 정착은 동일시될 수 있을 것이다. 하지만 동시에 한 지역의 주민에—만약 그 정착지가 상당한 크기라면—여러 씨족들이 속해

---

73   위에 이스라엘 사회사의 시대 입문 I. 1. C.를 보라.
74   I. Finkelstein 1988, 30
75   위에 이스라엘 사회사의 시대 입문 I. 2. G.를 보라.
76   I. Finkelstein 1988, 30.

있다는 점도 추정할 수 있다. 그렇다면 친족 관계뿐만 아니라, 이웃 관계 역시 정체성과 사회적 관계를 위해 중요한 역할을 했다고 볼 수 있다.

제비뽑기를 서술하는 두 본문(수 7:14-18; 삼상 10:18-21)에는—자명하게 전제된—전체 이스라엘의 구조가 다음과 같이 제시되었다. 이스라엘 – 지파(Stamm: *šebæt*) – 씨족(Sippe: *mišpaḥah* 또는 *'ælæf*) – 집(Haus: *bajit*) – 남자(Mann: *gæbær*). 이러한 분류를 볼 때 가족(Familie)은 이스라엘 사회 집단의 기초로 나온다.[77] 히브리어 *bajit*가 표면적으로 다양한 의미를 담고 있으며(주거 건물, 가족, 왕조, 국가 등), 이 용어는 더 자세하게는 대부분 "아버지의 집"(*bêt 'ab*) 또는—만약 가장의 관점에서 언급되었다면—"나의 집"을 가리킨다.[78] 이러한 표현의 특징으로부터 이 표현은 정착을 출발점으로 삼고 있다고 유추할 수 있는데, 그렇지 않고서는 "집"이 결코 기준점으로 선택될 수 없기 때문이다. 다른 한편으로 이 표현은 가정이 남성 가장을 중심으로 정의되었음을 보여 준다.

물론 가부장적인 족보의 구조를 기반으로 그러한 사회 집단에서 여성이 하위층에 속했다는 추론은 성급한 것일 수 있다. 국가라는 조직 체계를 갖추지 못한 백성을 민족학적으로 관찰하는 것은 오히려 성별의 대칭을 추측하게 한다. 단순한 조건하에서 압도적인 농업 경제 체제[79]는 남자와 여자 (그리고 아이들)의 협력을 요구한다.

집에서 가까운 정원일과 밭일은 결혼한 여성과 아이들의 임무였고, 반면에 미혼 여성은 본문에 따르면 양치기로 활동했다(창 29:6-9; 출 2:16). 성서 이야기는 전체적으로 국가 이전 시대의 여성을 대단히 자신감 있는 모습으로 묘사한다. 하지만 우리는 단지 여족장인 사라, 리브가, 레아 그리

---

77 가족에 대해서 참조하라. Bendor 1996; Fohrer 1981; C. Meyers 1988; Perdue/Blenkinsopp/Collins/C. Meyers 1997.

78 Bendor(1996, 54-56)는 풍부한 언어 사용에 대해 암시해 주고 있다.

79 덧붙여서 위에 이스라엘 사회사의 시대 입문 I. 2. F를 보라.

고 라헬 또는 드보라, 삼손의 어머니, 룻 또는 한나 같은 여성만을 연상한다. 이 여성들은 심지어 남편의 성적 대상(창 30:14-16)과 자녀의 삶의 방향(삼상 1장)을 독자적으로 결정한다.

가정이 살아 있는 가장에 의해 결정되는 반면, 씨족(Sippe)의 경우에는 달랐다. 씨족의 친족 관계는 한 명의 선조를 통해서 형성되었고, 모든 후손들은 더 이상 생존하여 실질적인 가장이 될 수 없는 선조에게로 소급된다. 친족 관계가 사방으로 나뉘어져 있을수록, 공통된 한 명의 선조는 과거에서 더욱 폭넓게 확인될 수 있으며, 심지어 그는 신화적인 간격만큼이나 멀어지기도 한다.[80]

여호수아 7:14-18의 도식에 따르면 씨족 위에 지파(Stamm)가 존재한다. 지파는 고고학적으로는 증명되지 않는다. 지파가 무엇인가에 대해서는 민족학적으로 단지 난해하게 규정될 뿐이다. 물론 성서에 대한 연구는 지파의 존재를 명확하게 인식할 수 있도록 하지만, 성서 역시 이에 대해 다양한 모습을 보여 주고 있다. 여기에는 지파가 사회 구조에 있어서 어떤 실제적인 의미를 갖고 있었는가 하는 질문만이 남게 된다.[81]

우리는 이러한 모습에서 다음과 같은 결론을 도출할 수 있을 것이다. **사회 구조가 일상을 유지하는 가정 단위로부터 멀어질수록, 가정은 사회적 중요성으로부터 멀어진다**. 그렇다면 **이스라엘 집단**에게 후속으로 뒤따르는 것은 무엇인가? 국가 이전 시기에 대해 서술하는 본문에서 명확한 것은 후대의 전승층만이 이스라엘을 통일된 집단으로 다루고 있다는 점이다. 그밖의 것들에서 이스라엘은 항상 몇몇 지파 또는 지파 연합으로만 나

---

[80] Gottwald 1979, 334. "확장된 가족만이 … 실제로 잘 알려진 공통 조상의 혈족과 교역할 수 있었을 것이다. 그밖의 다른 모든 친족 관계는 신화적 혹은 추측된 부계 조상을 기반으로 해서 가상적으로 제안된 것이었다."

[81] "지파" 분류의 민족학적 그리고 성서적 문제에 대해서 참조하라. Martin 1989. 이러한 분류상의 문제점으로 인해 필자는 국가 이전 이스라엘을 "지파 사회 집단"(Stammes-gesellschaft)으로 표현하기를 거부한다(그와 같은 이해로 Lemche 1988, 88).

올 뿐이다. 이것은 드보라의 노래에서도 마찬가지이다. 이 노래에서 10지파가 등장한다. 그 가운데 7지파는 반 가나안 연합에 협력하지만, 반면에 3지파는 멀리서 관망할 뿐이다(삿 5:14-18). 사사 시대에 대한 서술과 마찬가지로 드보라 노래에서도 전체 집단으로서 이스라엘이 전제되어 있다.

하지만, 이스라엘에 대한 언급은 틀을 형성하는 도입부 구절에서 제한적으로 나타난다(2, 7-9, 11절). 이 구절들을 국가적 상황을 전제하는 후대 개정으로 귀속시킬 것인가[82] 또는 이 노래 전체를 (초기) 국가 시기에 유래한 것으로 소급할 것인가.[83] 이 두 가지 경우에서 단지 지파만이 왕정 이전 시기에 실제로 행동하는 주체로 등장한다. 하지만 동시에 공통된 연결 집단으로서 "이스라엘"은 전혀 중요하지 않았는가?

(4) 친족을 기반으로 한 사회 집단의 통일성

우리는 가장 높은 곳에 위치하여 사회적 단위 역할을 하는 지파를 연결하는 것은 무엇인가라는 질문에 직면하게 된다. **우선은 이 연결점이 "이스라엘" 이라는 이름을 통해 상징적으로 표현되었다는 것은 분명히 개연성이 있다.**

첫째, 이스라엘 집단이 메르넵타(Mer-en-ptah) 비문에 기록되었다는 점이 그것을 말해 준다. 우리가 본질적으로 그 형태에 대해서 아무것도 말할 수 없지만, 이스라엘은 세 가나안 도시들과 나란히 언급될 정도로 독립된 사회적 통일성을 갖추고 있었다.

둘째, 이러한 사실과 근거는 긴밀하게 연결되어 있다. 그것이 하나의 국가로 존재하자마자, 그것은 이스라엘이라는 집단이 되었다. 메르넵타 비

---

[82] 그러한 이해로 Fritz 1996, 121-122, 179-184.
[83] 그러한 이해로 Neu 1992, 165-167.

문과 관련시켜 볼 때 이스라엘이라는 새로운 국가의 명칭이 B.C. 10세기에 고안되었을 것이라고 지지하는 것은 전혀 없다.

셋째, 드보라의 노래가 본래는 이스라엘이라는 명칭을 포함하지는 않지만, 그 노래에는 연합에 적극적인 지파를 임의적으로 첨가하는 것을 능가하는 통일성이 전제되어 있다. 길르앗, 단 그리고 아셀이 연합 전투에 참여하지 않음으로써(삿 5:17) 책망을 받는 모습은 그들이 참여할 것을 기대했다는 것을 전제로 한다. 그것은 이 노래에 언급된 10지파 모두가 공동체 의식을 가지고 있었음을 암시한다. 보다 이전의 메르넵타 비문과 연관성 그리고 보다 후대의 국가 명칭과 연관성을 고려한다면, 이러한 공동체 의식은 이스라엘이라는 명칭을 통해서만 상징적으로 표현될 수 있었다.

반면에 이 이스라엘이 어떠한 사회적 실재성을 보여 주는가에 대해서는 거의 재구성되지 않고 있다. 무엇보다 우리는 초기 시대로 서술된 후대적 개념들을 실제적 상황으로 역투영하는 것을 경계해야 한다. 그러므로 드보라 노래에서는 12지파가 아닌, 10지파만이 언급되고 있다는 것이 고려되어야 한다. 이 지파들 중에서 마길(Machir)과 길르앗(Gilead) 두 지파가 발견되는데, 이들은 후대의 12-지파-시스템에서 발견되지 않는 지파이며, 반대로 후대의 지파 시스템을 기준으로 본다면 유다(Juda), 시므온(Simeon), 갓(Gad), 므낫세(Manasse) 그리고 레위(Levi)가 누락되었다. 만약 국가 형성 시기의 상황을 유다와 이스라엘이 병존하는 것으로 예상한다면, 이 모든 것은 유다가 본래는 이스라엘 집단에 속하지 않았음을 보여 주는 것이다.[84]

---

84 "모든 이스라엘 전통"(5장) 또는 "이스라엘 역사 전통"(6장)을 상세히 분석하여 Lemche(1985, 384)는 다음과 같은 결론에 도달했다. "군주제 이전의 이스라엘 개념의 출현을 통일체로 보려는 기본 전제 조건은 필연적인 것이 되었다. 더 나아가 통일된 이스라엘 개념은 절대적으로 포로기 이전에 범-이스라엘 역사 기록의 결과로 생겨나게 되었다." 물론 렘케는 메르넵타 비문은 "당사자인 이스라엘이 지파 사회(a tribal society)", "지파 연합"(a coalition of tribes)에 근접하다고 관찰한다(430). 왕정 시대에 새롭

열악한 연구 상황은 광범위하게 드러나는 이스라엘 이외의 사회 집단과 유사점을 국가 이전 이스라엘로 전가시키는 것에 신중할 것을 충고한다. 막스 베버(Max Weber)는 국가 이전 이스라엘 사회 집단을 **동맹 공동체**(Eidgenossenschaft)로 이해할 것을 처음으로 제안했다.[85] 마틴 노트(Martin Noth)는 고대 그리스와 이탈리아의 종교적 지파 언약(Stämmebünde) 모델을 모범으로 삼아 **암픽티오니**(Amphiktyonie)에 대해 언급했다.[86] 하지만 베버의 동맹 공동체에 나타난 언약이라는 관념은 국가 이전 시대로 소급하여 적용될 수 없으며, 마틴 노트가 의미하는 암픽티오니는 중심 제의를 볼 때 입증될 수 없다. 따라서 이러한 두 가지 유추는 견지될 수 없는 것으로 증명되었다.

최근 연구에는 보이는 중립적 표현이 사용되고 있다. 학자들은 "형성되어 가는 '이스라엘' 집단의 동질성 인식"(Zusammengehörigkeitsbewußtsein)과 "지파의 동질성 인식"[87]에 대해 서술하거나, 또는 보다 제한적으로 다음과 같이 표현한다.

> 공통된 행동의 기초는 **오직** 사회적 그리고 종교적으로 뿌리를 내려 있는 동질성 인식일 뿐이다.[88](Hervorhebung R. K.).

이러한 인식은 주로 구분을 통해 유지된다. 노이(Rainer Neu)는 다음과 같이 말한다.

게 부각되는 독특한 것은 유다 지파 그리고 그것이 전체 이스라엘 모습에 통합되었다는 점이다.
[85] Weber 2005; 덧붙여서 참조하라. Schäfer-Lichtenberger 1983.
[86] Noth 1930; 덧붙여서 참조하라. C.H.J. de Geus 1976; Bächli 1977.
[87] 동일한 이해를 Herrmann(^{2}1980, 157) 또는 Thiel(^{2}1985, 136-137)에게서 찾아볼 수 있다. 두 사람은 물론 지파의 동질성 인식은 지파 동맹의 이런저런 특성을 통해 문자화되었다는 것을 출발점으로 삼고 있다.
[88] Fritz 2005, 122.

그러므로 나는 국가 이전 시대의 '이스라엘'이라는 명칭을 집합 명사로 이해할 것을 제안한다. 이 명칭은 '이스라엘은 비(非)XY이다'라는 대립을 통해서, 즉 '이방인'으로 이해되는 이웃과 분리를 통해서만 자신의 의미를 보존한다.[89]

야웨 하나님 경외가 이스라엘 집단의 동질성 인식과 본래부터 연결되었다는 것은 개연성이 있다. 하지만 이것은 동시에 가족 종교의 환경에서 다른 신을 숭배하는 것이 배제되었음을 의미하지는 않는다. 야웨는 왕정 시대에 비문에 명백하게 이스라엘 국가 신으로 언급되었고, 이러한 야웨의 역할은—메사 비문에서처럼—야웨가 이미 지파의 통일을 상징한다는 것을 대변한다. 물론 야웨 숭배가 지파를 통합하는 유일한 연결 고리임을 의미하지는 않는다. 갓월드(Norman Gottwald)가 말한 것처럼 "야웨 부족"(Tribes of Yahweh)이라는 의미에서, 특별히 야웨께로 돌아간다는 관념은 시대착오적인 것일 수 있다.[90]

동질성에 대한 인식이 정치적 또는 종교적 제도에 반영되지 않았다고 확신한다면—유럽사의 다양한 역사 시대를 기반으로 유사성이 주장되었던 동맹 공동체 또는 암픽티오니 모델에서처럼—, 따라서 그것은 자료적인 근거를 확보해야 한다. 가족, 씨족 그리고 지파의 의미에 대한 연구를 근거로 해서 민족학적 연구에 관한 새로운 제안들이 제기되었다. 이 민족학 연구는 현존하는 유럽 이외의 사회 집단을 기술한 것으로서 중앙 관청에 우선적으로 관심을 갖는 것이 아니라, 오히려 사회 집단을 결속시키는 친족 관계에 대해 의문을 갖고 연구를 진행한 것이다.

---

89   Neu 1986, 215.
90   Milgrom(1982)은 그것을 지적했다.

무엇보다 아프리카 지파에 대한 연구 그리고 그것을 기반으로 형성된 이론[91]과 연결하여 크뤼제만(Frank Crüsemann)은 국가 이전 이스라엘을 "단편적인 사회 집단"(segmentäre Gesellschaft)[92]으로 표현할 것을 제안했다. 좀 더 명확하게 노이(Rainer Neu)는 이것을 **"단편적 혈연 사회 집단"**(segmentäre Lineage-Gesellschaft)[93]이라 불렀다.

단편적 혈연 사회 집단이라는 표현은 친족 관계를 염두에 두고 있으며, 사회 집단 구조를 심층적이면서도 광범위하게 서술한 것이다. 혈연은 심층적 구조를 말한다. 사회 집단의 모든 계층은 부계 혈통, 즉 남성적 계보를 넘어서 공통의 조상, 그의 아들 그리고 아들의 아들들에게로 소급된다. 공시적인 측면에서 볼 때 사회 집단은 단편적으로 구성되었다. 동일한 간격을 유지하며 동일한 조상에게로 소급될 수 있는 모든 단편은 동일한 권리를 가진다. 물론 그러한 단편이 아프리카 사회 집단에 대한 연구에서는 상당한 규모의 차이를 보이기도 한다.[94]

만약 국가 이전 이스라엘의 통일성이 "이스라엘"이라는 이름을 통해 상징되었다면, 계보 시스템을 볼 때 이스라엘은 가장 오래된 공통 조상의 이름이며 그 이름을 시작으로 족보가 사방으로 확장되었기 때문에, 이스라엘이라는 이름은 더욱 중요하게 되었다. 개별 지파의 조상은 이스라엘의 아들들로 기술되었고, 씨족과 가족의 우두머리는 그 아들들의 후손으로 나타난다.[95]

---

91 덧붙여서 참조하라. Sigrist 1979; 동저자, 1989. 이 모델에 관한 비평에 대해서 참조하라. Fiensy 1987, 특별히 76-80.
92 Crüsemann 1978, 194-222. Gottwald(1979, 특별히 293-341)와 Wilson(1977, 특별히 18-37)에게서 발견되는 그와 유사한 제안을 참고하라. 두 사람은 Sigrist의 견해와 무관하다.
93 Neu 1992, 179-189.
94 Bohanan(1989)이 행한 아프리카 Tiv에 대한 서술은 하나의 실증적인 예를 보여 주었다.
95 Rogerson(1986, 18)은 보다 후대의 국가 이스라엘이 혈연-사회 집단에서 생성되었다는 의견을 반박한다. 오히려 그는 국가 이전 사회 집단을 다양한 우두머리가 병존한

우리는 이처럼 족보를 초월하여 형성된 통일성을 또한 민족적 통일성으로 표현할 수 있다. 물론 이것은 공통된 언어와 문화, 공통된 영토 또는 공통된 인종으로 고착된 민족성 개념이 이면에 존재한다는 것을 전제한다. 만약 우리가 캄프(Kathryn Kamp)와 요피(Norman Yoffee)처럼 민족성을 배타적으로 족보를 토대로 해서 정의한다면, 이것은 성서 본문 자체와 일맥상통한다.

> 사회학자와 문화인류학자는 민족 그룹을 수많은 개인이 모인 것으로 정의한다. 이 그룹은 자신을 '실제든 허구적이든 공통된 조상에서 유래한 비슷한 존재로 이해했으며, 다른 사람에게도 그렇게 간주되었다.'[96]

이러한 계보의 의미에서 국가 이전 이스라엘은 이미 민족적 통일체로 표현되었고, 이와 함께 이스라엘과 가나안의 대립(Dualismus)을 토대로 하는 개념 그리고 주변 국가인 가나안을 부정적으로 평가하고 그와 대립하는 이스라엘을 긍정적으로 이해하려는 개념은 결코 수용되어서는 안 된다. 가나안은 민족적으로 다양했으며, 생성되는 이스라엘은 그 다양성의 일부분이었다. 하지만 이스라엘은 마찬가지로 독자적이며 식별할 수 있는 부분이었다. 그 이상에 대해 여기에서는 언급하지 않을 것이다.[97]

것으로 이해했으며, 국가가 되는 것을 "한 우두머리가 다른 우두머리들을 정복"한 상태로 이해했다. 물론 그러한 특성의 **우두머리**는 국가 이전 이스라엘에서는 발견되지 않는다(위에 이스라엘 사회사의 시대 입문 I. 2. F.를 보라). 덧붙여서 경쟁하는 지배권의 병존으로부터 어떻게 동질성에 대한 인식이 나타나게 되었는지 설명되어야만 한다. **우두머리**-개념에 대한 비평으로 아래 이스라엘 사회사의 시대 입문 II. 2. B.를 보라.

[96] Kamp/Yoffee 1980, 88. 민족성을 분류하는 것에 대해서 참조하라. Brett 2003.
[97] 가나안-이스라엘-대립에 대해서 참조하라. Thompson 1992, 310-316. 덧붙여서 참조하라. Rösel 1992, 52: "… 중요한 것은 … 이스라엘이 물론 '가나안 땅에'(= 팔레스타인) 거주하기는 했지만, 가나안, 즉 가나안 도시들과는 분리되었다는 점이다. 또한, 메르넵타 비문 증거에 따르면 이스라엘은 단순하게 가나안과 동일시될 수는 없는 독립 집단이었다."

계보적으로 정립된 민족성 개념을 부동적인 것으로 생각해서는 안 된다. 친족 관계를 근간으로 한 사회 집단을 다루었던 첫 번째 장에서 언급했듯이 이 사회 집단이 다양한 출신 그룹으로 생성되었고, 이 사회 집단의 형태가 형성되어 가는 과정의 형태라는 점이 중요했다면, 이것은 민족성 개념과 모순되는 것이 아니다.[98] 왜냐하면, 한편으로 이스라엘의 모체가 되는 다양한 그룹이 어느 시점부터 스스로를 "이스라엘 자손"으로 이해했는지 우리에게 알려진 바가 전혀 없기 때문이다.

다른 한편으로 이 그룹에 대한 소속감은 유동성이 있기 때문이다. 서로 구별되는 다양한 지파 시스템뿐만 아니라, 이방 민족으로 이해되기는 하지만(창 15:19; 민 24:21), 그럼에도 이스라엘인과 우호적 관계를 유지했던(삼상 15:6) 겐 족속 같은 그룹이 손쉽게 편입될 수 있었다는 것이 그것을 보여 준다. 이 겐 족속은 또한 "모세의 장인인 호밥의 아들들"(삿 1:16; 4:11)로 족보에도 포함되었을 것이며, 역대기에서 완전히 유대 족보에 통합되었다(대상 2:55).[99]

단편적 혈연 사회 집단을 **평등한 사회 집단**(egalitäre Gesellschaft)으로 표현한 것[100]은 그러한 견해를 지지하는 자들을 때때로 사회적 낭만주의라

---

[98] 게다가 그것은 현대의 민족 개념에 적합하지 않다. 프랑스 백성은 켈트족, 로마족, 프랑크족, 노르만족 이외에도 바스크족과 알레만족 그리고 그밖의 다른 기원을 가진 그룹으로 구성되었으며, 이주민으로 인해 여전히 변하고 있다.

[99] 덧붙여서 참조하라. Japhet 2002, 116-117. 그밖에도 새로운 정착민이 어떤 민족에 속했는가에 대한 고찰에 관해서 위에 이스라엘 사회사의 시대 입문 I. 1. C.를 보라. Antonin Causse의 고전적 주제 "민족 집단에서 종교 공동체로"(Du groupe éthnique à la communauté religieuse, 위에 20-21을 보라)는 두 가지 방법에서 모호하다. 첫째로 민족 집단은 처음부터 존재한 것이 아니라, 그 자체가 역동적인 과정의 결과물이다. 둘째로 이러한 과정은 결코 종결되지 않았으며, 그 결과 민족 그룹은 그것과 상이한 집단으로 변형되었다는 점이다.

[100] Gottwald(1979, 322)의 단편적 사회 집단에 대한 정의를 참조하라. "분할된 지파는 둘 혹은 그 이상의 주요한 단편로 구성되었으며, 그들은 구조적으로 그리고 기능적으로 동등했으며 마찬가지로 정치적으로 일치했다."

는 비난으로 내몰았다.¹⁰¹ 하지만 단편적 사회 집단에서 평등한 순간은 항상 어떠한 조상과 동일한 간격을 두고 있는 단편들의 상황에서만 서로 적용된다는 것과 단편들의 상호 존중과 관련이 있다는 점이 강조되어야 한다.¹⁰² 이것은 개별적인 단편들이—다시 말해 지파, 씨족 또는 가정—동일한 규모와 경제적으로 동일한 능력을 가지고 있었다는 것을 의미하지 않으며, 동시에 개인이 평등하다고 결코 주장해서도 안 된다.¹⁰³ 따라서 우리는 렘케(Niels Peter Lemche)의 조심스러운 표현에 전적으로 동의할 수 있을 것이다.

> 이것을 평등 사회(egalitarian societies)라고 말하기보다 평등 이데올로기(egalitarian ideology)가 지배하는 사회라고 표현하는 것이 더 적합할 것이다.¹⁰⁴

단편적 혈연 사회 집단이라는 개념은 마찬가지로 국가 이전 이스라엘 사회의 경제 사정을 보여 주는 소수의 증거 본문을 해석하는 것을 가능하게 한다.

(5) 경제 형태

국가 이전 이스라엘에 지배적이던 경제 형태가 가족 단위의 목축업과 함께 농업이었다는 것에 대해서는 더 이상 언급할 필요가 없다. 이것은 여하튼 모든 근대 사회에도 통용되는 것이었다. 그것은 고고학을 통해서도

---

101 그러한 이해로 Knauf 1994, 69.
102 덧붙여서 참조하라. Gottwald(1979, 322)를 인용하면, 의심할 여지없이 단편은 일치하는 주체이다.
103 이미 Crüsemann(1978, 206)에게서 다음과 같은 암시를 볼 수 있다. "모든 구성원이 개념적으로 동일한 것은 아니다."
104 Lemche 1985, 223.

입증되었는데, 왜냐하면 새로운 정착지 사람들은 예외없이 주변의 경작지와 터에서 건물을 짓고 살았기 때문이다. 덧붙여서 유골의 발굴은 주로 소규모 목축이 존재했음을 입증한다. 또한, 소위 사사 시대에 관한 성서상(像)은 지배적인 농업 생산 방식에 대해서 보여 준다.

이외에도 드보라의 노래에는 다음과 같은 언급이 나타난다. 단은—전쟁에 참가하지 않고—이방인처럼 "배에 머물러 있다" 또는 "배에서 일하고 있다"(삿 5:17). 이 본문은 북쪽에 정착한 지파에 속한 자들이 이웃한 페니키아인들에게 항해 선원으로 고용되었음을 너무도 명백하게 보여 준다. 동일하게 해변의 항만에 앉아 있는 아셀이 비난을 받고 있다는 점도 그것에 상응한다.

스불론 사람 중에서 전쟁에 참여한 자들은 *mos^{e}kim b^{e}šebæṭ soper*(서기관의 지팡이를 잡은 자)라고 표현됐다(14절). 문자적으로 그것은 "서기관의 지휘를 받는 자"를 말하며, 가나안 도시에서 노역을 암시하는 것으로 보기에 충분하다.[105] 어쨌든 스불론과 밀접하게 연결된 잇사갈 지파는 창세기 49장의 지파에 대한 진술에서 명백하게 노역을 하는 종으로 나타난다(15절).

철기I 시대의 가나안 사회 집단에는 지속적으로 존속하는 도시의 거주민과 자유 경작지의 농부 이외에도 가나안 그리고 페니키아 도시에서 노동을 하는 자들이 발견된다. 이러한 사실은 민족성에 대한 서술로부터 일반적으로 추론할 수 있는 통찰과 모순되지 않는다. 여기에서 캄프(Kamp)와 요피(Yoffee)를 다시 한번 언급할 필요가 있다.

> 고대 서아시아 사회 시스템을 분석하는데 중요한 점은 '민족 집단'이라는 용어는 하나로 결속된 단위 내에서 두 가지 이상의 사회 조직 형태가 존재

---

105 그러한 해석은 Kegler(1980, 특별히 49-50)에게서 확인된다.

했음을 허용한다는 것이다.[106]

따라서 국가 이전 이스라엘을 단편적인 사회 집단으로 이해하며, 물론 이러한 단편이 대부분을 차지하기는 하지만, 배타적으로 농업 경제로만 살아간 것은 아니었다는 성서가 제공하는 상을 의심할 만한 아무런 근거가 없다.

(6) 지배 구조

만약 우리가 철기 I 시대에 지중해 동부 해안의 남쪽 산간 지역에서 발생하고 다분히 친족 관계로 상호 연결된 소수의 농부 가족이 공동 거주한 **소규모 정착**을 출발점으로 삼는다면, 우리는 어떤 세분화된 지배 구조를 기대할 수 없을 것이다. 상하 구조 서열을 갖춘 조직적인 지배를 보여 주는 장소와 상징, 즉 궁전과 성문 같은 것이 부재한다는 사실은 물론 이러한 새로운 구조의 특징이기도 하다.

사람들의 공통된 관심사는 정착지 주민을 형태에 맞게 정리하는 것이었는데, 명령과 순종이라는 서열 구조에 익숙한 유럽인은 자신의 시대적 관점에서 이 형태를 쓸데없는 것이라 폄하했다. 논쟁은 권한을 가진 제3자의 개입 없이 토론을 통해 중재되었다.[107]

소규모 정착 이외에도 도시로 표현될 수 있는 공동체 조직이 존재했다. 국가 이전 시대에 대한 전승에서 숙곳(Sukkot)과 브누엘(Penuel, 삿 8:4-21), 세겜(삿 9장)은 언급될 만한 지역이며, 여기에서 길르앗(삿 11장),[108] 기브아(삿 19-20장) 그리고 야베스-길르앗(삼상 11)은 명백하게 도시로 이해할 수

---

106 Kamp/Yoffee 1980, 88.
107 덧붙여서 참조하라. Crüsemann 1992b, 80-95.
108 사사기 11장의 길르앗이 대부분 추측하듯이 지역을 의미하는가, 혹은 사무엘하 24:6과 호세아 6:8 그리고 12:12처럼 도시를 의미하는가에 대한 질문에 대해서 참조하라. Schäfer-Lichtenberger 1983, 255-256; Neu 1992, 169-170.

있는 지명이다. 이 모든 본문은 자명하게 후대의 관점에서 표현되었고, 후대적 상황이 본문에 명백하게 기입되었다.

이 모든 본문은—"이스라엘"과 "가나안" 사이의 심각한 대립에 관심을 갖는 자에게 대단히 주목할 만한 본문이다—이 도시에 거주하는 주민의 민족적 정체성을 눈에 띌 정도로 열어 놓고 있다. 사사기 9장에 서술된 세겜인은 비이스라엘 사람보다 강한 자로 나타나며—물론 22절에 따르면 세겜의 아비멜렉 통치는 "이스라엘에 대한" 통치로 이해되지만—,[109] 반면에 야베스-길르앗 주민의 경우에(삼상 11장) 자신들이 "이스라엘인"이라는 것은 본질적인 것이었다. 따라서 이 본문이 이스라엘인 도시와 가나안인 도시가 전적으로 병존했음을 의미하는 것인지,[110] 혹은 몇몇 도시에서 혼합된 주민이 존재했음을 출발점으로 삼고 있는 것인가는 분명하지 않다.[111]

이 모든 것은 통치 구조에 대한 문제가 결코 간단하지 않음을 보여 준다. 만약 일반적인 고찰에서 출발한다면 명백한 것은, 도시로 표현될 수 있는 명확한 집단의 조직체에서 모든 주민이 더 이상 가족으로 상호 연결되지는 않는다는 점이다. 따라서 상호 갈등과 같은 공통의 관심사는 가족 내부에서 해결될 수 없게 되었고, 가족은 각 대표자를 세워서 입장을 대변해야 했다.

이러한 일반적인 사항을 염두에 두면 공개적으로 갈등을 표출하는 두 집단이 여러 본문에서 등장하는 현상에 직면한다. 이들은 장로들(삿 8:14, 16; 11:5 등)이거나, 또는 도시의 남자들이다(삿 8:5, 8-9 등). 우리는 이 두 집단의 상호 관계를 다음과 같이 서술할 수 있을 것이다. 장로들은 전체 남자 중에

---

[109] 이러한 질문에 대해서 아래 이스라엘 사회사의 시대 입문 II. 2.를 참조하라.
[110] Schäfer-Lichtenberger(1983, 196)는 다음과 같이 전제하고 있다. "이스라엘 정착지는 순수하게 가나안 기원의 정착지와 구분될 수 있다." 이스라엘 정착지를 고고학적으로 확인하려는 시도에 대해서 참조하라. I. Finkelstein 1988, 27-33.
[111] 세겜에 대해서 I. Finkelstein(1988, 81)은 다음과 같이 가정한다. "철기 I 시대 주민은 외관상 혼합되었으며, 상이한 민족적 요소로 구성되었다…."

서 다시 한번 선택된 자들이다. 하지만 이 본문들에서 장로에 편입되는 것은 유동적이므로, 명확하게 구분하는 것을 기대할 수는 없다.[112]

이러한 관찰을 근거로 부정적인 표현으로 다음과 같은 결론을 도출할 수 있다.

> 비준된 권력을 가진 공적인 중앙 관청은 존재하지 않았다. 이것은 사사 시대에 나타난 숙곳(Sukkoth), 길르앗(Gilead) 그리고 기브아(Gibea) 정착 지역의 공통된 특징이다. 게다가 사회 집단의 기관들이 미세하게 분리 독립하는 것은 모든 이 정착지에서 나타나는 특징이다.[113]

긍정적인 부분은 다음과 같다.

> 왕정 이전 시대에 장로는 지역을 대표하는 자들이었다.[114]

막스 베버의 분류로 본다면 우리는 이러한 방식으로 나타나는 통치를 **전통적인 통치**라고 표현할 수 있다.[115]

소규모 정착지에서는 권력을 집행하는 데 가족 형태보다 상위에 존재하는 것이 있었는가 그리고 대규모 정착지에서는 남자와 장로의 권위보다

---

112 장로와 남성들 이외에도 때때로 중요한 인물로 언급된 śarim(수 8:6, 14; 9:30; 10:18)은 왕정 시대에서 역투영된 것을 보여 준다. Schäfer-Lichtenberger 1983, 253.

113 위의 책, 275.

114 위의 책, 242. 이것은 Wagner(2002)의 연구에서 문제시되지 않았다. Wagner는 올바르게 장로직이 본래 왕정 시대에 속했음을 정당하게 주장했다(396-403. 덧붙여서 아래 이스라엘 사회사의 시대 입문 II. 3. C.를 보라). Wagner도 마찬가지로 주장한 것처럼 이 직분은 무엇보다 도시와 결부되었기 때문에(403-411), 이미 도시가 존재하던 "국가 이전 시대"의 도시에서 "장로직이 시작되었다"는 추정이 가능하다.

115 Weber의 통치유형학(Herrschaftstypologie)에 대해서 참조하라. Weber [5]1972, 122-176(MWG I/22-4).

상위에 존재하는 것, 즉 지파 계층을 기반으로 하는 전통적인 권위의 형태가 존재했는가는 의문시된다. 오히려 본문이 그것에 대해 침묵한다는 것은 인상적이다. 때때로 우리는 *naśi'* 라는 인물을 고려하여 그를 지파 수장의 특징을 담지한 자로 이해한다.[116]

실제로 *naśi'*는 후대 본문에서 지파별로 조직된 백성과 결부되어 종종 언급된다(민 1:16; 2:3, 5 등). 하지만 이 본문은 예외 없이 상당히 후대 본문이다. 또한, *naśi'*는 독일어의 '군주(Fürst), 지도자(Würdenträger)'처럼 상당히 일반적인 칭호이며, 에스겔서에서는 유대 왕에게 사용되기도 했다(겔 12:10; 19:1; 21:17 등). 국가 이전 시대에 지도자 또는 족장과 같은 제도적 직무가 존재한다 것을 보여 주는 어떤 증거도 없다. 그렇다면 도시와 마찬가지로 지파를 기반으로 해서 장로들이 대표자로 활동했다는 가능성만이 남게 된다.

반면에 지금까지 언급된 사사기 본문(그리고 사무엘상 11장)을 통해서 우리는 아직도 이야기의 핵심에 전혀 도달하지 못했다. 이 본문들은 잘 알려진 것처럼 '사사들'을 다루고 있으며,[117] 그들을 히브리어로 *šop^eṭim*이라 부른다. 그러나 이 단어의 어근인 *špt*는 '재판한다'라는 것뿐만 아니라, 보편적으로 '다스린다'는 것도 의미한다. 실제로 재판관은 지속적으로 계승되기도 하며, 왕들처럼 재판과 전쟁을 수행하는 것을 볼 때―그러한 모습을 보여 주는 것으로 사무엘상 8:20에 나타난 왕의 통치 기능―, 성서의 재판관은 왕의 선구자처럼 표현되었다고 평가된다. 명백한 것은 이러한 사사의 모습이 왕정 시대에서 기초된 상이라는 점이다.

그러나 사사에게는 다른 모습이 발견된다. 군사적 위기의 상황에서 지도자는 이 상황을 해결하는 유일한 한 가지 임무를 통해서 규정된다. 그의 출신은 상당히 다양할 수 있다; 기브온은 보잘것없는 집안 출신이며(삿

---

116 Schäfer-Lichtenberger 1983, 356-367.
117 참조하라. 덧붙여서 Malamat 1981; Niehr 1986; Weisman 1977.

6:15), 입다는 "기생의 아들"로 소개되었고(삿 11:1), 게다가 드보라(삿 4-5장)는 여성이다. 그들은 자신에게 복종하라고 요구할 수 없었으며, 그들의 권력 행사는 위기와 그것을 해결하는 시간으로 제한되었다. 그들이 권위를 행사할 수 있었던 지역은 지정학적으로 상당히 제한되었으며, 지역을 각각 '이스라엘화'하는 것은 어렵지 않게 편집적인 개정으로 인정된다.

이 본문에서 그들은 때때로 "구원자"($môšî^a$)로 표현되었다(삿 3:9, 15; 12:3). 여러 가지 모양으로 하나님의 "영"이 그들에게 임했다는 것이 강조되었다(삿 3:10; 6:34; 11:29; 13:25; 14:6, 19; 15:14; 참조. 삼상 11:6). 다시 한번 막스 베버의 의견을 수용하여 우리는 여기에서 **카리스마적 통치**를 언급할 수 있다.[118]

(7) 사회 세분화

지금까지 우리가 국가 이전 시기의 사회 집단 상황에 대해서 표현한 모습은 물론 가지각색이다. 농경 생활을 한 지파가 다수인 것은 물론이지만, 그 이외에도 가나안 또는 페니키아 도시에서 노동을 하는 이들도 소수 있었다. 소규모 정착 주민들도 이외에도, 도시라 불릴 만한 보다 규모 있는 정착지에 거주하는 이들도 있었다. 당연히 노인과 젊은이, 남자와 여자 그리고 권력이 있는 부류와 힘이 없는 부류도 존재했다. 전체적으로 볼 때 우리는 유다와 이스라엘이라는 국가가 출현할 수 있는 상당히 통일된 사회 집단의 모습을 제시했다.

하지만 만약 이상적인 평등한 기초 질서를 가진 단편적 혈연 사회 집단으로 표현된 사회 집단이 해체되지 않았다면, 국가 형성은 거의 불가능했을 것이다. 그러한 해체는 이 사회 집단의 상류층에서뿐만 아니라 하류층

---

[118] 참조하라. 성서의 사사상(像)을 카리스마적 지도자로 표현하는 것에 대해서 Weber 2005, 297 이하. 그것에 대한 논쟁으로는 참조하라. Malamat 1981; Neu 1992, 221-223; Weisman 1977.

에서도 관찰된다.

고고학은 이미 일차적인 힌트를 제공했다. 소규모 지방 같은 정착지 이외에도 대규모 농가로 해석할 수 있는 모습이 존재한다.[119] 그것은 홀로 독립적으로 위치해 있었고, 그곳에는 하나 또는 많은 건물이 있었다. 그것의 넓은 주변은 담으로 둘러싸였고, 이것은 방어를 위한 것이라기보다는 가축 사육을 위한 용도이었다.

이에 적절한 성서 전승으로 사무엘상 25장에 보도되는 부자 나발을 연상할 수 있다. 그는 "심히 부유한" 자로 표현되었으며, 대략 3,000마리 양과 1,000마리 염소를 소유했다(2절). 그의 가축들은 그가 고용한 목자가 돌보았다(7-8절). 양털 깎는 시기에는 그도 양털 깎는 것으로 바빴다(11절). 그의 아내 아비가일은 막대한 농산물을 가지고 다윗을 마중 나갈 수 있는 위치에 있었고, 그녀는 자신이 이끌고 간 사람들에게 명령을 내릴 수 있었다(18-19절).[120]

우리가 여기에서 관찰하는 것은 **"상위층으로" 분리**(Ausdifferenzierung "nach oben")된다는 점이다. 부유한 자로 정형화된 나발과 마찬가지로 사울도 "권력 있는 사람"으로 나타난다. 필시 사사기 5:10도 이러한 맥락에 속한 본문이다. 이 구절에는 나귀를 탄 자와 양탄자에 앉은 자가 확인된다. 그들은 점점 확장되는 부유층에 대하여 단초를 제공하는 것으로 해석될 수 있다.

이 본문들은 상위층으로 분리되는 자에 대한 언급보다 **"하위층으로" 분산**(Ausfransen "nach unten")하는 것에 대해 보다 명확하게 제시한다. 물론 여기에는 고고학적 증거가 결여되어 있다. 하지만 이 본문들은 아주 명확하다. 두 가지 경우를 통해서 가족 간의 갈등이 어떻게 해결되는지를 확인할 수 있다.

---

119   참조하라. Fritz 1996 83-84에 있는 그림 8과 9. 마찬가지로 92도 보라.
120   사무엘상 25장에 대해서 참조하라. Staubli 1991, 238-244.

첫째, 아비멜렉의 경우인데, 그는 첩의 소생이었으며(삿 8:31) 그로 인해 (이복)형제와 갈등 관계에 있었다(삿 9:1, 5). 그는 "여종의 아들"이라고 공격을 받기도 했다(9:18). 갈등 중에서 아비멜렉은 외가의 가족에게 의지할 뿐만 아니라, "방탕하고 경박한 자들"이라고 표현된 남자(9:4) 집단을 의지했다. 그들의 출신에 대해서 우리는 전혀 감지할 수 없다.

아비멜렉과 유사한 경우를 입다에서도 볼 수 있다. 그의 어머니는 '*iššah zônah*로 표현되었는데(삿 11:1), 이것은 직업적인 창기가 아니라, 결혼하지 않은 채 동거하는 여인을 말한다.[121] 합법적인 아내의 아들들인 이복형제는 입다에게 유산을 주지 않기 위해 그를 쫓아냈다(삿 11:2). 입다는 "오갈 곳 없는 자들"을 모았는데(11:3), 입다의 경우에도 마찬가지로 그들의 출신에 대해서 전혀 언급이 없다.

다윗의 등극에 관한 이야기는 지속적으로 도움을 준다. 그것은 내용적으로는 국가 이전 시기에 속하며, 그런 점에서 이 본문은 지금 미개발 국가로 넘어가는 과정을 우리에게 보여 준다. 사무엘상 22:2에 따르면 다윗은 남성 패거리를 모았는데, 그들의 특징이 세 가지로 묘사되었다.

(1) 환란당한 자
(2) 채권자에 인해 곤경에 빠진 자
(3) 원통한 자

그것을 기반으로 무리를 형성하는 세 가지 원인을 재구성할 수 있다.
(1) 아비멜렉과 입다처럼 가족 간의 갈등
(2) 경제적인 어려움
(3) (살인 또는 실수로 사람을 죽인) 범죄로 도망자 신세가 된 경우

---

[121] 참조하라. Schulte 1992; Friedl 2000, 168-170.

따라서 국가로 넘어가는 과정에 존재하는 국가 이전 사회 집단은 자체로 광범위한 중심을 가진 구조를 보여 준다. 이 중심은 단편 사회 집단의 핵심을 이루었고 상당히 강력했기 때문에, 우리는 새롭게 발생하는 국가인 이스라엘과 유다를 단편적인 국가로 표현할 수도 있을 것이다.

하지만 국가는 이러한 중심 자체에서 생성되는 것이 아니다. 물론 실패하긴 했지만 우리는 오히려 "권력 있는 사람"(사울)이 어떻게 국가 건설을 시도했는지 관찰할 수 있으며, 반면에 고대 사회 집단으로부터 버림받은 자들의 도움을 받아 (다윗이) 성공적으로 왕위에 등극하는 것도 확인할 수 있다.

2. 초기 이스라엘과 유다에서 발생한 국가

* 참고 문헌: Literatur: Claessen / Skalnik 1978; Clauss 1985; Crüsemann 1978; Dietrich 1997; Feinman / Marcus (Hg.) 1998; Frick 1985; Fritz / Ph. R. Davies (Hg.) 1996; Niemann 1993; Yoffee 2005.

국가로 변화하는 과정에서 B.C. 11세기 말 또는 10세기 초에 드디어 처음으로 이스라엘이라고 불리는 집단의 **사건사**(Ereignisgeschichte)에 대한 서술이 가능하게 되었다. 더불어 지배자의 모습도 등장했다. 국가는 전쟁을 수행했고 조약을 체결했다. 국가라는 형태와 함께 문서화에 대한 요구도 증가했고, 그 결과 기념비적인 문서의 숫자도 상승했다.

가나안을 주름잡던 애굽의 패권이 사라진 이후에, 세기가 바뀌고 청동기 시대에서 철기 시대로 변화하면서 가나안 지역에 있었던 세계 정치의 공백도 서서히 매워져 갔다.[122] B.C. 10세기 말 파라오 시삭(Schoschenk)의 출정은 물론 에피소드로 삼을 만했지만, B.C. 9세기 이후부터 신앗수르 제국은 지중해 동편에서 정치적으로 점점 강성해졌고, B.C. 8-7세기에는 이 지역을 지배했다. 그리고 이 패권은 B.C. 7세기 후반에 애굽 26왕조와 신바벨론에게로 넘어갔다. 이 모든 것은 해당되는 지역의 사건사에 대한 사료가 이전 시기보다 다양하게 존재했음을 말해 준다.

그러나 사료이 다양해졌다고 해서, 국가 이전의 사회 집단 형태에 대한 질문 그리고 논란과 비교할 때, 사건과 사건의 범위 그리고 사건의 순서에 대한 논란이 거의 없다는 의미는 아니다. 이런 이유로 이스라엘과 유다의 사회적 형태를 조사하기에 앞서서 국가가 생성된 이후에 발생한 개별 사건사의 **초안**을 서술하는 것이 필요한데, 이는 내가 무엇을 전제로 하는가를 명확하게 하기 위해서이다. 그것은 뒤에 이어지는 모든 시대에도 유효하다.

---

[122] 덧붙여서 위에 이스라엘 사회사 방법론 입문 I. 1.이하를 보라.

반면에 그것은 요약하는 선에서 머물러야만 하고 또한 그렇게 할 수밖에 없는데, 왜냐하면, 상세한 토론을 위한 공간이 주어지지 않았으며 그리고 사회적 형태를 진술하는 많은 것이 사건의 경과와는 상대적으로 무관하기 때문이다.

1) 국가 형성에서부터 B.C. 8세기 중반까지

B.C. 2천 년에서 1천 년으로 시대가 변하면서 지중해 동편의 남쪽에는 B.C. 8세기 또는 6세기까지 존속했던 이스라엘과 유다라는 두 국가가 발생했다. 철기-I-시대의 선구자가 활동했던 시기가 지난 후에 사울은 최초의 왕국을 세웠는데, 이것은 베냐민 지파의 영역을 넘어서 국경 지역을 북쪽과 동쪽으로 확장해 나아갔다.[123] 해안 지역에서부터 산간 지역에 이르는 영역을 지배했고 여러 방면으로 이스라엘을 예의 주시했던 블레셋인은 초창기에는 이러한 국가 건설을 전적으로 후원하거나 적어도 허용했다. 왜냐하면, 그들은 이 국가가 동쪽의 적으로부터 완충 작용을 할 것으로 이해했기 때문이다. 따라서 사울의 국가 건설은 다시 말해 블레셋 군대의 감시하에 이루어졌고(삼상 10:5; 13:3, 23; 14:1), 그의 첫 출정은 요단 동편에 있는 암몬 족속과의 전쟁이었다(삼상 11장).[124] 하지만 사울이 블레셋에 대항했을 때, 그의 통치는 신속하게 종결되었다(삼상 13:1).[125]

---

[123] 사울의 통치 영역의 확장에 대해서는 참조하라. Dietrich/ Münger 2003.

[124] 이러한 관점으로 볼 때 필자는 Kreuzer(2001)를 의존하고 있다. 참조하라. 71, "블레셋의 시각에서 볼 때 사울의 통치는 성장하는 것이었다." Kreuzer와 유사한 것으로 Hentschel 2003, 22-24. 사울 (그리고 다윗)이 블레셋을 의존하는 관계 그리고 블레셋과 긴장 관계에 대해서 마찬가지로 참조하라. Knauf 2001.

[125] 사무엘상 13:1에서 볼 수 있는 까다로운 "2년"이라는 것은 아마도, 객관적으로 볼 때 너무 적은 사울의 전체 통치 시기를 말하는 것이 아니라, 오히려 블레셋과 갈등이 폭발하고 난 이후 사울의 남은 통치 연대를 말하는 것으로 이해된다. 참조하라. Kreuzer 1996.

사울의 아들 이스보셋(Ischbaal)이 그의 뒤를 이었음에도 불구하고(삼하 2:8-9), 사울의 왕국이 오래 존속하지 못한 것은 베냐민 남쪽 지역에서 독자적인 통치를 세워갔던 다윗과 경쟁 관계에 있었기 때문이다. 그는 사울과 이스보셋의 군대 장관이었던 인물을 자신의 편으로 끌어들이고, 사울의 딸인 미갈(Michal)과 결혼함으로써 사울의 왕권을 요구할 수 있게 되었다.[126] 이스보셋이 살해되었을 때(삼하 4장), 다윗은 과거에 사울이 치리했던 지역의 지배권을 넘겨받을 수 있었다(삼하 5장).

다윗은 이제 그 시대에 독자적인 집단("지파")으로 자생한 유다와 몇몇 북 지파를 다스렸다. 고대 여부스인의 도시인 예루살렘을 추가로 획득한 결과(삼하 5:6-11),[127] 그는 지파들의 영토로부터 독립된 수도를 얻게 되었다. 이 도시를 기점으로 그는 자신의 국가 영토를 확장하기 위해 노력했다. 영토 확장은 세 방향으로 진행되었다.

첫째, 아직 사울의 지배를 받지 않았던 북 이스라엘 지파들을 흡수하는 것이다.

둘째, 고대 가나안 민족을 굴복시켜 통합하는 것으로, 이 민족 집단은 국가 이전 시대에 이스라엘이 정착하는 과정에서 흡수되지 않고 존속한 이들이다.

셋째, 지배권을 인접해 있는 민족들에게 확장하는 것으로, 이것은 의문시되고 있는 부분이다(참조. 삼하 5:17-25; 8장; 10-12장).

---

126 다윗이 미갈과 이미 오래전에 결혼해야 했었다는 것은(삼상 18장) 그와 달리 다윗 요구를 강조하는 장식이다. 참조하라. Schäfer-Lichtenberger 2003. 그와 동일한 것이 명목상으로 왕권을 다윗에게 바친 사울의 아들 요나단과의 우정이다. 물론 다윗이 실제로 사울의 궁정에서 출세해야 했겠지만, 사무엘상 16-31장에서 나타나는 전승들은 다윗 선전의 견해로 각색되었고, 그로 인해 역사적으로 신뢰할 만한 것을 더 이상 재구성할 수 없다.

127 성서가 제안하고 있는 것처럼 이것이 전쟁 목록을 보여 주고 있는 것인지, 혹은 Schäfer-Lichtenberger(1983, 385-390)가 추측하는 것처럼 평화적인 것인지는 각각 서로 다른 것을 근거로 하고 있다.

오늘날 우리는 이것들 가운데 어떤 것도 확신할 수 없다. 역사를 서술하는 극단적인 입장이 있는데, 한편으로는 여호수아 1:4를 근거로 해서 다윗-솔로몬 왕국이 애굽 국경지대부터 레바논까지 그리고 지중해부터 유프라테스강까지 다다르는 거대한 왕국이었다는 가정을 수용했다.[128] 다른 한편으로는 그것과 반대되는 것으로, 통일 왕국의 존재는 전적으로 보다 후대로 이해되는 유대적인 착안일 뿐이며, 이러한 구상은 북왕국 멸망 이후에 그 지역에 대한 유다의 권한을 명확하게 하기 위한 목적이었다고 주장한다.[129]

이 양극단의 입장은 견지될 수 없다. 최대주의 입장과 달리—우리가 고고학적 그리고 비문의 증거를 과도하게 이용하지 않는다 할지라도—자칭 왕국이라 불리는 규모를 가진 제국이 어떠한 흔적도 남기지 않았다는 것은 놀라울 따름이다. 북쪽에 건설된 건축물의 연대를—예를 들어 므깃도—솔로몬 시대로 상정하는 것은 다음과 같은 순환 논법을 의존한다는 의혹으로부터 자유롭지 못하다.

성서가 그러한 건축을 보도하고 있기 때문에(므깃도에 대해서 참조. 왕상 9:15), 이 건물에 관한 고고학 발굴은 솔로몬 시대로 상정되며, 이 발굴은 다시 성서 전승이 믿을 만한 증거임을 보여 준다.[130] 아마도 '더 이상 전형

---

128 참조하라. Donner ³2000, 220. "Das Großreich Davids"; 그밖에 Dietrich 1997, 148-201.
129 Ph. R. Davies 1995, 65. "… 우리의 재구성으로 볼 때 이스라엘과 유다 영토를 하나로 결합한 어떤 나라도 포함할 수 없다."
130 "솔로몬" 건축에 대하여 연대 설정을 하는 고고학 문헌은 헤아릴 수 없다. 초기로 연대를 설정하는 예에 대해서 참조 I. Finkelstein 1996, 전통적인 관점을 옹호하는 것에 대해서 참조하라. Halpern 2000. 상위 연대기(High Chronology, HC: 고고학 발굴에 대하여 초기 연대 설정을 하는 것)와 하위 연대기(Low Chronology)에 대한 논쟁에 대해서 참조하라. Ortiz 2002. 마찬가지로 I. Finkelstein의 연구를 비평적으로 평가하는 것에 대해서 참조하라. Kletter 2004. 그는 주저하는 결론을 내렸다. "따라서 하위 연대기(LC)는 가능하지만, 그것이 상위 연대기(HC)보다 우월하지는 않다"(44).

적인 산간 마을이라 볼 수 없는' 그러한 왕국이 예루살렘을 중심으로 통치되어야 했다는 생각이 그러한 순환 논법적 사고를 해결하지는 못한다.[131]

다른 한편으로 최소주의자의 입장은 다윗이 북쪽으로 확장했다는 것을 거부함으로써 성서 전통과 대립하는 결코 극복될 수 없는 난관에 봉착했다. 사무엘상에 있는 사울 전승은 시종일관되게 사울의 추종자들이 다윗에 대항하여 제기한 모든 비난에도 불구하고 다윗의 결백이 드러났다는 입장으로 각인되었다.

더군다나 만약 다윗이 베냐민 지역에 아직은 영향력을 행사하지 못하는 일부 지역의 지도자였다면, 그러한 입장은 분명 불필요했을 것이다. 그 이외에 북왕국 설립은 이방의 통치로부터 해방하는 행위이라는 관념이 북왕국에는 있었으며, 따라서 출애굽 전승은 북왕국의 국가 종교가 되었다.[132] 그러한 전승은 출애굽 전통을 유다에서도 당연한 것으로 수용했던 후대 시대에—다시 말해 북왕국이 멸망하고 난 이후 시대[133]—기원했다고 설명하는 것은 거의 불가능하며, 어쨌든 가설을 가능한 단순화시키려는 요구와도 상충된다.

따라서 우리는 중도적 입장을 고려할 수 있다.[134] 그것에 따르면 실제로 유다는 다윗 통치하에서 북쪽으로 확장했고, 모든 이스라엘 지파를 통일했을 뿐만 아니라 가나안 정착 지역까지도 새로운 국가로 흡수했으며, 주변 민족을 예속시켰다는 것이 출발점이 된다. 이러한 회상은 아마도 다윗

---

131   I. Finkelstein / Silberman ²2003, 150. 인용. Halpern(1996, 72-74)은 당시의 주요 도시가 배타적으로 중앙 통치의 특성을 가지고 있었으며, 실제로 아주 작았을 것이라고 지적했다.
132   덧붙여서 아래 이스라엘 사회사의 시대 입문 II. 4. A.를 참조하라.
133   북이스라엘의 출애굽 전승이 전체 이스라엘 전승으로 발전하는 것에 대해서 참조하라. Kessler 2002, 특별히 91-115.
134   덧붙여서 Grabbe(2000)의 인용을 참조하라. 그는 연구사를 통하여 현재의 입장을 다음과 같이 규정한다. "'최소주의자'(minimalists)도 '최대주의자'(maximalists)도 승리하지 못했다"(215).

에 대한 전승과 후계자인 솔로몬에 대한 전승을 전체 지중해 동편 전체를 포괄하는 커다란 왕국에 대한 사고로 확대하면서 한층 강화되었을 것이다.

다윗의 후계자인 솔로몬이 사망한 이후,[135] 즉 B.C. 930년이 지난 직후에 이 나라는 나뉘어졌다. 파라오 시삭 I세(Schoschenk I)는 신속하게 팔레스틴으로 출정했는데, 이 출정에 대한 정보를 카르낙(Karnak)에 있는 지명 색인이 알려 주고 있다.[136] 이 색인에는 유다와 예루살렘 지역에 위치한 어떤 명칭도 포함되지 않았기 때문에, 열왕기상 14:25-26의 보도는 적절한 것으로 볼 수 있으며, 시삭은 자발적인 전쟁 배상금으로 인해 예루살렘으로 진격하던 것을 멈추었다는 결론에 도달하게 된다.[137]

그와 달리 북쪽 지역은 전쟁으로 인해 급박한 상태에 치닫게 되었는데, 이에 대해 파라오의 이름 카르투쉬(Kartusche: 고대 왕의 이름을 적은 장식 테두리 - 역주)로 장식되어 있는 므깃도에서 발굴된 비문의 파편이 가리키고 있다.[138] 하지만 시삭의 출정이 이스라엘과 유다의 지속적인 발전을 가로막지는 못했다.

이스라엘과 유다라는 두 독립 국가가 세워진 이후의 시대는 두 나라가 지속적으로 대항 관계를 보이는 시대이며, 동시에 이스라엘은 유다보다 발전되고 강력한 나라였다. 특별히 오므리 왕조가 권력을 잡은 이후에 (대략 B.C. 880년경부터) 북왕국에는 사마리아라는 독자적인 수도가 생겼으며 (왕상 16:24), 이스라엘은 지중해 동편에 위치한 국가의 권력 투쟁에서 중심 권력으로 부상했다.

---

135 Handy(Hg.) 1997.
136 쇼셍크(Schoschenk)의 출정에 대해서 참조하라. Ahlström 1993; Ash 1999, 특별히 50-56; Clancy 1999; I. Finkelstein 2002; Schipper 1999, 특별히 119-132.
137 I. Finkelstein(2002, 124)은 "예루살렘과 쇼셍크 사이의 거래"를 언급했다.
138 Ussishkin 1990, 특별히 71-74.

B.C. 9세기 중반부터 앗수르 제국이 서쪽으로 확장을 시작했기 때문에, 이스라엘 왕이 비문에서도 발견된다. 그 첫 번째 왕은 오므리(Omri)의 아들 아합(Ahab)이다. 그는 앗수르 왕 살만에셀 3세(Salmanassar III)의 비문에 나타나는 "이스라엘의 아합"으로서 카르카르 전투(B.C. 853년)에서 적대적인 연합국의 왕 가운데 한 명으로 기록되었다.[139] "이스라엘"이라는 이름이 B.C. 13세기의 메르넵타 비문에 처음으로 언급되었고,[140] 350년이 지난 이후에 다시 비문에서 발견되는데, 그것은 너무도 명백하게 국가를 가리키는 명칭이다.

그 후 (대략 840년경) 메사(Mescha)왕의 모압 비문이 생성되었는데, 그것은 오므리를 이스라엘의 왕으로 언급하고, 특히 이름이 언급되지 않은 —분명 아합으로 보이는— 그의 아들을 기록하고 있다.[141] 앗수르가 북왕국에 대해 언급하는 모습은 북왕국을 인식하는 데 있어서 오므리 왕조가 너무도 중요하다는 것을 알려 준다.

계속해서 오므리 왕족의 중요성은 이 왕조가 멸망한 이후에도 오므리의 이름이 국가를 표현하는 것에서 견지되고 있다는 사실에서도 알 수 있다. "이스라엘의 아합"이라는 비문을 기록해서 후대에 남긴 살만에셀 3세는 오므리 왕조를 (B.C. 841년경에) 잔혹하게 멸망시킨 예후를 "후므리 군주(Dynasten von [Bit]Humri)의 아들 예후"라고 언급했다.[142] 게다가 이스라엘을 가리키는 "후므리"(Humri) 또는 "오므리"는 그밖의 앗수르 비문에도 여전히 유지되고 있다.[143]

---

139 TGI Nr. 19; Context II 261-264.
140 위에 이스라엘 사회사의 시대 입문 I. 1. B.를 보라.
141 KAI Nr. 181; TGI Nr. 21 ; TUAT I 646-650; Context II 137-138. 비문의 역사적 신빙성에 대해서—Thompson(2000)이 제기한 비문에 대한 논쟁과 반대로—참조하라. Emerton 2000.
142 TGI Nr. 20; Context II 266f. 267 이하. 268 이하. 269 이하.
143 참조하라. TGI Nr. 22.26.27; Context 11 276-277, 286-289, 291-292, 298.

카르카르(Karkar) 전투에서 이스라엘인과 아람인은 다른 이들과 함께 앗수르에 대항하기 위해 동맹을 맺기도 했지만, B.C. 9세기와 8세기 초에는 특히 이스라엘과 여러 아람민족 국가들, 특별히 아람 국가인 다마스쿠스(Damaskus) 사이에 첨예한 대립이 특징적으로 나타난다. 이러한 갈등은 B.C. 9세기 초반의 것으로 보이는 단 지역(Tell Dan)에서 발견된 비문을 이해하기 위한 배경이 되며, 그 비문에 따르면 아람의 통치자는 "이스라엘 왕"을 죽였다고 보도한다.[144]

하지만 적지 않은 논쟁의 출발점이 된 것은 그다지 놀랄 것이 없는 앗수르 비문과 메사 비문의 기록이 아니라, 오히려 단 지역 비문과 직접적으로 연관된 문자 *bjtdwd*[145] 이다. 이 문자는 분명 "다윗의 집"으로 이해될 수 있다. 이 문자를 포함하고 있는 A 파편만이 존재했을 때까지만 해도 이것에 대한 해석은 물론 논쟁이 되긴 했었다. 왜냐하면, 사람들은 *bjtdwd* 문자에서 *dwd*를 신의 별칭(Gottesepitheton)을 암시하는 것으로 이해하려 하거나[146] 또는 벧엘, 벧세메스[147] 또는 아스돗과 유사한 낯선 도시의 이름을 암시하는 것으로 이해하려 했기 때문이다.[148] 하지만 상당히 개연성 있는 –*jahu*로 끝나는 이름을 가진 통치자에 대해 언급하는 B 파편으로 인해, 성서적으로 잘 알려진 "다윗의 집"과 관련시키려는 노력은 거의 불가능하게 되었다.[149]

---

144 첫 출판이 1995년에 Biran/Naveh(1993)에서 있었다. 참조하라. Context II 161-162.
145 첫 번째 파편이 발견되고 난 이후에 10년 동안 발견된 다량의 문서가 Athas(2003)에서 논의되었다.
146 Knauf/de Pury/Römer 1994; Lehmann/Reichel 1995.
147 참조하라. Ben Zvi 1994; Cryer 1994; Lemche/Thompson 1994.
148 반면에 아스돗과 비교는 근거가 박약하다. 왜냐하면, 이 명칭은 Alef-접두어가 붙은 *šdd**의 어근으로 구성되었다.
149 마찬가지로 Knauf 1996. 전체적으로 상세한 논의에 대해서 참조하라. Dietrich 1997, 136-141.

카르카르 전투에서 아람인과 이스라엘인이 연합하여 앗수르에 대항했다면, 단 지역의 비문 조각에서 이스라엘 지도자와 다윗의 집 지도자는 공통적으로 아람을 대적하는 인물로 나타난다. 따라서 우리는 고정된 상황을 출발점으로 삼아서는 안 된다. 오히려 시리아-팔레스틴 사이를 잇는 군소 국가들은 각각의 시대적 이해관계에 따라서 상이한 동맹을 체결했다.

B.C. 8세기 이후부터 서쪽으로 진행하는 앗수르의 압박은 점점 강해졌으며, 아람인에게 가장 먼저 들이닥쳤기 때문에, 동시에 아람인이 이스라엘을 압박하는 것은 중단되었다. 이에 맞물려 여로보암 2세(B.C. 787-747년) 치하에서 북왕국은 자주성을 지키며 전성기를 구가했다. 하지만 디글랏빌레셀 3세(Tiglatpileser III, B.C. 745-727년)의 원정과 그의 후계자로 인해 전성기 시대는 너무도 빨리 마감되었다.

아람인과 이스라엘인이 소위 시리아-에브라임 전쟁(B.C. 734-732년)을 통해 유다를 반앗수르 연합으로 끌어들이려던 시도는 좌절되었다. 반앗수르 연합에 동참했던 국가들은 심각한 결과에 직면했다. 다마스쿠스를 수도로 하는 아람 국가는 세계 지도에서 사라졌다. 북왕국 이스라엘은 앗수르에 합병되어 축소되었으며―북왕국이 존재했던 최후의 10년 동안 빈번한 정변이 있은 후에―B.C. 722년에 사마리아 점령과 함께 와해되었다. 독립국이었던 이스라엘 왕국은 앗수르의 네 지방(Provinz)으로 분해되었다. 이 시점 이후로 유다라는 명칭으로 앗수르의 사료에 계속해서 등장하는 유다는[150] 자발적으로 앗수르에 의존하기로 결정함으로써 자신들의 독립을 지켜 낼 수 있었다(왕하 16:5-10).

의심할 여지없이 왕정 시대의 사건사는 B.C. 6세기 초반에 유다가 멸망하기까지 계속되었다. 그럼에도 불구하고 사회사를 서술함에 있어서 B.C. 8세기 말을 하나의 결정적인 사건으로 삼는 것은 중요하다. 한편으로 B.C.

---

150 TGI Nr. 23.28.39; Context II 289 이하, 302 이하, 304 이하.

10세기에 형성된 초기 국가, 이스라엘과 유다가 B.C. 8세기에는 발전된 국가가 되었다는 것이다. 이것은 뒤에 이어서 서술될 것이다. 다른 한편으로 B.C. 8세기 중반에는 내부의 발전이 이루어졌는데, 이것은 한마디로 고대 계층 사회의 형성이라고 표현할 수 있다. 이러한 사회에 대해서는 다음 장에서 기술할 것이며, 덧붙여 사건사에 대한 실마리도 짚어 보도록 하겠다.[151]

2) 국가 생성

대략 300년에 이르는 역사를 신속하고 간략하게 짚어 보았고, 우리는 다시 처음으로 돌아왔다. 이스라엘과 유다 국가는 어떻게 생성되었을까?

선행되는 시기를 관찰함으로써 우리는 상대적으로 짧은 시기에 땅 점유가 완결되었다는 관습적인 모습이 실제 역사의 관점으로는 견지될 수 없다는 것을 관찰했다. 그 대신 이스라엘의 형성 또는 기원에 대해 언급을 한다면, 이스라엘이 놓여 있는 가나안 주변 환경이라는 틀에서 하는 것이 보다 적절하다. 그와 달리 국가로 넘어가는 과정은 보다 명확하게 식별할 수 있는 전환점을 보여 준다.

그럼에도 불구하고 성서가 서술하는 모습을 수용하여 군주 국가의 형성을 라마에 모인 백성의 자발적 행위로 소급시키는 것(삼상 8장처럼)은 잘 못되었다고 볼 수 있다. 왜냐하면, 한편으로 국가가 진정으로 견고해지기까지 다양한 준비 기간이 존재했기 때문이다. 또한, 다른 한편으로 국가가 사회 집단을 변화시키는 결과는 군주 국가가 견고해진 이후에 서서히 나타났기 때문이다.

---

[151] 아래 이스라엘 사회사의 시대 입문 III. 1.을 보라.

인간학적 연구에 있어서 독자적인 마을 공동체에서 중앙 집권적인 사회 집단으로 변화는 인류사에 중요한 전환점을 의미한다. 물론 우리는 여기에서 일차적인 국가 형성과 이차적인 국가 형성을 구별한다. 일차적인 국가 형성은 기존에 존재하는 국가가 해당되는 사회 집단의 환경에 영향을 끼치지 않은 상태에서 처음으로 중앙 행정 기관이 형성된 것을 의미한다. 이러한 경우는 당연히 극소수에 불과하며, 고대 메소포타미아, 애굽, 인도, 중국 그리고 아메리카 등으로 제한된다. 물론 그보다는 주변 환경에 이미 국가가 존재한다는 것을 기반으로 하는 이차적 국가 형성이 빈번하게 발생했다.

지금까지 서술된 것에 따르면 이스라엘과 유다 지역의 국가 형성은 이차적인 국가 형성의 전형에 속한다는 점이 명확하다. 왜냐하면, 지중해 동부의 남쪽에는 이미 오래전부터 토착민의 도시 국가뿐 아니라 애굽이라는 국가가 존재했기 때문이다. 그럼에도 불구하고 두 국가의 형태는 이스라엘 지파의 국가 형성을 위한 직접적인 선구자가 될 수 없으며, 이스라엘 역시 그것을 모델로 삼아 형성된 국가도 아니었다. 그렇다고 해서 이스라엘의 국가 형성이 선구자가 없었던 것은 물론 아니다.

B.C. 14세기 아마르나 서신을 근거로 세겜과 예루살렘 주변의 북쪽과 남쪽 산지에 국가들이 형성되었으며, 이 국가는 분명히 당시 도시의 경계를 거침없이 침범했다는 것을 알 수 있다. **세겜의 라바야**(Labaja von Sichem)뿐 아니라 **예루살렘의 압디케파**(Abdichepa von Jerusalem)는 이미 지역적으로 경계가 설정된 영토 국가를 다스렸다.[152]

이 두 국가가 지정학적으로 앞으로 이스라엘과 유다가 세워질 지역에 존재했다는 점을 고려하면, 이 두 국가는 후대에 건립될 국가인 이스라

---

152 참조하라. Knudtzon(1915)에게서 Labaja(Nr. 252-254) 그리고 Abdichepa(285-290)의 편지와 이 둘에 대해서 언급한 Schuwardata의 편지(Nr. 280) 그리고 Labaja의 아들들을 언급하는 편지(Nr. 250)를 확인할 수 있다. Nr. 286 그리고 289 편지는 TUAT I 512-516 에서도 확인할 수 있다.

과 유다의 전역사에 속한다. 그와 달리 거주민의 연속성은 다윗이 예루살렘 도시를 점령했다는 점에서 적어도 예루살렘과 관련해서는 확실히 인정된다. 하지만 세겜 지역은 훨씬 복잡하다.

사사기 9장의 전승에 따르면 세겜의 평지에 군주제 영토 국가를 건설하려는 시도가 있었다.[153] 본문이 소개하는 사건에 대한 연대 설정을 비록 정확하게 할 수는 없지만,[154] 그것은 어쨌든 라바야 국가의 후임자에 대한 문제를 다루고 있다.[155] 확실히 아비멜렉은 아루마(Aruma) 지역을 기반으로 왕권을 건설했으며, 그것은 세겜 도시 국경과 세겜의 주변 지역인 테베스(Tebez) 취락 지역을 포함하는 왕권이었다. 세겜 주민을 민족적으로 화합한 것은 무엇인가에 대해 본문은 이상할 정도로 침묵하고 있다.[156] 사사기 9장은 한편으로 세겜 주민을 바알을 숭배하는 비이스라엘인으로 서술했다(삿 4:27, 46). 그것에 따르면 아비멜렉은 이스라엘 남자와 비이스라엘 세겜 여인에게서 태어난 아들이었고(8:31), 그는 자신의 지배권을 세워가는

---

153 사사기 9장에 대한 문서에 대해서 참조하라. Bogaart 1985; Campbell, Jr. 1983; Fritz 1982; Levin 2003a; Reviv 1966; Rösel 1983; Schmid 1970; Soggin 1967; Würthwein 1994a.

154 Fritz(1996, 43-45)는 아비멜렉 전승의 기원을 적어도 이스라엘 왕정 시대로 연대 설정했는데, "B.C. 1150년부터 975년까지 세겜에 정착하는 것이 전혀 없었기 때문이다"(44). 따라서 그에 따르면 이 이야기는 "역사적 가치가 없는" 것이다(동저자, 1982, 143). Fritz의 분석에서 문제가 되는 문학적 전제에 대해서 참조하라. Bogaart 1985 그리고 Campbell, Jr. 1983. 고고학적 발굴을 근거로 Fritz가 행한 것과 같은 광범위한 결론을 이끌어 낼 수 있는지에 대해서는 의문이 든다. 참조하라. Levin 2003a, 155. 초기 철기 시기의 세겜을 고고학적으로 규명하는 어려움은 문학적 증명을 고려한다면 거의 무게감이 없다.

155 Labaja 그리고 Abimelech의 통치가 평행한 것에 대해서 참조하라. Reviv 1966.

156 사사기 9장에서 보도된 에피소드에 대한 Soggin(1967, 184)의 평가를 참조. "이 에피소드는 서술된 인종적 입장을 근거로 볼 때 중요하다. 물론 마찰이 없는 공존은 아니었지만 이스라엘과 가나안 토착민과 평화로운 공존". 위에 이스라엘 사회사의 시대 입문 I. 2. F. 각주 111번에서 언급한 것을 상기할 필요가 있다. 세겜에 대하여 I. Finkelstein(1988, 81)이 열거한 것을 인용하면 다음과 같다. "철기 I 시대 원주민은 외관상으로 볼 때 혼합적이다. 다시 말해 그것은 상이한 인종적 요소들로 구성되었다…."

과정에서 이러한 차이점을 이용했다(9:1-6; 참조. 18절).

다른 한편으로 아비멜렉의 통치는 이스라엘에 대한 통치로 표현되었다(삿 22:25). 그러나 문학적으로 명백하게 후대로 평가되는 이 구절과는 별개로 사사기에 있는 아비멜렉 에피소드 전승은 후대 이스라엘 왕정에 대한 전역사의 일부분으로 이해될 때에야 비로소 의미가 있다.[157]

일시적인 아비멜렉의 왕권과 비교할 만한 것은 사사기 11장이 보도하는 것처럼 **입다**의 왕권이다. 입다 왕권의 출발점은 아비멜렉과는 상황이 다른데, 왜냐하면, '길르앗' 주민을 어려움으로 몰아넣은 군사적 위기가 발견되기 때문이다.[158] 그러므로 입다는 일차적으로는 위기에 개입하는 지도자, 즉 성서의 구원자상에 속한다.[159]

하지만 아비멜렉처럼 그는 지속적인 통치권을 요구했으며, 물론 "왕"이 아니라(삿 9:6), "머리"(Haupt)라는 칭호가 사용되었다(삿 10:18; 11:8-11). 아비멜렉 이야기에서 "세겜의 지도자"(삿 9:2-3, 6)가 중요한 역할을 했듯이, 입다의 경우에도 "길르앗의 장로"(11:5-11)가 그가 등극하는 데 결정적인 역할을 했다. 아비멜렉과 마찬가지로 입다 역시 혼혈 출신이며(삿 8:31 그리고 11:1-2, 7), "기거할 곳 없는 패거리"의 도움을 받는다(삿 9:4; 11:3).

---

157 아비멜렉 전승에 나타나는 본래 가나안적 서술이 후대에 "이스라엘화"되었다는 것을 확인하려는 시도와 관련하여—참조하라. "아비멜렉은 가나안 역사에 귀속되는 것이지, 이스라엘 역사에 귀속되는 것이 아니다"라는 Würthwein(1994a, 22)의 이해— Schmid(1970, 2. 각주 3)는 정당하게 질문하고 있다. "어째서 그러한 악당이 이스라엘화 되어야 했을까?" Levin(2003a, 특별히 153-156)은 아비멜렉과 좌초한 그의 세겜 지역 국가 건설에 대한 전승은 이스라엘 국가 건설의 전역사로 배치되어야 했다고 강조한다. 그와 동시에 Levin이 주장한 것처럼 사울과 다윗 이전 시대에 대한 그 밖의 모든 전승은 당연히 가치 절하를 되어야만 했는지에 대해서는 다른 지면에 언급되었다.

158 동시에 그것이 지역적인 것을 다루는 것인지 혹은 보다 개연성이 있는 길르앗 도시를 다루고 있는가 하는 것은 통치 구조에 대한 질문에 있어서 어떠한 역할도 하지 못하고 있다. 문제에 대해서 위에 이스라엘 사회사의 시대 입문 I. 2. F.를 참조하라.

159 위에 이스라엘 사회사의 시대 입문 I. 2. F.를 참조하라.

아비멜렉과 입다의 통치는 지정학적으로 좁은 지역에 제한되었다. 그들의 통치는 일시적이었을 뿐 왕조의 건설로 연결되지 못했다. 이스라엘에서 보다 장시간 존속하여 왕조 건설의 단초를 제공하며, 면적으로 볼 때 훨씬 확장된 영토를 포괄하는 첫 번째 왕조는 베냐민 지파의 사울 왕권이었다.

(1) 왕권 생성의 원인

왕권 생성을 회고하며 보여 주는 성서 전승은 역사적 전환점에 대하여 두 가지 이유와 한 가지 주관적인 모티브를 제공해 준다.

첫째, 이유는 외부의 위협이다. 이것이 서술하는 역사적 모습에 따르면 사사 시대에 순환적으로 반복되는 이방인의 습격에 이어서 사무엘상 4-7장은 블레셋인과의 전투를 사무엘상 11장은 암몬인과의 전투를 보도한다. 그것에 성공적으로 대처한 결과로 사울은 왕으로 추대되었다.

둘째, 내부적인 난국이 왕권 수립을 부추겼다. 사사기는 17-21장에서 '당시 이스라엘에 아직 왕이 없었다'는 후렴구를 반복적으로 사용하여 끔찍한 이야기를 마무리한다(삿 17:6; 18:1; 19:1; 21:25). 사무엘상 2:11-17과 22-25에 따르면 엘리 가문 제사장이 실로에 있는 야웨 성소에서 제사 제물을 착복했으며, "회막 문에서 수종드는 여인들"과 동침했다는 것을 알 수 있다. 마찬가지로 공의를 전해야 하는 사무엘의 아들들은 뇌물을 받고 공의를 굽게 만들었다(삼상 8:1-3). 따라서 이러한 본문이 배열된 이후에 모든 상황은 국가적인 규율을 촉구했다. 결국, 이러한 두 가지 방향은 이스라엘인의 입을 통해서 다음과 같은 요구와 연결되었다.

> 우리의 왕이 우리를 다스리며 우리 앞에 나가서 우리의 싸움을 싸워야 할 것이니이다
> (삼상 8:20b).

주관적인 모티브는 다음과 같다.

> 우리도 다른 나라들 같이 되어(삼상 8:20a).

역사적 진실에 대한 이러한 다양한 모습은 '이스라엘 역사'에서 왕정 기원과 관련하여 최근까지 시도된 단일원인적 설명 즉, 이스라엘 왕정의 생성을 블레셋의 위협으로만 설명하려는 것보다 훨씬 개연성이 있다.[160] 대부분의 경우와 마찬가지로 역사에서 큰 변화는 하나의 원인이 아니라 다양한 원인이 있다. 동시에 이스라엘과 유다 국가의 기원에 대해서 뒤이어 서술할 요소를 확인해야 한다.

이미 위에서 관찰한 것처럼, 대가족 주민도 속했을 것으로 보이는 소규모 정착지 이외에도 보다 많은 가족 구성원이 공동 거주하는 더 큰 규모의 구성물("도시")이 존재했다. 그곳에서는 장로가 개별 가족을 대표했다.[161] 동시에 가족 구조는 물론 해체되지는 않았다. 그러나 가족의 경계를 탈피함으로써 그리고 장로 제도를 통하여 어쨌든 통치 구조를 지향하는 조건들이 형성되었고, 이 통치 구조는 결국에는 가족 구조로부터 완전히 독립되어 국가로 자리잡을 수 있었다. 아비멜렉과 입다의 경우처럼 다윗 왕권이 설립되는 과정에 장로는 중요한 역할을 했다(삼하 5:3).

필자는 이미 위에서 국가 이전 사회 집단의 또 다른 발달을 "'하위층으로' 분산"(Ausfransen 'nach unten')이라고 표현했다.[162] 이러한 분산은 두 가지 결과로 나타났다.

---

160 참조하라. Donner ³2000, 197: "만약 이스라엘 민족 국가의 형성이 국가 이전 지파의 삶의 형태로부터 시작됐다는 것이 필연적이지는 않았다는 것이 옳다면, 외부적인 영향력이 유효했을 것이다. … 블레셋으로부터 위협이 있었다."
161 위에 이스라엘 사회사의 시대 입문 I. 2. F.를 보라.
162 위에 이스라엘 사회사의 시대 입문 I. 2. G.를 보라.

첫째, 무장한 무리는 공공질서를 불확실하게 만들었다. 사무엘상 25장은 무장한 무리가 보호에 대한 부과세(Schutzgelderpressung)를 요구함으로써 특정 지역에 대해 통치를 주장할 수 있다는 것과 그들의 요구를 이행하지 않은 자에게 죽음의 위협이 동반된다는 것을 생생하게 보여 준다. 다른 한편으로 아비멜렉, 입다 그리고 다윗의 예가 보여 주듯이, 이 무리는 국가 통치를 구축하기 위한 기초 세력이 된다.

둘째, 외부의 압박이 유일한 이유는 아님에도 불구하고, 왕정 생성에 있어서 중요한 역할을 한다. 일시적인 지도력이 지속적인 통치로 전환되었던 입다의 경우와 마찬가지로, 사울은 암몬 족속에 대한 승리로 인해 왕으로 추대되었다(삼상 11:15).[163]

또한, "모든 민족처럼" 되기 원하는 주관적인 모티브를 출발점으로 할 때, 성서 본문은 보다 정확한 것을 보여 준다. 물론 우리는 언어로 표현된 모티브의 형태에 대해 언급할 수는 없을 것이다. 그것은 이미 역사적 성찰을 반영하고 있다. 하지만 국가라는 존재가 이스라엘에서는 아직 발견되지 않는다는 점은 명확하다. 그것은 이미 주변 환경에서 발견된다. 이스라엘에서 국가 형성은 일차적인 것이 아니라, 이차적인 것이다.[164]

위에 언급한 요소들 중에서 어떤 것도 왕권 형성에 단독적으로 유효한 것은 결코 없다는 사실은 아비멜렉, 입다―아마도 우리에게 전승되지 않은 그밖에 인물―그리고 어떤 면에서는 실패하긴 했지만 사울의 통치에서도 발견되는 단초들이 존재했다는 사실을 통해 알 수 있다. 지속적인 왕

---

163 왕으로서 사울은 블레셋과의 전쟁의 결과로 기인했다는 것을 Kreuzer(2001)가 올바르게 강조했다.

164 Gottwald(2001, 120)는 이스라엘 국가 건설의 후대적 특성을 확립되는 것은 '이스라엘이 주변 국가의 국가 제도를 구체적으로 어느 정도로 수용했는가'에 대한 어떠한 귀납적 추론도 용인하지 않는다는 것을 정당하게 강조했다.

조 건설은 다윗이 되어서야 비로소 가능했다.

(2) "초기 국가들"

최근에 이스라엘 최초로 비교적 안정적인 왕권을 형성했던 사울이 다윗의 초창기와 마찬가지로 국가를 건설했다는 것은 종종 논란이 되고 있다. 민족적인 것을 기반으로 하며 국가 이전과 국가 시대 사이에 **우두머리 체제**(*Chiefdom*) 단계를 추가하는 발전 이론을 출발점으로 해서 사람들은 사울의 통치와 다윗의 초기 통치를 동일하게 **우두머리 체제**로 표현한다.[165] 이후에 사람들은 **우두머리 체제** 시기를 더 확장하려 시도했는데, 환언하면 이스라엘의 경우에는 B.C. 9세기까지 그리고 유다의 경우에는 B.C. 8세기까지[166] 우두머리 체제로 이해해야 한다는 것이다.

물론 우리는 처음부터 모델로 수용된 이론이 일차적인 국가 형성의 관점에서 고안되었다는 것을 고려해야 한다. 물론 그러한 이론이 내부적으로 진행되는 민족학적 논의에서 이론의 여지가 없는 것은 아니다. 상호 모순되는 개별 인용문[167]은 현재 논의되는 입장을 대변하고 있다.[168] 따라서 일목요연한 "현재의 사회학적, 문화 인류학적 그리고 인종 지정학적 연구

---

[165] 그러한 이해는 Flanagan(1981), Frick(1985) 그리고 Dietrich(2001)로 이어졌다. 참조하라. "관직 사회"(patronage society)에 대한 개념을 Lemche(1996b)에서 확인할 수 있다.

[166] 그러한 이해에 대하여 Knauf(1991); Niemann(1993). **우두머리**-이론에 대한 논의에 대해서 참조하라. Kessler 2003a.

[167] Southall(1997, 76)은 "초기 시대 지도자"를 "왕정의 선구자"로 표현했고, 그것은 Clastres(1997, 52-53)과 반대되는 것이다. "… '지도자'의 모습은 … 결코 미래 독재자의 모범이 아니다. 국가 기구는 일반적으로 분명 원시적인 지도권에서 파생된 것이 아니다."

[168] Marcus/Feinman(1998, 5)은 **고대 국가**에 대한 토론 컨퍼런스를 다음과 같이 요약했다. "고고학자가 민족학과 정치학에서 차용한 '우두머리 체제'와 '국가'와 같은 용어는 일치하지 않는 정보이다." 참조하라. Yoffee(2005)는 신-진화(neo-evolutionär) 이론과 변증을 각각 개별적인 상세한 관찰에 적용하는 것의 문제점을 지적했다.

들"¹⁶⁹을 증거로 제시하는 것은 전혀 불가능하다. 왕정 제도로 전환하는 발전 과정을 서술하기 위해 사회학적 이론을 형성하는 것은 필요하지만, 그것은 특정한 하나의 이론에 결코 고정될 수 없다.

우두머리 체제 주장에 대한 전반적인 근거는 논의를 통해서 중요하지 않은 것으로 판명되었는데, 왜냐하면 그 근거들은 **우두머리 체제** 혹은 국가의 양자택일 어느 쪽에도 명확하지 않았기 때문이다.¹⁷⁰ 반면에 너무도 명확하게 국가 형성을 암시하는 몇몇 간접 증거가 제시되었다. 언급할 가치가 있는 것은 사울이 실각(失脚)한 이후에 그의 아들인 이스바알(이스보셋)이 그의 뒤를 이어서 나타났다는 사실이다(삼하 2:8-9).

만약 사울이 **우두머리**이었다면, 블레셋과 패전으로 인해 사울의 권위와 카리스마가 상실되었다는 것은 자명했을 것이다. **우두머리**가 실각하고, 하필이면 그때까지 전혀 부각되지 않았던 그의 아들이며, 더군다나 이후에는 오히려 무능한 자로 증명되는 아들을 그의 후계자로 삼는다는 것은 거의 불가능하다. 무능한 아들이라 할지라도 후계자로 삼는 것은 군주제 국가 형태의 전형적인 특징이다. 암살을 통해서만 그를 제거할 수 있다는 점은(삼하 4장)—**우두머리**의 경우에는 간단히 제거할 수 있었다—동일한 경향을 보여 준다.

마찬가지로 다윗에 관한 전승은 그가 처음부터 왕조 건설을 지향하고 있었음을 보여 준다. 여기에서 *bjtdwd* 문자를 포함하는 단 비문이 도움이

---

169 Niemann 1993, 282.

170 Niemann(1993)은 몇몇 증거 본문에서 "위대한 사람, 우두머리, 왕"이라는 틀 안에서 자신의 포괄적인 **우두머리** 이론을 서술했으며(129, 각주 600), 동시에 초기 통치를 언급하는 시도에서 우두머리와 국가를 정밀하게 구별하지 않았다. 고고학 분야는 모든 것은 발굴을 해석하는 것에 의존하고 있다는 것을 환기시켰다. Schäfer-Lichtenberger 1996, 82: "내 의견에 본질적으로 이론적인 논쟁을 판단하는 것이 고고학에게 주어진 임무는 아니다. 이론적 논쟁의 과정은 지금까지 난해한 사실이 토론자의 관점에 의해 결정되었다는 것만을 입증했다."

되는데, 우리는 위에서 그것을 '다윗의 집'에 대한 암시로 이해한 바 있다.[171] 단 비문은 아람어를 사용하는 비문의 저자가 '가문'으로 표현될 만한 조직 그리고 왕조 설립자를 따라서 '다윗 가문'이라 칭할 수 있는 정치 조직을 알고 있었음을 보여 준다. 하지만 그것은 **우두머리 체제**가 아니라 오히려 왕조 국가를 가리킨다.

무엇보다 **우두머리 체제**-이론은 초기 이스라엘과 유다가 수많은 주변 국가의 환경 속에서 **우두머리 체제**를 유지했을 것이라는 인상을 준다. 만약 우리가 이스라엘이 가나안 환경에 얼마나 긴밀하게 연결되어 있는가를 현재에라도 올바로 강조한다면, 국가의 홍수 가운데에서ㅡ**우두머리 체제** 이론의 확장된 형태로ㅡ수백 년 동안 특별한 행태로 생존했으리라는 가정은 수용되기 대단히 어렵다.

이러한 비판에도 불구하고 **우두머리 체제**-이론은 여하튼 논란의 여지가 없는 두 가지 공적을 남겼다. 한편으로 우두머리 체제-이론은 다윗과 솔로몬 시대의 이스라엘 왕국의 모습을 효과적으로 분석하려는 전반적인 연구에 상당한 영향을 끼쳤다는 것이다.[172]

다른 한편으로 이스라엘은 B.C. 9세기 그리고 유다는 B.C. 8세기나 되어서야 비로소 완전히 발전된 국가가 된다는 것을 제시했다. 이 발전된 국가에서 왕권은 상부층과 하부층으로 점점 더 분열되는 사회 집단과 대립하고 있다. 그러나 **우두머리 체제**에 대한 주장은 완전히 발전된 국가보다 이전에 존재하는 모든 것을 **우두머리 체제**로 규정함으로써 아기와 목욕물을 함께 쏟아 버리는 것과 같다.

이것은 사회-민족학적 논의로부터 추론된 하나의 다른 이론, 즉 '초기 국가'(die frühen Staaten)에 대한 이론을 거부하는데, 특히 앙리 클래센(Henri

---

171 위에 이스라엘 사회사의 시대 입문 II. 1.을 보라.
172 필자는 솔로몬을 단지 손쉬운 모음집으로 여긴다(1997).

J. M. Claessen)과 피터 스칼닉(Peter Skalník)이 이 이론을 언급해 왔다.[173] 이들은 '초기 국가'를 언급함으로써 국가 이전과 "완전하게 발전된 혹은 완성된 국가"[174] 사이로 지정될 수 있는 사회 집단의 형태를 논의의 대상으로 삼고 있음을 명확하게 했다.

여기에서 확장된 **우두머리 체제**-이론과 단연코 일치하는 것이 존재한다. 완전히 발전된 국가를 판단하는 주요 기준은 국가 기구의 하부 사회 집단에 내부 계층을 구별하는 것이다. 우리는 실제로 아무리 빨라도 이스라엘에서는 B.C. 9세기, 유다에서는 B.C. 8세기 이후부터 이러한 발전된 국가에 관하여 말할 수 있다.

동시에 국가 이전 형태에서 완전히 발전된 국가로 전환은 다양한 단계를 통해 이루어졌다. "불완전한 초기 국가"[175]는 사울 통치가 이루어지던 상황과 다윗의 초기 시기와 상당히 부합된다. 정부에는 몇몇 전임 전문가만이 있었을 뿐이며, 더군다나 이 전문가는 왕과 친족 관계에 있는 인물이었다(삼상 14:50-51). 왕의 출신 지파는 통치의 근간이 되었다(삼상 22:7-8). 세금은 즉흥적인 자선으로 채워졌으며, 세금을 거절하더라도 왕은 어떠한 처벌로 하지 못했고(삼상 10:27), 왕 스스로도 농업 생산 활동에 종사했다(삼상 11:5).

---

173 이 두 저자를 예증으로 내세운 것에 대해서 참조하라. Kessler 1992, 특별히. 157-160. Schäfer-Lichtenberger 1996. 참조하라. Frick(1986, 17-26)의 보고. 그와 달리 Kletter(2004)는 "지파" 또는 "우두머리"라는 개념과 마찬가지로 "국가"의 개념을 단념할 것을 요구한다. "성서는 '국가'라는 개념이 아니라, 왕국과 왕이라는 것을 사용한다"(28). 문명의 본래 개념을 가지고 고대 문명을 서술하기 위한 노력은, 오늘날 각자가 이해시키기 위한 시도를 제시하고 있는 것처럼, 번역의 과정에서 경쟁되어서는 안 된다. 만약 그러한 것이 포기된다면, 국가 이전을 지칭하는—사회학적으로 불완전한—용어인 "사사 시대"라는 시대를 벗어나지 못할 것이다. 방법론적으로는 그것은 기술과 이론적 개념 정립의 구분에 대한 것이다. 전자는 단회적인 실재성에 근접하기 위해 필요하며, 후자는 전적으로 공동체와 공동체의 시대를 서로 비교하기 위한 것이다.

174 Claessen/Skalník 1978, 22: 만개한 또는 완전히 발달한 국가. Gottwald(2001, 183)는 '초기 국가'(incipient state)와 '완전한 단계의 국가'(full-scale state)라는 비교할 만한 용어를 사용했다.

175 Claessen/Skalník 1978, 23.

이것은 "전형적인 초기 국가"[176]로 넘어가는 과정으로 이해되며, 다윗의 왕권 전승이 보여 주는 모습 역시 이것과 정확하게 일치한다. 친족 관계의 결합 이외에도 지역적 원칙이 확인된다(삼하 2:4 그리고 5:1-5 유다와 이스라엘 통치; 삼하 8:1-15 비이스라엘 지역 정복). 왕의 친족은 정부 내각을 구성하는 배경이 되며(삼하 8:16-18; 20:23-26), 사회적인 계층은 더욱 심화되어 나타나므로, 그 결과 왕과 대신은 더 이상 생산직에 종사할 필요가 없게 되었다. 외관상 모습에 따르면 이러한 상황은 B.C. 9세기와 8세기까지 유지되었으며, 그 후에 완전히 발전된 국가로 넘어가는 변화가 시작되었다.

성서의 역사 서술은 전반적으로 시대의 변화를 아주 명확하게 강조하려는 경향이 있다. 성서의 역사 서술은 모세와 여호수아 사이에 심각한 단절을 만들어 놓았으며, 가나안 땅에서 이스라엘이 점진적으로 생성되었다는 이해를 단기간에 정복한 것처럼 해석하도록 만들었다. 마찬가지로 성서의 역사 서술은 사사 시대와 왕정 시대의 변화를 눈에 띄게 강조했다. 이러한 강조는 사사 시대에서 왕정 시대로의 변화가 사무엘상 8-12장 단락에서 백성이 모인 지 불과 몇 주 안에 이루어진 하나의 사건으로 묘사됨으로써 진행되었다.

또한, 성서의 역사 서술은 막강한 왕실, 대규모 건설 프로젝트 그리고 폭넓은 국제 관계를 형성했던 다윗-솔로몬 왕국 특히 솔로몬 치하에서의 모습을 통해, 국가가 대단히 빠른 속도로 전성기를 맞이했다는 것을 출발점으로 삼고 있다. 그와 달리 오늘날 역사 인식에 따르면 오히려 점진적으로 발전하는 국가 형성을 염두에 두어야 한다는 것이 지배적인데, 이 국가화(Verstaatlichung)는 B.C. 9세기와 8세기가 되어서야 완전히 발전된 모습을 갖추게 되었다.

---

176 위의 책.

초기 국가 모델은 이러한 모습에 자신의 발달 단계에 대한 구상을 포함시키려 시도했다. 하지만 국가 이전 시대와 국가 시대의 중대한 단절이 존재한다는 것은 견지되어야 한다. 이러한 단절을 평준화하려는 **우두머리 체재**-이론에 대한 몇몇 주창자의 경향에 반대하며 제임스 마틴(James D. Martin)은 다음과 같이 서술한다.

> 상당히 명백한 추세가 있다. … 이 추세는 고대 이스라엘에서 국가와 군주제의 출현을 자연적 발생으로 이해하여, 이전 시대에서 이어지는 역사의 연속으로 관찰하려는 것이다. 그와 반대되는 것은 대체적으로 수용되는 관점으로 사회적 발달의 두 가지 단계의 특성에서 불연속성을 고려하는 것이다.[177]

이런 관점은 물론 안정된 국가의 생성이 몇 주 만에 이루어진 것이 아니라는 것을 올바로 인지했다. 하지만 그것은 시대 간의 질적인 단절을 평준화했다. 이러한 질적인 단절은 사울과 다윗 이전에 중앙집권화된 권력을 설립하려는 시도가 통틀어서 실패했고, 반면에 사울과 다윗의 통치하에서나 중앙집권화된 권력을 성공적으로 설립할 수 있었다는 점을 통해서 인지된다. 또한, 이 단절은 지속적으로 존재했음이 입증되는 초기 국가 설립 이후에 왕권에 저항하는 세력이 있었다는 사실에서도 관찰된다.

(3) 왕권에 저항

만약 우리가 왕권으로 귀결되는 요소와 왕권이 가져다 주는 변화를 고려한다면—이것은 이후 단락에서 자세히 다룰 것이다—왕정 설립이 저

---

177 Martin 1989, 113.

항 없이 진행되지는 않았다는 사실은 그리 놀라운 점이 아니다.[178]

만약 우리가 이론을 정립하는 과정에서 고고학적 발굴로 제한하여 활용한다면, 물론 그러한 저항은—기대하는 만큼—입증될 수는 없다. 우리는 성서 본문과 연계하여 살펴보아야 한다. 하지만 여기에는 국가 설립에 대한 저항을 규명하는 어려움이 존재한다. 다시 말해, 이 어려움은 사사기와 사무엘상의 최종 편집이 이미 이스라엘과 유다가 멸망한 시점까지의 왕정 역사를 회고하는 시대가 되어서야 비로소 진행되었다는 것과 연결된다. 따라서 어떤 서술이 회고에서 기인한 것인지, 어떤 서술이 보다 오래된 자료를 다루고 있는지 하는 문제는 개별적으로 평가되어야 한다.

이 연구의 범위에서는 논의되지 않을 언어적 분석들[179] 이외에도 사회적 이해관계에 대한 질문과 왕정 비판의 기준에 대한 질문은 계속해서 도움이 된다. 그로 인해 후대의 본문에서 두 가지 논증 실례가 제시되었다. 한편으로—무엇보다 후기 또는 문서 예언서에서—왕권은 비판을 받았는데, 왜냐하면, 이 왕권은 본래의 왕정 이데올로기에서 요구되는 사회 집단의 가난한 자와 약자를 보호하는 기능을 수용하지 않았기 때문이다.

비평적 방향의 다른 하나는 고전 예언자에게서 발견되는 것으로 신명기 사가적 본문의 최종 편집에서 지배적으로 나타났는데, 이것은 거의 배타적으로 종교적 잘못을 근거로, 즉 신명기의 제의 중앙 화법을 기준으로 평가되는 잘못을 근거로 왕권을 비판했다.

분명하게 인식할 수 있는 왕권 비판의 흐름에 대해 몇몇 본문이 두각을 나타내는데, 이 본문은 전혀 다른 갈등 상황을 전제하는 것들이다. 사사기 9:7-15에 관찰되며 세겜의 몰락한 아비멜렉 왕권 이야기 속으로 명백하게

---

178 왕정을 반대하는 것에 대해서 참조하라. Crüsemann 1978; Moenikes 1995; Müller 2004; Veijola 1977; Whitelam 1989.

179 덧붙여서 참조하라. Veijola(1977, 13). 그에게 있어서 "언어 사용은 … 개별적인 전승 단락을 신명기 사가적 편집으로 귀속시키는 분명한 기준"이다.

후대에 삽입된 요담 설화는 어떻게 나무가 처음에는 고귀한 나무에게—감람나무, 무화과나무 그리고 포도나무—통치를 청하는지에 대해서 서술한다. 하지만 고귀한 나무는 그러한 요청을 거부하는데, 왜냐하면 그들 자신은 이미 충분히 고귀하며 다른 것을 통치할 필요성을 느끼지 못하기 때문이다. 그러자 나무 중에 가장 볼품없는 가시나무가 통치권을 넘겨받았다. 여기에서는 왕권에 대한 어떤 종교적 기준도 제시되지 않았으며, 하부 관점에서 제기된 사회적 비판도 발견되지 않는다. 왕정 통치 형태를 거부하는 이들은 사회적 지위가 있는 구성원이며, 왕정 통치를 추구하는 자들은 사회 집단에서 변두리에 위치한 집단이다.

또한, 신명기 사가적으로 각인된 채 사무엘상 8장의 구성에 포함되어 있는 소위 왕의 법(삼상 8:10-17)은 왕을 요구하는 소원의 맥락에서 사무엘의 입에 주어진 본문이다. 이 왕의 법은 보다 후대 본문에서는 반복되지 않는 사회적 상황을 보여 주고 있다. 요담 설화에서처럼 왕정 통치의 결과로 고통받아야 하는 것은 하층민이 아니라, 오히려 토지를 소유한 부유층이다. 그들의 자식은 징집되어 군대에서 소임을 맡게 될 것이다(11-12절). 그들은 자신의 기름진 소유물을 바쳐야만 할 것이다(14절). 이 본문이 지향하는 대상은 노예를 소유한 자이다(16절).

사무엘상 10:27이 간결하게 언급하는 이들은 땅을 소유한 부유한 자로 볼 수 있다. 이에 따르면 사울이 왕으로 등극한 이후에 몇몇 사람은 그에게 예물 바치는 것을 거부했는데, 왜냐하면 그들은 사울이 자신들에게 '도움'을 줄 수 있을까 하는 의구심을 품었기 때문이다. 사울은 이러한 거부 행위에 대해 어떠한 조치도 취하지 않았다. 이 기록은 반대하는 자들이 결코 소규모가 아니었음을 보여 준다. 그들은 왕이 제공하는 '도움'을 기대하지도 않았고, 또한 심각한 제재에 직면하지 않으면서 충성을 거부할 수 있었다.

사무엘상 25장에 기록된 나발은 이러한 부유층의 원형으로 제시되는데, 그의 이름은 "바보, 멍청이"를 의미한다. 그는 부자였으며(2절), 다윗을 따르는 사람의 도움을 필요로 하지 않았고, 미래의 왕에게 세금 바치는 것을 거부했다(10-11절). 이 이야기의 논리에 따르면 그는 세금 납부를 거부한 대가로 자신의 목숨을 지불해야 했고(38절), 그와 달리 과부가 된 그의 현명한 아내는 다가올 미래의 왕과 결혼했다(42절). 사무엘상 22:2을 볼 때, 우리는 다윗의 무리가 큰 채무를 지고 나발과 같은 부유한 사람으로부터 도망친 사람들로 구성되었음을 알 수 있다.

이 모든 본문은 왕정에 대한 어떤 종교적 비판도 언급하지 않는다는 공통점이 발견된다. 그것은 이 모든 본문을 '신명기 사가적'(deuteronomistisch)으로 이해하여 후대 시대로 귀속시키는 것을 불가능하게 만든다.[180] 동시에 이 모든 본문은 후대 시대에는 전형적이지 않은 사회적 상황을 보여 준다.

또한, 이 상황은 오히려 국가 이전 사회 집단에서 국가적 사회 집단으로 넘어가는 과정과 같은 대변혁으로 설명된다.[181] 사회적 구별에 대한 단초를 국가 이전 사회 집단의 흔적으로 신뢰하고 인정할 수 있는 것처럼,[182] 만약 우리가 그러한 사회적 구별의 단초를 관찰한다면, 큰 번영을 소유할 수 있었던 자들은 중앙 권력을 세워가는 데 거의 관심이 없었다는 점이 명

---

[180] Veijola(1977, 112)에 따르면 사무엘상 8:10-17과 사사기 9:7-15에서 이전 신명기 사가적(vordeuteronomistisch)인 "반왕적(antiköniglich) 전통의 흐름이 발견되고, 이 흐름에 따르면 군주제는 대단히 지성적, **세속적** 방법을 통해 비판되었다." Moenikes(1995)에 따르면 이러한 "초기 국가 시대의 사회적 사건들을 대상으로하는 왕정 비판, 다시 말해 사회 그리고 경제 정치적인 것이 원인이된 왕정 비판"은 왕정의 초기 시대에 속한 것이다. 반면에 그는 "신학적인 것이 원인이된 왕정 거부"를 보다 후대의 층으로 소급시켰다(212에서 인용).

[181] 이러한 것을 배경으로해서 Crüsemann(1978, 124)은 자신의 핵심 논제를 다음과 같이 표현했다. "생성하는 왕권에 반대하는 관찰 가능한 전쟁을 치르고 난 이후 정확히 반세기는 반왕적인 본문이 생성된 시기이다. 그리고 이러한 전쟁을 겪은 집단이 이 본문을 표현했다."

[182] 위에 이스라엘 사회사의 시대 입문 I. 2. G.를 보라.

확해진다. 왕에 대한 그들의 질문은 실제적이다

> 이 사람이 어떻게 우리를 구원하겠느냐(삼상 10:27).

그와 반대로 친족 관계를 기반으로 하는 사회 집단 시스템으로부터 이탈한 자들은 왕권을 통해 권력을 쟁취할 수 있는 일생일대의 기회를 잡을 수 있었고, 여기에는 다윗과 그의 군대 이야기가 단적인 실례가 된다. 그리고 대부분의 자립 농가는 왕정에 적어도 외부적 그리고 내부적 안정을 기대할 수 있었기 때문에 저항할 이유가 전혀 없었다.

전체적으로 변하기 쉬운 이해관계의 입장이 위에서 거론된 본문뿐만 아니라, 첫 왕들이 싸워야만 했던 다양한 봉기에 대한 보도에도 기록되었다. 사울은 다윗의 군대와 대결했다(삼상 22장 이하). 다윗에 대항하여 그의 아들인 압살롬이 봉기했다(삼하 15-18장). 압살롬 봉기에 대한 보도에는 사울-추종자가 지속적으로 저항했다는 것도 삽입되었다(삼하 16:5-15; 19:17-31). 잘 알려진 인물이었던 세바의 지도하에 북이스라엘 지파는 다윗으로부터 분리되고자 노력했다(삼하 20장). 솔로몬 통치 시대에 에브라임 지파인 여로보암의 봉기하고 있음이 보도되었고(왕상 11:26-28, 40), 결국 열왕기상 12장에 따르면 북 지파는 솔로몬의 후계자인 르호보암 통치 시대에 다윗왕 가로부터 분리되었다.

물론 역사는 어떠한 반란 시도도 국가 이전 상황을 재건하는 것에 성공하지 못했음을 보여 준다. 마찬가지로 부유층이 새로운 왕정 제도에 저항하는 것은 오래가지 않았다. 나발의 아내 아비가일 이야기에서 증명되고 있는 것처럼, 그들은 오히려 신속하게 재정비했고 신흥 세력에 동참하는 기회를 엿보았다. 왕에게 대항하는 것은 어리석은 짓이며, 그와 혼인하는 것은 현명한 결단이었다. 하층민 가운데 몇몇은 직접적으로 권력을 차지했고 농가의 입장에서 보면 표면적으로 거의 변한 것이 없기 때문에,[183] 왕권은 신속하게 견고해질 수 있었다.

국가 형태로서 군주제는 단번에 발달한 것이 아님에도 불구하고, 즉 변화의 결과가 단계적인 흔적으로 나타남에도 불구하고, 국가의 생성은 시대적인 단절을 보여 준다. 연이어 북왕국과 남왕국에서 보이는 상이한 단면에 시선을 돌리기 전에, 우리는 우선 일반적인 영역에서 나타나는 변화의 결과를 다음 단락에서 관찰할 것이다.

3) 왕의 통치하에서 발견되는 사회와 국가

사울과 다윗의 통치하에서 왕권이 설립되고, 그와 동시에 우리는 중앙 국가가 없는 친족 기반의 사회 집단에서 국가화로 진행하는 중요한 단계에서 다음과 같은 질문에 직면하게 된다. 이스라엘과 유다라는 국가가 설립됨으로써 소규모 지역 사회에 무엇이 변했는가? 그리고 초기에는 거의 발전하지 않았던 '초기 국가'의 기관은 어떻게 발전했는가?

(1) 친족을 기반으로 한 사회 집단의 존속

친족을 기반으로 하는 사회 집단에서 국가 사회로 넘어가는 과정에서 우리는 가장 먼저 하나의 현상을 관찰할 수 있는데, 이 현상은 이후의 이스라엘 사회사에서도 특징적인 것이다. 새로운 시대로 변화하는 과정에서 이전 시대의 본질적 요소는 견지되며, 이러한 요소는 단지 서서히 그리고 이따금씩 외형적으로만 변형되었다.

구체적인 경우를 보더라도 친족을 기반으로 하는 사회 집단은 예나 지금이나 기본적인 구조로 유지되고 있다. 그 사회 집단은 무엇보다 크게 변

---

[183] 덧붙여서 위에 이스라엘 사회사의 시대 입문 II. 3.을 보라.

하지도 않았으며, 오히려 그것을 기반으로 국가 기관이 설치되었다. 가족과 씨족은 계속해서 사회의 근본적인 통일체가 되었다. 그것은 본질적으로 독립적인 자가 공급자(Selbstversorger)였다. 국가 이전 시대가 막을 내릴 때 등장하는 다양한 집단은 아직은 적대적인 관계로 나타나지 않았다. 성별의 근본적인 변화에 대해서는 어떤 암시도 없으며, 인구 규모도 마찬가지로 이해된다. 하지만 국가 위계 질서의 경우에는 다른 점이 관찰된다.[184]

국가 기관이 우선은 사회 집단 위에 아주 얇은 층처럼 존재했을 뿐이라는 사실은 국가가 경제 분야에는 관여하지 않았다는 것을 보여 준다. 하지만 그것이 왕이 경제 활동을 하지 않았다는 의미는 아니다. 왕의 경제 활동은 가정 경제로 분류된다. '집사장'('aśer 'alhabbajit)이 왕의 살림을 맡았다.[185] 하지만 왕정은 백성의 경제적인 것을 관여하지 않았다.[186] 우리는 그것을 현대 용어로 다음과 같이 표현할 수 있다. 왕정은 기업 경영(betriebswirtschaftlich) 분야에서 활동했지, 시민 경제(volkswirtschaftlich) 분야에서 활동한 것은 아니다.[187]

초기 국가는 간결하게 두 가지 면에서 특징을 보여 준다. 하나는 지배자로서, "통치하는 엘리트이며 아마도 인구의 2퍼센트가 넘지 않았을 것이고",[188] 다른 하나는 인구의 대다수를 이루는 피지배자이다. 그들에게 있어서 경제적 그리고 사회적 생활은 중앙 집권이 존재하지 않았던 이전 시대와 다를 바 없었다. 학자들은 한편으로 국가가 형성되는 것, 다른 한편으로 국가 이전 구조들이 국가 구조와 함께 그리고 그것에 종속되어 존

---

184 덧붙여서 위에 이스라엘 사회사의 시대 입문 II. 3. B.를 보라.
185 용례에 대해서는 위에 이스라엘 사회사의 시대 입문 II. 3. B.를 보라.
186 덧붙여서 참조하라. Hopkins 1996, 특별히 125-126.
187 덧붙여서 위에 이스라엘 사회사의 시대 입문 II. 3. C.를 보라. 왕의 경제력에 대한 고찰을 요약했다.
188 동일한 이해를 Chaney(1986, 55)에게서 볼 수 있다.

재하는 이러한 상황을 "지파/국가 파라독스"(tribe/state paradox)라고 표현한다.[189]

군주 국가가 설립된 이후에도 친족으로 정의된 사회 집단의 기반이 유지됨에도 불구하고, 국가라는 존재는 서서히 변화에 영향을 끼치고 있었다. 결국에는 사회를 근본적으로 변화시키는 조건이 되는 국가의 개별 활동을 파악하기 전에 우리는 국가 기관에 시선을 돌려야만 한다.

(2) 국가 기관

왕정 국가 기구를 서술하는 것은 두 가지 관점에서 볼 때 추상적이다.

첫째, 공간적이고,
둘째, 시간적인 면에서 그러하다.

북왕국과 남왕국은 공간적으로 본래 분리되지 않는다. 몇 가지 차이점이 아래에 제시되었으므로,[190] 여기에는 공통적인 것을 다루었다. 우리는 시간적으로 국가 기관이 발전한다는 명백한 것으로부터 시작할 수 있다. 확실히 초기 국가의 모델은 이것을 전제하고 있다. 하지만 새로운 모든 것이 즉각적으로 존재해야만 하는 것은 아니며, 그 새로운 것도 변화를 겪을 수 있음에도 불구하고, 여기에서는 특별히 국가 설립과 함께 무엇이 새로운 사회 현실로 나타나게 되었는가 하는 점이 강조되어야 하다.

군주제의 정점에 왕이 존재한다는 것은 동의이어(同意異語, Tautologie)이다. 왕정 시대에 대한 모든 성서 보도와 서술은 이것을 당연한 것으로 전제로 하고 있다. 여하튼 군주제에서 어떤 대단한 역할이 이상적으로 여겨지는가라

---

[189] Lambert 1994.
[190] 위에 이스라엘 사회사의 시대 입문 II. 4.를 보라.

는 질문에 대해서 소위 왕정 이데올로기 본문이 제시하고 있다. 그것에 따르면 국가와 사회의 번영, 외부의 적으로부터 방어 그리고 부분적으로 자연의 번영 역시 왕이라는 인물에게 의존하고 있다(참조. 시 2편; 45편; 72편 등).

국가는 확실히 왕이라는 인물로 구현되기 때문에, B.C. 8세기 말이었던 히스기야 시대에 사용된 저장 용기에는 "왕에게 속한 것"(*lmlk*)이라는 직인을 통해서 국가 소유임을 알 수 있도록 했다.[191]

궁정은 왕에게 속한 것이다. 궁정은 가족에 속한 자로 구성되었으며, 첫 서열에는 왕의 어머니, 그리고 순차적으로 왕의 아내들, 아들들 그리고 딸들로 구성되어 있다(참조. 왕하 24:12, 15; 렘 29:2의 열거들). 왕의 아들과 딸은 직인을 소유했으며, 그것은 이름과 함께 추가로 *bn hmlk*[192] 또는 *bt hmlk*[193] 라는 표시를 갖고 있었다. "왕의 아들"이라는 명칭은 성서에도 통용되었다(왕상 22:26; 렘 36:36[194]; 38:6; 습 1:8; 대하 18:25; 28:7). 왕의 아들은 항상 공적인 역할을 가진 인물로 등장하므로, *bn hmlk*라는 표현은 결코 단순한 칭호 소유자를 의미하는 것이 아니라—때때로 추정되는 것처럼—오히려 "고대 이스라엘에서 왕의 아들로 태어난 인물에게 관료의 역할이 주어질 수 있었다"[195]는 것을 말한다.

왕의 친족을 살펴봄으로써 우리는 서열 사회에서 성(性)의 역할이 어떻게 변화했는가를 관찰할 수 있다. 친족을 근간으로 하는 사회에서 성의 균형을 추측하는 것은 어떤 면에서 자의적인 반면[196]—새로운 조건하에서

---

191 덧붙여서 위에 이스라엘 사회사의 시대 입문 II. 3. C.를 보라.
192 WSS Nr. 11-19.412-415; HAE 11/2 111.
193 WSS Nr. 30; HAE II/2 111-112.
194 여기에서 언급된 여라므엘(Jerachmeel)에 대해서 참조하라. 봉인 인쇄 WSS Nr. 414; HAE 11/2 Nr. 10.74.
195 Görg 1991, 195; "왕의 자녀"에 대해서 참조하라. Avigad 1963; 동저자, 1978; 동저자, 1979.
196 위에 이스라엘 사회사의 시대 입문 I. 2. C.를 보라.

도 본질적인 것은 대다수의 백성에게 전혀 변하지 않았다—서열 사회에서 이러한 상황은 이제 불균형적으로 변했다. 몇몇 여인은 눈에 띄는 위치를 차지할 수 있었다. 영향력 있는 역할로 여기에서는 왕의 어머니가 가장 먼저 언급될 수 있는데, 유다에 대한 기록에서도 확인된다(왕상 2:19; 15:13 = 대하 15:16; 왕하 10:13; 렘 13:18; 29:2 등).

마찬가지로 왕의 딸이 직인을 소유했다는 점은 그들이 중요한 인물이었음을 보여 준다. 동시에 계급 조직에 편입된다는 것은 하위에 종속되는 것 그리고 뒷열에 배치되는 것을 의미한다. 왕은 조서를 존중하여(왕상 2:19) 자신의 어머니를 폐위시킬 수도 있다(왕상 15:13). 직인을 소유했던 왕의 딸이 직무 혹은 공적 업무에서 실제로 직인을 사용했는지에 대해서는 그러한 증거가 발견되지 않기 때문에 불확실하다. 마지막으로 성서의 역사 기술은 스스로 여왕이 된 유일한 아달랴의 경우를 전무후무한 재앙으로 묘사했다(왕하 11장).[197]

왕의 궁정에 속한 것은 친족만이 아니다. "이름 *bn hmlk*"라는 직인과 동일한 구조를 지닌 "이름 *'bd hmlk*"라고 새겨진 직인이 만들어졌다.[198] 따라서 이 직인은 소유자가 왕의 '노예'(Sklave), '종'(Knecht) 또는 '하인'(Diener)이었음 가리킨다. 때때로 예술적으로 잘 다듬어진 직인이 사용되었다는 것 그리고 *'ᵃbadim*이라는 표현이 왕의 측근에 대해 기록하는 성서 본문(삼상 8:14-15부터 왕하 24:12까지)에서 빈번하게 나오는 것처럼, 이들은 권력의 중심에 속하게 되었다.

그들은 자신의 기능을 보여 주는 어떤 타이틀도 갖고 있지 않았고, 오히려 배타적으로 왕이라는 개인에게 귀속되는 것으로 정의되었다. '*bd hmlk*

---

197 유대 궁정에 있는 여성들에 관한 전반적인 것에 대해서 참조하라. Kiesow 2000.
198 WSS Nr. 6 -10.408-411; HAE II/2 112. 참조하라. 그밖에 라기스 도판(Lachisch-Ostrakon) Nr. 3, Z. 18(HAE I 419).

대신에 왕의 고유 이름이 새겨진 직인을 통하여 왕에게 개인적으로 귀속되는 것은 너무도 명확하다. 북왕국의 여로보암 2세와 호세아 그리고 남왕국의 웃시야, 아하스 그리고 히스기야 왕의 '노예'가 그러한 형식으로 나타난다.[199] 이따금씩 성서 본문에는 'ᵃbadim과 함께 sarîsîm이 언급되었고(삼상 8:14-15; 왕하 24:12), 그것은 '내시'(Eunuch) 또는 '조신'(Höfling)으로 번역될 수 있다. 그들은 궁정(왕하 9:32; 참조. 왕하 20:18 = 사 39:7) 그리고 왕의 사람(왕상 22:9 = 대하 18:8; 왕하 8:6)과 긴밀하게 연결되었다. 특히, 언급된 시드기야의 sarîs인 에벳멜렉(렘 38:7, 10, 12; 39:16)은 이방인(구스 사람)이며, 그는 아주 특별하게 왕에게 개인적으로 속해 있는 사람이었다.

왕과 사적인 관계를 맺고 있는 궁정에 속한 사람과 왕의 공직자는 명백하게 구별된다.[200] 왕의 공직자는 최고 공직자로 중앙에서 활동했음에도 불구하고 외부적으로도 영향력을 행사했다. 그들의 활동 영역은 특정한 명칭을 통해 종종 표현되었다.

왕정의 내각을 형성하는 최고 공직자는 사무엘상 14:50, 사무엘하 8:16-18, 20:23-26, 열왕기상 4:2-6에서 4가지 공직자 명단으로 전체적이며 모범적으로 나타난다. 이 목록은 순서와 추세를 볼 때 초기 국가의 전형적인 발달 형태를 반영하고 있다. 사울은 단지 군사령관(삼상 14:50)이라는 공직자를 두었을 뿐이다. 사령관직은 다윗 시대에서도 고위직에 속했으며, 그 이외에도 민간 업무를 위한 관직과 종교적 업무를 위한 관직이 추가되었다. 다윗의 두 번째 공직 명단 이후부터 부역 감독관(Fronminister)의 직무가 부각된다. 솔로몬 치하에서는 가장 중요한 변화로 왕의 궁정을 감독하는 자가 추가됐는데, 그는 "집 위에 앉은 자"('al-habbájit: 궁내대신)라는 타이틀로 불렸다(왕상 4:6).

---

[199] WSS Nr. 2 - 4.407; HAE II/2 112-113.
[200] 공직자에 대해서 참조하라. Malamat 1965; Mettinger 1971; Rüterswörden 1985.

리스트에 언급된 대부분의 공직자 목록은 성서뿐만 아니라 왕정 시대의 비문에서도 발견된다. 군대 장관과 부역 감독관에 대해서는 아래에 군대와 부역을 다루는 챕터에서 서술되었다.[201] 이 공직자 명단에서 관찰되는 고위 직분 가운데 지금까지 이스라엘 비문에서는 발견되지 않는 독특한 것이 있는데, 비서(Sekretär) 또는 수상(Kanzler)의 기능을 갖고 있는 *mazkir*이다.[202] 서기관(*Sôfer*)[203] 관직이 계급 조직에서 어느 정도로 높은 서열에 위치했는가를 상세하게 밝히는 것이 항상 명확한 것은 아니다. 의미론적으로 독일어의 '비서'(Sekretär)처럼 이 용어는 하급 공무원에게 또는 지도자에게 사용될 수 있기 때문이다. 여하튼 최고 공직은 *'ašær 'al-habbájit* '집 위에 앉은 자'로 불리는 공직이었다.[204]

이사야 22:21-22에 따르면 이 직분은 왕의 직분과 비교되며, 동시에 열왕기하 15:5에 따르면 *'al-habbájit*라고 불리는 왕의 아들이 병든 왕을 위해서 섭정을 맡는다. 이러한 직무의 담지자는 예루살렘 인근에 위치한 실완(Silwan: 영어로 Siloam - 역주)에 있는 무덤 비문을 통해 전해졌다.[205] 개인이 바위 무덤을 준비할 능력이 있었다는 점은 무덤 주인이 고위직에 있었

---

201 위에 이스라엘 사회사의 시대 입문 II. 3. C.를 보라.
202 참조하라. Mettinger 1971, 19-24, 52-62; Rütersworden 1985, 89-91. 성서 용례는 사무엘하 8:16; 20:24; 열왕기상 4:3; 열왕기하 18:18, 37 = 사사기 36:3, 22. 이스라엘과 유다 이외에도 *mzkr*라는 호칭은 B.C. 8세기 후반에 유래한 모압 직인(WSS Nr. 1011)에서도 발견된다.
203 성서에서는 사무엘하 8:17; 20:25; 열왕기상 4:3; 열왕기하 12:11; 18:18, 37; 19:2 = 사사기 36:3, 22; 37:2; 열왕기하 22:3, 8-10, 12; 예레미야 36:10, 12, 20-21; 37:15, 20에서 각인되었다. 참조하라. WSS Nr. 21- 23; HAE II/2 115. 탁월한 대표자는 성서와 칙서에서 핵심 인물로 나타나는 "서기관인 Berekyahu ben Neriyahu"이다(WSS Nr. 417; HAE II/2 Nr. 2.30).
204 성서적으로는 솔로몬 통치하에서(왕상 4:6) 언급되었고, 북왕국(왕상 16:9; 18:3; 왕하 10:5)과 유다(왕하 15:5; 18:18, 37; 19:2 = 사 36:3, 22; 37:2; 사 22:15-25)에서도 언급되었다. 덧붙여서 봉인을 주조한 것에서 5회 언급되며, 그곳에서 이름과 *'sr 'lhbjt*이 결합되어 나타난다(WSS Nr. 1. 403-406; HAE II/2 113-114).
205 HAE I 263-265.

음을 암시하며, 그것은 이사야 22:16과 비교될 수 있다.

지금까지 거론된 직무는 왕의 궁정과 중앙 정부에 직접 귀속된 것들이다. 요약하자면 이러한 기능의 담지자들은 '공직자'(śarîm)로 표현되었다(왕상 4:2; 참조. 왕하 24:12; 렘 29:2; 34:19; 36:12, 14, 19; 37:14-15; 38:4, 25, 27). 만약 라기스-도판(Lachisch-Ostrakon) 6번[206]이 "왕의 서신"과 "공직자의 서신"을 직접적으로 나란히 배열했다면(3-4째 줄), 그것은 이 고위 공직자들이 왕의 아주 가까운 측근이었음을 보여 준다.

공직자이지만 중앙 정부와 핵심 자리에서 활동하지 않은 사람도 영향력을 미치는 자들이다. 동시에 특별한 위치를 차지하고 있는 자로는 두 국가의 수도인 사마리아(왕상 22:26; 왕하 10:5)와 예루살렘(왕하 23:8)와 관련하여 나오는 '도시의 최고 명령권자', '도시의 최고 지도자' 또는 '시장'이다.[207] $sr\ h^c r$[208]를 언급하는 직인과 각인의 비문 증거는 이러한 타이틀에 어떤 인명도 거론하지 않는다는 점에서 주목할 만하며, 그밖에 직무에 대한 직인에서도 마찬가지이다.

따라서 그것은 고위직에 종사하는 개인의 직인을 다루는 것이 아니라, 오히려 합법적인 직무상의 직인을 다루는 것으로 볼 수 있다. 공무상의 직인이 존재했고, 주요 도시에서만 이 직무가 입증된다는 사실은 이 직무가 중앙 행정과 지방 행정을 중개하는 역할을 했음을 암시한다.

그와 달리 메사드 하샤브야후(Mesad Haschavyahu)에서 출토된 청원서의 도입부(Präskript)을 통해서 지방의 모습을 들여다볼 수 있다.[209]

206　HAE I 425-427.
207　덧붙여서 참조하라. Rüterswörden 1985, 35-40.
208　WSS Nr. 402; HAE II/2 Nr. 30.9 그리고 30. 10. 참조하라. 그밖에도 lsr라는 표지를 포함한 봉인 = "명령권자/ 총독/ 관리에 속한 것이다"(WSS Nr. 401; HAE II/2 Nr. 30.7). 마찬가지로 Kuntillet 'Agrud에서 출토된 비품 용기에 새겨진(HAE I 55) 소유권을 표현하는 $lsr\ 'ir$ = "도시의 시장에 속한 것이다".
209　문서에 대해서 참조하라. 위에 이스라엘 사회사의 시대 입문 II. 3. C. 참고 문헌도 볼

나의 주, 최고 명령권자가 그의 종의 근심을 듣기를 소망한다.²¹⁰

추수를 위해 부역을 해야 하는 인부는 군대와 민간 명령권자인 '*dnj hsr*'에게 호소한다. 동일한 인사말이 한 과부가 공직자에게 호소하는 것을 기록하는 도판(Ostrakon)에서도 발견된다.²¹¹ '*dnj sr*라는 문자는 아랏(Arad)에서 출토된 도판에서도 확인된다.²¹² 하지만 이것은 지나치게 파편적이어서, 이 표현이 기록된 맥락에 대해서는 아무것도 확인할 수 없다.

도판(Ostrakon)의 청원서들(Bittschriften)이 묘사하고 있듯이, 아래에서 위로 바라보는 관점은 예언자의 사회 비판적 본문에서 표현 방법을 형성한다. 예언자의 사회 비판은 종종 '지도자'(사 1:23; 3:14; 렘 34:8-22; 겔 22:27; 습 1:8-9; 3:3; 다른 용어를 사용하지만, 지도자를 포함하는 것은 명백하다. 참조. 렘 5:5; 미 3:1, 9, 11)를 대상으로 한다. 스바냐 1:8-9을 제외한다면, 일반적으로 왕의 주변에 있는 최고위직 장관은 고려의 대상이 아니다. 왜냐하면, 비판을 받는 지도자의 행위는 서민에게 직접 영향을 끼치고 있기 때문이다. 때때로 그들은 약자를 억누르는 것에 관여한 다른 시민과 직접적으로 평행되어 언급되기도 한다(사 3:14; 렘 34:8-22; 겔 22:23-31).

하층민 중에서 그러한 역할을 하는 자는—예언자도 이러한 관점을 수용했다—서민에게 있어서 실제적인 반대자가 되며, 그들은 '지도층'(혹은 '우두머리' 또는 '지도자')으로 간주되었다. 공직자 내부의 서신 왕래는, 아랏과 라기스 지역의 도판이 증명하는 것처럼, 다른 모습을 보이기 때문에 주목할 만하다. 하위층과 중산층의 기능 담지자는 각각의 호칭에 대한 언급

수 있다.
210 마찬가지로 HAE I 323-324.
211 Bordreuil/Israel/Pardee 1996, 본문은 61에서 볼 수 있다. 마찬가지로 참조하라. Wagenaar 1999.
212 HAE I 395.

없이 시종일관 이름만 호명되고 있다. 서열을 배열하는 것은 하위 또는 상위에 배열되었을 경우에 '주' 와 '종' 혹은 '아들'이라고 부르거나, 또는 동일한 계급의 경우에 '형제'라고 불렀다. 단지 고위 공직자만이 이 서신에서 *sar*라는 직함으로 표현됐다(라기스-도판[Lachisch-Ostraka] 3번과 6번).[213]

공직자에 대한 진술은 전체적으로 명확한 서열화를 보여 준다. 가장 높은 자리는 왕의 주변에 있는 공직자의 리더 그룹이 차지하고 있다. 이들은 '그 공직자들'(die Beamten)이라고 요약될 수 있다. 그 바로 아래에 중간 그리고 하위 공직자 그룹이 있다. 우리는 그들을 잘 인식할 수 있는데, 공무상 소통을 하며 이름을 언급하기 때문이다. 그럼에도 불구하고 백성의 시각에서는 그들도 '그 공직자들'이었고, 예외적인 경우에 그들은 '나의 주 *sar*'라는 명칭으로 언급되기도 했다.

만약 이사야 3:12-15 본문이 야웨가 "그 백성의 장로와 공직자"를 심판하려 온다고(14절) 격렬한 논쟁조로 선포하고 있다면, 본문은 지금까지 언급된 공직자에서 두 번째 그룹, **'장로'**(Ältesten)[214]를 가장 먼저 서술하고 있다. 이 단락에 나오는 장로는 왕정 시대에 어떤 행정적인 것을 수행했을까?

지금까지 우리는 장로를 국가 이전 시대의 도시 통치 구조와 관련하여 알아보았다.[215] 실제로 장로의 임무는 본질적으로 도시와 결부되어 있다.[216] **왕정 이전 시대에는 장로가 그들의 도시를 대표하는 그룹으로 나타**

213　HAE I 412-419. 425-427. 서신에 대한 평가에 대해서 참조하라. 근접한 것으로 Kessler 1992, 178-182.
214　장로에 대해서 참조하라. Buchholz 1988; Crüsemann 1992a; Gertz 1994; Reviv 1989; Wagner 2002; Willis 2001.
215　위에 이스라엘 사회사의 시대 입문 I. 2. F.를 보라.
216　Wagner(2002)는 포괄적인 연구를 진행했다. 장로에 대해 언급하는 본문을 장로들이 속한 사회 집단에 따라 구별한 것이 아니라(404-405), 오히려 장로에게 귀속되는 임무를 근거로 연결했다는 점에서 그의 연구는 방법론적으로 발전했다고 볼 수 있다(396-399). 그 결과는 너무도 명확하다. "이스라엘 장로는 구약성서가 신빙성 있게

나고, 국가 시대에도 그들은 물론 그러한 기능을 유지했겠지만, 그들은 동시에 국가 행정 시스템에 편입되었다. 그들의 도시에서 장로는 각각 재판, 대표, 공증하는 그리고 제의적 기능을 수행했다.²¹⁷ 장로가 왕의 치세와 얼마나 긴밀하게 연결되었는가 하는 것을 나봇의 사법 살인(Justizmord) 이야기가 보여 준다(왕상 21장).²¹⁸ 동일한 모습을 신명기의 법이 보여 준다. 도시 장로 이외에 국가의 재판관과 감독관이 임무를 수행하며, 이들의 조합을 통해서만 법률 시스템이 작동한다.²¹⁹

장로에 대한 언급과 함께 우리는 이미 국가 기구, 엄밀히 말해서 왕의 신하와 왕실 공직자에 대해 다루었다. 도시 엘리트가 국가 행정에 참여한 것이 사회적 상황에 영향을 끼쳤다는 것은 분명하다. 그것을 조사하기 전에, 우리는 먼저 군주제 국가의 업무를 파악해야만 한다. 왜냐하면, 단순히 국가 기구의 존재가 큰 영향을 끼치는 것이 아니라, 무엇보다 국가 기구의 업무가 사회 발전에 영향을 끼치기 때문이다.

서술하는 어떤 시대에서도 결코 지파, 씨족 또는 가족과 연결되지 않았으며, 오히려 전적으로 도시와 도시의 주민에 속한 자로 나온다"(411). 참조하라. Buchholz(1988, 81)와 마찬가지로 Willis(2001)는 "도시 장로"(Stadtältesten)와 "지파 장로"(Sippenältesten)를 추정하며, 그것은 전적으로 출애굽기 12:21*을 근거로 하고 있다.

217 그러므로 Willis(2001, 307)는 다음과 같이 요약한다. "… 그러한 지도자는 다양한 기능을 수행했다. 재판관 …, 공증인 …, 대표자 … 그리고 제의적 …" Wagner(2002)는 "행정적 기능"과 "공증인의 기능"으로 제한했고(561), 그 안에서 제사장의 주된 기능이 발견되므로 그의 의견은 정당하다고 볼 수 있다.
218 덧붙여서 위에 이스라엘 사회사의 시대 입문 II. 4. A.를 보라.
219 법적 존재에 대해서 참조하라. 덧붙여서 위에 이스라엘 사회사의 시대 입문 II. 3. C.를 보라.

4) 국가 업무

사무엘상 8:20에 따르면 전쟁 수행은 왕의 핵심 업무에 속했다. 따라서 국가 업무를 기술하는 것은 군사 활동(*Militärwesen*)으로 시작해야 할 것이다.[220]

국가적으로 조직되지 않은 사회 집단에서 전쟁의 위협이 있을 경우에 전쟁의 상황으로 내몰린 모든 사람이 무기를 든다. 그러한 부대원을 통솔하는 것은 소명을 받은 자와 부대원이 추종하는 자이다. 절박한 위기 상황이 지난 후에 징집되었던 인원은 다시 해산된다. 부대를 이끌었던 리더는 일반적으로는 지속적인 통치 기능을 수행하지 않았다. 이외에도 무장한 그룹이 있었는데, 이미 B.C. 20세기[221] 아피루('Apiru)-본문의 상당수뿐 아니라 성서 기록은 "건달"(삿 9:4; 11:3)에 대해서 언급한다. 지속적인 지배를 시도했던 자는 항상 그와 같은 무장한 부대를 필요로 했다.

국가화되는 과정에서 현실적인 군대 징집과 자유로운 무장 병력의 공존은 직업 군인과 징집 군인의 이중 구조를 형성했다. 성서는 사울이 자신의 친인척인 아브넬을 "군대 장관"(삼상 14:50-52)으로 삼아 군대를 창설했다고 보도한다. 다윗은 자신의 부대를 이미 거느렸다는 점에서 구별된다. 다윗의 무리는 패거리에 지나지 않았지만, 그가 왕권을 획득한 이후에 공식적인 군대가 되었다.[222] 이 패거리의 우두머리는 지도자 리스트가 보여 주

---

220 참조하라. Junge 1937; von Rad ⁵1969; M. Weippert 1972.
221 'Apiru에 대해서 위에 이스라엘 사회사의 시대 입문 I. 1. A. B.를 보라.
222 여기에서 국가 기원에 대한 아우구스티누스(Augustin)의 잘 알려진 묘사를 회상하지 않는 것은 쉽지 않다. "그러므로 만약 국가에 정의가 존재하지 않는다면, 국가는 큰 무리의 도둑 집단과 무엇이 다른가? 또한 도둑 집단은 작은 나라와 전혀 다르지 않다. … 만약 이러한 악한 무리에 타락한 인간이 증원됨으로 인해"(삼상 22:2) "더 큰 집단이 된다면, 그 결과 지역을 점령하게 되고, 정착하여 도시를 점령하고, 백성을 굴복시킨다"(삼상 27:6, 8-9; 30; 삼하 5:6-12; 8:1-15). "그것은 즉시 국가라고 불린다"(173). 이것은 본래는 다음과 같이 기록되었다. Remota itaque iustitia quid sunt regna nisi magna latrocinia? quia et latrocinia quid sunt nisi parua regna? ... Hoc malum

고 있는 것처럼 가장 중요한 장관이 되었다(삼하 8:16; 20:23).

그럼에도 불구하고 신생 국가는 백성으로 구성된 군사력을 포기하지 않았다. **직업 군인과 동원된 군인이라는 이중성**(*Zweiheit von Berufsheer und Heerbann*)이 발생했다. 전쟁 보도에 따르면 소규모 직업 군인은 선발대 또는 성을 공략하는 위험한 임무를 도맡았으며, 그와 달리 단언컨대 제대로 무장을 하지 못한 징집군은 전쟁 중간이나 마지막 단계에 개입했다는 것을 알 수 있다(참조. 특별히 삼하 11:1, 11, 14-17; 12:26-29에서 볼 수 있는 암몬 전쟁 기사 그리고 왕상 20:14-20에서 확인되는 이스라엘-아람 전쟁).[223]

군대의 명령은 히브리어로 *śar*라는 호칭을 가진 장교가 했는데, 이 호칭은 "군대 장관"(*śar [haṣ]ṣaba'* 혹은 유사하게, 삼상 14:50; 17:55; 삼하 2:8 등등)[224] 뿐만 아니라 보다 작은 부대의 명령권자를 지칭하는 것이기도 했다. B.C. 6세기 초반으로 보이는 아랏-도판(Arad-Ostraka)[225]은 유다의 후기 시대에 군인이 보편적으로 직업 군인을 가리킨다는 것을 보여 준다. 이 도판에는 깃딤(Kittäer) 부대, 다시 말해 그리스 용병이 언급되었다.[226]

하지만 그들의 장교는 유대인으로 이해되는데, 거의 예외 없이 *-jahu*라는 요소를 포함하는 이름이 서신에서 확인된다. "백성을 징집하는 군대 장관의 서기관"(왕하 25:19 = 렘 52:25)에 대한 진술이 보여 주고 있는 것처럼,

---

si in tantum perditorum hominum accessibus crescit, ut et loca teneat sedes constituat, ciuitates occupet populos subiuget, euidentius regni nomen adsumit…"(101).

[223] 두 서술은 그 이야기의 수신자는 전제된 상황을 알고 있다는 것을 가상적 특성이 저지하지 못한다는 예를 보여 준다. 덧붙여서 위에 이스라엘 사회사 방법론 입문 III. 2.-4.를 참조하라.

[224] 예루살렘이 바벨론에 점령되기 직전인 유다 왕권의 마지막 시기에 유래한 것으로 보이는 라기스-도판에서 *sr hsb'*라 불리는 엘나단의 아들 곤야후(Konjahu ben Elnatan) 비문은 너무도 잘 알려진 것이다(HAE I 412-419).

[225] HAE I 347-403.

[226] 본래 키프로스(Zypern)의 키티온(Kition) 도시 주민을 일컫는 "Kittäer"의 의미를 키프로스 주민, 후에는 모든 그리스인 그리고 종국에는 모든 서쪽 지중해 지역의 거주민으로 확장하는 것에 대해서 참조하라. Dion, 1992.

전쟁의 경우에 전체 남성 시민은 군인으로 징집되었으며, 그들은 예루살렘이 최종 함락된 이후에 이차 포로에 포함된 자들이다. 그것을 볼 때 군주제가 끝날 때까지 직업 군인과 병역 의무로 인한 징집과 같은 이중 구조가 지속적으로 존재했다는 것은 확실하다.[227]

왕조가 시작할 때부터 끝날 때까지 기본적으로 존재하던 군대 조직의 구조를 통하여 국가 이전 상황과 명백한 연속성에도 불구하고 어떻게 근본적인 변화가 시작되고 있는가를 관찰할 수 있다. 국가 이전 시대와 마찬가지로 병역이 가능한 남자는 전쟁에 참여했다. 하지만 그들은 직업 군대를 돕는 부대로 활동했을 뿐이다. 그들은 자유롭게 전쟁에 참여하는 자들로서 직업 장교의 명령에 통제를 받는 병역 의무를 가진 자들이 되었다. 군사력 그리고 국가 이전에 군사력을 행사할 수 있었던 자들은 국가에 의해 통제되었다.

전쟁 수행 이외에도 사회적 임무가 주어졌는데, 특히 건설 분야를 손꼽을 수 있다. 국가 이전 시대에 그러한 사업은 제한된 지역에서만 진행되었다(도로 건설, 간단한 방어 시설, 지역 성소). 국가가 설립되면서 이러한 임무는 자연스럽게 전혀 다른 지평으로 이해되었다. 성서뿐만 아니라 성서 이외의 문헌에서도 왕이 '건설하다'(*bnh*) 동사의 주어로 사용되는 수많은 증거가 확인된다(참조. 메사 비문[228] 그리고 왕상 9:17-19; 12:25 등). 이스라엘과 유다의 왕정 시대에 건설 활동이 왕성하게 진행되었다는 것은 고고학에서도 입증된다. 대부분 이러한 건설 작업에는 사람의 노동력을 필요로 한다. 사람의 노동력은 이제 더 이상 자치 기구를 바탕으로 하는 지역의 규범에 맞

---

227 von Rad([5]1969, 33-38, 76-78)에 따르면 징집 군대는 군주제와 함께 중지되었다. Junge(1937)에 따르면 겨우 요시야 통치 시대가 되어서야 군대를 징집하는 것이 다시 시작되었다. 하지만 M. Weippert(1972, 469, 491-492)는 앗수르와 신 앗수르 시대와 같은 제국에서 징집 군대와 상주 군대가 함께 존재했다. 이스라엘과 유다와 같은 작은 나라에서 그러한 군대가 병존하는 것은 더욱더 개연성이 있다.

228 KAI Nr. 181.

게 배정된 것이 아니라, 국가가 그것을 요구했다.

우리는 중세 봉건 제도의 부역(Fron)을 언급하는 것에 익숙하다.[229] 부역이 있었다는 점은 다윗과 솔로몬의 공직 리스트(부역 감독관 = 'al-hammas, 삼하 20:24; 왕상 4:6; 참조. 왕상 5:28; 12:18) 그리고 "Pelajahu 'sr 'l hms"라는 B.C. 7세기[230]것으로 보이는 직인을 넘어서, 미가 3:10, 하박국 2:12 그리고 예레미야 22:13-19에 나타난 예언자의 고발에 이르기까지 전반적인 왕정 시대에서 확인된다.

부역을 시행하는 것은 처음부터 순조롭지 않은 것으로 서술되었다. 왕권 기원에 대해 논의할 때 신명기 사가적 구성물로 소급되는 사무엘상 8:10-17에 기록된 왕의 법은 왕이 자유민의 아들과 딸을 종으로 삼을 것이라고 경고한다.[231] 솔로몬 통치하에서 북쪽 거주민을 부역에 동원하는 것은 결국 자신의 후계자인 르호보암 시대에 북쪽 지파의 분리로 귀결되었다(왕상 12장).

B.C. 8세기 후반과 6세기 초에 유다에는 미가 3:10, 하박국 2:12 그리고 예레미야 22:13-19처럼 고발이 나타난다. 메사드 하샤브야후(Mesad Haschavyahu) 도판[232]을 비롯하여 우리에게는 유다 후대 시대[233]로 확인되는 비명 문서가 제시되었는데, 이것은 국가가 강요하는 노동에 대한 갈등을 주제로 삼고 있다. 물론 이 강요된 노동은 건축이 아니라 곡물 수확이

---

229 참조하라. 노역에 대해서 Nurmi, 2004, 118-122.
230 WSS Nr. 20
231 물론 여기에서는 어떤 건축 활동도 언급되지 않았다. 딸을 노역에 동원하는 것에 대해서 참조하라. Schottroff, 1999c.
232 KAI Nr. 200 에 있는 본문과 번역; HAE I 315-329; TUAT I 249-250; Lemaire 259-269; Jaroš Nr. 55; Smelik 87-93. 논의에 대해서 참조하라. Amusin/Heltzer 1964; Crüsemann 1983; Dobbs-Allsopp 1994; Fantalkin 2001; Lemaire 1971; Talmon 1986c; Wenning 1989.
233 요시야 혹은 여호야김의 통치 시대를 연상하게 된다. HAE I 316 에 있는 논의를 참조하라.

었지만, 이것은 국가가 광범위한 국가 활동 분야에서 노동력을 요구했음을 보여 준다.

비명뿐만 아니라 이러한 모든 성서 본문에도 중요한 것이 관찰되는데, 부역 제도에 결코 의문을 제기하지 않는다는 사실이다. 초기 시기에 대한 모범적인 묘사에는 논란이 되는 노동의 범위가 일관되게 다루어지고 있는데, 이것은 메사드 하샤브야후 도판에서도 마찬가지이다. 미가 3:10과 하박국 2:12에서 건설 노동은 피를 쏟는 것과 동일하게 비난의 대상이 되었다. 그리고 예레미야 22:13-19에서 건축물은 불필요한 왕의 사치라며 비판의 중심에 놓였다.

노동에 대한 요구 이외에도 신생 국가는 세금을 요구했다.[234] 동시에 비문과 성서의 연구 결과는 세금이 부역보다 경미하며 또한 부역과는 다른 의미를 갖는다는 것을 추측하게 한다. 그러한 세금은 열왕기상 4:7-19에 있는 왕가에 양식을 공급하는 행정적으로 체계화된 시스템에 관한 가장 오래된 정보와 모순된다.[235] 이 본문에 따르면 솔로몬은 열두 명의 '감독관'(Vorsteher) 또는 '관리'(Beauftragte)를 북쪽의 열두 지역(Regionen)에 두었으며, 그들은 왕가에 양식을 공급하는 것에 책임을 맡은 자들이었다.

하지만 그것을 근거로 '지방'(Provinzen), '행정 구역'(Distrikten) 또는 '관구'(Gauen)처럼 잘 조직된 시스템을 추론할 수는 없다.[236] 왜냐하면, 관리뿐만 아니라 관리가 상주했던 지방은 오히려 너무도 다양하게 묘사되어 통일화된 경향을 식별할 수 없기 때문이다. 오히려 '관리'는 지정된 장소

---

[234] 왕상 4:7-19에 대해서 참조하라. Ash 1995; Fritz 1995; Kamlah 2001; Na'aman 2001; Niemann 1993, 246-251.

[235] 왕상 4:7-19에 대해서 참조하라. Ash 1995; Fritz 1995; Kamlah 2001; Na'aman 2001; Niemann 1993, 246-251.

[236] Alt(^{3}1964a)는 그렇게 추정한다.

와 지역 '안'에서 영향을 끼칠 수 있는 지역의 지도자이다.[237] 그들은 왕을 향한 지역 백성의 충성심을 견고하게 해야 했으며, 동시에 지역에서 왕을 대리하는 역할을 해야 했다.

이 경우에 왕에 대한 관리의 충성심은 왕의 딸들과 결혼함으로써 견고히 되었다(11, 15절).[238] 그들의 임무는 정치적 대리인 역할 이외에도 농산물을 왕궁에 전달하는 것이었는데, 물론 이것은 7절이 보여 주는 것처럼 매달 수행해야 하는 실현 불가능한 책무는 아니었다. 어쨌든 여기에서는 발전된 세금 시스템에 대해 다루고 있지 않다.[239]

그밖에 십일조(Zehnter)가 정기적 세금이라는 것은 성서에서 단지 간헐적으로만 언급되었고, 이러한 기록을 근거로 통일된 시스템을 추론할 수는 없다.[240] 사무엘상 8:15, 17은 땅의 소산물 가운데 왕에게 바치는 십일조에 대해서 언급하지만, 창세기 28:22과 아모스 4:4에는 북왕국에 위치

---

[237] 대부분의 장소 표기(8-10, 13, 15-19절)는 만약 총독에 대해 언급하고 있다면 그것과 연결되어서 사용될 것으로 기대되는 "에 대한"('al)이 아니라 특징적으로 "안에"(bᵉ)라는 표현과 함께 시작되었다. 참조하라. 덧붙여서 삼하 5:5: 헤브론과 예루살렘 "안에서" 다윗은 유다 또는 이스라엘과 유다"에 대한" 통치를 했다. 따라서 열왕기상 4:7-19에 언급된 장소는—권한을 위임받은 자가 확인되는 곳으로—어떤 지역을 그들이 다스렸다는 것을 보도하는 것이 아니다. 적어도 이차적인 표제어로 이해되는 7절은 "전체 이스라엘에 대한" 통치를 서술한다.

[238] 그에 상응하게 유대 왕권이 지속되면서 땅의 귀족의 여식은 왕의 아들과 혼인했다. 덧붙여서 아래에 이스라엘 사회사의 시대 입문 II. 4. B.를 보라.

[239] 열왕기상 4:7-19에 관하여 여기에서 주장되는 관점에 대해서 참조하라. Niemann, 1993, 246-251; 동저자, 2002; Kamlah, 2001. Fritz(1995, 19)에 따르면 본문은 "신명기 사가적 역사서에 수용된 극소수의 본래 문서에 속하는 것이다." Ash(1995)에 따르면 이 목록은 북왕국이 멸망될 때까지 구전으로 전승된(84) 신명기 사가 이전 (vordeuteronomistisch)의 자료를 함유하고 있다. "단지 명칭만이 … 초기 본문임을 제시하고 있다"(85). Ash 스스로 연구해 낸 본문 주석(73-79)이 개연성 있는 문서 전승 (Tradierung)을 언급할지라도, 결론은 여기에서 지지되는 것과 유사하다. 목록은 어떠한 세련된 행정 시스템도 반영하고 있지 않으며, 오히려 지역 권위자와 궁정의 관계가 변화하는 것을 반영하는 것이다.

[240] 참조하라. Crüsemann, 1985.

한 왕의 성소로 입고되는 종교적인 십일조를 유추할 수 있다.

후기 유다의 모습을 보여 주는 신명기 12:6, 11, 17은 그러한 중앙 성소로 지불되어야 하는 십일조를 전제하고 있다. 탁월하면서도 확실한 비문 증거가 예루살렘에서 동일하게 발견되었다. B.C. 8세기 말 또는 7세기 초의 것으로 보이는 도판에서 200과 18이라는 숫자가 발견되었는데, 십일조를 바치는 일(l'sr)과 결부된 것이다.[241] 하지만 발굴의 상황을 볼 때 이 문서가 국가 행정 기구에 속한 것인지 또는 성전 행정 기구에 속한 것인지에 대해서는 결론을 내릴 수 없다. 아마도 여기에는 어떠한 구별도 없었을 것이다.[242]

이스라엘과 유다 두 국가의 후대 시대에는 각각 특별 세금(Sondersteuer)이 언급되는데, 이것은 앗수르 또는 애굽이라는 패권이 요구하는 공물을 바치기 위해 거두는 세금이었다(왕하 15:19-20; 왕하 23:35). 그러한 징수는 일회성이었음에도 불구하고 이스라엘과 유다 두 나라는 B.C. 8세기 중반 이후부터 완전히 앗수르에게 그리고 이후에 유다는 바벨론과 애굽에 의존하게 되었고, 이러한 의존성은 매년마다 바치는 전쟁 배상금 지급과 연결되었기 때문에,[243] 왕에게는 상당한 재정적 필요가 끊임없이 요구되었다. 따라서 증거의 연결이 빈틈이 없는 것은 아니지만, 다음과 같은 결론에 도달할 수 있다.

늦어도 앗수르에 의존하게 되면서 그리고 정기적인 전쟁 배상금 지급이 요구되면서 유다에 독자적인 세금 시스템이 나타난다는 것은 반박할 수

---

241 HAE I 195-196.
242 국가적인 세금과 종교적 세금의 혼용에 대한 개연성있는 근거에 관하여 참조하라. Kessler, 1996b, 특별히 230-231.
243 TGI Nr. 24.27.28.36.39.41.44에서 확인되는 비문과 마찬가지로 열왕기하 16:8; 17:4("해마다") 그리고 18:14의 전쟁 배상금 지불에 대해서 참조. 므낫세 시대의 유다의 전쟁 배상금 지불에 대해서 Begrich(1975, 특별히. 201, 214- 216)의 증명을 참조하라.

없게 되었다.²⁴⁴

궁정, 시민 공무원 특별히 군대 조직으로 구성된 국가 기구를 유지하기 위해서 군주 국가는 정복을 필요로 한다. 개인적인 노동 그리고 규모가 명확하지는 않은 세금 이외에도 **이스라엘과 유다의 왕은 자기 소유의 경제 영역에도 의존할 수 있었다.**²⁴⁵

왕의 토지 소유는 한편으로는 왕가의 소유이다(사울의 경우 삼상 9:1-2; 11:4-5 등; 다윗의 경우 삼상 16:11, 19; 17:15 등; 다윗의 아들 압살롬의 경우 삼하 13:23). 그밖에 시글락 도시처럼 정치적 활동으로 취득한 소유("그러므로 시글락이 오늘까지 유다 왕에게 속하니라", 삼상 27:6) 또는 다윗이 정복한 예루살렘 같은 도시가 왕의 소유물이 됐다("다윗 성", 삼하 5:9). 심지어는 땅을 매입할 수도 있었다(다윗의 경우, 삼하 24:8-24; 오므리 경우, 왕상 16:24; 참조. 왕상 21:1-2).

다윗이 사울의 아들 므비보셋(Meribaal)의 소유물을 차지했거나(삼하 16:1-4) 아합이 나봇의 포도원을 차지했던 것처럼(왕상 21장), 왕은 모반했다고 판결된 사람의 토지를 소유할 수 있었을 것이다. 그것을 볼 때 한때 토지의 주인이었던 므비보셋처럼(삼하 9장) 그리고 기근으로 인해 땅을 떠났던 부유한 수넴 여인처럼(왕하 8:1-6), 주인 없는 땅은 결국 자동적으로 왕에게 귀속되었다는 결론에 도달하게 된다.

이 모든 기록은 왕이 토지를 소유했음을 보여 주지만, 확장된 '왕실 재산'(Krongut)이 왕에게 귀속되었는지에 대해서는 언급하지 않는다. 게다가

---

244 Crüsemann(1985, 44-45)과 Heltzer(2000)는 요시야 시대로 보이는 일련의 칙서에 대해서 토론했다. 이 칙서는 (자연이 주는) 세금 시스템을 배경으로 해야 가장 잘 이해될 수 있다.

245 왕의 경제에 대해서 참조하라. Alt ²1968c; 동저자, ³1964a; 동저자, ³1964c; 동저자, ³1964d; Avishur/Heltzer 2000; Ben-Barak 1981; Kallai 2003; Kessler 1996b; Kletter 1999; Lowery 1991; Na'aman 1991; Noth 1971; Nurmi 2004, 122-132.

왕실 재산은 B.C. 8세기 이후부터 사회적 위기의 중요한 원인이 되었을 것이다.[246] 덧붙여서 왕의 왕실 재산이라는 사고는 중세 봉건 제도에서 추론된 개념이며, 영지와 복종이라는 개념과 불가분의 관계이기 때문에 기피된다.[247] 그것에 대해서 본문은 어떠한 근거도 제공하지 않는다. 그러므로 제안되는 것은 왕실 재산이라는 개념은 전적으로 포기되어야 한다는 것과, 그 대신에 중립적으로 왕의 소유에 대해서만 언급할 수 있다는 점이다.

성서 본문 이외에 발굴된 비문도 동일하게 왕이 토지를 소유했음을 암시한다. 물론 B.C. 8세기 초중반의 것으로 이해되는 **사마리아-도판**(*Samaria-Ostraka*)의—특별히 마틴 노트[248]에 따르면 이 도판은 명목상 왕의 재산과 관련된 소득 목록을 가리킨다—많은 증거 본문에서 그러한 경우는 전혀 발견되지 않고 있다.[249] 전적으로 "X의 포도원"이라고 출처를 확인할 수 있고, 그밖에 단지 물품에 대한 표시만을 함유하는[250] 몇몇 도판만이 왕의 소유로 해석될 뿐이다.

그와 달리 "왕에게 속한"(*lmlk*)이라는 소인이 찍힌 항아리 손잡이에서 그러한 경우가 발견된다.[251] 이러한 항아리는 50년 이후에 남유다에서—즉 B.C. 8세기 말 히스기야 통치 시기에—대량으로 발견된다.[252] 그렇게 소인이 찍힌 모든 저장 용기는 동일한 또는 대단히 인접해 있는 도공

---

246 왕실 재산에 대한 사고에 대해서 참조하라. Noth 1971, 사회 발달에 있어서 왕실 사유 재산의 기능에 대한 것으로 Alt ²1968c.
247 이러한 개념은 단연코 Noth와 Alt를 통하여 내용적으로 풍성해졌다.
248 Noth, 1971.
249 마찬가지로 아래에 이스라엘 사회사의 시대 입문 II. 4. A.를 보라.
250 Nr. 20. 44. 53. 54. 61. 72. 73(HAE I 95. 101. 103-105. 107).
251 *lmlk*-직인에 대해서 참조하라. Kletter 2002; Lance 1979; Lemaire 1975; 동저자, 1981; Na'aman 1979; Nurmi 2004, 317-332; Rainey 1982; Ussishkin 1976; Welten 1969.
252 HAE II/2 는 "일천 번이 넘게 *lmlk*-직인"에 대해 언급했다(81). 항상 새로운 발굴이 나타났다.

에서 기원한 것이다.[253] 소인에 찍힌 4곳의 지명은—소고(Socho), 헤브론(Hebron), 십(Ziph) 또는 *mmšt*—잘 알려진 헤브론의 주변 지역에서 확인되는 장소이며, 왕의 재산으로 언급된다.

이 지역은 예루살렘과 요새 도시에서 소비되는 포도주 또는 기름 생산지로 기록되었고, 예루살렘과 요새 도시에서는 대다수의 항아리 손잡이가 발견됐다. 요새에 집중됐다는 것은 히스기야가 반 앗수르에 대한 봉기를 준비하고 있었음을 아주 잘 설명해 주며, 그의 봉기는 하마터면 B.C. 701년 예루살렘 정복과 함께 실패할 뻔 했다.[254]

이름이 거론되지 않은 왕의 오랜 통치 기간과 관련된 비문을 근거로 볼 때 부동의 확신을 가지고 요시야 시대로 연대가 설정될 수 있는 것은 소위 국고의 인장이었다.[255] 이 인장은 다양한 유대 도시에서—라기스(Lachisch), 게빔(Gebim), 느십(Nezib), 엘돌랏(Eltolad) 그리고 아룹봇(Arubbot)—'왕에게'(*lmlk*) 전달되는 공급품이라는 것을 확인해 준다. 이 인장을 근거로 하여 일반화된 세금 시스템[256] 또는 왕의 소유를 송부했을 것이라고 유추해서는 안 된다. 그러한 세금 징수에 대한 해석과 상충되는 것으로 여호수아 15장과 18-19장[257] 리스트와 비교해 볼 때 대단히 소수의 지명만이 기록되었다는 사실이다. 세금 시스템은 전체적으로 지불되어야 하기 때문에, 국고의 인장에 언급된 지역들은—*lmlk*-소인에서와 마찬가지로—왕의 소유를 암시한다고 볼 수 있다.

---

253 Mommsen/Perlman/Yellin(1984)에서 확인되는 화학적 분석을 참조하라.
254 연구의 흐름에 대해서 참조하라. Kessler 1992, 144-148; Niemann 1993, 157-160; Kletter 2002; HAE II/2 102-106.
255 HAE 11/2 102 그리고 Nr. 30.11-30.17; WSS Nr. 421+422.
256 WSS 177는 "세금"에 대해서 언급한다.
257 아무리 빨라도 B.C. 8세기 후반 이후의 남왕국의 것으로 보이는 여호수아 15:21-44, 48-62; 18:21-28과 19:2-8, 41-46의 행정 목록에 대해서 참조하라. Niemann 1993, 251-272.

마지막으로 남쪽 요새인 **아랏**(*Arad*)에서 발견된 도판은 유다가 독립 국가로 존재하던 가장 후대 시대로 귀속된다.[258] 발굴된 창고와 함께 이 도판은 이 요새가 농업 생산물의 막대한 양을 비축하던 곳이었으며 동시에 거래하던 장소였음을 입증한다. 그렇다면 이 생산물은 어디에서 온 것일까?

그것에 대해서 25번 도판이 유일하게 정보를 제공해 주는데, 이 도판은 전치사 *min*("~로부터")이 사용된 세 지명의 목록과 곡물의 양에 대한 보도를 포함하고 있다.[259] *lmlk*-소인이 확인되는 것처럼, 이 장소는 왕의 소유이었을 것이다. 하지만 그것이 납세 의무가 있는 마을에서 보내는 세금이었을 가능성도 배제될 수 없다.

만약 왕권과 결부된 경제 활동 보도를 고려한다면, 이스라엘과 유다의 왕정 시대에 특별히 왕의 소유가 존재했고, 그것은 요새와 궁정에 생계를 공급하는 역할을 했음이 명백하다. 하지만 왕의 재산이 존재한다는 사실이 그 나라의 경제 생활을 근본적으로 변화시켰음을 의미하지는 않는다. 왜냐하면, 왕의 재산 이외에도 가족 그리고 지파의 재산도 존재했기 때문이다. 왕의 소유는 (*ašer*) *'al-habbájit*가 책임을 맡고 있는 '집'(*bájit*)으로 배열되었다.[260] 왕의 집(*bájit*)은 그 나라에서 가장 부유한 사람의 집보다 훨씬 부유했을 것이다. 하지만 그 집의 주변에는 이스라엘과 유다 가족으로 구성된 수많은 '집'이 존재했다. **왕의 경제는 가정 경제 또는 현대적으로 말하자면 경영으로 표현할 수 있다. 그러나 왕의 경제는 전체 국가의 경제적 삶을 결정짓는 국민 경제로 발전하지는 않았다.**

---

258 HAE I 347-403. 마찬가지로 군대 조직에 대한 도판에 의의에 대해서 위에 이스라엘 사회사의 시대 입문 II. 3. C.를 보라.

259 HAE I 393-394.

260 이 직분에 대해서 위에 이스라엘 사회사의 시대 입문 II. 3. B.를 참조하라.

법 선포는 국가 활동의 확장된 영역이다.[261] 여기에도 국가 이전 사회 집단과 연속성을 형성하는 특성이 다시 나타나며, 이는 결국에는 철저한 변화로 귀결된다. 국가 이전 시대에는 분쟁이 일어날 경우에 당사자가 그것을 직접 조절한다. 협상과 논쟁을 넘어서 무력을 사용하기도 했을 것이다. 분쟁에 대한 결정은 본질적으로 당사자의 세력이 얼마나 강하느냐에 달려 있다. 중요한 것은 어떠한 중재 기관도 거의 등장하지 않는다는 점이다.[262] 종종 도시적 취락 지역에서는 장로들이 중재 역할을 했을 것으로 추정된다. 하지만 그로 인해 법을 선포하는 권위가 그들에게 있었고, 더 나아가 그들이 항상 이해관계의 당사자였다고 가정되는 것은 아니다.

물론 이러한 상황이 왕권 생성으로 인해 근본적으로 변한 것은 아니지만, 특정한 방향으로 전환되었다. 순수하게 왕이라는 존재 그리고 국가 도시에 있는 왕과 연결된 권력 있는 인물(장군, 관리)이라는 존재는 법 시스템을 변화시켰다. 이것은 지역의 법적 분쟁에서 힘 있는 사람이 논쟁에 개입한다는 이해와 전혀 다르지 않다. 여하튼 상대적으로 힘이 없는 당사자는 그것에 직접적인 관심을 가져야만 했다. 이렇게 재판 형태가 생성되었다면, 결정권을 가진 자가 재판에서 판결을 내렸다.

메사드 하샤브야후(Mesad Haschavyahu) 도판이 보여 주는 것처럼, 작은 요새에서는 지도자가 재판의 판결을 내렸다.[263] 보다 큰 주거지에서는 장로가 법 공표와 재판에서 역할을 수행했고, 장로는 또한 국가의 재판관과 서기관의 지지를 받았다. 왕의 권위가 어떻게 이러한 시스템에 직접 관여할

---

[261] 법 선포에 대해서 참조하라. Bellefontaine 1987; Ben-Barak 1988; Crüsemann 1992b; Gertz 1994; Macholz 1972a; 동저자. 1972b; Niehr 1987; Nurmi 2004, 147-194; Whitelam 1979; Willis 2001; Wilson 1983/84.
[262] 이 관점에 대해서 참조하라. Crüsemann 1992b, 80-95.
[263] 위에 이스라엘 사회사의 시대 입문 II. 3. B. C.를 보라.

수 있었는가를 나봇의 포도원 이야기가 보여 준다(왕상 21장).[264] 이러한 시스템이 처음부터 그리고 보편적으로 동시에 발전된 것이 아니라는 점은 자명하다. 신명기가 표현하고자 했던 상황에 따르면 그것은 유대 왕정 시대의 종결을 전제로 한다.

물론 실제적인 법 선포에서 왕의 역할과 왕으로부터 파생된 권력을 고려하면 법 시스템과 관련한 왕권의 가장 중요한 역할은 아직 언급하지 않았다. B.C. 8세기 이후부터 이스라엘과 유다 사회가 식별 가능할 정도로 점점 더 계층으로 세분화되면서 그에 대한 대가로 법의 성문화가 시작되었다. 그로 인해 왕권이 중요한 역할을 수행했다는 것을 추측할 수 있다.[265]

군대, 노동과 세금 요구, 왕 소유지 경작 그리고 법률에 영향을 끼치는 것은 국가 활동의 영역이었고, 이러한 국가 활동의 세분화는 초기 국가에서 완전히 발전된 국가로 나아가는 변화를 표시한다. 국가가 이러한 영역에서 강하게 두각을 나타낼수록, 동시에 국가는 백성의 사회 구조에 깊이 관여하는 것이다.

만약 사회적 세분화가 나타난다면—물론 우리는 그러한 흔적을 왕정 초기부터 관찰할 수 있다. 군인, 노동력과 세금에 대한 국가의 요구는 강해지게 된다. 유력한 가정은 큰 충격이 없이 그러한 요구에 부응할 수 있었지만, 이러한 요구는 이미 약화된 가정을 파멸로 내몰 수 있었다. 동시에 직업 군인의 존재와 국가가 재판에 개입하는 것은 하위 계층이 다윗 시대처럼 범죄 조직을 형성해서 시민의 소유를 강탈할 수 있었던 가능성을 제한했다.

---

264 지방 재판에서 장로의 역할에 대해서 전체적으로 위에 이스라엘 사회사의 시대 입문 II. 3. C.를 보라.
265 덧붙여서 아래 이스라엘 사회사의 시대 입문 III. 2. C.를 참조하라.

4) 성전의 역할

북이스라엘과 남유다에서 부분적으로 상이하게 나타나는 발전을 조사하기 전에, 우리는 성전의 사회적 의미를 조망해 볼 필요가 있다.[266] 물론 이러한 조망은 사회사적 틀 안에서 아주 제한적인 부분에만 초점을 맞추어야 한다. 그리고 이것은 성전의 경제적 의미와 그로 인해 파생되는 직접적인 사회적 결과에 대해 집중한다.

종교적 기구는 본질적으로 경제적 의미보다는 상징적인 의미가 높다. 국가가 무엇인가를 정의하는 합리적이며 확실한 최소한의 기준은 공통된 이데올로기의 존재이다. 전근대적 사회의 관점에서 볼 때 국가의 통일성은 국가 종교의 통일성으로 상징된다. 이러한 통일성은 전적으로 다양하게 나타날 수 있으며, 가족, 마을, 종교 그리고 국가라는 상이한 사회 분야에서 다양한 특징으로 각인되었다.

이스라엘과 유다의 왕정 시대에 이미 야웨만을 섬기라(Alleinverehrung)는 요구가 있었는지, 혹은 지중해 동편 전체 지역이 그러했듯이 다신론(Polytheismus)이 지배적이었는지, 동시에 다양한 사회 분야가 어떤 역할을 했는지에 대해서 심각하게 논의되고 있다. 하지만 그것을 여기에서 다룰 필요는 없다. 중요한 것은 국가형성 이후에 왕과 국가의 형태로 묘사된 전체로서의 사회 집단은 야웨를 숭배함으로써 자신의 통일성을 상징했다는 점이다. 모압 왕의 승전비에서 알 수 있듯이, 모압 왕은 이스라엘 도시를 약탈했을 때 야웨의 기구를 취하여 자신의 국가 신이며 민족신인 그모스 앞에 비치했다.[267]

---

266 성전에 대하여 참조하라. Dekor 1962; Eißfeldt 1963; Galling 1951; Hurowitz 1986; Levin 2003b; Schaper 2000; Will 1977.

267 KAI Nr. 181, 17-18줄.

종교 기구, 특별히 성전이 갖는 상세한 경제적 의미는 무엇보다도 고도의 상징적 특징을 갖는다. "빈 손으로 내 앞에 나오지 말지니라"(출 23:15; 34:20). 이것은 모든 종교의 기본 요구로서 이스라엘에서는 야웨의 면전 앞에 나오는 것과 연결되어 있다(신 16:16). 야웨 숭배자는 하나님에게 제물, 첫 열매, 십일조 그리고 자율적 기부의 모양으로 자신의 헌물을 가져오며, 하나님은 그것을 받고 풍요와 축복으로 보답하며, 이것은 다시 신자에게 대가를 유발한다. 선물과 대가의 끝없는 순환은 세상을 유지하도록 돕는다.[268] 인간이 수익 중에서 일부를 종교 기관에 납부하는 것을 물질적인 부분에서 제한하는 것이 상징적인 의미를 약화시키지는 않는다.

종교 행위의 기본 형태인 헌물은 특정 사회 집단 형태에서만 확인되는 것이 아니다. 국가 이전 시대에도 성소가 당연히 존재했으며, 그곳으로 헌물을 가져갔다. 동시에 국가로 넘어가면서 결국에는 국가 이전에 인식됐던 것과는 완전히 다른 상황으로 전개되는 변화가 나타났다. 지방 성소 이외에도 남쪽에서는 예루살렘, 북쪽에서는 벧엘과 단 지역에 설치된 왕의 성소들이 세워졌기 때문이다. 물론 그곳에도 헌물이 바쳐졌다. 덧붙여서 아모스 4:4와 창세기 28:22에 언급된 십일조는 벧엘(그리고 길갈?)에 드려졌다는 것이 암시되었다.[269] 예루살렘에 헌금을 모아 놓은 금고가 비치되어 있었다는 전승이 발견된다(왕하 12:5-17 그리고 22:3-9).[270] 제사장뿐만 아

---

268 인간과 하나님의 종교적 관계의 기본 자세인 "헌물"에 대해서 참조하라. Mauss 1990; Godelier(1999)는 올바르게 신의 헌물(Gabe)과 인간의 답례물(Gegengabe)의 불균형을 강조했다.

269 위에 이스라엘 사회사의 시대 입문 II. 3. C.를 참조하라.

270 여기에서 확정짓지 않은 두 본문의 문학적 관계에 대한 고찰은 논쟁이 되고 있다. Levin(2003)은 열왕기하 12장의 보도를 사회사적으로 평가하려는 모든 가능성을 반박했다. "아하시야의 아들 요아스 통치하에서 성전이 회복되는 것에 대한 보도의 모든 부분은 후대에 구성된 이야기로 입증되었다." 그가 지목한 다섯 가문의 모습은 "포로기 이전 유다 역사에 대해 침묵하고 있는 것을 볼 때 본질적으로 신명기 사가적 신학보다 역대기적인 것에 가깝다"(197). 열왕기하 12:5이 후대의 토라 규정(출 30:13;

니라 왕의 서기관도 그 수입을 사용할 수 있었다(왕하 12:11).

성전 보물은 성전 방문자의 헌물 그리고 왕의 '거룩한 헌물'(참조. 삼하 8:11-12; 왕상 7:51; 15:15; 왕하 12:19)로 구성되었다. 수많은 열왕기서 기록에서 세 가지를 추론할 수 있다(왕상 14:25-26; 15:18; 왕하 12:19; 14:14; 16:8; 18:15; 24:13).

첫째, 성전 보물은 항상 국가 보물과 구별된다.

둘째, 성전 보물은 항상 가장 먼저 언급되는데, 그것은 신명기 사가적 편집자의 특별한 관심으로 소급될 수 있다.

셋째, 왕은 두가지 보물을 모두 사용할 수 있다는 것이 항상 전제되어 있다. 마지막 세 번째는 왕의 통치하에서 중앙 성소가 어떻게 국가 질서에 통합되는지를 역설한다.

유다의 왕정 시대 마지막에 지방 성소와 중앙 성소의 관계는 전환되었다. 국가 이전 시대에는 지방 성소만이 존재했다면, 전체 왕정 시대에는 두 가지 형태가 공존했다. B.C. 7세기 말인 요시야 통치하에서는 지방 성소가 폐쇄됐으며, 제의는 예루살렘에 집중되었다(왕하 23:5, 8-9, 15, 19-20. 참조. 신 12장). 제의 중앙화[271]로 인한 종교사적 결과에 대해서는 여기에서 다루지 않을 것이다. 하지만 이 사건은 사회사적으로도 중요하다.

순례 축제가 중앙화됨으로써 문제가 발생했다. 순례 축제는 세금과 제물로 규정된 물품들, 무엇보다 먼 거리를 이동해야 했던 가축의 경우에 실

레 27:1-8)과 조화를 위해서 개정됐다는 사실은 오래된 본문이 토대로 놓여 있다는 것을 가리킨다. 만약 이 역대기 역사가 동일한 정신 세계를 배경으로 기록되어야 했다면, Levin의 후대 평가를 통해서는 어떤 이유로 역대기 사가들이 역대기 22-24장에서 역사를 대폭 수정하여 서술하고 있는지 납득하기 어렵다.

[271] 요시야 개혁에 대한 논의에 대해서 아래 이스라엘 사회사의 시대 입문 III. 2.를 참조하라.

용적이지 못했다. 그런 이유로 고향에서 이것을 은으로 교환한 후에 성전에서 소, 양, 포도주 등을 다시 사는 것이 허락되었다(신 14:25-26). 이러한 방식으로 국내 상업(Binnenhandel)과 금융 경제(Geldwirtschaft)가 급속도로 발전했음은 자명하다. 왜냐하면, 한편으로 성전은 순례자와 거래하기 위해 땅의 생산품을 사야 했기 때문이다. 다른 한편으로 이러한 교역 활동은 물물 교환의 형태가 아니라, 명백하게 화폐의 기능을 가정해야 하는 은화로 이루어졌다. 물론 아직까지 화폐가 주조되지는 않았으므로 개별적으로 무게를 달아야 했다(참조. 예레미야 32:9-10 묘사와 주머니에 저울추 두개를 가져서는 안 된다는 신명기 25:13의 금령). 이것은 성전에서 진행되었다. 본래 자연 예물이 화폐의 형태로 전환된 곳이 왕의 통제하에 있는 국가 성전이라는 점은 다른 문화권에 대한 관찰과도 일치한다.[272]

요시야 제의 개혁과 그것이 경제에 끼친 결과를 언급함으로써 우리는 이미 왕정 시대의 마지막까지 도달했다. 하지만 우리는 다시 처음으로 돌아가서 이스라엘과 유다, 두 국가의 단면에 대한 초안을 잡아야 한다.

5) 이스라엘과 유다에 나타난 왕정 통치의 단면도

군주제 국가 형태가 이스라엘과 유다에 설립되는 것은 국가와 사회 집단의 구조가 근본적으로 변화하는 결과를 가져왔다. 이것은 두 국가 모두에서 확인되며, 그보다 앞선 사회와의 단절로 이해되었다. 하지만 두 국가의 발전이 시간적 그리고 구조적으로 완전히 평행하게 진행한 것은 아니기 때문에, 각각의 단면을 추적해 보아야 한다.

---

[272] 그리스 지역에 대해서 참조하라. Will 1977. 유통 수단이며 동시에 유통 수단과 분리된—종교 제도가 보증하는—가치 척도로서 돈에 대해서 참조하라. Godelier 1999, 특별히 44-46; 요시야 개혁으로 적용에 대해서 Schaper 2000, 특별히 95-104.

(1) 자유를 위한 투쟁, 전복 그리고 안정 사이의 이스라엘

사무엘서와 열왕기서에 나타난 신명기 사가의 표면적 서술을 관찰하면 북왕국의 시작에 관한 두 가지 특징이 어렵지 않게 확인된다. 북왕국은 두 왕국 중에서 보다 오래된 국가이며, 북왕국의 자기 이해에 따르면 북왕국 생성은 자유를 강력하게 갈망하는 이중적인 자극에 기인한다.

베냐민과 제한된 지역에 대한 통치였음을 어렵지 않게 파악할 수 있는 사울 왕권은 **블레셋에 대항하여 자유를 쟁취하기 위한 전쟁**에 속한다. 사울의 등극 그리고 몰락 이야기와 마찬가지로 법궤 이야기에서도 블레셋은 대단히 중요한 역할을 한다. 그들은 훨씬 강대한 집단으로 기록되었다. 아주 빈번하게 그들의 입에서 이스라엘을 '히브리인'으로 표현하는 것이 확인된다(삼상 4:6, 9; 13:19; 14:11; 29:3). '히브리인'이라는 표현은 단지 2회만이 블레셋의 입으로 거론되지 않았고(삼상 13:3, 7), 1회는 히브리인 그룹으로 나타나고 있는데, 이들은 갈등이 전개되면서 이스라엘에 합류한 자들이었다(삼상 14:21). 여기에는 아마르나 서신과 B.C. 20세기 다른 본문에서도 확인되는 언어 사용이 나타난다. 아피루('Apiru)는 합법적 국가 통치에 저항하는 자이다. 그들은 이편과 저편을 자극하여 갈등하게 한다.[273]

사무엘상에서 언급되는 '히브리인'은 애굽 정착 이야기와 요셉 이야기[274]에서 빈번하게 나타나는 '히브리인'과 직접적인 연관성이 없다. 사무엘상에 관찰되는 언급은 오히려 사울의 모습과 긴밀하게 연결된 초기의 그리고 독립적인 전승을 암시한다. 우리는 이 전승을 "이스라엘 국가 형성 설화"로 표현할 수 있다.[275]

---

[273] 보라. 위에 이스라엘 사회사의 시대 입문 I. 1. B.
[274] 보라. 위에 이스라엘 사회사의 시대 입문 I. 1. D.
[275] 참조하라. Dietrich 1997, 239. 이러한 표현은 역사적 블레셋인은 사울 주변 사람을 실제로 "히브리인"으로 표현했을 것이라고 주장될 수 있는 오해를 차단할 수 있다. 그것에 대해서는 어떤 언급도 확인되지 않는다.

물론 이것 이외에도 열왕기상 12장에는 두 번째 국가 형성 설화가 기록되었다. 이 이야기에 따르면 북왕국은 **다윗 통치로부터 분리**됨으로써 형성될 수 있었다. 솔로몬 시대를 황금 시기로 표현하고자 했던 전승에 덧칠함으로써 우리는 예루살렘에 체류하는 솔로몬이 그의 전임자인 다윗을 계승하여 자신의 통치를 북쪽까지 확장했다고 인식하게 되었다. 물론 노역의 특징과 정도에 대해서는 사변적이기는 하지만, 솔로몬은 북쪽 주민을 노역에 동원했다.

열왕기상 5:13-17[MT 27-31]에 따르면 심한 육체 노동으로 이해되는 노역을 모든 이스라엘 사람이 대규모로 행했다는 인상을 받는다. 그와 반대로 열왕기상 9:20-22에는 상이한 모습이 관찰되는데, 이 본문은 이스라엘 주민이 오히려 감독하는 위치로 세워졌을 것이라고 보도한다.[276] 그러나 사무엘상 8:10-17에 나오는 논쟁은 자유를 소망하는 주민으로 보이는 두 집단이 '종'으로 해석될 수 있음을 보여 준다.[277]

열왕기상 12장에 따르면 솔로몬에서 그의 아들인 르호보암에게 권력이 이양될 때 갈등이 폭발한다. 물론 다윗과 솔로몬[278] 치하에 있었던 이전 분쟁에서도 북쪽 지파가 독립을 시도하는 것은 갈등의 시발점이었다. 다윗의 아들 압살롬은 이미 봉기를 시도하며 '이스라엘 사람'(삼하 15:3, 6)과 함께 모의한다. 다윗은 압살롬을 피해 도망을 가면서 사울 가문 사람에게 욕을 먹는다(삼하 16:5-14; 19:17-24). 다윗 치하에서 베냐민 지파인 세바는 항상 분리를 시도했으나, 그는 다윗의 엘리트 군대에게 패하고 말았다(삼하 20장). 솔로몬 치하에서는 에브라임 지파인 여로보암이 봉기를 시도했지만, 이후에 그는 도망자 신세가 되었다(왕상 11:26-28:40).

---

[276] Noth(1968, 217-218)는 이 관점이 사실상 개연성이 없다는 것을 설명했다.
[277] 덧붙여서 위에 이스라엘 사회사의 시대 입문 II. 2. C.를 보라.
[278] 덧붙여서 위에 이스라엘 사회사의 시대 입문 II. 2. C.를 보라.

솔로몬 사후에 다윗 가문이 미처 대비하기도 전에 북지파의 분리가 이루어졌다. 초기 국가에서 상대적으로 이렇게 문제없이 분리되는 것은 굉장히 드문 경우는 아니었지만, 실패했던 과거의 시도들이 보여 주는 것처럼 그렇다고 평범한 것도 아니었다. 그러므로 시민 전쟁과 같은 것 없이 지파가 분리되는 경우는 상대적으로 어렵지 않았을 것이다. 왜냐하면, 중앙 정부의 통치가 물론 지역의 유력한 집단에 의지하기는 하지만, 완전히 발전된 국가에서 볼 수 있듯이, 하나의 계층과 대립하고 있는 다른 계층의 이해관계에 의존하지는 않기 때문이다.[279] 만약 지역의 유력한 집단이 중앙 정부에 충성을 거부하며 동시에 그들이 지역 주민의 지지를 받는다면 ―지역의 유력한 집단이 지역 주민과 계급으로 인한 갈등도 없다면― 그들이 중앙 정부로부터 분리되는 것에 어떤 저지도 없을 것이다.

사회사적으로 흥미로운 것은 북 지파가 다윗 가문으로부터 이탈하는 것이 국가의 상황을 해체하는 것이 아니라, **새로운 왕권** 형성으로 종결되었다는 점이다. 에브라임 사람 여로보암은 다윗 가문으로부터 분리한 이후에 왕으로 추대되었다(왕상 12:20). 물론 다윗 왕조의 통치로부터 분리됨과 동시에, 동일한 특성의 왕권을 세우기 위해 또 다른 통치자를 수장으로 삼는다는 것은 무의미할 수 있다.

다윗 가문과 분리됨으로써 예루살렘에서 건축 노동을 해야 하는 짐이 사라졌기 때문에, 포괄적으로 의무 노동을 해야 하는 이유가 당분간 사라지게 되었다. 북왕국의 새로운 왕은 수도를 바꾸어 가며 제일 먼저 세겜, 아마도 브누엘(왕상 12:25) 그리고 디르사(14:17; 15:33; 16:6, 8-9, 15, 17, 23)에 임시로 거주했다. 이 도시를 확장했는지에 대해 우리는 전혀 아는 바가 없으며, 그것은 사료가 부족해서가 아니라, 오히려 북왕국이 분리되고 대략 50년이 흐른 뒤에 오므리 시대가 되어서야 비로소 대도시를 증축하는 조

---

[279] 덧붙여서 아래 이스라엘 사회사의 시대 입문 III. 1.을 보라.

치가 사마리아 건축과 함께 시작되었기 때문이다(왕상 16:24).

북왕국에 자리잡은 새로운 왕권의 자기 이해는 제의 정치(Kultpolitik)를 통해서 강령적으로 표현되었다. 벧엘과 단에 위치한 국가의 새로운 두 성소는 소위 출애굽의 하나님에게 헌정되었다(왕상 12:26-33). 새로운 왕국의 하나님은 이스라엘을 애굽의 노역에서 해방시킨 신이었다. 북왕국이 멸망하기까지 출애굽 전승은 북왕국의 전형적인 전통으로 남아 있었다.

그와 달리 남왕국 예언자인 이사야서와 미가서에서 이 출애굽 전승은 전적으로 누락되었고, 오히려 남왕국의 국가 제의에서 야웨-신앙은 시온 신학과 결부되었다. 동시에 다윗 가문과 분리되는 과정에서 국가 설립과 애굽 종살이로부터 탈출이 대단히 긴밀하게 연결되었다는 사실을 열왕기상 12장의 문체는 문학적으로 표현한다. 백성을 자유로 인도하는 여로보암은 새로운 모세로 등장한다.[280]

따라서 출애굽 전승은 오래된 사울-전통을 '이스라엘 국가 형성 설화'[281]로 묘사하려는 것과 동등한 권위를 가진 '북왕국 기원 신화'[282]로 이해된다.

두 국가 기원 전통의 상호 관계에 대한 질문은 이처럼 답변될 수 있고, 그 결과 우리는 에브라임 사람 여로보암과 연결된 출애굽 서술을 통하여 북왕국의 공식적인 국가 이데올로기와 직면하게 된다. 그와 달리 사울 전통에서는 오히려 베냐민 지파의 특별 전승이 다뤄지고 있다고 평가된다. 베냐민은 유다와 항상 친화적이었기 때문에, 베냐민 지역에서 사울 전통은 독립된 전승으로 이어졌다는 점을 전적으로 고려해야 한다. 독립된 사

---

[280] 물론 그것을 통하여 역으로 출애굽 이야기 형식이 여로보암 모습의 요소를 수용했다는 것도 염두에 두어야 한다. 북왕국 전통으로서 출애굽 전통에 대해서 참조하라. Kessler 2002, 특별히 91-101. 마찬가지로 Wißmann 2001 참조하라.

[281] Dietrich 1997, 239.

[282] Kessler 2002, 94.

울 전통은 에브라임의 주류와는 대조되며, 동시에 순수한 유다 전승과 균형을 맞추고 있다.

이스라엘이라 불리는 북왕국에 새롭게 등장한 왕권은 유다의 견고한 다윗 가문 통치와 비교할 때 왕가가 빈번하게 교체되는 특징을 보여 준다.[283] 국가가 설립되고 오므리가 왕좌에 오르기까지 50년 동안 적어도 (오므리를 포함하여) 여섯 명의 통치자와 세 번의 정치적 반란이 확인된다. 오므리는 그의 후손 가운데 최소한 네 명이 왕을 잇는 왕조 설립에 성공한 첫 번째 통치자였으며, 이 왕조는 거의 40년 동안 권력을 유지했다. 오므리 왕가의 마지막 왕, 요람은 B.C. 845년 심각한 예후 혁명에 무너졌다(왕하 9-10장).

예후는 이전 왕조를 몰살시켰고(왕하 10:7, 11, 17), 그는 5명의 왕이 통치한 왕조의 기초를 놓았으며, 이 왕조는 거의 100년 동안 권력을 유지됐다. 예후 왕조의 마지막 왕인 스가랴가 B.C. 747년에 사망한 이후에도 북왕국은 25년을 더 유지했다. 북왕국이 멸망할 때까지 25년 동안 정변이 끊이지 않았고, 종국에는 앗수르의 네 지방(Provinzen)으로 나뉘었다.[284]

빈번하게 왕조가 교체되는 과정에서 주목해야 할 부분이 있다. 즉, 대부분 경우에 이 교체는 **군대**가 시발점이 되었으며, 따라서 군대 조직은 북왕국 군주제에서 중요한 위치를 차지하고 있었다는 점이다. **빈번한 왕조 교체로 인한 사회적 결과는 견고한 통치와 비교하면 엘리트 그룹이 신속하게 자리잡을 수 없었다는 점이다.** 각각의 전복 행위와 함께 이전 통치자에 속했던 인물과 추종자는 몰살되었다(왕상 16:11, "친족과 친구"). 그러므로 세대를 넘어서 왕궁과 연결된 귀족단체의 관료-귀족 정치(Beamtenaristokratie)는 고착될 수 없었다. 그와 달리 이러한 정치 형태는 후대의 유다에서 관

---

283 참조하라. Alt ³1964b; Ishida 1977; Timm 1982.
284 이스라엘 마지막 시기에 왕을 살해한 많은 경우에 대해서 참조하라. 또한, 호세아 예언자에게 찾아볼 수 있는 분명한 암시들, 호세아 7:3-7; 8:4; 9:15, 덧붙여서 Jeremias 1983, 31-32, 95-97, 105-106, 124-125.

찰된다.[285] 그리고 지속적인 국가 전복의 위험은 땅의 백성이 통치 왕가와 긴밀한 관계를 형성하려는 경향을 최소화하도록 만들었다. 지방 귀족이 통치 왕조를 무조건적으로 신뢰하는 것이 남왕국에서는 전형적인 것이었지만,[286] 북 이스라엘에서는 확인되지 않는다.

물론 안정화되지 않은 북왕국의 어려운 상황을 미덕으로 삼으려는 것은 잘못된 일이다. 지속적으로 권력이 바뀌는 상황을 '카리스마적인 왕정' 개념으로 해석하려는 것과 심지어 오므리 왕조가 설립되기 전까지를 첫 번째 단계로 주장하는 것은 적절하지 않다. 우리는 다만 "북왕국이 카리스마적인 왕정을 추구하는 단계에 대해 이스라엘 국가는 충분히 신적 의지에 따르는 혁명적 국가라고 일컬을 수는 있다."[287]

예후의 경우를 제외하고 종교가 권력 변화에 아무런 역할도 못하고 있다는 점을 일단은 도외시하더라도—그리고 예후는 군사력의 도움을 받아서 권력 찬탈에 성공했고—북왕국 왕은 시종일관 안정된 사회 정세를 수립하기 위해 노력했다. 그럼에도 불구하고 그러한 노력은 북왕국보다 작은 유다를 통치한 다윗 가문과 비교하면 성공하지는 못했다. 거의 모든 통치자의 뒤를 이어 가장 먼저 그 아들이 권력을 잡았다는 점은 왕조의 원칙이 표준으로 여겨졌음을 보여 준다.[288]

처음으로 견고한 왕조를 확립하기 위한 중요한 첫 걸음은 **사마리아**에 **수도**를 건설하는 것이었다. 사마리아 건설은 새로운 기초를 창설하는 것으로서 전적으로 왕에게 달려 있었으며, 기존에 존재해 왔던 도시 중심과 지파 지역의 권한을 넘어서는 것이었다. 물론 우리는 그것을 근거로 결코

---

285   덧붙여서 이스라엘 사회사의 시대 입문 II. 4. B.를 보라.
286   덧붙여서 이스라엘 사회사의 시대 입문 II. 4. B.를 보라.
287   Alt ³1964b, 122.
288   참조하라. 덧붙여서 Ishida 1977, 171-182.

'도시 국가 사마리아'[289]와 그밖의 영토 사이의 이원론을 고안해 낼 수는 없다. 그럼에도 불구하고 통치를 위한 수도를 건설하는 것은 완전히 발달된 국가로 나아가는 중요한 초석이 되었다.

북왕국의 영토가 남왕국보다 눈에 띄게 넓었음에도 불구하고, 우리는 통치 기구에 대한 어떤 보도도 찾을 수 없다. 만약 열왕기상 4:7-19가 보도하는 것처럼 솔로몬 치하에서 '지방 시스템'(Provinzsystem)이 존재한 것이 아니라, 기껏해야 왕궁과 지방 권력 집안 사이에 의존적 연결망이 존재했다면,[290] 다윗 가문으로부터 분리된 이후에 연결망이 지속되었을 것이라는 근거는 희박하다. 북왕국이 설립된 이후 처음 반세기 동안에 권력을 차지하려는 유혈 사태가 빈번하게 발생함으로 인해, 그러한 연결망이 지속되거나 또는 새롭게 형성될 만한 상황은 아니었다.

오므리 왕조가 되어서야 겨우—수도를 건설하는 것과 함께—**통치 기구**가 설치되었다는 것은 결코 우연이 아니다. 열왕기상 20:14-15, 17, 19에는 '지방 고관'(Vorsteher von Bezirken)이 언급되었다. '지방'($m^e dinah$)이라는 용어는 아람어에서 유래한 것이며, 그것은 오므리 가문이—평화와 전쟁의 방법으로—아람 사람과 긴밀하게 연락하고 있었음을 가리킨다. 열왕기상 20장에 따르면 이러한 지방 고관은 군사적 의무를 행해야 했다. 그들은 민간인의 기능뿐 아니라 군사적 기능을 포함하는 $śarîm$으로 표현되었다. 두 기능은 실제로 빈번하게 뒤섞여 혼용되었기 때문에, 우리는 여기에서 처음으로 통치에 적합한 구조의 단초를 확인하게 된다.[291]

전체적으로 볼 때 오므리 왕조가 통치를 시작하면서부터 북왕국에 권력 시스템이 뚜렷하게 견고해졌다는 것을 관찰할 수 있으며, 이러한 견고함

---

[289] 동일한 것으로 Alt(^{2}1968b)의 주장을 언급할 수 있다.
[290] 위에 이스라엘 사회사의 시대 입문 II. 3. C.를 보라.
[291] 열왕기상 20장에 대한 해석으로 참조하라. Niemann 1993, 67-69.

은 예후 혁명에서도 의문의 여지가 없다. **우리는 오므리 시대부터를 초기 국가에서 완전히 발전된 국가로 나아가는 중도 국가라고 말할 수 있다.**[292] 초기 국가는 사회 집단이 두 계층으로, 다시 말해 지배자와 피지배자로 분리되는 특징을 보여 준다. 완전히 발전된 국가에서 '백성' 자체는 다시 상반된 이해를 가진 계층으로 분리되며, 정권은 이러한 상충된 이해관계에 반응한다. 오므리 시대부터 관찰되는 것처럼, 발전된 국가로 넘어가는 단계는 왕정이 지방의 일부 상류층과 동맹을 맺었다는 점에서 부각된다. 발달된 계층 사회로 넘어가는 것이 자연스러웠음에도 불구하고, 시민들 내부에서 계층 간의 갈등이 있었다고 아직은 가정할 필요가 없다.[293]

왕정이 지방의 일부 상류층과 동맹을 맺었다는 첫 번째 암시는 일부 본문에서 발견되며, 더군다나 이러한 본문의 일부는 단지 간접적으로만 사회적 상황을 보여 주는 것으로 평가된다. 이것은 특별히 엘리야와 엘리사 예언자에 대한 이야기 그리고 예후 혁명에 대한 보도에서 확인된다. 이 본문들은 전적으로 사회적 현실을 반영한 것으로 이해되는 환경으로 서술된 본문 줄거리를 배열했을 때에야 비로소 가치 있는 것이 된다. 덧붙여서 물론 상당한 해석의 문제가 있기는 하지만, 사마리아-도판은 일차 사료로 인정된다.

엘리사-전승에는 부유한 수넴 여인에 관한 중복되는 이야기 단락이 발견된다(왕하 4:8-37 그리고 8:1-6). 이 전승은 상류층의 형성을 전제할 뿐 아니라, 이 여성은 왕에게 직접 다가갈 수 있었다는 것을 출발점으로 삼고 있다. 이것은 나봇의 포도원 갈등 이야기에서 관찰되는 것처럼(왕상 21장), 모든 남성과 여성이 통치자와 대면하여 왕래할 수 있었다는 친숙한 동화 모티브 이상을 보여 준다. 또한, 나봇의 포도원 이야기는 왕궁과 상류층이

---

292 Claessen과 Skalník 의 전문 용어를 볼 때 "전통적인 초기 국가"라는 것은 "완성된 국가"로 넘어가는 것으로 추측된다. 참조하라. Claessen/Skalník 1978, 23, 덧붙여서 위에 이스라엘 사회사의 시대 입문 II. 2. B.를 보라.

293 덧붙여서 아래 이스라엘 사회사의 시대 입문 III. 2. A.를 보라.

긴밀하게 연결되었음을 보여 준다. 이것은 무엇보다 포도원을 둘러싼 초기 갈등에서 드러난다. 왕권의 이해와 특히 부유한 자유 농민의 이해가 충돌하는 초기 국가의 고전적 상황이다.²⁹⁴ 이것은 또한 갈등의 해결에도 적용된다. 왕가는 성읍 '장로와 귀족'의 지원을 받았으며(왕상 21:8), 그들은 여왕이 원하는 사법 살인(Justizmord)을 전혀 망설임과 의심 없이 실행한다. 이 이야기는 지방 상류층에 속한 그룹과 왕족 사이에 직접적인 연결이 존재했다는 점 그리고 왕은 지역과의 갈등이 있을 때에 지방 엘리트의 도움을 받았다는 사실을 보여 준다.

나봇과 아합의 갈등 이야기는 이것을 오므리 왕조 통치 시대로 배열했다. **예후**가 오므리 왕조에 반역한 후에 모든 왕족을 멸하려고 갔을 때, 그는 사마리아 상류층의 도움을 받아 그곳에서 70명의 왕자를 찾아내어 처단할 수 있었다. 이러한 맥락에서 열왕기하 10:1, 5에는 통치 그룹이 서술되었다. 방백(śarîm), 장로, 왕자의 교사(1, 5절), 왕궁을 책임지는 자 그리고 성읍을 책임지는 자(5절)가 이 그룹에 속해 있었다. 흥미로운 것은 장로가 그 집단에 속한 그룹으로 언급되었다는 점이다.

사마리아는 왕에 의해 설립됐기 때문에, 지방에 정주한 지파의 대표자를 말하는 것이 아니라, 오히려 지방에서 올라와 왕궁에 머무는 장로를 말한다. 시기적으로 우리는 견고한 첫 왕조의 마지막을 다루고 있다. 그러한 견고함은 명백하게 지방의 일부 백성이 왕의 권력 기구에 통합되고자 했다는 것을 전제로 한다. 덧붙여서 그들은 권력이 바뀌는 새로운 상황에 기꺼이 복종했으며 아합의 후손을 처형했다(왕하 10:1-11).

B.C. 8세기 초중반의 것으로 보이는 **사마리아-도판**은 상류층 집단과 왕궁의 긴밀한 관계를 보여 주는 비문이며, 이 도판에는 물건 배송의 발신인

---

294 덧붙여서 위에 '왕권에 저항' 단락을 위에 이스라엘 사회사의 시대 입문 II. 2. C.를 보라.

과 수신인이 기록되었다.[295] 발신인과 수신인의 이름을 분석한 결과 이 도판은 이 도판은 수신인과 발신인의 개인적 관계를 중요하게 부각시키고 있다는 결론에 도달했다.

환언하면, 이것은 일시적 또는 지속적으로 사마리아에 거주하는 엘리트 그룹에게 보내는 것이다. 이 엘리트 그룹에 속한 자는 자신의 개인-가족의 소유지 또는 그들의 지파에 속한 소유지 그리고/또는 왕실이 그들에게 위임한 소유지에 대한 각각의 소규모 경제적 생활 지원을 수령했다.[296] 거의 100년 동안 지속된 예후-왕조 시대에 기원한 이 도판을 토대로 왕궁과 긴밀한 관계를 유지하는 엘리트를 교육하는 것이 시종일관되게 연상된다.

엘리트와 왕권이 얼마나 긴밀하게 연결되었는가에 대해서 예언자 아모스의 비판이 결정적으로 보여 준다. 그의 비판은 견고한 여로보암 2세 시대의 정세를 반영하고 있다. 아래에서 다시 한번 언급될[297] 사회적 갈등 이외에도 이 선포는 정치적 억압을 비판하는 동시에 상류층의 모습을 보여 주고 있다. 사마리아를 향한 선포 모음집은 특별한 의미를 갖는다(암 3:9-4:3).

그것에 따르면 사람들은 궁전 같은 건물에 거주했는데(3:10-11), 그들은 그곳에 "포악과 불의를 쌓고 있다." 이것은 정치적 억압과 경제적 착취로 얻은 부를 간단하게 표현한 상투어이다. 그들의 부유함은 "상아 집"인—아마도 상아로 치장된 가구로 추측되는데("상아 침상", 6:4), 이러한 가구는 수없이 발굴된 쇠장식을 볼 때 고고학적으로도 입증된다.[298]—여름 궁과 겨울 궁 또는 '많은 저택'이 발견된다(3:15). 부유를 상징하는 집은 점토가

---

295 본문, 해석 그리고 문헌에 대해서 참조하라. HAE 179-109. 마찬가지로 위에 이스라엘 사회사의 시대 입문 II. 3. C.를 보라. Aharon(1984, 371-385)와 Rainey(1988)에게서 볼 수 있는 논의를 참조하라.
296 Niemann 1993, 82.
297 덧붙여서 아래 이스라엘 사회사의 시대 입문 III. 2. A.를 보라.
298 사마리아—상아 침대에 대해서—이것은 대략 500개 정도가 발견되었고, 그 가운데 300개는 아주 정교하게 조각되었다. 참조. H. Weippert 1988, 654-660.

아니라, 다듬은 돌로 지어졌다(5:11). 그들은 그곳에서 연회와 떠들썩한 잔치를 벌였다(2:8; 4:1; 6:4-6).

물론 이러한 표현은 B.C. 8세기 사마리아의 사회 상황에 대한 객관적인 사회학적 서술이 아니라, 오히려 정파적인 논쟁이다. 하지만 이 정파적인 논쟁이 일방적으로 첨예하게 쟁론을 펼치는 상황을 임의적으로 고안한 것이 아니라는 전제하에 이 논쟁은 자신의 목적을 달성했다고 볼 수 있다. 회고해 보면 아모스의 선포는 어쨌든 왕과 지방 유력자를 격동시켰다(암 7:10). 물론 아모스에게 소급되는 선포에서 왕 자체에 대한 언급은 나타나지 않지만, 아모스서는 왕과 긴밀한 관계를 맺고 있는 상류층 그리고 사마리아에 거주하는 상류층의 상황을 가리키고 있다. 이러한 상황은 거의 100년간 지속된 단일 왕조의 통치가 막을 내릴 때에 잘 이해될 수 있다.

이스라엘의 마지막 시기에 권력이 빈번하게 바뀌게 되면서 이러한 상황은 다시 불안정하게 되었다. 호세아 7:3-7에 묘사된 왕, 공직자 그리고 부유한 자가 암살되는 모습은 이러한 붕괴를 극적으로 보여 준다(아마도 3절과 5절에서 언급되는 *śarîm*은 군사적 직무를 그리고 *śofeṭîm*은 민간인 직무로 추측된다). 쿠테타를 주동한 자들 가운데 한 사람, 므나헴은 "자기를 도와주게 함으로 나라를 자기 손에 굳게 세우고자"(왕하 15:19) 일천 달란트에 해당하는 전쟁 배상금을 앗수르의 디글랏빌레셀 3세에게 지불했다.[299] 므나헴은 이 배상금을 자유 시민에게 인두세를 거두어서 조달했다(20절). 본문에서는 자세하게 언급되지 않았지만, 이러한 사건은 왕권과 지방 지도층의 긴밀한 결속력을 깨뜨렸거나 또는 엘리트가 왕권의 반대편에 서서 각각의 정변에 참여하여 싸우는 결과를 가져왔다.

---

[299] 므나헴의 전쟁 배상금 지급은 디글랏빌레셀 III의 전쟁 배상 목록에도 기입되었다. TGI Nr. 24.

아모스서에 반영되고 있는 것처럼, 여로보암 2세 시대는 국내와 국외가 정치적으로 안정된 상태였다. 이것은 북왕국 왕권 초기에 확인되는 해방이라는 동인이 더 이상 불필요하게 되었다는 것을 알려 준다. 호세아서의 배경이 보여 주고 있는 것처럼 북왕국 왕권은 마지막 25년 동안 혼란에 빠지게 되었다. 따라서 북왕국에서 활동한 예언자에게로 소급되는 이 두 문서에 출애굽 전통이 수용되었고, 동시에 비평적으로 사용되었다는 것은 놀라운 것이 아니다(암 2:10; 3:1-2; 9:7 그리고 호 8:13; 9:3; 11:1, 5; 12:10, 14; 13:4). 북왕국 기원 설화로 이해되는 해방 이데올로기는 현실 상황에 의해 확장되었다.

(2) 참여 군주제 유다

유다로 시선을 돌리기 위해서 우리는 이번 장에서 다룰 B.C. 8세기까지 시간적 공백을 넘어서야 한다. 본문 내에서 재차 시간적으로 명확하게 구분하는 것은 무의미하다고 평가되므로, 여기에서는 기본적인 윤곽만 다루도록 하겠다. 하지만 그것이 유다에서 어떤 발전도 발견되지 않았음을 결코 의미하지는 않는다. 우리는 상당한 확신을 가지고 다음과 같이 말할 수 있다. 작은 유다에서 이러한 발전은 이스라엘보다 훨씬 더 느리게 진행되었다. 완전히 발전된 국가로 전환이 북쪽에서는 이미 B.C. 9세기에 형성되었지만, 남쪽에서는 아마도 B.C. 8세기에 비로소 나타난다.

유다의 상황은 두 가지 측면에서 이스라엘과 구별된다. 하나는 다윗 **왕조의 안정성**이다. 텔-단(Tell Dan, 단 구릉지역) 비문의 아람어 저자가 남왕국을 bjtdwd(= 다윗 가문)으로 언급했고,[300] 이 표현은 B.C. 587/586년 남왕국 군주제 멸망까지 유지되었다. 남왕국이 경험한 모든 위기에도 불구하고, 다윗 왕조는 결코 바뀌지 않았다. 이어서 서술해야 하는 왕족과 지방

---

300 덧붙여서 이스라엘 사회사의 시대 입문 II. 1.을 보라.

귀족의 긴밀한 밀착 관계 그리고 세대를 넘어서 왕가를 위해 고용된 귀족 계급 공직자을 형성하는 것은 이러한 배경을 기반으로 잘 이해될 수 있다.

남왕국은 유다 왕조가 견고한 것과 달리 외교 정치가 취약하다는 특징이 있다. B.C. 10세기 말부터 8세기 말까지 상대적으로 독립 국가를 이루었던 시기에 유다 왕은 적의 공격으로부터 방어하기 위해 반복적으로 성전과 왕궁의 보물을 비워야만 했다(왕상 14:25-26; 15:18-20; 왕하 12:19). 그리고 아하스는 이스라엘과 아람의 연합 공격을 방어하기 위해 앗수르에게 굴복했고, 그 이후로부터 유다의 모든 왕은 앗수르에게 그리고 앗수르가 멸망한 이후에 B.C. 7세기 말부터는 애굽과 바벨론에게 전쟁 배상금을 의무적으로 지불해야 했다. 단기간이라도 지불을 중지하면 패권을 차지했던 국가는 매번 그에 상응하는 잔혹한 진압으로 응대했다.

국고를 정기적으로 비워야 한다는 사실은 앗수르 시대 이후 비문에도 잘 나타나 있다.[301] 국고를 비웠다는 것은 보물이 항상 다시 채워졌을 경우에야 비로소 가능하다. 그것을 바탕으로 세금과 부역에 대한 문헌 자료가 희박함에도 불구하고[302] 백성의 부담이 현저하게 증가했다는 결론을 내릴 수 있다. 의심할 여지없이 유다 왕은 자금줄을 개척하기 위해 노력했으며, (B.C. 9세기 중반에) 배를 원정 보내어 동아프리카에서 금을 실어 오려했던 여호사밧의 시도가 그것을 보여 준다. 하지만 슬프게도 배는 좌초되었다(왕상 22:49).[303]

남유다의 취약한 외교 정치는 한편으로는 남유다가 단순하게 경제적으로 항상 북왕국보다 뒤쳐지는 결과를 가져왔다. 북왕국에서는 이미 B.C. 9세기 오므리 왕조부터 관찰되는 왕성한 건축 활동이 남왕국에서는 대략 100년이 더 흐른 뒤에야 겨우 나타난다. 그리고 사마리아-상아와 같은 예

---

[301] 참조하라. 단지. TGI Nr. 28. 36. 39, 참조하라. Nr. 41.
[302] 덧붙어서 위에 이스라엘 사회사의 시대 입문 II. 3. C.를 보라.
[303] 자칭 성공적인 솔로몬의 파견은(왕상 9:27-28; 10:11-12) 아마도 실패한 사업을 전성기를 이루었던 시대로 역투영하여 서술하고 있는 것이다.

술적으로도 가치 있는 귀중품은 남왕국에서는 전혀 발견되지 않는다.

이러한 방식으로 남유다는 다른 한편으로 지중해 동부 연안에 휘몰아친 국제 외교의 소용돌이에 격렬하게 맞닥뜨리지 않았다. 애굽, 아람, 앗수르 또는 바벨론에 전쟁 배상금을 지불함으로써 이 조그만 국가는 상대적으로 쉽게 평온을 유지할 수 있었는데, 값나가는 전리품을 거절하는 어떠한 제국도 없었기 때문이다. 이것은 확실히 다윗 왕조의 통치가 견고했음을 보여 주는 객관적인 근거이기도 하다.

하지만 그것만으로 이 왕조가 견고했음을 설명할 수는 없다. **왕조가 견고했다는 중요한 근거는 오히려 다윗 가문이 소위 '땅의 백성' 즉 암-하아레츠('am-ha'areṣ)와 긴밀한 관계를 형성함과 동시에 공무원 귀족 정치의 형성을 성공했기 때문이다.** 이 공무원 귀족은 독립된 집단으로 왕권과 유착되는 동시에 왕권을 돕는 역할을 했다. 이러한 상황은 모든 위기의 순간에 다윗 왕조의 지속을 위해 실효성이 있는 것으로 입증되었다.

첫 번째로 우리는 왕비 아달랴가 몰락하는 과정에서 'am-ha'areṣ 가 다윗 가문의 편에 서서 개입하는 것을 볼 수 있다(왕하 11장). 그 이후부터 'am-ha'areṣ가 다윗 가문의 편에서 개입하지 않았던 왕위 계승의 위기는 없었다. 그것은 아마샤가 집권하는 과정에서 왕궁의 반란을 잠재우고 왕위를 쟁취해야 했던 사실을 근거로 추측된다(왕하 12:21-22[20-21]; 14:5). 아마샤가 반란으로 인해 피살되었을 때, 그의 아들 아사랴(웃시야)를 왕으로 만든 집단은 "유다의 모든 백성"으로 명시되었다(왕하 14:19-21).

이러한 사건을 통해 우리는 B.C. 8세기에서 7세기로 넘어가게 된다. B.C. 639년에 므낫세의 아들 암몬이 암살됐을 때, 'am-ha'areṣ는 8살된 요시야를 후계자로 세웠다(왕하 21:24). 요시야가 B.C. 609년에 죽음을 맞이하자 땅의 백성은 다시 한번 주도권을 잡았으며, 나이가 더 많았던 여호야김을 무시하고 요시야의 아들 여호아하스를 왕으로 세웠다(왕하 23:30-31,

36). 예루살렘 멸망 이후에 바벨론의 징벌 조치로 인해 왕과 그의 가족뿐만 아니라, "땅의 백성 60명"도 처형당했다는 사실은 최종적으로 왕가와 'am-ha'areṣ가 얼마나 밀접했는가를 알려 준다(왕하 25:19-21 = 렘 52:25-27).

히브리어 표현인 'am-ha'areṣ는 의미론적으로 너무도 광범위하게 사용되었다.[304] 이 표현은 분명 (여자와 아이를 포함한) 통계적인 집단으로서 백성을 지칭하는 것이 아니라, 오히려 적어도 자유인인 가족의 남성 가장을 의미한다. 이런 의미에서 웃시야가 권력을 잡을 때에는 "땅의 백성"(Landvolk)이 아니라, "유다 온 백성"(ganzem Volk Judas)에 대해 언급하고 있다(왕하 14:21). 뒤 이어서 보다 세밀하게 서술되어야 하겠지만, 사회적 세분화가 증가함으로 인해 이 집단은 분리되었다.

에스겔 22:23-31에는 멸망한 유다 국가를 회고하며 국가 멸망에 책임을 져야 하는 이들로 왕,[305] 제사장, 방백 그리고 예언자와 함께 'am-ha'areṣ가 열거되었고, 그들은 경건한 자, 가난한 자 그리고 이방인을 압제했다(29절). 분명한 것은 여기에 언급된 'am-ha'areṣ는 전체 백성이 아니라, 경제적으로 부유한 상류층으로 이해된다는 점이다. 따라서 '**지방 귀족**'(*Landadel*)이라는 표현이 적절하다.

의미론적으로 이처럼 'am-ha'areṣ가 세분화되는 것은 새롭게 구성되고 있음을 보여 주는 것이다. 또한, 이러한 새로운 구성은 (이스라엘과) 유다 사회 집단이 사회적으로 분할되는 것을 전제하지 않고는 이해될 수 없고, 실제로 나타나지도 않는다. 따라서 한편으로 유다의 마지막 시대를 다루는 본문에서 'êlê-ha'areṣ('땅의 고귀한 자')가 언급되고 있다(왕하 24:15; 겔 17:13).

---

304 'am-ha'areṣ에 대해서 참조하라. Daiches 1929; Gillischewski 1922; Gunneweg 1983; Ihromi 1974; McKenzie S. J. 1959; Soggin 1963; Talmon 1986b = 1988; Willi 1995, Exkurs 11-17; Würthwein 1936.

305 25절의 본래 독법으로 개연성이 있는 것은 $n^e\check{s}i'\alpha ha$ - "지도자" 이다. BHS를 참조하라.

우리는 그러한 본문에서 "'땅의 백성'을 지도하는 우두머리"가 언급되었다는 점을 간과할 수 없다.[306] 그들과 함께 다른 한편으로는 'anwê-ha'areṣ ('땅의 가난한 자')가 마주하고 있다(암 8:4; 습 2:3). 이들은 'am-ha'areṣ에서 분리된 하위 계층이다.

의미론적인 고찰과 마찬가지로 다양한 왕권 계승 다툼에서 등장하는 'am-ha'areṣ 개념에 관한 보도는 'am-ha'areṣ가 유대 국가에서 독립된 권력 집단이라는 것과 동시에 다윗 왕가와 밀접하게 연결되어 있음을 가리킨다. 그러한 연결 고리를 맺는 수단은 명백하게는 다윗 가문의 **혼인 정책**이다. 남유다 왕에 대한 열왕기서의 주변적인 메모에서 왕의 어머니가 거론되는 것을 관찰함으로써, 우리는 그러한 혼인 정책에 대해서 아주 제한적이기는 하지만 중요한 단면을 알 수 있다. 이 보도에서 우선 주목할 것은 단지 두 경우에서만, 즉 솔로몬(왕상 3:1; 11:1-8)—부인이 엄청나게 많았다는 보도의 역사성에 강한 의구심이 제기되었지만—그리고 오므리 가문의 공주 아달랴와 결혼한 요람(왕하 8:26)의 경우에서만, 이방 공주와 결혼한 사례가 보도되고 있다는 사실이다. 그밖의 다른 모든 경우에 왕으로 등극한 자의 어머니는 유대 가문 출신이었다. 출신지를 고려하면 다음과 같은 결론에 도달하게 된다. 예루살렘이 세 번 거론되었고(왕하 14:2; 15:2; 24:8), 브엘세바(왕하 12:2), 욥바(왕하 21:19), 보스갓(왕하 22:1), 립나(23:31; 24:18) 그리고 루마(23:36)가 각각 한 번씩 언급되었다. 잘 알려진 다섯 경우를 볼 때 왕자의 아내는 가난한 농부가 아닌 땅의 귀족인 'am-ha'areṣ와 같은 지방 가문 출신이다.

왕가와 땅의 귀족 가문과의 긴밀한 연결 이외에도 공직 가문과의 혼인 관계가 발견된다. 지방에서 솔로몬을 지지하던 지방 '관리' 가운데 두 명은

---

[306] 그러한 이해로 Lang ²1981, 56 인용.

솔로몬의 딸과 결혼했다(왕상 4:11, 15).**307** 여호야긴(Jojakin)은 예루살렘 출신인 엘나단(Elnatan)의 딸과 결혼했다(왕하 24:8). 엘나단은 여호야긴 통치 시기에 고위 관직을 지낸 사람으로(렘 26:22; 36:12, 25), 그의 아버지 악볼은 요시야의 심복이었으며(왕하 22:12, 14), 그의 아들 곤야후(Konjahu)는 아마도 시드기야 시대에 군대 장관의 직무를 수행했을 것이다(Lachisch-Ostrakon Nr. 3).**308**

마지막 언급에서 우리는 정식적인 공직 가문 현상에 직면하게 되는데, 이 가문은 세대를 넘어서 다윗 가문을 위해 종사했다. 그들은 **관료-귀족정치**를 형성했고, 땅의 귀족과 함께 다윗 가문 통치를 위해 조력했다. 만약 이러한 공직 가문이 유다의 후대 시대에 발견된다면, 그것은 비로소 완전히 발전된 국가로 넘어가면서 사회적 위기의 결과로 B.C. 8세기 이후부터 관료-귀족정치 형성의 필요성이 대두되었음을 말한다.

우리가 파악할 수 있는 가장 중요한 **공직 가문**은 요시야 치하에서 '서기관' 직무를 수행했던 사반(Schafan) 가문이다(왕하 22:3, 8-10, 12, 14). 그를 시작으로 하여 네 아들이 고위직에 있었다는 것은 잘 알려져 있다. 아히감(왕하 22:12, 14; 렘 26:24, 덧붙여서 WSS Nr. 431; HAE II/2 Nr. 1.52 인장), 그마랴(렘 36:10, 12, 25 WSS Nr. 470; HAE II/2 Nr. 3.28 인장), 엘라사(렘 29:3) 그리고 야아사냐(겔 8:11). 사반 가문의 세 번째 세대는 아히감의 아들 그달리야(왕하 25:22-25; 렘 39:14; 40:5-9, 11-16; 41:1-4, 6, 10, 16, 18; 43:6), 그리고 그마랴의 아들인 미가야(렘 36:11, 13)이다.

만약 "메술람의 아들 아잘야후."(Azaljahu ben Meschullam [WSS Nr. 90; HAE II/2 Nr. 1.137])라는 각인이 변형되지 않은 원본으로 소급되고 인장의 주인을 사반의 아버지로 이해한다면(왕하 22:3), 이 가문에 대해 두 세대를 추가

---

307 덧붙여서 위에 이스라엘 사회사의 시대 입문 II. 3. C.를 참조하라.
308 덧붙여서 위에 이스라엘 사회사의 시대 입문 II. 3. C. 각주 103를 참조하라.

로 추적할 수 있다. 우리에게 알려진 다른 가문은 거의 분산되어 전파되지 못했다. 힐기야(왕하 22:4, 8, 10, 12, 14; 23:4, 24)와 그의 아들 그마랴(렘 29:3) 정도가 언급할 만한 인물이며, 결혼과 관련하여 이미 위에서 언급한 악볼과 그의 아들 엘라단 그리고 필시 그의 아들 곤야후, 셀레먀(렘 36:26)와 그의 아들 예후갈(렘 37:3; 38:1) 그리고 그의 아들인 예후디(렘 36:14) 정도를 언급할 수 있다. 덧붙여서 마세야의 손자이자 네리야의 아들인 바룩(렘 32:12 이하, 16; 36:4 이하, 8, 10, 13-19, 26 이하, 32; 43:3, 6; 45:1 이하, 그리고 WSS Nr. 417; HAE II/2 Nr. 2.30)과 그의 형제인 스라야를 언급할 수 있다(렘 51:59, 61 그리고 WSS Nr. 390; HAE II/2 Nr. 21.103).

물론 개별적으로 나오는 모든 이름을 명확하게 규정할 수는 없지만, 상당히 일관된 모습을 관찰하게 된다. 왕은 권력을 행사하는데 있어서 계승된 공무원 가문의 도움을 받았다. 왕권이 교체될 경우에도 고위 공직자는 결코 자동적으로 바뀌거나 하지 않았다. 여호야김 제위 5년에 사반 가문은 중요한 국가 공직을 수행했었고, 동시에 구체적인 갈등 요소를 놓고 왕과 대립하는 입장을 취하기도 했다(렘 26:24, 36). 다른 한편으로 마지막 진술은 왕에게서도 발견된다. 예레미야 36장에 따르면 여호야김과 대항하는 공직자 중에서 어느 누구도 시드기야 마지막 통치 시기에 공무를 수행하지 못했다(렘 38:1). 사반 가문은 유다의 마지막 시기에 정치 활동에서 완전히 물러났어야 했던 것으로 보이며, 바벨론이 점령한 이후 그달리야와 함께 지도부의 역할을 위임받기 위해 준비해야 했다.

그러한 상당한 수준의 공직자의 독립성은 독자적인 경제적 뒷받침이 있을 때에 가능하다. 실제로 그러한 몇 가지 실례를 관찰할 수 있다. 아비아달과 아마샤, 두 제사장은 명백하게 사유지를 소유한 자로 기록되었다(왕상 2:26; 암 7:17). 마찬가지로 군대 장관인 요압은 "내 밭"이라고 말한다(삼하 14:31). 사무엘상 8:11-17의 논쟁에 따르면 왕은 몇몇 자녀를 공직자로 삼을 것인데, 그들의 가문은 모두 토지 소유자이다. 더 나아가 이사야 22:15-22에서 부유한 가문과 관계를 맺고 있는 엘리야김은 토지를 소유하지 않은 셉나(사 22:16)와 대조를 이루고 있다.

또한, 예언자의 사회 비판에 따르면 공직자는 그들의 경제 활동으로 인해 비판받고 있는데, 이것은 그들이 토지 소유자임을 전제로 한다(사 3:12-15; 렘 5:26-28; 34:8-22). 그것은 때로는 왕과 대립해야 했던 고위 공직자가 제한적이기는 하지만 자신의 독립성을 유지할 수 있었다는 근거가 된다.[309]

고위 공직자가 농업 경제를 차지함으로 인해 관료-귀족 정치에 속한 자는 'am-ha'areṣ 즉, **땅의 귀족**과 아주 근접하게 되었다. **그것은 고위 공직자가 귀족 가문으로 이루어졌다는 것을 의미한다.** 이러한 경우에 가족 구성원 가운데 한 명이 고위직에 등용되는 것과 가족의 이익이 전체적으로 얼마나 긴밀하게 연결되었는가에 대해서 이사야 22:15-22 본문이 잘 보여준다. 20-23절에 나오는 신탁에서 엘리야김이 'ašer 'al-habbájit(왕궁의 책임자)로 취임하는 것이 선포되었다.

이 신탁은 "그가 그의 아버지 집에 영광의 보좌가 될 것이요"(23절)라는 진술로 마무리되는데, 창세기 45:13에 따르면 요셉이 가장 높은 공직자로서 그의 가문에 '영광'이 되는 것과 같다. 이것은 자명한 것이다. 만약 모든 것을 덮고—이사야 22:24-25에 기록된 후대 첨가가 탁월한 비유로 보여 주듯이—'자기 아비 집의 모든 부담'이 존귀하게 된 가족 구성원 한 명에게 달려

---

[309] Rüterswörden(1985, 125)은 소유지는 관료직이 존재하게 위한 근간이 될 수 없다고 이의를 제기한다. 그에 따르면 공직자는 자신이 공직에 있을 동안에 그 소유지를 경영할 수 없었기 때문이다. 두 가지 근거로 그것은 적합하지 않다. (1) 만약 그것이 가족 소유지를 언급하는 것이라면, 가족의 다른 구성원이 그것을 경작할 수 있다. (2) 또한, 이미 성서 본문(삼하 9:2; 19:18)뿐만 아니라 이름을 거명한 XX의 na'ar라는 표현을 담고 있는 인장 발굴이 보여 주고 있는 것처럼, 관리인이 소유지를 경작할 가능성이 존재한다(WSS Nr. 24-26.663; HAE 11/2 Nr. 1.21; 1.81; 2.9; 13.37; 14,49); 덧붙여서 Stähli 1978를 참조하라.

있다면, 못은 그것에 붙어 있는 모든 그릇과 함께 벽에서 떨어질 것이다.

우리는 유다에서 발행한 통치 형태를 '**참여 군주제**'(partizipatorische Monarchie)로 표현할 수 있다.[310] 이것의 이상적인 형태는 두 가지 면에서 구분된다. 하나는 군주제의 전제적 또는 독재적인 모델이다. 하지만 이 모델은 유다에서는 실행되지 않았는데, 땅의 귀족과 관료-귀족 정치의 형태에서 왕의 권력 그리고 왕에게 직접 의존하는 궁내 관료의 권력이 균형을 이루었기 때문이다. 귀족이 소작지를 소유했다는 점에서 그들은 독립된 경제적 기반을 가지고 있었으며, 따라서 귀족은 자립성을 확보할 수 있었다. 귀족은 동시에 왕의 권력과 긴밀하게 연결되었고, 그 권력에 가담하며 왕의 권력을 지지했다.[311]

그것과 대치되는 이상적인 모델은 귀족 정치(Aristokratie)로 볼 수 있다. 귀족 정치 형태에서 왕은 경우에 따라서 귀족의 가장 높은 대리자이기도 하다. 공직자와 땅의 시민이 독립성을 유지했음에도 불구하고, 그것을 유다의 속성이라고 주장할 수는 없다. 왕은 자신이 선발한, 그리고 자신의 모든 결정권을 위임한 공직자와 비교할 때 최후의 권위자이다. 논란의 여지가 없는 군주가 권력의 정점에 위치한다는 사상은 왕정 이데올로기적으로 채색된 본문에서만 관찰되는 것은 아니다(참조. 시 2편; 45편; 72편 등).

이것은 예레미야에서 확인되는 일람표와 같은 나열에서도 확인되며, 왕은 항상 최고의 자리에 위치해 있다(렘 8:1 "유다 왕들 - 그의 지도자들 - 제사장

---

[310] Talmon 1986a, 25(= 1988, 29)이 발의한 이후에, Kessler 1992, 202-207에서도 확인된다. 전체적인 국가 형태에 대해서 참조하라. Carreira 1991; Fohrer 1969; Galling 1929; Halpern 1981; Kessler 1992; Talmon 1986a = 1988.

[311] 요셉과 그 형제에 관한 이야기에서 무자비한 폭정과 참여적 군주제의 양자 대립이 관찰된다. 창세기 47:13-26에서 애굽은 그곳에 사는 모든 주민이 그들의 소유지를 파라오에게 바치고 "파라오의 노예"로 전락하게 되어 버리는 나라로 묘사되었다(19, 25절). 그와 달리 요셉은 형제들 스스로가 굴복하려는 제안("우리는 당신의 종들이니이다")을 거절했다. 이스라엘 사람과 유대인은 군주제를 통하여 왕의 노예가 된 것이 아니다. 요셉 이야기에 대한 해석에 대해서 참조하라. 특별히 Blum 1984, 234-244.

들 - 선지자들 - 예루살렘 주민"; 참조. 1:18; 2:26; 4:9 등). 마찬가지로 소위 '계층에 대한 선포'(Ständepredigt)를 보여 주는 에스겔 22:25-29에서도 '지도자'가 가장 먼저 나온다.[312] 유다 군주제의 마지막(B.C. 6세기 초)과 관련된 아랏 도판 24번(Arad-Ostrakon Nr. 24)에서 아랏 부대에 하달하는 군사 명령이 서신 기록자에 의해 다음과 같이 새겨졌다.

왕의 말이 너희에게와 너희 영혼(Seele)에 있다.[313]

'참여 군주제'라는 표현에서 현대적인 입헌 군주제의 특성을 고려하여 이해하려는 경우도 있다. 즉, 군주제가 민주주의를 대리하는 책무로 제한되는 것은 '참여 군주제' 개념을 완전히 오해한 것이다. 이러한 오해는 탈몬(Shemaryahu Talmon)이 '백성과 백성 대표자의 동참'에 대해서 서술하는 것과 유사하다.[314] 또한, 포러(Fohrer)가 "이스라엘 백성의 왕권과 고대 근동의 절대적 왕권"[315]을 구분하는 것도 그렇게 이해될 수 있다. 오히려 유다에서 '백성'은 왕의 권력에 직접적으로 참여할 수 있었던 것이 아니라, 오히려 백성의 무리와 대립하는 상류층이 직접 참여할 수 있었다.

이러한 유다에서 발견되는 땅의 귀족과 관료-귀족 정치에 대한 고찰을 통하여 우리는 별도로 관찰될 필요가 있는 발전의 중심부에 이미 들어서게 되었다. 이스라엘과 유다 두 왕권을 볼 때 초기 국가가 늦어도 B.C. 8세기 즈음에는 완전히 발달한 국가로 성장했음을 알 수 있다. 여러 계층으로 분리된 사회 집단은 통치하는 집단과 대립하고 있다. 이와 함께 고대 이스라엘 사회사에 새로운 시대가 도래했다.

---

312   덧붙여서 위에 이스라엘 사회사의 시대 입문 II. 4. B. 각주 184를 참조하라.
313   HAE I 392.
314   Talmon 1988, 29(= 1986a, 16).
315   Fohrer 1969, 319.

3. 고대 계층 사회의 형성

* 참고 문헌: *Deaman, 1988; Kessler 1992; Nurmi 2004; Schoors 1998; Sicre 1979;* **동저자** *1984; Silver 1983.*

이스라엘과 유다의 군주제 역사는 B.C. 10세기부터 두 국가가 멸망하는 B.C. 8세기 후반 또는 B.C. 6세기 초까지를 가리킨다. 따라서 왕의 통치 구조를 서술하기 위해서 후기 시대에 기원한 문서들을 이용해야만 한다. 그럼에도 불구하고 400년간의 군주제 역사에서 B.C. 8세기는 사회사적 관점에서 볼 때 하나의 새로운 시대를 시작하는 중대한 단절을 보여 준다.

B.C. 8세기가 되어서야 비로소 초기 국가에서 벗어나 완전히 발달된 국가가 되었다. 국가 기구의 미진한 형태와 국가 활동의 간소한 분야가 분리되고 점점 더 복잡하게 되는 것이 결정적인 전환을 의미하지는 않는다. 이것은 단지 전환 과정의 외적 요소일 뿐이다. **사회사적으로 중요한 것은 초기 국가의 특징이라 할 수 있는 지배자와 피지배자의 단순한 대립 이후에, 피지배자가 상반되는 사회적 이해관계로 인해 다양한 계층으로 나뉘어졌다는 점이다. 그로 인해 지배자는 이러한 극도의 대립을 재배열해야 하는 임무에 직면하게 되었다.**

이러한 과정을 보다 긴밀하게 관찰하기 전에 우리는 역사적 사건을 다시 한번 간략하게 개괄할 필요가 있다. 그것은 이미 위에서 B.C. 8세기까지 진행된 서술과도 연결된다.[316]

---

[316] 위에 이스라엘 사회사의 시대 입문 II. 1.을 보라.

1) B.C. 8-6세기 시간사적 배경

이스라엘과 유다에서 완전히 발달된 국가가 건설된 시기는 지중해 동편 지역에서 앗수르의 패권이 점점 강화되는 시기와 일치한다. 물론 북왕국에서 계층 사회는 앗수르의 진출 이전에 이미 관찰되어 이러한 앗수르의 패권이 국가의 지속적 발전과 계층 사회의 생성을 유발한 것은 아니지만, 앗수르 진출은 북왕국의 사회 계층 형성에 강한 영향을 끼쳤다. 북왕국은 사마리아가 정복당한 이후에 앗수르 제국에 편입되었기 때문에, 북왕국에서 계층 사회의 발전은 신속하게 중단되었다. 그와 달리 계층 사회 발전은 자발적으로 앗수르에 굴복하기로 결정한 남왕국에서 지속되었다.

유다왕 히스기야는 앗수르의 지배에서 벗어나려고 시도했다. 하지만 B.C. 701년에 예루살렘이 포위되기는 했지만 정복되지 않았음에도 불구하고, 히스기야의 시도는 좌초되었다. 왜냐하면, 히스기야는 전쟁 배상금을 지불해야 했고, 산헤립은 여러 가지 면에서 우위를 점했기 때문이다(참조. 왕하 18:13-14 그리고 산헤립의 출정 보도 기사[317]). 그 결과 유다 지역은 황폐화되었을 뿐만 아니라, 앗수르 통치가 끝나는 B.C. 7세기 말까지 유다는 장기적이며 절대적으로 종속될 수밖에 없었다.

B.C. 639년 요시야의 등극은 근동 세계에서 앗수르 패권이 붕괴되기 시작하며 빠르게 나락으로 치닫기 시작한 시기와 결부되었다. 그러한 붕괴는 한편으로는 신바벨론의 비상(飛上)과 다른 한편으로는 애굽의 26왕조의 상승과 연결되었다. 이 두 왕조는 근동 지역의 패권을 차지하기 위해 끊임없이 경합을 벌였는데, 특히 애굽은 바벨론에 대항하기 위해 앗수르의 남은 권력과 동맹을 맺었다. 유다와 그 보잘것없는 왕권은 그러한 권력이 변화하는 추이에 따라 입장을 새롭게 취해야만 했다.

---

317 TGI Nr. 39; TUAT I 388-391; Context II 302-303.

국가의 통일성을 강화하려는 목적으로 요시야의 통치 시대에 고위 관료인 사반과 최고 제사장 힐기야의 적극적인 도움을 받아 내부 개혁이 실행되었다. 이 개혁은 한편으로는 제의 영역에서 실행되었는데, 비-야웨적 요소의 제의는 제거되었고, 제의는 예루살렘에 집중되었다. 다른 한편으로 사회적 균열이 첨예화되는 것에 직면하여 내적 평준화를 노력했다. 이 두 가지는 신명기적 율법의 기본층인 신명기 12-26장에 기록되었고, 이 기본층은 그러한 조치의 근간이 되었다.

요시야 개혁[318]은 열왕기 보도에서 오직 다윗의 통치 시기와 비교될 수 있는 획기적인 사건으로 서술되었다. 따라서 요시야 개혁은 이스라엘 역사를 서술에서 오랜 기간 동안 탐구되어 왔다. 그와 달리 그러한 개혁은 "존재하지 않는다"[319]고 주장하는 반론도 생겨났다. 동시에 역사적 사건을 종종 전설적으로 각색하는 것은 그 사건을 순수한 창작으로 변화시켰다. 특히 근본적인 변혁을 보여 주는 성서 묘사의 특징은 오인되기도 한다.

이러한 성서 서술은 거의 관행적으로 개인화와 집중화라는 수단을 사용한다. 개혁들은 탁월한 인물들에게 소급되며, 대단히 짧은 기간에 집중된다. 반면에 우리의 역사적 판단에 따르면, 개혁은 오히려 훨씬 다양한 단계를 거쳐 진행되었고 수많은 사람과 그룹이 참여했다. 단적인 예로 여호수아의 지도하에서 땅을 점유한 것, 사무엘을 통하여 국가가 건립된 것 그리고 에스라를 통하여 토라가 선포된 것이다. 요시야 개혁에 대한 자료를 비평적으로 검토하는 행위는 제의 정결 조치에 대한 상당한 개연성을 확보했으며,[320] 이러한 조치들은 필시 예루살렘 주변 지역에서 있었던 제의

---

[318] 충분한 문헌에 대해서 참조. Albertz 2005; Barrick 2002; Niehr 1995; Otto 2001; Uehlinger 1995; Würthwein 1994b.

[319] 동일한 이해로 Würthwein 1994b, 211. 마찬가지로 Niehr 1995, 51: "역사적으로 개연성이 없다."

[320] 마찬가지로 Uehlinger 1995.

중앙화(Kultzentralisation)와 연결되었다.[321]

요시야는 B.C. 612년에 수도 니느웨가 이미 정복당하여 쇠약해진 앗수르를 정치적으로 이용할 수 있었다. 물론 요시야가 그 영토를 앗수르 관할 구역에 맞닿은 북쪽에까지 확장하려 했을 때, 그는 애굽의 이해와 충돌하게 되었다. 파라오 느고 2세(Pharao Necho II)는 B.C. 609년에 망설임 없이 그를 처형했다.[322]

유다의 마지막 시대는 바벨론과 애굽이라는 거대한 권력 사이에서 좌우로 요동치는 특징을 보여 준다. B.C. 605년 갈그미스(Karkemisch) 전투로 인해 권력의 중심이 결정되었고, 애굽은 자기 국경으로 후퇴했다. 유다는 이제 바벨론 영향권에 들게 되었다. 쓸데없는 애굽의 도움을 바라며 수행한 두 차례의 독립 시도들은 B.C. 598/597년에 제1차 바벨론의 예루살렘 정복과 제1차 이주로 귀결되었다. 유다의 마지막 왕 시드기야가 다시 한 번 자신의 군주에게 반항했을 때, 예루살렘은 오랜 기간 동안 포위된 후에 587/586년에 정복됐으며, 동시에 완전히 파괴되었다. 상류층 중에서 많은 사람이 재차 끌려갔다. 남유다의 독립 군주제는 막을 내렸고, 유다는 바벨론 지방 조직으로 병합되었다.

---

[321] 열왕기하 23장에 기록된 개혁 보도를 포괄적으로 분석한 것에 따르면 Barrick(2002)은(Zusammenfassung der Textanalyse 107-108) 예루살렘 내부와 주변에서 제의 일치와 중앙화를 출발점으로 삼고 있다. Otto(2001, 588)는 "예루살렘과 예루살렘에 인접한 주변에 제한된 제의 정결(Kultreinigung)과 제의 중앙화(Kultzentralisierung)"와 "포로기 이전 후대 신명기"(spätvorexil. Dtn)에서 나타난 제의 중앙화가 "프로그램"으로서 땅 전체로 확장되는 것 사이를 구분했다.

[322] 역대하 35:20-24를 통하여 구성될 수 있는 요시야의 마지막인 '므깃도 전투'에 대한 견해에 대해서 참조. Kessler 2002, 42-43.

2) 고대 계층 사회로서 이스라엘과 유다

우리가 초기 국가에 대한 이해를 단순히 왕과 백성의 대립을 바탕으로 시작해야 한다고 해서, 이 백성이 모두 동일한 단조로운 집단임을 의미하지는 않는다. 그것은 단지 권력, 영향력 그리고 부유함에서 확인되는 차이를 외연적으로 측정할 수 없으며, 계층 간의 대립에 대해서 말할 수 있다는 것을 보여 줄 뿐이다. 간략하게 표현하자면 그러한 차이는 한 지역에서 부유한 농부와 가난한 농부가 공존했는가 또는 가난한 농부는 빚으로 인해 부유한 농부에게 노예로 전락하여 서서히 그의 소유지와 삶의 터전을 상실했는가에서 관찰된다.

하나의 상황에서 다른 상황으로의 변화가 돌발적으로 일어나지 않았다는 것은 자명하다. 드물지만 관련된 증거들도 그러한 이해와 일치한다. 덧붙여서 우리는 (경제 원본처럼) 직접적인 사료가 아니라, 오히려 예언자의 활동을 회상하는 다소 전설적으로 구성된 예언자에 관한 이야기들을 다루었다. 이 이야기들은 아주 특정한 상황을 전제하고 있다. 상대적으로 명확하게 파악될 수 있는 B.C. 8세기의 정세와 달리 초기 국가 시대의 상황은 그렇지 않기 때문에, 이것은—앞으로 10년 동안에는 도달할 수 없는 불확실한 상황에서—전적으로 사전에 평가될 수밖에 없다.

특별히 **엘리사 예언자 이야기**에서 세 가지 일화를 주목해야 한다. 열왕기하 4:1-7에 서술된 에피소드에는 과도한 채무에 대한 고전적인 용례가 서술되었다. 가장(家長)이 생존했을 동안에 한 가정은 오랜 기간 동안 채무를 지게 되었다. 하지만 그 가장이 사망하고 난 이후에 채권자는 채무 변제를 요구하며 자녀를 담보로 취했다.

열왕기하 6:1-7에 기록된 에피소드는 엘리사 예언자의 제자 무리에서 동일한 상황이 나타났음을 보여 준다. 이 에피소드는 임대 사건을 묘사하다. 쇠도끼를 빌린 예언자의 제자는 다음 사실을 알고 있다. 만약 도끼를 되돌려 주지 않으면, 그는 보상을 해야 한다. 그것은 분명 예언자의 제자가 자신의 소유 가운데 하나—물론 그가 도끼 한 자루를 빌렸다면, 그리 대단한 것은 아니었다—또는 그와 동일한 노동력을 제공해야 했다는 것을 의미한다.

이 두 가지 이야기에서 나오는 인물은 열왕기하 4:8-37과 8:1-6에서 중복 서술을 형성한다. 이 본문은 "귀한 여인"(4:8)에 대해 다루고 있다. 놀랍게도 그녀는 주도적으로 행동한다. 그녀는 하나님의 사람 엘리사에게 집의 위층 방을 내어 줄 것을 남편에게 제안하여 관철시켰다(4:9-10). 우리는 그녀의 남편이 추수꾼 노동자라는 것을 알 수 있다(18절). 그녀 자신도 $n^e arim$(집에서 부리는 종, 22절) 또는 '그녀의 $na'ar$'(24절)에게 명령을 내릴 수 있었다. 게다가 우리는 그 여인이 기근으로 인해 7년을 외국에서 머물렀다는 것을 알 수 있다. 그녀가 다시 돌아왔을 때, 그녀는 '여 주인이 없는' 땅을 차지한 왕에게 가서 '자신의 집과 땅'을 돌려줄 것을 요구한다 (8:3, 5). 그리고 그녀는 실제로 자신에게 속했던 모든 것을 되찾았다(6절).

이 모든 이야기에는 공동체가 제각기 발전하는 상황이 반영되었다. 누군가에게 빌려야만 했고 노예로 전락할 위험에 처한 가난한 자, 그리고 대저택, 전답과 노동력을 가진 부유한 자가 있었다. 이러한 차이는 이해관계에 직면하여 직접적인 대립 양상으로 발전했을 수도 있다는 점을 파악하게 한다. 그리고 실제로 B.C. 8세기 이후부터—북왕국 생존의 마지막이라 불리는 시기에—**계층 사회**(*Klassengesellschaft*)가 형성되었다고 할 수 있다.

(1) 사회적 위기 현상의 모습들

대립 관계를 보이는 사회 집단으로 명백하게 발전하는 첫 번째 경우는 예언자 **아모스**에게서 발견된다. 이 예언자는 B.C. 8세기 중반인 여로보암

2세 통치 말년에 북왕국에서 짧게 활동했다.[323] 아모스서[324]를 근거로 우리는 공동체상(像)이 두 계층으로 나뉜다는 결론을 내릴 수 있다. 아모스 2:6-8는 불특정 행위자의 희생자로 보이는 다양한 '사회적 형태'를 서술한다. 이 그룹은 아모스 4:1, 5:10-12와 8:4-6에서 다시 언급된다. 그들이 불쌍한 자가 된 이유는 채무 관계와 법이 악용됐기 때문으로 보인다.

전자에 대해서는 "돈을 받고 팔며" 또는 "신 한 켤레를 받고 팔며"(2:6) 그리고 "전당 잡은 옷"과 "벌금으로 지불한 포도주"(2:8)라고 기술하고 있다. 그것은 익히 알려진 대로 사람을 자신의 권세에 복종시키기 위해 큰 채무를 지우는 모습(8:4-6)[325]과 유사하다. 동시에 법 체계는 약자를 보호하기 위하여 사용되는 것이 아니라, 오히려 강자의 권력 수단으로 전락했음을 아모스 2:7, 5:10-12 그리고 6:12에 기록된 법의 오용에 대한 고발이 보여 준다.

경제적으로 생존의 위협을 받는 자들이 분명히 고전적으로 **불쌍한 자들**(*personae miserae*)은 아니다. 아모스서를 통틀어 보아도 고아와 과부에 대한 언급은 없다. 오히려 위협에 처한 이들은 소규모 경작을 하는 자들이다. 그들은 무언가 생산을 해내야 했으며, 만약 그들이 더 이상 아무런 소득을 올릴 수 없다면, 채무로 인해 노예로 전락하게 된다. 그리고 아모스 2:7에 따르면 "아버지와 아들이 들어가는" 한 "젊은 여인"은 분명히 채무로 인

---

323   예언자적 사회 비판에 대한 총체적인 것으로 참조. Donner 1979; K. Koch 1991; Kraus 1955; Lang 1982; 동저자, 1983; Simkins 1999; Stolz 1973; Zwickel 1999. 특별히 아모스의 사회 비판에 대해서 참조. Fendler 1973; Fleischer 1989; Kessler 1989b; Reimer 1992.

324   개별적인 예언자의 말이 어느 정도까지 예언자 자신 언어적 표현으로 소급될 수 있는가 또는 제자와 후계자를 통해 말로 표현되었는가 하는 점이 사회사적 평가에서는 거의 중요치 않다는 것이 다시 한번 강조된다. 만약 이후에도 계속해서 아모스, 이사야, 미가 또는 다른 이들에 대해서 언급하고 있다면, 그것은 항상 그들에게 소급된 문서를 염두에 두어야 한다.

325   이 입장에 대한 해석에 대해서 참조. Kessler 1989b.

해 노예로 팔려 간 딸을 가리키며, 그녀는 자신에게 지배권을 행사하는 남자들에 의해 성적으로 유린되었다.

동시에 상위 계층은 하위 계층을 착취함으로써 건축물(3:10-11, 15; 5:11), 겉치레(3:15; 6:4) 그리고 연회(2:8; 4:1; 6:4-6)를 통해 지칠 줄 모르는 사치스런 삶을 유지할 수 있었다. 국가 권력과 밀접하게 결부된 상류층에 대해서 이미 북왕국 엘리트 교육에서 언급했다.[326]

엘리사 이야기에 반영된 모습과 비교할 때, B.C. 8세기 중반의 상황을 보여 주는 아모스서의 모습에서 결정적으로 새로운 점은 다음과 같다. 엘리사 이야기에서 부유함과 가난함은 사회적으로는 구별되었지만 병존하고 있다. 반면에 아모스에서 부유함과 가난함은 인과 관계로 나타난다. 부유한 자는 가난한 자를 착취함으로써 부유하며, 가난한 자는 부유한 자에게 착취당하기 때문에 가난하다. **가난과 부자는 병존에서 이제는 적대적인 대립 관계가 되었다.**

아모스는 사회학적 분석을 제시하는 것이 아니라, 오히려 심각한 멸망의 위협을 확증하는 격렬한 논쟁을 보여 준다. 그것은 전승된 형태로 주어진 아모스의 말이 B.C. 8세기 중반에 닥칠 이스라엘의 현실을 반영하는 것으로서 단순히 무미건조하게 읽혀서는 안 됨을 의미한다. 그럼에도 불구하고 아모스의 말을 단순히 상상적인 묘사로 경시하는 것은 잘못된 것으로 보인다. 그와 달리 한편으로—물론 신학적으로 강하게 표현된—아모스 7:10-17의 이면에서 관찰되는 모습으로 종교적 (그리고 동시에 국가적) 권위를 옹호하는 자는 아모스의 선포에 반대하고 있다.

다른 한편으로 만약 아모스의 선포에서 객관적 근거가 결여됐다면, 어떤 이유로 아모스의 말이 제자를 통하여 그리고 후대에는 담지자를 통하여 남왕국에 전승되었는가 하는 문제를 결코 이해할 수 없을 것이다. 우리

---

[326] 위에 이스라엘 사회사의 시대 입문 II. 4. A.를 보라.

는 아모스의 사회 비판에 담긴 실제 내용을 '소유는 도둑질이다'(Eigentum ist Diebstahl) 또는 '타협은 살해이다'(Akkord ist Mord)와 같은 근현대적 논쟁과 비교할 수도 있다. 두 구호는 중립적이라고 할 수는 없지만 현실을 반영한 것이며, 동시에 시종일관 실제적인 사회 문제를 표현한 것이다.[327]

남왕국 예언자인 이사야와 미가에게 소급되는 선포는—명백한 역사적 괴리가 존재함에도 불구하고—남유다의 사회 발달이 북이스라엘과 유사한 방식으로 진행되었다는 것을 가리킨다.[328] 동시대에 활동했지만 신학적으로는 상이한 두 예언자의 프로필에 따르면 사회적 상황이 포괄적으로 일치하는 것이 관찰되며, 그러한 일치는 이 두 예언자의 고발이—아모스가 선포한 것을 넘어서—실제적인 내용임을 알려 준다.

B.C. 8세기 후반에 남왕국에서 활동한 이 두 예언자의 사회 비판의 중심에는 소유에 대한 집착이 아모스보다 근소하게 언급되었다(사 5:8; 미 2:1-2). 하지만 여기에는 여전히 멈추지 않은 생생한 재판이 다뤄지고 있다. 이상적인 것으로 제시된 오래된 질서, 즉 모든 가정은 각각 유산으로 받은 소유물을 기반으로 독립된 경제 활동을 한다는 것이 무너졌다. 그 이유는 바로 부채(Verschuldung)이다.[329] 부채로 인해 한때 소유주였던 사람은 자신의 소유와 자유를 상실했다. 미가는 여자와 아이들을 그러한 발전 단계의 희생자로 명시적으로 표현했다(미 2:9-10). 하지만 아모스 그리고 미가와 달리 이사야에게서 '과부와 고아'는 고전적인 **불쌍한 사람들**(personae miser-

---

[327] 방법론에 대한 소논문에서 Ph. R. Davies(1994)는 다음과 같이 문제를 제기한다. "과연 얼마나 빈번하게 아모스의 사회 비판은 객관적 서술로 수용되는가?" 그는 올바르게 사회적 상황을 문학적으로 반영한 것과 이 상황 자체를 구분하는 것을 환기시켰다. 물론 그러한 것은 Ph. R. Davies에게 있어서 "사회 시스템에 대한 … 문학 자체의 반영"을 기반으로 하여 그것을 "발명"한 손길을 통하여 이루어졌으며(29 인용), "'예언'의 발견"(32)도 포함된다.

[328] 이사야와 미가에 대해서 참조. Bardtke 1971; Dietrich 1976; Porath 1994; Premnath 1988.

[329] 덧붙여서 위에 이스라엘 사회사의 시대 입문 III. 2. B.를 보라.

ae)로 나타나는데, 이사야에 따르면 그들은 권리를 박탈당했고(사 1:21-26), 다른 이의 폭력에 노출된 자들이었다(10:1-2).

과부와 고아에게 책임을 전가하는 상류층의 단면이 두 예언자를 통해 명확하게 기술되었다. 이사야 3:14-15은 장로와 공직자에 대해 기록하며, 땅의 귀족과 귀족 공무원 정치와 동일시되는 상류층에 대해 비난하는데, 우리는 이러한 귀족 정치를 유다의 특징이라고 앞서 확인했다.[330] 미가 2장의 경제적 권력을 행사하는 자에 대한 고발과 3장의 '우두머리와 지도자'에 대한 고발을 고려하면 미가서 1-3장*[331]의 '미가-회고록' 구조 역시 동일한 모습을 가리키고 있다. 상류층에 속한 자들이 사치스러운 삶으로 인해 고발되고 있다(사 5:11-12)는 전체적인 그림이 완성되었다.

B.C. 8세기 말에 활동한 예언자인 이사야와 미가 그리고 B.C. 7세기 말과 6세기 초에 활동한 **남왕국 예언자인 나훔, 스바냐, 하박국, 예레미야와 에스겔** 사이에는 상당한 공백이 존재한다. 이 예언자들이 사회 고발을 하고 있다는 점에서, 우리는 실제 상황이 근본적으로 거의 변하지 않았다는 것을 알 수 있다. 물론 그들의 사회 고발이 완전히 동일하지는 않는다는 점을 B.C. 7세기 중후반의 상황을 반영하는 스바냐 1장에 기록된 **스바냐** 선포 요약이 보여 준다. 왜냐하면, 이미 알려진 것 이외에도 새로운 것이 나타나기 때문이다. 한편으로 공직자와 궁중 거주자(습 1:8)에 대한 비난 그리고 다른 한편으로 부유한 지주(1:12-13)에 대한 비난은 잘 알려진 것이다.

하지만 신하에 대한 비난은 새로운 것인데, 그들은 "이방의 의복은 입은 자" 그리고 "문턱을 뛰어 넘은 자"로 나온다(1:8-9); 그러한 모습은 앗수르 제후의 패션을 모방한 것이 분명하다. 덧붙여 지금까지 나타나지 않았던 사회 집단으로 상인과 은을 계량하는 자가 스바냐 1:10-11에서 새롭게 기

---

330 위에 이스라엘 사회사의 시대 입문 II. 4. B.를 보라.
331 이러한 주장에 대해서 그리고 미가-해석에 대하여 전반적으로 참조. Kessler [2]2000.

술된다는 점이다. 북왕국 멸망과 B.C. 701년 산혜립의 침략으로 인해 유다 토지가 황폐화되었고, 그 결과로 예루살렘에 도시화 현상이 나타나고 있다는 것이 스바냐 1:10-11에 반영되었다. 그것을 가장 명확하게 표현한 것은 완벽한 '신도시'(Neustadt) 건설인데, 스바냐 1:10에 따르면 상인과 은을 계량하는 자가 이 도시에 정착했다.[332]

B.C. 609년에 요시야가 죽고 그의 후계자가 외교적으로 그네 정치(Schaukelpolitik: 일관성 없이 강대국 사이를 오가며 의존하는 정책 - 역주)를 취하면서 유다에 대한 위협은 점점 명확하게 드러났고, 유다 존립에 대한 위협이 점점 증가함으로 인해 예언자의 고발은 더욱 포괄적인 방향으로 선포되었다. 극적인 상황을 더하기 위해 구성된 예레미야 2-6장에서 **예레미야**[333]는 "약자"와 대립하는 "강자"에게 죄를 묻고 있다(렘 5:1-6). "내 백성의 상처"라는 표현이 발견되는데, 이것은 현대적인 언어로 이해하면 "계층 불화"(Klassenspaltung)를 의미할 수 있다. 예레미야 34:8-22에 기록된 일시적인 노예 해방에 대한 이야기는 예나 지금이나 상류층이 땅의 귀족과 공직자로("모든 방백과 모든 백성") 구성되었다는 것을 가리키는데, 그들과 "히브리 남녀 노예"는 대립된다(9-11절).

에스겔이 이미 포로로 끌려갔고 예루살렘의 멸망 이후에도 활동했지만, 그는 지금까지 획득한 표상을 특색 있게 확인해 준다. 특별히 유다 멸망의 원인이 에스겔 22:23-31에서 명확하게 회고되고 있다.[334] 통치자와 그들의 이데올로기(지도자, 제사장, 공직자, 예언자 그리고 'am-ha'areṣ)에게로 멸망의 책임이 돌려졌으며, 과부, 경건한 자, 가난한 자와 이방인은 그들과 대립하는 희생자로 표현되었다. 목자에 대한 묘사(겔 34)는 목자와 양(통치자

332　예루살렘 건축사에 대해서 참조. Bieberstein/ Bloedhorn 1994; Faust 2005.
333　참조. Wisser 1982.
334　덧붙여서 위에 이스라엘 사회사의 시대 입문 II. 4. B.를 보라.

와 백성)의 대립 그리고 양 무리 내부적으로는 강자와 약자의 대립을 출발점으로 삼고 있다.

B.C. 8세기 중반부터 각 나라가 멸망하기까지 이스라엘과 유다의 상황을 서술하는 것은 다음과 같은 질문을 제기한다. **사회적 불균형을 보여 주는 사회 집단은 어떻게 사회적 대립을 보이는 사회 집단으로 나아갔는가? 그러한 사회 집단의 형태는 개념적으로 어떻게 정리될 수 있는가? 그리고 국가는 이러한 변화의 과정에서 어떠한 역할을 수행했는가?** 우리는 이제 이러한 질문에 대해서 조사해야 한다.

(2) 고대 계층 사회의 원인과 구조

고대 농경 사회에서 계층 사회로 나아가는 결정적인 동인은 신용 시스템이다.[335] 성서 본문이 증언하는 바에 따르면 계층 사회 집단의 근본적인 대립 가운데 하나는 채권자와 채무자 사이에서 발견된다(참조. 사 24:2; 렘 15:10). 다음 격언은 부자와 가난한 자의 보편적인 대립을 명확하게 표현했다.

> 부자는 가난한 자를 주관하고 빚진 자는 채주의 종이 되느니라(잠 22:7).

이것은 봉건적 또는 현대적 사회 집단의 차이를 인상적으로 밝히고 있다. 이러한 사회 집단에서는 한편으로는 봉건적인 토지를 소유하거나 자본과 생산품을 소유하는 것, 다른 한편으로는 노동력을 속박하거나 점유하는 것이 부유함과 가난함을 결정한다. 덧붙여 부채 문제는 이스라엘 역사 시대로 국한되지 않는다. 가난과 부유함의 갈등은 국가 이전 시대에도 관찰되기 때문이다. B.C. 8세기 이후부터 관찰되는 상황으로 전개될 결정

---

[335] 경제 발달의 기반과 경향에 대해서 참조. Alt ²1968c; Bobek 1969; Finley 1977; Kessler 1989a; 동저자, 1994; Kippenberg 1977b; Loretz 1975; Olivier 1994.

적인 변화는 '일반적' 채무에서 채무 불능 상태로의 전환이다.

　질병과 사고로 인한 긴급 상황, 해충 피해 또는 가뭄으로 인한 흉작, 또는 지진과 전쟁 같은 재앙으로 어려움이 닥친 '일반적인 경우'에 한 농가는 생존과 새로운 작물 생산을 위해 생필품과 종자 씨앗을 빌린다. 그 후에 빌린 것을 되갚고, 안정을 찾는다. 하지만 이러한 곤경이 지속되어서 빌린 것을 되갚는 것이 순조롭게 진행되지 못하면, 한때는 독립되었던 농가의 경제를 결국에는 몰락하게 만드는 메커니즘이 작용한다. 농가는 차용한 것을 위해 저당을 잡혀야만 한다. 만약 그가 융자받은 것과 부과된 이자를 되갚을 수 없다면, 저당잡힌 것은 임대(賃貸)인의 소유가 된다. 물건 혹은 사람이 저당 잡힐 수 있었으며, 그로 인해 그 사람은 노예로 전락하기도 했다. 더 이상 노예로 전락할 사람이 없다면, 그 가족의 독립된 삶은 끝난 것이다.

　노예로 전락한 사람은 주인의 권한에 놓이게 된다. 이것은 강제 노동보다 훨씬 엄격한 것이었다. 주인의 권한은 가정을 마음대로 처리하는 것을 포괄하며(출 21:2-6), 여성의 경우에는 대체로 성(性)적인 권한을 포함하며(창 16장; 암 2:7), 심한 육체적 체벌까지도 가능했다(출 21:20-21, 26-27). 또한, B.C. 4세기 사마리아에서 발견된 노예 매매 계약서가 보여 주는 것처럼,[336] 노예를 다른 사람에게 매매하는 것도 실제로 행해졌다. 다른 한편으로 노예의 주인은 노동력을 얻기 위해 노예에게 식량을 공급했다. 언약 법전에서는 아직 나타나지 않고 신명기 24:14-15에서야 겨우 언급되는 일용직 노동자의 경우에는 이것이 결코 보장되지 않았다. 일용직 노동자가 자신을 고용하는 자를 찾지 못한다면, 그들은 당일 수입을 얻지 못했다. 따라서 이러한 모습은 에스겔 18:7, 16에서야 처음으로 언급된 구걸하는 가난으로 나아가는 첫 단계이다.

336　덧붙여서 아래 이스라엘 사회사의 시대 입문 V. 3. C.를 보라.

이러한 발달로 인해 사회 집단의 근간으로 이해되는 가정은 전체적으로 부식되어 갔다. 남성은 가정 경제의 기초이었던 자신의 소유를 상실했고, 여성과 아이들은 더 이상 가정을 기반삼아 머물 수 없게 되었다(미 2:1-2, 9-10). 다른 한편으로 아비가일(삼상 25장) 혹은 수넴 여인(왕하 4:8-37; 8:1-6) 이야기에서 관찰되듯이, 재산과 인적 자원을 부릴 수 있는 "귀부인"이 등장했다. 새롭게 분열되기 시작한 계층은 남성과 여성을 포함하지만, 물론 여성은 가난하게 되는 과정에서 첫 번째 희생자로 나온다(참조. 후대 본문인 느헤미야 5:1-13에서 딸은 한 가정에서 노예가 되는 첫 번째 구성원으로 언급되었다).

그러한 간결하며 이상적인 서술이 수많은 차이점을 제거한다는 것을 강조할 필요는 없다. 여기에서는 공통된 것이 중요하다. 그것은 한편으로 만약 과잉 부채의 메커니즘이 작동하기 시작했다면, 그것에서 결코 빠져나올 수 없다는 사실이다. 다른 한편으로 우리는 채권자가 부채 관계를 매듭 짓는 것에 어떤 관심도 없다는 것을 간파해야 한다. 왜냐하면, 그러한 관계가 지속될수록 채무자의 가족이 독립된 자로 채무를 할부로 상환을 하든 또는 노예와 같은 상태에 있든지, 그들은 채권자를 위해 일해야 했기 때문이다(참조. 실제로 이러한 채무에 대한 관심에 대해서 암 8:4-6; 렘 5:26-28을 보라). 모세 핀레이(Moses Finley)는 "노동력 획득과 연대 관계는 역사적으로 이자를 취하는 형태보다도 더 오래된 부채의 목적으로 나타난다"[337]는 것을 올바르게 지적했다.

B.C. 8세기 이후부터 관찰되는 통상적인 부채에서 지속적인 과잉 부채로 **급변**하는 것은—국가 이전에서 국가로 변화하는 것과 마찬가지로—결코 단일한 원인으로 설명될 수도 없으며, 하나의 상황에서 다른 상황으로 변화하기 시작하는 명확한 시점으로 추정될 수도 없다. 이러한 **급변화의 원인**으로 꼽을 수 있는 첫 번째는 국가 이전 시대부터 존재했던 약자와

---

[337] Finley 1977, 181.

강자의 경제적 차이이다. 불균형 생성을 가능하게 한 요소는 인구의 자연적인 증가이다. 전쟁과 그로 인한 비용 그리고—전쟁에서 패할 경우—전쟁 배상금과 같은 외부적인 사건은 이미 경제적으로 불평등한 집단을 분산시키는 것에 영향을 끼쳤다.

또한, 국가는 도주하거나 패거리를 지어서 채권자의 손아귀에서 벗어나려는 시도를 제한했다. 덧붙여서 이미 불안정해진 상황을 철저하게 파괴할 수 있는 가뭄, 전염병, 지진과 같은 돌발적인 사건이 발생하기도 했다. B.C. 8세기 후반부터 유다 발전의 특징은 이웃 강대국에 대한 의존성이 단절되는 것이 아니라, 더욱 중요하게 되었다는 점이다. 그럼에도 불구하고 앗수르의 팽창이 이스라엘과 유다를 덮치기 전에 이미 존재하는 사회적 불균형을 아모스서가 보여 주는 것처럼, 강대국에 대한 의존성이 사회적 차별을 유발하는 원인은 아니었다.

이러한 요소를 근거로 볼 때 B.C. 8세기 중반 즈음에 이스라엘에서 그리고 B.C. 8세기 말에 유다에서 **고대 계층 사회 집단**(*antike Klassengesellschaft*)이라 부를 수 있는 것이 생겨났다.

이러한 사회 집단을 서술하기 위해서 학자들은 다양한 이론적 모델을 제시했다.[338] 학문적인 개념을 정립하기 위해서 **금리자본주의**(*Rentenkapitalismus*)에 대한 언급은 중요한데, 이 표현은 토지 소유주에게서 떼어 낸 지대(地代, Grundrente)를 학문적 개념의 중심에 위치시키는 것이다. 로레츠(O. Loretz)는 1975년에 이 개념을 구약성서 학문에 도입했다.[339] 동시에 당시 사회 집단의 기능도 적절하게 서술되었다. 하지만 그는 이스라엘과 유다에 나타난 발전의 역동성을 간파하지 못했다. 왜냐하면, 이스라엘은 공통적인 고대 근동의

---

[338] 참조하라. 연구 개관에 대해서 Nurmi 2004, 4-49.
[339] Loretz 1975.

상황에 편입되었다는 로레츠의 생각[340]과 달리 구약성서는 상대적으로 평등한 사회에서 계층을 이루는 사회 집단으로 넘어가는 것을 극적으로 보여 주기 때문이다. 여기에서 칼 막스(Karl Max)에게 소급되지만, 독자적으로 발전한 이론 형성의 단초가 제시된다. 라틴 아메리카에서는 고대 이스라엘을 **속국의 조세 시스템**(tributäres System)[341]으로 표현하기를 선호한다.[342] 물론 조세주의(Tributarismus)는 이면에 존재하는 막스의 "아시아 생산 방식" 그리고 소위 임대자본주의와 마찬가지로 정체된 시스템이다.

막스 자신도 이러한 모델을 이스라엘에 전혀 적용하지 않았다. 왜냐하면, "아시아 생산 방식"의 경우에 토지 소유주에게 일정액을 지불한 마을 공동체가 공동 소유권을 가졌지만, 반면에 로마와 그리스처럼 '유대'의 경우에 땅과 토지의 개인 소유권은 경제의 근간으로 간주되기 때문이다.[343] 그것을 배경으로 키펜베륵(Hans G. Kippenberg)은 고대 이스라엘을 **고대 계층 사회**(antike Klassengesellschaft)로 표현했고, 나도 이 용어에 동의하며 수용했다.[344] 이스라엘을 '고대 이전에 존재한 근동의 보편적 경제사와 사회사'로 편입시키려는 금리자본주의에 대한 생각과 달리,[345] 고대 계층 사회에 대한 사고는 B.C. 8세기 이후부터 그리스, 이탈리아와 이스라엘에서 관찰되는 '원시 지파 공동체(archaische Stammesgesellschaft)가 변화'하는 역동적인 순간을 강조했는데,

---

340 상동, 274.
341 조세주의(Tributarismus)의 개념은 벨기에 종교사회학자인 Houtart(1980)에서 유래했다.
342 참조하라. 독일어 번역으로는 Dreher 1991; Schwantes 1991, 73 ("조세 생산 모델"[tributäres Produktionsmodell], "조세주의"[Tributarismus]), 특별히 "'생산 형태'에 따른 조세모델"에 대해서 Reimer 1992, 235-238. 그리고 Gottwald(1993, 5)는 "생산에 따른 조세 방식"(Tributary Mode of Production = TMP)에 대해서 서술한다.
343 Marx 1981, 381-383.
344 Kippenberg 1977b; Kessler 1992, 12-17; 동저자. 1994.
345 Loretz 1975, 272.

이 원시 지파 공동체에서 '채무'는 '중요한 의미'를 갖는다.[346]

역동적인 순간에 대한 강조와 함께 B.C. 8세기 이후부터 이스라엘과 유다에 새로운 것이 생성된다는 점이 부각되었다. 그것은 상호 대립되는 계층으로 이루어진 계층 사회이며, 동시에 이 계층이라는 개념은 경제와 생산품의 사유화를 염두에 두어야 한다.[347] 지금까지 개인 소유지에서 자유롭게 농경 생활을 했던 자들 가운데 일부는 과도한 채무로 인해 소유를 상실한 자로 전락하게 되었다. 그들과 대립하는 자로 자신의 재산을 계속해서 대부로 내어 주며, 그것을 통해 더 많은 사람을 자신에게 의존적으로 만들 수 있는 자들이 있다.

이스라엘과 유다 국가에 대한 위의 서술에 따르면 새롭게 등장하는 이 상류층은 분명 다양한 엘리트 요소를 포함할 것이다. 이스라엘 궁정에 (일시적으로?) 거주하며 그 가족으로부터 식료품을 조달받는 이들이 이 계층에 속하며, 그뿐 아니라 그들은 아모스의 사회 비평에서 비판을 받은 자들이며, 부분적이지만 사마리아 도판에 언급된 자들과 일치하는 계층이기도 하다.[348] 유다에서는 공통적으로 예언자의 비판 대상이었던 '*am-ha'areṣ*와 관료를 당연히 염두에 두어야 한다.[349] 그렇다면 국가와 특별히 국가의 상징으로 간주되는 왕은 어떤 역할을 했을까?

국가 형태로서 군주제를 서술하고자 한다면 다음과 같은 것이 언급되어야만 한다. 군 복무 또는 세금 징수와 같은 공동의 과제(노역) 수행을 요구하는 명확하게 독립된 국가 활동은 이미 가난하고 부유한 계층으로 구별

---

346 Kippenberg 1977b, 41.
347 Gottwald (1993, 4)는 다음과 같이 서술한다. "하나의 사회 그룹이 다른 그룹의 잉여 생산물의 일부를 사용할 수 있는 곳에서는 언제나 사회 계층이 실존했다는 것을 말할 수 있다."
348 위에 이스라엘 사회사의 시대 입문 II. 4. A.를 보라.
349 위에 이스라엘 사회사의 시대 입문 II. 4. A.를 보라.

된 사회 집단을 더욱 분열시킬 것이 분명하다. 또한, 국가 존재는 도주하거나 무리를 형성함으로써 과도한 부채 문제를 해결하려는 시도를 어렵게 하는 하나의 요인으로 언급될 수도 있다.[350]

물론 국가가 계층 사회를 유발하는 유일한 그리고 단 하나의 요인은 아닐 것이다. 하지만 상반되게 나뉘어진 사회 집단은 군주제 생성 이후 적어도 대략 200년 동안 명확하게 관찰된다는 사실이 가리키는 것처럼, 단순히 국가라는 존재가 계층 사회 형성을 증진시켰던 하나의 요인이라면, 왕권은 **득세하는 상류층과 동맹**을 맺기 때문에 이러한 발달은 더 이상 역행할 수 없게 되었다.

이러한 집단이 처음에는 적어도 군주제라는 새로운 제도와 함께 등장한 자들이며, 또한 가장 개연성 있는 저항 세력으로 고려된다는 점[351]은 계속해서 전혀 문제가 되지 않는다. 군주제는 신속하고 안정적으로 확립되었기 때문에, 부유한 자는 군주제에 대해 반대 입장을 고수하거나 방관하는 대신에 국가 권력에 연합하는 것이 훨씬 현명한 처사였다. 우리가 알고 있는 B.C. 9세기에는 부분적이지만 B.C. 8세기에는 명확하게 관찰되는 북왕국의 이미지 그리고 B.C. 8세기 이후부터 독립 국가가 끝날 때까지 관찰되는 남왕국의 ("참여 군주제") 이미지는 이러한 동맹이 어떻게 견고해졌는지를 보여 준다.

이러한 연맹을 통하여 초기 국가는 비로소 완전히 발전된 국가가 될 수 있었다. 지배자와 피지배자라는 두 가지 계층으로만 구성된 초기 국가와 달리 완전히 발전된 국가에서 지배 계층은 계층적으로 균열된 사회 집단과 대립하는 모습을 보인다. 클래센(Claessen)과 스칼닉(Skalník)은 "명백하

---

350 위에 이스라엘 사회사의 시대 입문 II. 3. D.를 보라.
351 위에 이스라엘 사회사의 시대 입문 II. 2. C를 보라.

게 적대적인 계층" 또는 "성숙한 계층 사회"³⁵²에 대해서 언급하는데, 이러한 것은 "성숙한" 또는 "완전히 발전한" 국가를 형성하는 전제이다.

하지만 국가 권력과 경제-사회적 상류층이 긴밀한 동맹을 맺음에도 불구하고, 엥엘스(Friedrich Engels)가 이전에 표현한 것처럼, 국가는 "소유하지 못한 계층으로부터 소유한 계층 조직을 보호"하려 시도하지 않는다.³⁵³

(3) 위기 대처 방안

B.C. 8세기 중반 아모스 시대부터 계속된 예언자의 비판은 사회의 위험천만한 발전이 이스라엘과 유다에서 아무런 저항 없이 진행되지는 않았음을 보여 준다. 과도한 부채에 직접 영향을 받는 사람들은 자신의 운명을 순종적으로 수용하려 하지 않았음을 가정할 수 있는데, 그것은 상류층에 속한 자들이 상습적으로 폭력적인 행동을 취했음을 암시하는 예언자의 사회 비판에서도 확인된다. 그럼에도 불구하고 조직적인 저항 운동은 확인되지 않으며, 분명한 목적을 가진 저항 운동은 말할 것도 없다. 또한, 예언자들은 그러한 운동의 지도자 또는 사회 혁명 프로그램의 대표자로 전혀 인식되지도 않는다.

그럼에도 불구하고 만약 예언자들이 정치 활동을 통한 상황 변화를 기대했다면, 그들은 왕에게 소망을 두었을 것이다. 여기에서는 우선 이사야와 미가에는 실제로 왕에 대한 어떤 비판도 없다는 사실을 언급할 필요가 있다. 물론 후대에 남왕국 예언자는 왕궁의 사치스러움을 비판했다(습 1:8-9; 렘 22:13-19; 겔 22:25). 하지만 이러한 사치가 공동체를 상류층과 하류층으로 분리시키는 것에 어떠한 원인을 제공하지는 못했다. 만약 예레미야가 하류층을 위해서 등장했다면, 이후에는 "다윗 가문"을 향했다

---

352 Claessen/Skalník 1978, 23, 643.
353 Engels 1962, 167.

(렘 21:12). 예레미야 22:15-16은 요시야에 대해 명시적으로 "정의와 공의"를 실행한 왕이라고 서술하는데, "가난한 자와 궁핍한 자"를 위하여도 정의와 공의를 실천했다.

이러한 진술을 통해서 우리는 고대 왕정 이데올로기에 표현된 고대 근동 왕권의 자기 이해에 다가가게 된다. 그것에 따르면 왕은 "공의와 정의"를 수행해야 한다(삼하 8:15; 왕상 10:9). 이러한 왕의 행위에 수혜를 입은 자들은 바로 약자인데, 그들은 다른 방법으로는 자신의 권리를 누릴 수 없는 자들이다. 이러한 사상은 고대 바벨론 왕 함무라비뿐 아니라―그는 "강자가 약자를 해하지 못하게 하고, 고아와 과부에게 자신의 권리를 누릴 수 있도록 하기 위해"[354] 자신의 법 비문을 세웠다―시편 72편을 넘어서 몇몇 왕의 격언에서도 발견된다(잠 16:12; 20:28; 29:14).

이러한 사상에 대해서 사람들이 왕정 이데올로기라고 말하는 것은 무분별한 것이 아니다. 이러한 왕정의 자화상에 의해 실제로 무엇이 개별적으로 변화되었는가는 다른 부분에서 다루었다. 그럼에도 불구하고 이 왕정 이데올로기는 실제로 근거가 있다. 그 근거는 상류층과 연결되어 있을 때에도 왕권은 사회 분리에 직접 개입하지는 않았다는 것에서 드러난다. 왕권은 그 이전부터 존재했다. 왕권의 존재는 상류층과 인과적으로 결부된 것은 아니다. 실제로 유다의 왕권은 상류층에서 기인한 것이 아니다. 우리는 그와 동일한 사실 관계를 하류층의 관점에서도 서술할 수 있다. 곤경에 처하여 경제적 대부금이 필요한 사람은 자신에게 처한 문제를 친족, 이웃 또는 부유한 공무원에게 의뢰하지, 왕 또는 왕의 궁정에 있는 사람들에게 문의하지 않는다. 따라서 왕은 현실적으로 채무자와 채권자의 기본적인 갈등밖에 존재할 뿐이다.

---

354 TUAT I 76 에서 인용.

왕이 사회적 관계에 개입하는 것을 가능하게 하는 객관적인 토대는 존재한다. 성서 내러티브 자료는 두 가지 경우를 언급한다. 그중 하나는 열왕기하 23:1-3에서 보도되는 요시야 통치 시기에 이루어진 언약 체결이다. 만약 실제로 신명기 혹은 신명기의 이전 형태가 이 언약 체결을 위한 기초로 존재했다면, 언약 체결은 광범위한 사회적 함의를 품고 있음이 분명하다. 오히려 선별적인 경우는 예레미야 34:8-22에서 보도하고 있듯이 시드기야왕이 유다 말년에 시행한 것으로 남종과 여종을 보편적으로 방면할 것을 요구한 개입이다. 두 가지 경우에서 왕이 주도하여 선포했다.

그 이후에 "백성"(왕하 23:3) 또는 상류층에 속한 자들이 동참한다(렘 34:10). 비록 왕이 그것을 발의하기는 했지만, 그럼에도 불구하고 왕은 상류층의 동의를 필요로 했다. 왕이 가난한 자와 약자의 보호자라는 사상은 유대의 참여 군주제라는 현실과 함께 성립되어야 한다. 요시야의 죽음 이후에 요시야 개혁의 사회적 결과가 곧바로 효과를 상실했다는 사실과 시드기야가 발의한 남종과 여종을 방면하는 것이 즉시 퇴보했다는 사실은 왕의 개입이 얼마나 오랫동안 영향을 미치지 못했는가를 보여 준다.

그러한 한정적인 개입보다 훨씬 광범위한 개입은 후대 왕정 시대에 율법이 문서화됨으로써 가능했다. 여기에서 사회사적 서술은 암시적이며 제한적으로만 언급될 수 있지만, 또한 이것은 점차로 법 역사에 대한 포괄적인 연구로 나타났다.[355] 성서는 율법의 문서화에 대하여 시기적으로 공동체가 사회적 위기에 처했던 시대와 부합됨을 증언한다(호 8:12; 사 10:1; 렘 8:8-9). 이것은 기록 문화가 통틀어 B.C. 8세기 이전에 거의 발전되지 않았고, 당시에 기록 문화가 가시적인 발전이 있었다는 외적인 발견과도 일치

---

[355] 나는 여기에서 통합적 서술로 볼 수 있는 Crüsemann(1992b)과 Otto(1994) 만을 언급한다. 그들에게서 더 풍부한 문헌을 확인할 수 있다.

한다.³⁵⁶ 우리는 다음과 같은 결론을 내릴 수 있다. 율법의 문서화는 인과적으로 사회 발전과 관련이 있으며, 이러한 사실은 다른 문화와 비교를 통하여 지지를 받는다.

성서 서술에 따르면 왕이 법을 주는 자로 직접 나타나지 않는다는 점은 주목할 만하다. 여기에 메소포타미아 문화와 근본적인 차이가 존재하며, 이 차이점은 유대교에 나타난 토라의 중요성을 광범위하게 보여 준다. 그럼에도 불구하고 B.C. 8세기 이후부터 나타나는 법의 문서화는 군주제를 배제한다면 고려될 수 없다. (왕정 시대의 형태를 띠고 있는) 언약 법전 단락과 신명기 단락의 표현이 '율법 교사 무리'(rechtsgelehrte Kreise), '교육을 받은 행정 공무원의 상류층'³⁵⁷ 또는 '예루살렘 고등 법원'³⁵⁸으로 소급된다는 가정은 어쨌든 왕권 제도와 관련성이 전제되어 있다.

이와 같이 왕권의 비호하에서 무엇이 완성되었는가 하는 점은 사회사적으로 아주 중요하다. 언약 법전뿐 아니라 좀 더 보완된 신명기는―결코 독점적이거나 고립되지 않았음에도 불구하고―사회적 관계를 규정하는 데에 몰두한다. 언약 법전에서 중요한 위치를 차지하는 법은 종에 관한 법(21:2-11, 20-21, 26-27), 이자 금지와 담보에 관한 법(22:24-26), 재판 규정(23:1-8) 그리고 휴경지에 대한 사회적 이행과 제7일에 노동의 휴식을 요구하는 규정(23:10-12) 이다.

이것들 대부분은 신명기에 수용되고 확장되었으며, 새로운 것이 추가되었다. 무엇보다 매 7년마다 이행되어야 하는 빚의 면제(신 15:1-11), 가난한 자를 위한 사회적 세금(14:22-29; 26:12), 달아난 노예 이송 금지(23:15-16[16-17]), 일용직 근로자에게 당일 임금을 지급하라는 계명(24:14-15) 그

---

356   덧붙여서 참조. Jamieson-Drake 1991.
357   마찬가지로 Otto 1994, 73, 180.
358   마찬가지로 Crüsemann 1992b, 113-121.

리고 제도에 대한 대규모 법률 단락(16:18-18:22) 등이 언급될 수 있다. 물론 이러한 것이 왕정 시대에 속한 것인지 또는 군주제가 막을 내린 이후에 새로운 시작을 계획하는 시대에 속한 것인지에 대해서는 많은 논란이 되고 있다.[359]

사회적 법이 요시야 시대에 어느 정도 변화되었을까 하는 점에 대해서 단지 추측만 있을 뿐이다. 물론 예레미야 22:15-16에서 요시야를 모범적인 사회 통치자로 칭송하는 것은 무언가 그러한 방향으로 진행되었음을 암시한다고 볼 수 있다. 하지만 예레미야와 에스겔이 반영하고 있는 것처럼, 요시야 이후 상황은 개혁에 대한 사회적 기동력이 거의 남아 있지 않다는 점을 보여 준다(물론 제의 중앙화는 법의 다른 중심점으로서 의심할 여지없이 계속해서 수용되었다). 그럼에도 불구하고 법률이 언약 법전과 신명기에서 문서화되는 사건은 독립 국가가 멸망한 이후에 유대 민족이 지속적으로 존재하는 데에 지대한 영향을 끼쳤다. 이 문헌이 왕이라는 인물과 직접적으로 연결된 것은 아니므로, 그것은 군주제가 종식된 이후에도 여전히 유대 공동체를 구속력이 있게 만드는 근간으로서 전승되었을 것이다. 물론 우리가 이 자료를 모든 이에게 구속력을 지닌 토라 형태로 가정하는 것은 너무 이른 감이 있다.

---

[359] 마찬가지로 Otto 1994, 193. 그는 소위 공직자법을 포로기 이후 새로운 이스라엘을 위한 "유토피아적" 프로그램이라 지칭한다. 만약 그의 이해가 불가피한 것이 아니라면, 그러한 이해에 반대하는 Willis (2001)의 지적은 주목할 만하다. 고대 근동의 법 단락은 항상 "실존하는 관습과 제도"(45)와 관련된 것이며, 유토피아적 프로그램이라는 이해는 "이 법이 어떤 진공의 상태로 구성되어 있고 편집되어 있다"(47)는 것을 전제해야만 한다.

4. 포로와 그 결과

* 참고 문헌: *Ackroyd 1968*; 동저자, *1970*; *Albertz 2001*; *Grabbe (Hg.) 1998a*; *Janssen 1956*, *Kreißig 1972*.

이스라엘과 유다가 B.C. 8세기 중반 이후부터 고대 근동 패권의 각축장이 된 이후에, 백성은 포로로 끌려가기 시작했다. 앗수르가 시리아-에브라임 동맹 전쟁에 개입함으로써 B.C. 732년에 북왕국의 주민은 추방되었다(왕하 15:29).[360] B.C. 722년 북왕국의 멸망과 함께 주민의 대다수가 앗수르로 강제 이송되었다. 사르곤 2세(Sargon II.)는 27,280명을 포로로 잡아갔다고 진술한다.

시간이 지나서 B.C. 701년에는 마찬가지로 유다에서 대대적인 추방 사건이 발생했다. 산헤립(Sanherib)의 출정 기사에 따르면 200,150명의 주민이 강제 이송되었다고 보도하지만,[361] 이 숫자는 인구 통계를 근거로 볼 때 의구심이 생긴다. 하지만 그것은 그리 중요하지 않다. 중요한 것은 상당히 큰 숫자가 언급되었다는 점이다. 그보다 더 중요한 것은 유다가 계속해서 앗수르 지배하에 있었음에도 불구하고, 북왕국과 달리 유다는 계속해서 국가로 존재했다는 점이다.

이러한 상황은 거의 백 년 동안 변함이 없었다. 이 상황은 앗수르 통치가 B.C. 7세기 말에 급속하게 쇠퇴하면서 변하게 되었다. 여기에서는 마지막에 언급한 것과 관련된 사건사에 대한 서술이 우선적으로 기술될 것이다.[362]

---

360 참조. TGI Nr. 27.
361 TGI Nr. 27.
362 위에 이스라엘 사회사의 시대 입문 III. 1.을 보라.

1) 느부갓네살에서 고레스까지

B.C. 609년 요시야의 목숨을 앗아간 느고 2세(Necho II.) 치하에서 애굽의 패권이 잠시 공백기에 들어선 이후에, 유다와 과거 이스라엘 지역에는 B.C. 605년경부터 바벨론이 주도권을 잡기 시작했다. 그해에 느부갓네살은 애굽 군대를 갈그미스에서 격파시켰다. 애굽인은 자신들의 땅으로 후퇴했고, 바벨론은 지중해 동편 지역에 있는 국가를 자신의 봉신 국가로 삼았는데, 여호야김이 통치하던 유다 역시 그 가운데 하나였다(왕하 24:1, 7).

B.C. 598년에 여호야김은 다시 바벨론을 배반했다. 여호야김은 바벨론 군대가 진격하는 동안에 사망하고, 예루살렘을 그의 아들인 여호야긴에게 넘겨주면서 종결된 여호야김의 반란은 바벨론이 B.C. 597년에 백성을 이송시키는 결과를 초래했다. 예루살렘 도시를 자발적으로 바벨론에게 양도했음에도 불구하고 젊은 왕 여호야긴 그리고 궁정 사람들과 상류층의 일부는 바벨론 포로로 끌려갔다. B.C. 592년경에 작성된 쐐기 문자 토판이 제시하는 것으로 '유다 왕 여호야긴'과 그 주변 사람들에게 기름을 공급한 증명서가 언급하고 있는 것처럼,[363] 바벨론에서 궁정에 속한 사람은 신분에 걸맞은 대우를 받을 수 있었다. 이러한 이주와 함께 바벨론 골라(Gola- 포로: 역주)의 역사는 시작되었다(참조. 왕하 24:10-16). 여호야긴의 숙부인 시드기야는 바벨론에 의해 예루살렘 통치자로 임명됐고(왕하 24:17), 봉신 조약을 통하여 바벨론과 연결되었다(겔 17:1-21).[364]

거의 10년이 지나서 시드기야가 봉기를 감행했고, 바벨론은 예루살렘을 정복하기 위해 오랜 시간 동안 포위했다(587/586[365]). 시드기야왕은 투옥

---

363 TGI Nr. 46.
364 B.C. 605-597년 사건에 대해서 참조. 바벨론 연대기가 TGI Nr. 44; TUAT I 401- 404 에서 확인된다.
365 바벨론 연대기는 이 시기를 언급하고 있지 않기 때문에, 정확한 연대 설정은 논란이

되었고 궁정과 상류층에 속한 자 그리고 전문 인력은 다시 포로로 끌려갔다. 예루살렘 도시와 성전은 파괴되었다. 독립된 국가로서 유다는 끝났다(왕하 25:1-21; 렘 39:1-10; 52:1-27). 유다 사람이며 사반의 후손, 아히감의 아들, 다시 말해 대대로 유대 고위 관료 가문 출신인 그달리야가 바벨론 총독으로 임명되었다(왕하 25:22; 렘 40:7).[366]

또 다른 세 번째 이주는 예레미야 52:30에 따르면 B.C. 582년에 있었다. 많은 학자는 세 번째 이주의 원인을 유대 군주제를 따르는 자가 그달리야를 살해한 것에 대한 보복으로 설명한다. 물론 열왕기하 25:25와 예레미야 41:1에 따르면 그달리야 살해는 '7월'에 있었던 사건이다. 하지만 이것은 예루살렘이 정복되고 파괴된 해와 동일한 해의 7월을 의미하지는 않을 것이다. 왜냐하면 그런 경우에 그달리야는 단지 2-3달 정도만을 통치했다는 것을 의미하며, 그것은 그달리야가 추진한 조치와 조화를 이룰 수 없기 때문이다. 따라서 우리는 대략 4년간 그달리야가 총독으로서 역할을 수행했음을 가정할 수 있다.[367] 그가 피살된 이후에 유다 땅의 상황에 대해 역사적으로 연대를 추정할 수 있는 보도도 마찬가지로 상실되었다.

그다음으로 명확히 연대를 설정할 수 있는 가장 근접한 사건은 유다 땅에서 발생한 것이 아니라, 오히려 바벨론에서 확인된다. 열왕기하 25:27은 바벨론 왕 에윌므로닥(Ewil-Merodach)이 즉위한 해, 즉 562년에 여호야긴이 감옥에서 풀려난 것과 왕의 식탁이 그에게 허용되었음을 보도한다.

된다. 참조. Albertz 2001, 71-73에서 언급된 논쟁.

[366] 그달리야와 사반 가문에 대해서 위에 이스라엘 사회사의 시대 입문 II. 4. B.를 참조하라. 종종 그달리야가 다윗 가문을 대신하여 왕의 자리에 올랐다고 표현되곤 했다. 참조. Ackroyd 1979, 324-325. Concalves 2000, 177-179. 하지만 어떤 이유로 바벨론 사람이 다윗 가문인 여호야긴을 포로 전후로 동일하게 왕으로 간주할 수 있는지, 그리고 페르시아 시대가 시작하면서 다윗 가문인 스룹바벨이 어떻게 지도자적 역할을 수행할 수 있었는지에 대해서는 여전히 설명되지 않고 있다.

[367] 참조. 덧붙여서 Concalves 2000, 181.

우리는 여호야긴이 그 사이에 자신의 명예로왔던 과거의 신분을 상실했었다는 것을 알 수 있다. 우리는 여호야긴이 감옥에 갇힌 것을 실패한 시드기야의 봉기 또는 다윗 가문에 속한 자들이 그달리야를 살해한 결과로 추측할 수 있을 뿐이다.[368]

바벨론 시대가 막을 내리는 것은 B.C. 539년에 바벨론 도시가 전쟁을 치르지 않고 페르시아 고레스 2세(Kyros II.)의 수중으로 넘어간 것과 연결된다. 이미 메데 왕국과 모든 소아시아 그리고 에게해의 섬까지 정복한 고레스는 이제 바벨론 왕이 되었고, 동시에 애굽 경계선까지 이르는 바벨론 통치를 이어받았다.

만약 이 시간적 공간에 위치한 이스라엘 역사 시대를 패권을 차지했던 각각의 권력에 따라 나눈다면, 바벨론 시대는 명백하게 B.C. 539년 종결된 것이다. 물론 그것은 동일한 시각으로 볼 때 유대인의 바벨론 포로가 끝났다는 것을 의미하지는 않으며, 연대기적으로 각인된 소위 고레스 칙령의 표현도 그것을 암시하고 있다(스 1:1-4; 대하 36:22-23). 중요한 귀환은 B.C. 520년이 되어서야 겨우 시작되었다.[369]

2) 바벨론 통치하에서 유다

예레미야서와 에스겔서 그리고 애가에는 예루살렘 멸망 전후와 관련된 수많은 보도가 함유되었기 때문에, 이 보도는 예루살렘 사건이 유다의 사회 구조에 끼친 결과를 묘사하고 있을 개연성이 충분하다. 동시에 다양한 사회적 기반이 식별되며, 이 기반은 실제적인 것과 아주 긴밀하게 엮여 있다.

---

368 Albertz 2001, 90-91을 보라.
369 덧붙여서 아래 이스라엘 사회사의 시대 입문 V. 1.을 보라. Albertz(2001, 11-12)는 이 분기점을 근거로 포로기 서술을 B.C. 520년까지 진행해야 함을 주장한다.

(1) 통치 구조

B.C. 597년에 발생한 제1차 포로 과정에서 독특한 이중 구조가 관찰된다. 유다에는 포로가 된 여호야긴과 예루살렘에서 거주하는 시드기야, 즉 두 명의 왕이 존재하게 되었다. 여호야긴은 홀로 추방된 것이 아니라, 그와 함께—상류층에 속하는 사람들 이외에도—왕궁 사람들이 포로로 끌려갔기 때문에(왕하 24:12, 15), 왕궁이 바벨론으로 이동했다는 것은 적법하다고 말할 수 있다. 바벨론의 이송 문서[370]는 여호야긴과 함께 그의 다섯 아들에 대해서 언급하며, 그 문서는 여호야긴을 명백하게 '유다의 왕'으로 기록했다. 무엇보다 이미 포로로 끌려간 일부 상류층은 여호야긴을 자신의 왕으로 간주했다(참조. 에스겔서는 여호야긴의 포로를 기준으로 연대 기입을 한다).

마찬가지로 예레미야서에 전승된 하나냐의 예언이 보여 주듯이(렘 28:4), 유다에서도 일부 사람들은 여호야긴이 속히 귀환하여 본래 왕좌에 오를 것을 기대했다. B.C. 562년이 되어서야 사면된 여호야긴의 일시적인 구금에도 불구하고, 다윗 가문 계열이 미래를 위해서 얼마나 중요한가 하는 점을 여호야긴의 손자인 스룹바벨이 페르시아의 허락하에 권력을 이양받아 가장 중요한 인물 가운데 한 사람으로 다시 예루살렘에 등장한다는 것이 보여 준다(참조. 대상 3:17-19).[371]

하지만 여호야긴이 포로로 끌려가서 바벨론의 감독하에 놓이게 됨과 동시에 삼촌인 시드기야가 예루살렘에 왕으로 세워졌다(왕하 24:17). 그가 온전한 의미에서 왕이었음에도 불구하고—열왕기하 24:17이 단호하게 그것을 표현하고, 예레미야서는 그것을 시종일관 전제하고 있을 뿐 아니라, 에스겔 17:11-21도 역시 유대 왕권에 대하여 은유적 의미로 서술한다—시

---

370 TGI Nr. 46.
371 덧붙여서 아래 이스라엘 사회사의 시대 입문 V. 1.을 보라.

드기야는 예루살렘에서 아마도 합법성에 대해서는 의심받지 않았지만, 그의 통치가 지속될 수 있는가에 대해서 만큼은 의심받고 있다. 그런 이해는 하나냐가 여호야긴이 귀환하여 예루살렘 왕좌에 앉을 것이라는 선포가 전적으로 공적인 장소에서 발견된다는 점에서 확인된다(렘 28장). 포로로 끌려간 왕의 추종자에게 시드기야는 단지 여호야긴을 위해 임시로 자리를 맡아 주는 인물 정도로 이해되었다.

시드기야의 왕권이 끝난 이후에 그달리야가 바벨론의 총독으로 임명되면서 대략 400년 정도가 지난 이후에야 비로소 처음으로 다윗 가문 출신이 아닌 자가 유다에서 가장 높은 위치를 차지했다. 그로 인해 바벨론이 다윗 왕가의 통치를 종식시켰음에도 불구하고, 그것은 완전한 단절을 의미하지는 않는데, 바벨론은 최소한 요시야 이후부터 권력을 좌우하는 공직 가문에 속한 자를 지방의 통솔자로 위탁했기 때문이다.

그달리야는 자신의 통치 활동을 미스바에서 시작했다(왕하 25:23; 렘 40:6, 8, 10 등등). 이것은 예루살렘이 파괴되었다는 사실과 연관된 것이지만, 상징적 의미로 해석하는 것이 보다 개연성이 있다. 다윗 가문의 통치가 종식된 것처럼, 성전은 파괴되었지만 그 장소는 여전히 순례자의 목적지이기 때문에, 예루살렘은 더 이상 지방 행정의 소재지가 될 수 없었다.

그달리야의 통치 구조에 대해서는 알려진 바가 거의 없다. 명백한 것은 바벨론의 임명을 받은 정부라는 것이다. 그달리야 자신도 "우리에게로 오는 갈대아 사람을 섬기리니"(렘 40:10)라고 언급하며, 그에게 복종하는 사람은 누구나 "바벨론 왕을 섬겨야" 했다(왕하 25:24; 렘 40:9). 따라서 바벨론과 관계를 형성한 자들이 미스바에 위치한 그달리야 정부의 지배층을 형성했다(렘 41:3). 그러나 동시에 그달리야는 과거의 공직자와 군대 종사자가 그 땅에 머물도록 격려했다(왕하 25:23-24; 렘 40:7-9). 예레미야 41:10의 부수적인 기록에서 추론할 수 있는 것은 그달리야의 주변에도 "왕의 딸들"

이 있었고, 따라서 다윗 가문에 속한 자도 미스바 지역에 머물렀다는 점이다. 결국에는 다윗 가문에 속한 한 사람이 그달리야를 살해했다(왕하 25:25; 렘 41:1-2).

그달리야가 살해된 이후에 땅에서 무슨 일이 있어났는가 하는 점은 우리의 지식을 넘어선다. 바벨론이 유대를 재차 지방 관할 구역(Provinzverwaltung)으로 삼은 것이 아니라, 자신들의 수중에 넣고 관리했다는 점은 분명하다.

(2) 유대 지역의 소유지에 대한 상황

다양한 성서 본문에서 확인되는 수많은 진술에도 불구하고, B.C. 597, 587/6 그리고 582년 세 번에 걸친 포로 이송을 통해 얼마나 많은 사람이 유다에서 끌려갔는지 밝혀내는 것은 여전히 어려운 일이다. 후대의 표상이 땅을 완전히 공허할 정도로 서술하는 것은 역사적 근거가 없음이 분명하다. 아마도 포로민의 숫자는 전체 유다 백성의 4분의 1에서 최대한으로 본다면 3분의 1까지 추정할 수 있을 것이다.[372] 특히, 상류층에 속한 자와 전문가 집단이 추방되었고, 그들이 바벨론에서 다양한 업무에 종사했다는 점은 명백하다.

B.C. 597년 첫 번째 포로 이송 이후에 상류층의 일부는 유대 땅에 머물러 있는 반면에, 일부는 바벨론 포로에 포함되어 있었다는 입장이 제기되었다. 그로 인해 나타나는 갈등은 포로민에 속한 에스겔이 예루살렘에 남아 있는 자의 입에서 회자된다고 이야기하는 인용구에서 확인된다.

> 너희는 여호와에게서 멀리 떠나라 이 땅은 우리에게 주어 기업이 되게 하신 것이라 했나니(겔 11:15; 참조. 33:24).

---

[372] 참조하라. 충분한 논의에 대해서는 Albertz 2001, 73-80.

그것은 남은 자가 포로로 끌려간 자를 앞으로도 지워버릴 뿐만 아니라, 주인 없이 버려진 소유지를 합법적으로 사유화하려는 것을 보여 준다. 따라서 이러한 발전 단계에서 남아 있는 자와 포로로 끌려간 자의 갈등은 땅을 소유하는 상류층 내부의 갈등이다.

이것은 두 번째 포로 사건과 함께 달라진다. 이번에도 마찬가지로 상류층이 대거 포로로 끌려갔다. 열왕기서에 따르면 포로 이송을 주관했던 바벨론 장교는 "그 땅의 비천한 자" 중에 일부를 "포도원을 다스리는 자와 농부로 남겨 두었다"라고 서술한다(왕하 25:12; 렘 52:16; 열왕기하 24:14에서 확인되는 첫 번째 포로 사건과 동일한 것은 시대착오적인 것이다). 이러한 메모는 그달리야의 짧은 통치 기간에 발생한 사건을 서술하려는 예레미야서의 보도에서도 사용되었다.

> 사령관 느부사라단이 아무 소유가 없는 빈민을 유다 땅에 남겨 두고 그 날에 포도원과 밭을 그들에게 주었더라(렘 39:10).

그것은 소유주들 사이에서의 재분배가 아니라, 토지 개혁적인 특성을 갖는다.

사회사적 관점에서 이 사건의 중요성을 알기 위해서 우리는 B.C. 8세기 이후부터 이스라엘과 유대 사회에는 점차적으로 땅을 소유하는 경향이 증가했다는 것을 상기할 필요가 있다. 공동체에게 점차로 확산되는 과도한 채무는 땅의 상실과 개인 자유의 상실로 귀결되었다. 소수의 땅의 귀족 가문이 과거에 자유를 누렸던 농가를 의존적으로 만들고, 그들의 땅을 탈취했다.[373] 만약 예레미야 34:8-22가 채무로 인하여 노예가 된 다수의 사람들이 예루살렘에 있다는 것을 가정하고 있다면, 이들은 예레미야 39:10이

---

[373] 위에 이스라엘 사회사의 시대 입문 III. 2.를 참조하라.

언급하는 '아무 소유가 없는 빈민'을 의미할 가능성이 높다. 그들은 자신에게 과도한 채무를 부과하여 의존적으로 만들었던 자의 소유를 차지하게 되었다.[374]

바벨론으로부터 임무를 부여받은 그달리야가 권력을 잡으면서 전쟁을 피해 주변국으로 달아났던 자들이 속속 돌아왔다. 그들은 그달리야의 허락하에 유다에 정착했을 것이다(렘 40:11, 12a). 경우에 따라서 그들이 자신들의 초기 소유지로 제한된 것이 아니라, 이제는 포로지로 끌려간 자들이 소유했던 땅도 경작했다는 것은 충분히 개연성이 있다.[375] 그에 상응하는 예레미야 40장의 진술은 다음과 같이 마무리된다.

> 포도주와 여름 과일을 심히 많이 모으니라(12b).

그달리야에 대하여 긍정적으로 평가하는 예레미야 39-40장에 따르면, 토지 개혁과 피난 갔던 이들을 정착시키는 것은 정의를 재건하는 행위였을 뿐만 아니라, 그 결과로 그들은 풍년이라는 축복도 받았다.

만약 예레미야 39장과 40장에 기록된 서술과 애가에서 확인되는 모습을 비교한다면, 전혀 다른 세상을 묘사한다고 생각할 것이다. 보편적인 파괴에 대해서만 탄원하는 것이 아니라, 먹을 것(1:11; 2:12; 4:4, 9), 마실 것(4:4; 5:4) 그리고 땔감(5:4)을 구하기 힘든 상황과 지나친 물가 상승에 대해서 탄원하고 있다. 부녀자가 유린당하며(5:11), 전통적으로 권위 있던 모든 것이 무력하게 되었음을(1:4, 6, 15 등) 진술한다. 예레미야 39장과 40장이

---

[374] Kreißig (1972, 24)는 "지금까지의 임금 노동자는 … 이제부터 소유주(Besitzer)로 지정되어야 하며, 소유주는 분명 "사유자"(Eigentümer)는 아니다. 왜냐하면, 그것을 점령한 왕이 이 땅을 사유(Eigentum)하기 때문이다"라고 주장한다. 그것이 가능할 수 있을 수는 있지만, 결코 증명될 수는 없다. 땅 소유에 대해서 참조. Dietrich 2002.

[375] 이것이 "떠난 장소를 강제로 점유한 것"(그러한 이해로는 Albertz 2001, 82)으로 해석될 수 있는지에 대해서는 결정될 수 없다.

낙관적인 새로운 시작을 상기시키고 있다면, 애가는 벗어날 탈출구가 전혀 보이지 않는 포괄적인 재앙을 보여 준다.

이러한 상반되는 관점에 대해서 사람들은 다양한 원인을 제시할 수도 있다. 한편으로는 도시 탄원에 대한 용어인데, 이것은 애가에서 발견되며, 특정한 관용구를 중심으로 표현되었다. 하지만 이 표현과 관련하여 그것이 실재성과 어느 정도 일치하는가 하는 질문은 개별적으로 이루어지지 않았다. 다른 한편으로 예루살렘의 정복과 파괴가 2-3년 후에는 전혀 다른 모습으로 보일 수 있었던 반면에, 애가의 일부는 예루살렘 정복과 파괴 시기와 직접적으로 관련이 있다는 것이 가능하다.[376] 하지만 중요한 것은 두 본문이 동일한 사건을 다양한 관점으로 수용하고 있다는 사실이다.

이것에 대한 일례는 예레미야애가 5:2이다.

> 우리의 기업이 외인들에게, 우리의 집들도 이방인들에게 돌아갔나이다(애 5:2).

대구법으로 나오는 첫 단락에서 탄원하는 '우리'는 '외인들'에게 소유가 넘어갔다는 것을 확증하고 있다. 토지 개혁으로 볼 수 있는 동일 사건이 예레미야 39:10에서는 긍정적으로 언급되었다. 이 사회 그룹은 그달리야의 조치를 통해 땅 분배가 정의롭게 회복된 것으로 이해한다. 다른 그룹은 동일한 사건을 재산 몰수로 간주한다. "아무 소유가 없는 빈민"(렘 39:10)이 우위를 점한 것은 그들에게 "종들"의 지배로 인식되었다(애 5:8).[377]

---

[376] Janssen(1956, 40)은 지정학적인 차이가 중요한 역할을 할 수 있다는 추측을 제시했다. 예레미야 40장은 예레미야 그리고 미스바(Mizpa) 주변 지역만을 다루는 것이다. 이 땅의 다른 지역에서 그는 다르게 취급되었다.

[377] 예레미야애가 5:2에 대해서 Kreißig (1972, 26)은 다음과 같이 서술한다. "우리는 이 탄원을 유대 토지 소유자 계층으로만 소급시킬 필요가 있다…."

동시에 이 그룹은 친그달리야적인 예레미야 서술에서 침묵하는 사건을 예리한 시선으로 바라보고 있다. 만약 "우리 집"이 "외국인"에게 넘어갔다는 것을 탄원하고 있다면, 그것은 예레미야 39장과 40장에서 고려되지 않은 사건의 한 측면을 부각시키는 것이다. 바벨론뿐만 아니라 이웃 민족까지도 유다의 소유물을 점유했다. 물가 상승과 불안정한 상황과 같은 현상은—그러한 현상을 야기한 처벌받지 않은 폭력에 대해서 신랄하게 비판하고 있다—분명히 당시의 현실을 서술하는 것이지만, 이러한 현실은 번영해 가는 그달리야 시대를 묘사하는 예레미야에서는 지속적으로 희미해지고 있다.

그달리야의 살해 이후에 상황이 어떻게 진척되었는지에 대해서 명확하게 추적할 수는 없다. 페르시아 시대 초기에 관찰되는 갈등은 기본적인 상황이 전혀 변하지 않았다는 것을 암시한다.[378] 군주제 시기에 대규모의 토지를 소유할 수 있었던 자에게 바벨론의 유다 통치 기간은 그들의 토지를 **온전히 혹은 부분적으로 상실한 시대이다. 이 땅은 그것을 부유한 자에게 빼앗겼던 자들에게 돌아갔거나, 혹은 보다 명백하게는 바벨론과 주변 국가가 그것을 탈취했다.** 따라서 바벨론 시대의 유다는 그달리야의 사회 개혁에도 불구하고 '계층이 사라진 사회 집단'(klassenlose Gesellschaft)으로 서술될 수 없으며, 더군다나 우리는 그달리야 암살 이후 유다가 어떻게 진척되었는지 알지 못한다. 우리는 여기에서 소유권 변화를 특징으로 꼽을 수 있는데, 이러한 변화는 페르시아 시대에 발생한 분쟁 상황을 본질적으로 규정한다.

그 전에 우리는 포로로 끌려간 자의 생활 환경에 대해서 먼저 알아보아야 한다.

---

[378] Berges (2002)는 예레미야애가 5장을 "바벨론으로부터 귀환이 시작되는 시기 (B.C. 521년 이후)"로 연대 설정했다(277). 그럼에도 불구하고 그는—포로 시기가 시작된 이후에—당시 상황을 재구성하기 위한 것으로 본문을 정당하게 인용했다.

3) 포로기 이스라엘

서술에 앞서서 '포로기'라는 개념을 역대기 서술(대하 36:20-21)—그것의 초안으로 볼 수 있는 열왕기하 25장과는 평행하지 않은—이 제안하는 것으로 이해할 필요가 없다는 점을 명확히 해야 한다. 역대하 36:20-21의 이해에 따르면, 모든 이스라엘이 바벨론 포로로 끌려갔기 때문에, 땅은 70년 동안 '황폐'하게 되었다.[379]

이러한 묘사는 잘못된 것인데, 왜냐하면 전체 이스라엘이 추방된 것은 아니며, 또한 실제로 존재하지 않는 '끝'(Ende)이 포로기 시기로 종속되어 있다는 점에서 그러하다. **B.C. 6세기 초에 추방된 이후에 이스라엘 민족은 한편으로는 이스라엘 땅에서, 다른 한편으로는 이스라엘 외부인 이방 땅에서 이중적 존재로 살아갔다.**

그 후 2500년의 기간이 지나는 동안 두 집단의 양적, 질적 관계는 빈번하게 변화했다. 하지만 A.D. 1948년 발생한 이스라엘이 현재 국가로 설립되는 역사적 사건은 이러한 이중 존립의 기본 구조를 종식시키지 못했다. 여기에서 서술된 것에 따르면 '포로기'라는 주제는 예루살렘이 파괴되고 바벨론이 고레스에 의해 점령되기까지의 대략 50년으로 제한되는 것이 아니라, 페르시아와 헬레니즘 시대에 대한 논의에서도 재차 수용되어야 한다.[380]

서술하기 전에 나는 표제어에 '이스라엘'이라고 표현한 이유를 설명하려 한다. 실제로 B.C. 6세기 초에 추방되었을 때에는 '유다'만이 포로로 끌

---

[379] 포로기 그리고 (부분적으로) 포로기 이후 귀환에 대한 성서의 묘사를, 페르시아와 헬레니즘 시대의 유다에 민족적으로 혼합됨으로써 그들에게 공통된 정체성을 부여하는, 신화(Mythos)로 이해하려는 시도는 근거가 없는 것이다. 참조 Thompson 1998; Ph. R. Davies 1998. 그와 달리 "빈 땅에 대한 신화"가 실제로 신화를 보여 주고 있다는 Grabbe (1998b)은 주장은 정당하다. 참조. Blenkinsopp 2002. 역대하 36:20-21에 대해서 참조. Willi 1995, 18-26에 나타난 부설.

[380] 덧붙여서 아래 이스라엘 사회사의 시대 입문 V. 4. 그리고 VI. 4.를 보라.

려갔다. B.C. 732년과 722년에 북왕국 사람들이 포로로 끌려가고 (B.C. 701년에 유다가 추방된 것과 마찬가지로) 북왕국에는 흩어진 사람들이 여전히 남아 있었다. 그것에 대해서 앗수르 방식으로 표현된 유대인 이름 또는 앗수르 지역에서 발견되는 유대적 이름이 암시하고 있다. 우리는 그들을 앗수르에 의해 추방된 사람의 후손으로 이해할 수 있다.[381] 마찬가지로 포로로 끌려간 이후에 "B.C. 732, 722 그리고 701년에 발생한 초기 앗수르의 포로 이송으로 인해 이스라엘인과 유다인이 연결되고 있다는 것"을 추론할 수 있다.[382] 하지만 이들 개별 집단은 결코 정치적으로 중요한 집단이 아니었다.

유대인은 '이스라엘'이라는 오래된 명칭을 이제는 자신의 독자적인 표현으로 점차로 사용하기에 이르렀다. 명백하게 유다, 예루살렘 그리고 시온에 대해서 언급하는 포로기 예언자인 제2이사야에서는 야곱과 이스라엘에 대한 평행 진술도 중요하게 서술되고 있다(사 40:27; 41:8, 14 등). 북왕국이 멸망할 때까지 아마도 북왕국의 '작은 형제'였던 유다는 물론 이스라엘과 동일시되었다. 미래의 '재결합'(Wiedervereinigung)을 고려하고 그리고 예나 지금이나 두 집단 '이스라엘'과 '유다'를 출발점으로 삼고 있는 본문에서(참조. 렘 31:27, 31; 겔 37:15-28; 호 2:2)[383] 북왕국 '이스라엘'의 개별적인 재건을 염두에 둔 것이 아니라, 오히려 유대가 지배권을 가지고 통일된 전체 이스라엘이 고려되고 있다.[384] 분리된 국가로서 이스라엘과 유다가 멸망한 이후에 '이스라엘'은 유다와 사마리아 지역 주민 그리고 포로로 끌려

---

381 Zadok 1979, 35-38; 동저자, 1983/84; Oded 2000.
382 그러한 이해로 Albertz 2001, 88.
383 그와 같은 본문에서 남과 북의 차이가 지속되는 것에 Coggins (1989, 164)는 올바르게 주의를 기울였다.
384 페르시아 시대에도 바벨론 골라 공동체가 지속되는 것이 자명하다는 것으로부터 나타나는 갈등에 대해서는 아래에서 다룰 것이다; 아래 이스라엘 사회사의 시대 입문 V. 2. B.를 보라.

간 자에게도 지속적으로 이상적인 자기 표식이 되었다.

(1) 바벨론 골라

예언자 에스겔—제사장이며 상류층에 속했던 그는 B.C. 597년에 이미 추방되었다—에게 소급될 수 있는 문헌은 포로로 끌려간 사람들의 삶의 방식에 대해 빈약하지만 정보를 제공한다. 그들은 공동의 주거 지역에서 생활했다. 에스겔 자신은 그곳을 텔-아빕(Tel-Abib)이라고 언급한다(겔 3:15). 몇몇 신바벨론의 경제 문헌은 니푸르(Nippur)와 시파르(Sippar) 지역에 거주하던 유대인의 이름을 언급한다.[385] 페르시아 시대에서 기원한 그밖에 이름도 잘 알려져 있다(스 2:59; 8:17; 느 7:61).

하지만 유대 거주민이 이 지역에 정착한 것이 바벨론 시대인지 또는 그곳에 정착한 것이 페르시아 시대에서야 가능했는지에 대해서는 설명될 수 없다. 포로로 끌려간 자들은 그들의 주거 지역에서 집회를 개최할 수 있었다. 장로는 그들의 대표자로 이해되는데, 그들은 "유다의 장로들"(겔 8:1), "이스라엘 장로"(겔 14:1; 20:1, 3) 또는 "포로민(Gola)의 장로들"(렘 29:1)로 표현되었다. 이것은 포로로 끌려간 자가—제한적이기는 했지만—자치(自治)를 형성했음을 암시한다. 만약 포로로 끌려간 자에게 보내는 예레미야 서신이 집을 짓고 씨를 뿌리며 자녀를 서로 결혼시킴으로써(렘 29:5-6) 터전을 잡으라고 조언하는 것이라면, 예레미야는 에스겔 본문에서 추론되는 것과 유사한 삶의 형태를 전제로 했음을 알 수 있다.

예레미야 서신은 포로로 끌려간 자와 고향 땅에서 머물러 있는 자가 신속하게 연락을 취하고 있음을 보여 주며, 그것은 첫 번째와 두 번째 이송 사이의 기간, 즉 B.C. 597년과 586년 사이에 발생했다. 따라서 예레미야 29장은 예레미야의 기록뿐 아니라 포로 공동체인 골라(Gola)가 예루살렘

---

[385] Zadok 1979, 34-43; 동저자, 1983/84.

에 있는 성소 제사장 그룹에게 보내는 서신도 포함하고 있다(렘 29:26-28). 시드기야 통치 시절에 바벨론으로 떠나는 공식 사절단에게 예레미야는 여행길에 상징 행동을 할 것을 지시했다(렘 51:59-64). 반대로 시드기야 시대에 예루살렘에서 일어난 봉기에 대해 경고하는 에스겔의 상징 행동과 비유의 말은 상당히 신속하게 예루살렘에 알려졌을 경우에만 의미 있는 것이다.[386]

바벨론에 포로로 끌려가 정착하여 살아가는 사람들이 바벨론 궁정에서 살아가는 여호야긴 그리고 그의 주변 사람들과 어떠한 관계를 맺으며 살아갔는지에 대해서 유감스럽게도 우리는 어떤 것도 알지 못한다. B.C. 590년대의 것으로 추정되는 바벨론 증거 본문에서부터 B.C. 562년 여호야긴 방면에 대한 언급(왕하 25:27-30)에 이르기까지 여호야긴은 '유다의 왕'으로 호칭되었다. 그것은 여호야긴이 포로로 끌려갔지만 여전히 형식적으로 유대 지역의 최고 수장이라는 것을 암시한다.[387] 동시에 그는—물론 바벨론 통치하에서—포로가 된 유대인의 수장으로 여겨졌다. 하지만 그것은 문서로 명시되지는 않았다.[388]

고대 이스라엘 사회사를 계속해서 서술하기 위해 가장 중요한 것은 추방자 집단 내부의 발달이다. 국가 이전 사회 집단의 특징인 친족 관계를 근간으로 하는 구조는 왕정 시대가 종결될 때까지 본질적으로 유지되었다는 것이 서술의 출발점이 되어야 한다. 이것은 보다 큰 씨족의 틀에서 볼 때 가족이 사회 집단을 위한 기본 단일체이며, 가족 구조와 정착 구조는 전반적으로 일치한다는 것을 의미한다.

---

386 덧붙여서 참조. Lang ²1981, 160-163.
387 Sacchi (2000, 51-58)는 그러한 가능성을 정당하게 지적했다.
388 반대로 Sacchi (2000, 53)처럼, 포로로 끌려가서 정착한 자와 바벨론에 있는 왕이 교제할 수 있었다는 주장은, "그럴 수도 있었겠지만, 아주 험난했을 것"으로, 단순히 추측일 뿐이다.

물론 사회적 발달로 인해, 시리아-에브라임 전쟁 이후에 끊임없이 발발한 전쟁 사건으로 인해 가족 구조는 흔들렸고, 이 가족 구조는 동시에 사람들이 부채를 지고 자신의 소유물을 상실하거나 군사적인 돌발 사건으로 인해 소유지를 떠나야 했기 때문에 위기에 처했다. 이러한 상황을 이미 전제하는 신명기는 예나 지금이나 자유 소작농을 사회 집단의 근간으로 간주한다. 일부이기는 하지만 적어도 공직 가문은 상류층에서 가족 구조가 온전하게 유지되고 있다는 것을 보여 주는데, 우리는 부분적으로 그들의 후손을 추적할 수도 있다.[389]

가족 시스템은 포로로 끌려감으로써 그 당위성을 상실했다. 포로로 끌려간 자들이 정착한 장소는 분명히 국가 기관에 의해 배정된 곳이었다. 그들의 신분은 자유로운 토지 소유자가 아니라 필시 임차인이었을 것이다.[390] 친족 시스템의 근간을 형성하던 '유산 상속'은 사라졌다(포로기 이전 사회 집단의 기초인 naḥalah의 의미에 대해서 참조. 신 19:14; 왕상 21:3; 미 2:2 등). 더군다나 포로로 끌려간 장소에는 서로 친족 관계가 아닌 다양한 개별 가족 구성원들이 모이게 되었다. 부분적이지만 그들의 입장에서 볼 때 포로 유배는 가족을 갈라놓았다. 그와 유사하게 에스겔 24:21에는 "자녀들을 예루살렘에 두고서" 포로로 끌려간 자들이 기록되었다.

그러나 이러한 모든 것은 소속감의 토대로 이해되는 친족 관계가 사라졌음을 의미하지는 않는다. 그와 반대로 독립된 국가가 사라짐으로 인해 친족 관계성은 의심할 여지없이 더욱 중요하게 되었다. 물론 친족 관계는 새롭게 정비되었다. '사람들'이 알고 있었고, 무엇보다 공통의 주거 지역과 각각의 유산 상속을 통해 결정되었던 친족의 상태는 명단에 등록하는 것으로 대체되었다.

---

[389] 위에 이스라엘 사회사의 시대 입문 II. 4. B.를 보라.
[390] 참조. 질문에 대해서 Albertz 2001, 88-89.

에스겔 13:9는 그것에 대한 첫 번째 암시를 제공하는데, 본문에 따르면 에스겔 예언자는 "그들이 이스라엘 족속의 호적에도 기록되지 못하게 하며"라고 위협을 받고 있다. '호적'을 의미하는 $k^e tab$ 라는 용어는 ktb(기록하다)라는 어원을 함유하고 있으며, 문자화되어 나타나는 목록을 가리킨다. 이것과 동일한 표현이 에스라 2:62, 느헤미야 7:64에서도 나오는데, 그것은 모든 골라 이스라엘인이 등록해야만 했던 '족보'(Geschlechtsregister)를 가리킨다(참조. 스 2:62; 8:1, 3; 느 7:5, 64에서 확인되는 ktb 어근). 그것을 증명할 수 있는 사람만이 이스라엘에 속할 수 있었다. 그것을 증명할 수 없는 사람은 특별 취급을 받아야 했다(스 2:59-63; 느 7:61-65). 물론 에스라 2장과 느헤미야 7장에서 확인되는 목록은 페르시아 시대가 되어서야 기원한 것이지만, 에스겔 13:9와 내적 논리는 이러한 방식이 적어도 두 번째와 세 번째 바벨론 포로 이송, 즉 B.C. 586년과 582년 이후에 이스라엘로 속히 귀환할 것이라는 희망이 사라졌을 때에 발생했을 것임을 암시한다.

그러한 '소급시킨 연대 설정'(Rückdatierung)은 가족 연합(Familienverbände)이라는 표현에도 적용된다. 가족 연합은 아무리 빨라도 페르시아 시대에 기원한 본문들에서 확인되지만, 동시에 바벨론 시기에 실행된 것을 반영하고 있다($bêt\ 'abôt$[가문, 출 12:3; 대하 25:5; 35:12]). 그것을 통해 보다 오래된 $bêt\ 'ab$("아버지의 집"[391])이 계승되었다. 이 가족 연합의 지도자는 $ra'\check{s}ê\ bêt\ 'abôt$(대상 7:7) 또는 $ra'\check{s}îm\ l^e bêt\ 'abôt$(대상 24:24)라는 완전한 형태로 표현되었거나, 또는 대부분 $ra'\check{s}ê\ (ha)'abôt$(가문의 우두머리[민 36:1; 수 19:51; 스 1:5; 느 12:22; 대상 8:6 등])라는 단축형으로 나온다.

바벨론 포로에서 발전한 가족 연합 목록은 포로로 끌려간 자들을 연합시키고 그들의 정체성을 지키기 위한 사회적 토대가 되었다. 만약 골라 공동체가 자신의 정체성을 밝히는 주요 상징이었던 소위 할례, 안식일과 음

---

391 위에 이스라엘 사회사의 시대 입문 I. 2. C.를 보라.

식법 준수를 교육하지 않았다면, 그리고—종교 그리고 문화적으로 거의 압도적인 바벨론 환경에서—신학적으로 야웨를 유일한 하나님으로 고백하는 유일신 신앙 고백을 교육하지 않았다면, 이러한 정체성을 지키는 것은 거의 불가능했을 것이다. 이스라엘 사회사에서 이러한 것이 언급되어야 하지만, 상세히 설명될 수는 없을 것이다.

(2) 애굽 골라

그달리야가 살해된 이후에 모의에 책임이 있는 자들은 유대 남녀 그룹을 이끌고 애굽으로 달아났다. 동시에 그들은 예언자 예레미야 그리고 그와 긴밀한 협력 관계에 있던 네리야의 아들 서기관 바룩도 함께 데려갔기 때문에, 비록 후대 신명기 사가적으로 개정되기는 했지만[392] 우리는 그러한 사건을 예레미야 41-44장에서 만날 수 있다.

애굽 골라 공동체에 대한 연구에서 중요한 것은—여기에서는 우선 초기 애굽 공동체에 대한 것으로—예레미야 44:1에서 "애굽 땅에 사는 모든 유다 사람 곧 믹돌과 다바네스와 놉과 바드로스 지방에 사는 자"를 향해 선포되는 예레미야의 말이다. 이 서술은 사람들이 애굽 땅에 흩어져 있다는 것을 보여 준다. 믹돌과 다바네스(= 다프네 Daphne)는 나일강 삼각지에 위치해 있고, 놉은 삼각지 남쪽에 위치한 멤피스(Memfis)이며, 바드로스는 애굽 상부를 일컫는다. 히브리어로 사용된 분사 $hajjoš^eb\hat{i}m$("거주민")은 분명 이 유대인이 이미 오랜 기간 그리고 지속적으로 언급된 지역에 정착했다는 것을 의미한다.

'바드로스 지방'에 대한 언급을 통해 우리는 애굽 상부 지역인 엘레판틴(Elephantine)과 그 지역에 정착한 유대 군인 거주지를 연상할 수 있다. 그 지

---

[392] 예레미야 41-44장에 대한 문학적 질문에 대해서 참조. Kessler 2002, 특별히. 57-63; Lohfink SJ 1978; Thiel 1981; Wanke 1971.

역에서 출토된 사료(Urkunden)는 B.C. 5세기에 기원한 것이며, 따라서 페르시아 시대를 다루는 장에서 거론되어야 할 것으로 보인다.[393] 하지만 엘레판틴-파피루스(Elephantine-Papyri)를 토대로 우리는 애굽이 페르시아 캄비세스에게 B.C. 525년에 정복되기 전에 유대 공동체의 야후-성전(Jahu-Tempel)이 존재했다(TAD A4.7 그리고 A4.9[394])는 것을 명백하게 확인할 수 있다.

B.C. 7세기 또는 6세기에 있었던 자발적 이주(Einwanderung)는 지중해 동쪽에서 유입되는 용병과 상인의 정착을 지원한 왕조, 즉 자이텐 왕조(Saiten-Dynastie, B.C. 664-525) 치세 동안에 퍼졌던 실제적인 것과 일치한다. 내적 근거들은 이 군인 주거 집단이 유다의 후대 왕정 시기에 이미 발생했다는 점을 시사한다. 야후(Jahu)와 함께 아쉼-벧엘(Aschim-Bethel) 그리고 아낫-벧엘(Anat-Bethel)이라는 신들이 언급되는 것은,[395] 만약 엘레판틴으로 이주가 이미 B.C. 7세기에 이루어졌다면, 쉽게 설명될 수 있다.

애굽 이주자는 자신들이 고향에서 경험했던 야웨 종교 형태를 애굽으로 가져갔으며, 그곳에서도 준수했다. 하지만 이러한 형태는 자신들의 고향에서는 이미 진부한 것이 되어 있었다.[396] 또한, 예루살렘 이외 지역에서도 성전을 지을 수 있다는 당위성은 요시야의 제의 중앙화(Kultzentralisation) 이후에는 거의 상상할 수 없는 것이었다. 바벨론 골라 공동체는 분명히 어떤 성전 건설도 시도하지 않았다. 이러한 관찰을 기반으로 아리스테아스

---

393 아래 이스라엘 사회사의 시대 입문 V. 4. B.를 보라.
394 마찬가지로 TGI Nr. 51-52.
395 Beyerlin 268-269.
396 그와 달리 Donner (³2001, 383)는 다음과 같이 주장한다. "엘레판틴(Elephantine)의 유대 군대 주둔지는 자신의 전통적인 야웨 종교에 있어서 독자적이며 고유한 방법으로 진행시켰다." 그 주둔지에 거주한 유대인은 분명 엘레판틴에서 마찬가지로 확인되는 아람인으로부터 그밖의 가나안 신을 수용했고 동시에 자신의 주신(Hauptgott)인 야후를 섬기며 존속했을 것이다. 이것은 배제되어서는 안 되며, 또한 결코 긍정적으로 서술되지도 않았다.

편지 13장(Aristeasbrief § 13)³⁹⁷의 기록은, 물론 그것이 헬레니즘 시대에서 기원했음에도 불구하고 중요한 의미를 갖는다. 이 편지는 파라오 쌈메틱(Psammetich)이 — Psammetich I.(664-610) 또는 Psammetich II.(595-589) — 유대 군대에게 에티오피아 왕에 맞서 싸우라고 명령한 것을 보도하고 있으며, 그것은 왕정 시대에 이주가 있었음을 전제하는 것이다.

이것은 바벨론 골라 공동체와는 전혀 다른 모습이라는 점이 입증되었다. 바벨론 골라 공동체가 강제 이송을 통해 생성된 것과 달리, 애굽 공동체는 자발적인 이주였다. 바벨론으로는 상류층의 대부분 그리고 전문 인력이 포로로 끌려갔지만, 애굽으로는 특히 군인과 상인들이 이주했다. 바벨론 골라 공동체의 시작은 B.C. 597년 이후부터 시작된 강제 이송을 통해 명확하게 표시될 수 있지만, 애굽으로 이주는 후대 왕정 시대부터 나타나는 점진적인 과정으로 볼 수 있다. 바벨론으로 이송된 자는 강제로 끌려간 자로 이해될 뿐만 아니라, 그들은 가능하다면 속히 귀향하기를 소망했다. 애굽으로 이주한 자는 그곳에서 기반을 세웠고 애굽을 자신들의 새로운 고향으로 간주했다. 물론 예레미야 44:1은 그들이 애굽에서도 유대 정체성을 고수했음을 보여 준다.

바벨론과 애굽의 유대 공동체는 기원이 다른 것처럼, 그들 공동체는 이후의 발전 양상에도 차이를 보여 준다. 바벨론 골라 공동체가 페르시아 시대의 유대 공동체 발전에서 지배적인 역할을 하고 있는 반면, 애굽 골라 공동체는 이 시기에 주변적인 존재였을 뿐이다. 애굽 공동체가 중요하게 취급되는 시기는 적어도 헬레니즘 시대에서야 도래했다.

---

397 JSHRZ II, 35-83.

5. 페르시아 시대의 지방 사회 집단

* 참고 문헌: Beyse 1972; Briant 2002; Carter 1999; Dandamaev 1989; Ph. R. Davies (Hg.) 1991; W. D. Davies/ L. Finkelstein (Hg.) 1984; Eskenazi/ Richards (Hg.) 1994; Frei/ K. Koch ²1996; Gallazzi 2002; Galling 1964; Gerstenberger 2005; Grabbe 1994; Karrer 2001; Kellermann 1967; Kippenberg 1978; H. Koch ²1996; Kreißig 1973; Olmstead ²1959; Reinmuth 2002; Sacchi 2000; Sasse 2004; Schaeder 1930; Schaper 2000; In der Smitten 1973; Stern 1982; Wiesehöfer ²1998; Willi 1995; Williamson 2004; Yamauchi ²1991.

만약 우리가 B.C. 520-515년에 있었던 예루살렘 성전 건축과 봉헌을 기준으로 생각한다면, 이제 새롭게 출발하는 시대를 제2성전 시대로 표현하는 것은 적절하다. 그렇다면 동시에 우리는 이 시대를 로마에 의해 성전이 파괴되는 A.D. 70년으로 확장되어야만 한다. 이스라엘 사회사에 있어서 페르시아, 그리스 그리고 후대의 로마를 통해 이루어진 각 패권 국가는 사회 형태를 위한 중요한 연속성을 형성하므로, 나는 여기에서 광범위한 제2성전 시대 중에서도 특별히 페르시아 시대를 구분하여 먼저 다룰 것이다.

1) 고레스에서 알렉산더까지

페르시아 왕국은 본래 소규모 국가였으나 아케메니드(Achämeniden)족인 고레스 2세가 20년 동안 통치하면서 큰 권력을 가진 제국으로 발전했고, 이란의 산악 지대뿐만 아니라, 소아시아 전역과 에게(ägäisch) 해변까지 지배했다. B.C. 539년에 고레스는 전쟁을 치르지 않고 바벨론에 입성하여 바벨론의 왕이 되었고, 애굽 경계까지 이르는 바벨론 영토를 이어받았다. 이와 동시에 바벨론 포로로 끌려온 유대인뿐 아니라, 앗시리아와 신바벨론 시대 이후에 이스라엘과 유다의 영토에 발생했던 모든 지방이 페르시아 왕의 수중에 들어갔다.

B.C. 525년에 고레스의 아들 캄비세스(Kambyses)는 애굽 정복에 성공했다. 그와 달리 그의 후손은 유럽 대륙의 그리스 도시 국가를 굴복시키는 것에 성공을 거두지 못했다. 그럼에도 불구하고 B.C. 5세기의 페르시아는 인도에서 에게해까지 그리고 카스피해(Kaspischen Meer)에서 상부 애굽까지 이르는 유래 없는 큰 제국을 건설했다.

물론 이러한 페르시아의 통치가 논쟁이 없는 것은 아니다. 특별히 중요한 의미를 갖는 지중해 동부 연안에서 애굽의 봉기가 수 차례 있었으며, 심지어 애굽 봉기를 진압했었던 페르시아 장군 메가비조스(Megabyzos)가 진압한 이후에 봉기를 들기도 했다. B.C. 5세기 중반의 이러한 사건은 페르시아 제국의 남서쪽이 불안정한 상태였음을 암시한다. 결국, B.C. 404년에 애굽은 완전히 점령되었다. 애굽은 20년 동안 다시 페르시아 제국에 복속되었다. 하지만 B.C. 333년 이소스(Issos – 알렉산더 대제가 페르시아의 다리우스 3세를 물리친 지역: 역주) 전투에서 패한 이후에 애굽과 지중해 동부 연안에 대한 페르시아의 지배력은 쇠퇴했다. B.C. 331년 알렉산더 대제의 바벨론 진격과 함께 200년간 지속된 페르시아 제국의 역사는 막을 내렸다.

고대 세계사가 질적으로 새로운 국면에 접어든 것은 페르시아의 확장 정책 때문만은 아니었다. 제국 정책의 기본적인 특징에 있어서도 페르시아 제국은 앞서서 등장한 제국과는 차이를 보여 준다. 먼저, 앗시리아와 바벨론이 실행했던 이주 정책이 부분적으로 철회되었다는 점이 강조될 필요가 있다. 이러한 정책을 보완하는 것으로 페르시아는 각 민족이 자신들의 지방에서 부분적인 자주성, 특별히 문화적인 (그리고 당시 상황을 고려한다면 종교적인) 영역과 관련한 자주성을 가질 수 있도록 허락했다는 점이다. 이러한 새로운 정책의 목적은 피지배 민족이 아케메니드 왕가에 충성하도록 하기 위함이

었다.[398]

 이러한 정책은 제국에 바치는 세금 징수에서도 발견된다. 앗시리아와 바벨론이 했던 것처럼, 세금 징수를 위해 페르시아는 지방 시스템을 조력할 수 있는 효율적인 관청을 세웠다. 과거 제국과 비교할 때 가장 중요하면서도 새로운 부분은 중앙과 지방을 연결하는 행정 구역(Satrapie)을 신설했다는 점이다. 지중해 동편은 일괄적으로 유프라테스 건너편의 행정 구역에 편입되었다. '페르시아 우편'(persische Post)이라는 신속한 의사소통 시스템을 활용하여 중앙 행정부는 모든 지방에서 일어나는 현상에 대처할 수 있었다. 비밀 경찰("왕의 눈" 또는 "왕의 귀"[399])은 정부가 모든 현상을 조기에 인지할 수 있도록 정보를 조달했다.

 통일된 통치 기구와 행정 기구 산하에 다양한 지역 문화를 조화시킨 페르시아 제국은 이스라엘 백성의 역사가 지속적으로 펼쳐질 공간이었다. 이와 함께 '이스라엘 백성이란 무엇인가?' 그리고 '누가 이스라엘에 속했는가?' 이런 질문에 대답해야 할 필요성은 페르시아 시대에서 증가했다. 이스라엘에 속했다는 것을 주장하는 다양한 그룹은 단순히 표면적으로도 나뉠 수 있다. 가장 분명하게는 바벨론 골라 공동체에 속한 자들이 이러한 요구를 했다.[400] 덧붙여서 유다와 사마리아 지방에 거주하는 자들을 거론할 수 있으며, 그들이 이스라엘 백성에 속했다는 점은 바벨론 골라에 속한 자들을 통하여 조금도 의심할 여지없이 인정되었다.

---

398 Ahn(2001)은 페르시아 종교 정책이 "관용"을 행할 것이 아니라 오히려 "다른 제국 영토를 행정적 그리고 정치 군사적으로 전면적으로 지배하기 위한 수단"의 일환이었다는 것을 올바르게 강조했다.

399 Xen. Kyr. VIII, II, 10-12; Her. Hist. I 114.

400 Vogt 1966, 특별히 22-43 참조. 그에 따르면 "골라(הלוֹג)는 전체 이스라엘 백성을 대변하는 것이다"(42).

마지막으로 주변의 지방(Provinz)에 거주하는 사람들을 거론할 수 있는데, 그들은 아마도 애굽 디아스포라처럼 유대 또는 이스라엘 사람으로 이해될 수 있을 것이다. 엘레판틴에 거주하는 유대인은 중요한 종교적 현안을 직접 예루살렘에 문의했으며, 그들은 자신을 유대인으로 생각했고, 예루살렘을 자신들의 중심으로 인정했다. 물론 사료적인 측면과 영향사를 근거로 보았을 때 유다와 예루살렘에 관심이 집중되고 있음에도 불구하고, 그러한 모든 집단은 본래에는 사회사 서술에 편입되어야만 한다.

페르시아 시대의 사건사를 볼 때 두 가지가 부각된다. 하나는 초기 시기에 있었던 것으로, 이 시기에 골라 공동체에서 첫 번째 귀환 무리가 나타났으며, B.C. 520-515년에 두 번째 성전이 재건되었고, 유다에 공동체 조직이 새로운 형태로 구성되었다. 다른 하나는 B.C. 445-433년에 시작된 느헤미야 사역과—나의 연대 측정에 따르면—B.C. 398년 시작된 에스라의 사역이 바로 그것이다.

바벨론 제국을 점령한 이후에 페르시아는 예루살렘 성전 재건이라는 가능성을 열어 놓았고, 그곳을 관할하는 페르시아 관청과 그곳에 뿌리를 내리고 살아가는 사람들에게 재건에 대한 권한이 있었다. 이것은 아마도 B.C. 538년에 있었던 고레스 칙령의 역사적인 핵심으로 간주되며, 그 문서는 에스라 6:3-5에서 아람어로 전승되고 있다. 에스라 5:14에 따르면 '총독'(Statthalter)이라는 칭호를 담지한 세스바살(Scheschbazzar)은 성전 기물을 가지고 귀환하는 것과 성전 재건 사업을 위임받았다. 하지만 건축 사업은 B.C. 520년 다리우스 1세(Dareios I) 때에야 비로소 시작되었다. 성전 건축을 강하게 독려하며 선전하는 학개와 스가랴를 근거로 본다면, 경제적으로 궁핍해진 주요 원인은 성전 건축 지연에 대한 결과로 추론될 수 있다(학 1:2-11; 2:15-19; 슥 8:9-13).

다리우스가 왕권 다툼과 자신의 권력을 견고하게 할 수 있었던 1년 반의 기간이 지난 이후, 즉 B.C. 520년이 되어서야 비로소 포로로 끌려갔던 자들 가운데 상당한 무리가 유다의 마지막 직전의 왕이었던 여호야긴의 손자인 스룹바벨(Serubbabel)의 인솔하에 유다로 돌아왔다(스 2:2; 족보에 대해서 참조. 대상 3:19). 세스바살처럼 '총독'이라는 칭호를 담지한 스룹바벨에게 성전 건축에 관한 핵심 역할이 부여되었다는 것은 성전 재건이 우선적으로 골라 공동체에 속한 자의 임무라는 점을 암시한다. 5년의 건축 기간이 지나고 성전은 B.C. 515년에 봉헌될 수 있었다(스 6:15).

'총독'이라는 칭호로 불렀던 두 사람, 세스바살과 스룹바벨을 언급하는 것[401]과 함께 우리는 논란의 여지가 충분한 질문에 봉착하게 된다. 유다는 과연 처음부터 독립된 '**지방**'(Provinz)이었는가 아니면 보다 큰 지역이었던 사마리아 지방의 일부였고, 느헤미야의 활동인 B.C. 5세기 중반 이후에야 비로소 독립된 지방이 되었는가? 알트(A. Alt)는 후자의 경우를 추론했던 학자이다.[402] 알트가 주장을 제기한 이후 1934년에 몇몇 비문 자료가 발견되었는데, 그것은 느헤미야 이전에 이미 독립된 유다 지방에 총독이 존재했음을 암시하는 것이었고, 알트가 중요하게 해석했던 성서 자료를 새로운 관점으로 밀어 넣었다. 성서에서 단지 세 명만이 이름과 함께 '총독'(pæḥah)이라는 칭호가 붙어 있다. 세스바살(스 5:14), 스룹바벨(학 1:1, 14) 그리고 느헤미야(5:14; 12:26). 그들을 제외한다면 3회의 경우에는 총독이라는 언급이 나오지만 이름은 기록되지 않았다(말 1:8; 스 6:7; 느 5:15).

덧붙여서 성서 이외의 증거인 인장 각인에 언급된 엘나단(Elnatan), 항아리 각인에 언급된 총독 예호에제르(Yehoʿezer)와 아자이(Ahzai), 동전에서 확인되는 예히즈기야(Jehizkijah)와 엘레판틴 서신에서 잘 알려진 바고히(Ba-

---

401 두 사람에 대해서는 Japhet(1982; 1983)을 참조하라.
402 Alt ³1964e; McEvenue(1981)에 대해서는 조심스럽게 동의할 수 있다.

gohi)가 거론될 수 있는데, 특히 바고히는 유일하게 명백히 페르시아 이름을 사용하고 있다.[403] 그것을 기반으로 유다 총독을 빈틈없이 재구성할 수 있는가[404] 하는 점은 분명하지 않을 뿐만 아니라, 비문의 연대를 추정하는 문제와 결부된다. 적어도 이러한 이름이 적지 않았다는 점은 유다가 B.C. 5세기 중반까지 사마리아에 종속된 지방에 불과했을 것이라는 추측을 개연성이 없는 것으로 만들었다.

다른 한편으로 "다양한 증거는 … 유다의 상황과 정치 구조의 변화가 … B.C. 5세기 후반에 시작되었다는 것을 가리킨다."[405] 그러한 이유로 카터(C. Carter)는 페르시아 시대를 '페르시아 1기'(Persian I.: 538-450)와 '페르시아 2기'(Persian II.: 450-332)로 구분했다.[406] B.C. 5세기 중반 이후에 요새를 건축한 것과 거주지를 보다 견고하게 구축한 것은 언급될 필요가 있는데, 특별히 요새 건축은 애굽의 반란과 메가비조스(Megabyzos)의 봉기와 맥락을 같이한다.[407] 덧붙여서 이 시기 이후부터 인장의 숫자가 급격히 증가했고, 유다 지방의 동전을 찍어내기 시작했으며, 아람어 이름이 통용되었다. 따라서 오래된 입장은 수정될 필요가 있다. 유다가 "사마리아에 종속된 지방"은 물론 아니었지만, 마찬가지로 "느헤미야 이전에 이미 정치적으로

---

[403] 자료를 어떻게 다룰 것인가에 대해서 특별히 Avigad 1976, 5-7. 11-13. 22. 28. 32-36을 참조하라.
[404] Avigad(1976, 35)는 그러한 시도를 감행했다; Schaper 2002, 163; 또한 Williamson(2004, 46-63)을 참조하라.
[405] Karrer 2001, 37.
[406] Carter 1999, 116-117. 동일하게 Stern의 다음과 같은 관점을 참조하라(1981, 12-14). 지방을 건설하는 시도하는 것이 존재했고 그것은 동시에 페르시아 통치의 출발점이 됐지만, 그러나 느헤미야 통치하에서 "지방을 재건한 것은 아니지만, 지방의 부흥"(14)이 일어나게 되었다; 동저자, 1984, 72-24.82-83 참조하라. 마찬가지로 Grabbe 1994, 81-83("느헤미야 이전에 유다에 총독이 있었다는 것은 개연성이 있다.", 83). 이와 동일한 의미에 대해서 Willi 1995, 30. 그는 "독립된 지방 행정에 대한 단초"에 대해서 서술한다.
[407] 위에 이스라엘 사회사의 시대 입문 V. 1.을 보라.

견고한 유다 지방이 존재했다는 것도 개연성이 희박하다."⁴⁰⁸

사마리아가 처음부터 독립된 지방이었다는 점에는 논란의 여지가 없다. 하지만 마찬가지로 새로운 발굴은 지금까지 이미 알려진 성서 자료, 요세푸스 그리고 엘레판틴-파피루스를 새롭게 재평가할 것을 요구한다. 그러한 재평가를 바탕으로 사마리아 총독권은 B.C. 5세기 중반부터 산발랏 왕조(Sanballat-Dynastie)의 수중에 들어갔으며, 많은 총독이 그러한 이름을 사용했다는 결론에 도달한다. 그롭(D. M. Gropp)의 제안을 수용하여 가설적으로 재구성하면 다음과 같다. 산발랏 I세(Sanballat I.) – 델라야(Delaja) – 산발랏 II세(Sanballat II.) – 야두아(Jaddua) 또는 예슈아(Jeschua) – 하나냐(Hananja) – 산발랏 III세(Sanballat III.).⁴⁰⁹

전체적으로 이 자료들은, 이미 왕정 시대 역사가 보여 주는 것처럼, 북왕국 이스라엘과 남왕국 유다의 이원 체제는 두 독립 국가가 멸망한 이후에도 두 국가를 기반으로 하는 지방에서 지속되었다는 점을 보여 준다. 두 지방은 정치적으로 상호 분리된 집단이었으며, 두 집단의 관계는 서로 긴장을 유지했다. B.C. 5세기 중반에 느헤미야가 등장하고 나서야 비로소 유다는 정치적으로 사마리아의 그늘에서 명확하게 벗어났다.

느헤미야 시대까지의 서술이—학개와 스가랴 예언자 이외에도—특별히 에스라-느헤미야서를 의존하고 있는 것처럼, 느헤미야와 에스라의 활동에 대해서 에스라-느헤미야서는 아주 적절하게 이용될 수 있지만, 그 이외에는 느헤미야와 에스라의 활동과 관련한 어떠한 사료도 우리에게 주어진 것이 없다. 따라서 이러한 사료에 대한 나의 견해가 아주 상세한 근거와 함께 제시될 수는 없겠지만, 그것을 설명할 필요는 있다. 반사마리아

---

408 Karrer 2001, 42.

409 Gropp 2000. 또한 Galling의 보다 오래된 재구성에 대해서 참조하라(1964, 209-210); Cross 1975, 17.

정책 또는 유대 예언자 그룹에 대한 비방(느 6장)과 같은 각각의 구절에서 느헤미야의 관심이 부각됨에도 불구하고, 전반적으로 나는 느헤미야 1-7장과 11-13*장에 있는 소위 느헤미야-회고록(Nehemia-Denkschrift)의 역사적 신뢰성을 기반으로 시작할 것이다.[410] 마찬가지로 개별적인 본문에서는 단연코 구별해야 하지만, 에스라에 대한 자료에도 나는 역사적으로 신뢰할 만할 것이 있다고 생각한다.[411]

보편적인 정치의 발달을 중시하면서 비평적으로 검토된 에스라-느헤미야서의 자료를 토대로 우리는 다음과 같은 모습을 확인할 수 있다. 애굽의 봉기와 뒤이어 발생한 군대 장관인 메가비조스(Megabyzos)의 반란이 B.C. 448년 진압된 이후에,[412] 중앙 정부는 애굽에 인접한 지역을 진정시키는 데에 전념했다. 그런 이유로 아닥사스다 1세(Artaxerxes I.)는 B.C. 445년(느헤미야 1:1; 2:1에 따르면 자신의 통치 20년째 되는 해)에 그곳의 상황을 안정시키기 위해 자신의 음료를 담당하는 유대인 느헤미야(느 1:11)에게 예루살렘 귀환을 허락했다.[413]

느헤미야는 성벽을 재건하도록 했고(느 2:11-7:3), 아주 드물게 빚을 면제해 주는 조치를 취했으며(5:1-13), 집단 거주하게 함으로써(Synoikismos), 환언하면 예루살렘에 강제로 이주시킴으로써 그곳이 유령 도시가 되지 않

---

[410] 마찬가지로 Kellermann 1967; Blenkinsopp 1994; Grabbe 1994, 131-136; Karrer 2001, 128-133. 그리고 특별히 Reinmuth(2002)을 참조하라. Reinmuth는 회고록이 두 단계를 거쳐 생성되었음을 강조했다. 처음에는 성벽 건설 이야기가 있었고, "그것은 아마도 느헤미야 총독 시기에 생성되었을 것이고", 이것이 후에, 즉, "느헤미야가 유다에 영향력을 행사했던 시기가 끝난 직후인 B.C. 5세기 말에" 회고록으로 발전되었다(336쪽). Becker(1998)와 마찬가지로 적어도 연대기적 구성물이 느헤미야 보도에 존재했다는 주장은 아마도 확증될 수 없을 것이다.

[411] Karrer(2001)에게서 폭넓은 최근 연구를 확인할 수 있다. 에스라 자료에 관한 논의에 대해서 위를 보라. 156-158.

[412] 위에 이스라엘 사회사의 시대 입문 V. 1.을 보라.

[413] B.C. 445년 연대 설정에 대해서 Reinmuth(2002, 51-53)를 참조하라. 국가 엘리트 내부에서 비페르시아적 권력의 역할에 대해서 Weinberg(1999)을 참조하라.

도록 했다(느 7:4; 11:1-2). 느헤미야는 자신의 마지막 활동 시기에—느헤미야 13:6이 아닥사스다 32년째 되는 해이므로 B.C. 433년이다—성전 관리, 안식일 준수 그리고 비유대인 남녀와 결혼하는 관행에 대한 금지 조치를 관철시켰다(느 13:4-13).

유대 지방의 정치적 상황이 견고해진 이후에 수십 년이 지나고 나서야 페르시아 정부의 명을 받은 또 다른 유대 고위 관직자가 파견되었다.[414] B.C. 398년에 에스라는 규정된 "율법"(스 7:26)이 예루살렘에서 효력을 발휘하고, 이 율법을 기반으로 내부 개혁을 관철시키기 위하여 예루살렘으로 파송되었다. 에스라가 율법을 선포하는 것과 관련하여 우리가 관심을 갖고 질문할 것은 '율법은 어떤 본문과 동일시될 수 있는가?' 그리고 '율법은 페르시아 제국이 허락하는 보편적 인가(認可)라는 환경을 바탕으로 선포되었는가?'이다. 이것은 독립된 단락에서 설명되어야 한다.[415]

B.C. 398년의 에스라 파송부터 헬라 군대가 B.C. 333년에 페르시아를 잇소스에서 승리하기까지, 대략 55년 동안 유대와 사마리아의 사건사에 대한 보도는 우리에게 알려진 바가 거의 없다. 따라서 우리는 이 기간을 "암흑의 세기"(das dunkle Jahrhundert)라 부른다.[416]

---

414 에스라의 임무가 느헤미야보다 앞서서 시작하며 느헤미야와 중첩된다는 표상과—Schaeder(1930); Smitten(1973, 91-105); Frei / K. Koch ²1996, 243-245가 그러한 이해와 연결되어 있다—달리 나는 에스라가 느헤미야보다 대략 후대에 활동했다는 것을 출발점으로 삼는다. 두 인물은 에스라와 느헤미야서에서 실제로 전혀 같이 행동하지 않았다. 둘이 같이 언급되는 본문(느 8:9; 12:26)이 편집적 삽입구라는 것은 단번에 관찰된다. 무엇보다 현재의 연대기에 따르면 에스라는 느헤미야 8-9장에서 "하늘 하나님의 법"(스 7장)을 실용화시키기 전에 13년 동안 자물쇠를 채워서 보관했다. 느헤미야가 정치적 사안을 정리하고 그 후에 에스라가 종교적 사안을 정리했다는 것은 상당히 개연성이 있다. 많은 사람 이외에도 특별히 Pavlovský S. J.(1957)는 B.C. 428년 느헤미야 이후에 에스라의 연대를 설정하는 것을 대변하고 있다. Emerton(1966)은 주장의 근거를 철저하게 검증했으며 B.C. 398년이 개연성있는 에스라 연대임을 결론지었다.

415 위에 이스라엘 사회사의 시대 입문 V. 3. B.를 참조하라.

416 그러한 이해로 Donner ³2001, 467.

2) 페르시아 시대의 유대와 사마리아에서 확인되는 사회 집단과 국가

페르시아 시대의 사회 그리고 국가의 상황은 우리가 이스라엘 사회사에 대해 솔직하게 적법하다고 표현할 수 있는 것을 처음으로 광범위하게 보여 준다. **한번 발달한 사회 형태는 사라지는 것이 아니라, 지속적으로 발달하는 동시에 변형한다.** 이것은 국가 이전 시대부터 사회 집단의 기초를 형성해 왔던 친족 구조에도 적용된다. 이러한 표현은 국가 조직에도 유효하며, 왕정 시대에 국가 조직을 이루었던 요소들은 페르시아 시대에 지방 사회 집단(Provinzialgesellschaft)을 이루는 조건으로 변형되었다. 그러한 발달과 변형은 또한 사회 집단의 계층적 특성에서도 유효한데, 그 특성은 포로기를 통하여 시종일관되게 견지되었을 뿐만 아니라, 첨예화되었다.[417]

(1) 가족 구조와 가족 구조의 위기

B.C. 8세기 후반부터 발생한 강제 이주는 사회 집단의 기초라 할 수 있는 가족에게 엄청난 위기를 의미했다. 왜냐하면, 외부 상황으로 인해 사람들은 목숨을 잃었고, 가족들은 갈갈이 찢어졌으며, 또한 무엇보다 가족과의 관계 그리고 조상 대대로 전해 내려온 주거지인 가족 소유지와의 근본적인 관계가 파괴되었기 때문이다. 이러한 문제에 직면하자 사람들은 바벨론 지역에서 가정과 소유지의 연결을 분리시키고, 가족 관계를 족보 리스트에 문자로 기입하는 것과 결부시킴으로써 문제를 해결하려 했다. 그로 인해 가족은 사회 집단의 기초로 유지될 수 있었지만, 그것은 이제 족보로 등록된 '아버지의 집'(Vaterhaus)의 형태를 취하게 되었다.[418] 이러한

---

417 페르시아 시대 유대 사회 집단의 사회 구조에 대해서 참조하라. Schottroff(1982)에게서 연구의 상황을 볼 수 있다.
418 덧붙여서 위에 이스라엘 사회사의 시대 입문 IV. 3. A.와 마찬가지로 Karrer(2001, 88)의 언급을 보라: "בית־אבות속하는 것은 당연히 족보를 바탕으로 규정된다…." 페르

구조는 유대 지방에서도 동일하게 견지되었다. 한번 발전한 가족 관계에 관한 관료주의적 규정은 페르시아 통치하에 있는 지방 사회 집단의 조건에서도 유지되었다.

가족 관계에 대한 당위성의 위기는 정착지의 지리적 상황을 근거로 보았을 때 유대 지방에서 심화되었다. 유대 지방은 비유대적 지방으로 둘러싸여 있었던 아주 작은 지역이었다. 모든 유대인이 유대 지방에 사는 것이 아니었으며, 또한 유대 지역에 사는 모든 거주민이 유대인인 것도 아니었다.[419] 그 결과로 잡혼(Mischehe)이 생겨났다(말 2:11; 스 9-10; 느 13:23-27). 잡혼에 대한 느헤미야와 에스라의 비공식적 조치 중에서 적지 않은 것이 역사적으로 부합되지 않음에도 불구하고, 그것은 사안의 중요성을 보여 준다. 여기에서 프로파간다적 조치 혹은 관료적인 조치가 실행되었다는 것은 민족적 통일성이 거의 이루어지지 않았음을 자명하게 보여 준다.

게다가 B.C. 8세기 이후부터 이스라엘과 유다에서 나타나는 계층 분열도 가족 관계를 해체하는 것에 영향을 끼쳤다. 일례로 느헤미야 5:1-13은 과도한 부채가 어떻게 가족 구성원인 자녀를 채무 노예(Schuldsklaverei)로 전락시킬 수 있었는가를 보여 준다.[420] 더 나아가 본문의 전체 시리즈는 경제적 그리고 사회적 압박으로 인해 이웃과 가정의 연대가 파괴되는 것을 보여 준다.[421] 미가 7:5-6은 노골적으로 다음과 같이 표현했다.

시아 가족 시스템의 근간을 이루는 "아버지의 집"에 대해서 Vogt(1966, 101-105)와 Kippenberg(1978, 23-41)을 참조하라.

[419] 포로 사건과 이주가 있은 이후에 유대와 이스라엘 영토로 비이스라엘 민족 그룹들의 이동이 증가했다는 사실은 지속적으로 발굴되는 비문을 통해 입증된다. 덧붙여서 Eph'al(1998)의 조망을 참조하라.

[420] 이외에도 위에 이스라엘 사회사의 시대 입문 V. 2. B.를 참조하라.

[421] 덧붙여서 참조하라. Fechter 1998.

너희는 이웃을 믿지 말며 친구를 의지하지 말며 네 품에 누운 여인에게라도 네 입의 문을 지킬지어다 아들이 아버지를 멸시하며 딸이 어머니를 대적하며 며느리가 시어머니를 대적하리니 사람의 원수가 곧 자기의 집안 사람이리로다(미 7:5-6).

연대를 형성하는 이웃 구조와 가족 구조가 파괴되면서 특별히 여성이 위기에 처했다는 것은 자명하며, 수많은 성서 본문도 그것을 증거하고 있다. 느헤미야 5:5에 따르면 아들이 종으로 팔릴 수 있는 위기에 처한 것과 함께, 딸은 이미 노예로 전락했음을 보여 준다. 욥기 24:3, 9는 자신의 소와 젖먹이를 강탈당한 과부를 적나라하게 보여 준다. 마찬가지로 사마리아 파피루스도 노예로 전락한 여성을 기록한다.[422]

그럼에도 불구하고 여성의 위치가 페르시아 시대에 점점 악화되는 경향을 보여 준다는 것은 옳지 않을 것이다. 오히려 국가의 상실로 인해 삶을 위해서 그리고 개인의 생존을 위해서 가정의 중요성은 부각되었고, 이로 인해 여성의 중요성이 강조되었다.[423] 일반적으로 성(性)별 균형에 대한 규정을 서술하는 엘레판틴 혼인 계약서는—그것이 본국에서 기원하지 않았기 때문에—무시되지만, 그것이 중요한 증거를 함유하고 있다.

여성은 분명 유산 상속의 권한을 가지고 있었고, 그와 맞물려 유대 가족 소유지가 외국으로 시집간 여성으로 인해 또는 유대 남자가 이방 여인과 결혼함으로써 이방인의 수중으로 넘어갈 수도 있었기 때문에, 잡혼에 대한 문제는 대단히 심각한 것이었다;[424] 그러므로 잡혼에 대한 반대는 반여성주의가 아니라, 공동체의 정체성을 주제로 하는 것이다.

---

[422] 덧붙여서 위에 이스라엘 사회사의 시대 입문 V. 2. B.를 보라.
[423] Eskenazi(1992)를 참조하라.
[424] 덧붙여서 Washington(1994); Smith-Christopher(1994) 참조하라.

그밖에도 에스라-느헤미야서의 보도는 여성이 결코 가정에 제한되어서는 안 된다는 점을 보여 준다. 그래서 느헤미야의 치하에서 예루살렘 성벽을 건설할 때에 살룸은 자신의 딸들과 함께 성벽 보수에 참여했다(느 3:12). 느헤미야 6:14에는 전체 예언자 그룹을 이끄는 여선지자 노아댜가 언급되었다. 느헤미야 8:2-3은 토라가 낭독되는 백성의 집회에 명백하게 남성과 여성이 속했다는 것을 강조하고 있다(마찬가지로 참조. 스 10:1; 느 10:29).

느헤미야 5장은 백성 중에 있는 여성이 소동에 참여하고 있다는 것을 부각시킨다(1절). "총독 엘나단(Elnatan)의 'amat(אמת 여종/ 첩 - 역주) 쉘로밋(Schelomit)"과 같은 비문과 함께 발견된 여성의 인장은 다른 측면에서 사회 집단의 척도를 보여 준다. 이 인장의 정확한 연대에 대해서는 논쟁이 되고 있음에도 불구하고, 그것은 페르시아 시대에 기원한 것이며,[425] 봉인된 문서 시리즈와 함께 발견되었다. 그 시리즈 중에는 총독이 스스로 봉인한 문서와 지방 이름인 유대(Yehud)가 찍힌 그 여성의 봉인 문서가 등장한다. 따라서 이 여성은 "유대 지방 관청에서 중요한 위치를 차지했을 것이다."[426]

이스라엘 사회 집단에서 가족의 기본 기능이 존속하는 것은 한편으로 가족이 발전하는 것에서도 전반적으로 확인된다. 이 시기에는 고유한 왕가가 사라지고 혼합된 정착 구조가 나타남으로 인해 친족을 중심으로 사회 집단이 조직을 형성하는 것은 중요한 의미를 가지게 되었다. 그리고 그것은 여성이 사회 집단에서 차지하는 위치와 관련하여 단점으로 작용하지

---

[425] Avigad(1976, 17)와 E. M. Meyers(1985)는 이것을 B.C. 6세기로 연대 설정한다. Stern(1982, 213)과 G. I. Davies는 AHI 106 018을 통해 그것을 B.C. 5/4세기 후반으로 설정한다.

[426] Avigad/ Sass는 WSS의 31페이지에서 다음과 같이 말한다. 쉘로밋(Shelomit)은 "유다 지방의 행정에서 요직을 차지했다". Stern(1982, 207)도 참조하라: "… 여인인 쉘로밋(Shelomit)이 고위직에 있었다는 것은 의심할 수 없다." 그녀가 역대상 3:19에 기록된 쉘로밋(Schelomit)과 동일한 인물인가 하는 의문과 그녀가 다윗 통치 시기로 소급될 수 있는가 하는 의문은 E. M. Meyers(1985, 34-35)가 제안한 것처럼, 여전히 결론지어질 수 없다.

는 않았으리라 보인다.

이 점에서 우리는 '국가 이후'(nachstaatlich: 국가 멸망 이후 – 역주) 시대를 국가 이전의(vorstattlich: 국가 형성 이전 – 역주) 친족을 근간으로 한 사회 집단과 비교할 수 있다.[427] 이러한 연속적인 요소는 다른 한편으로 계층 간의 갈등이 지속적으로 첨예화되었다는 불연속성으로 인해 저지되었다. 왜냐하면, 이 지속적인 계층 간의 갈등은 다시금 가족을 위기에 몰아넣었고, 사회 집단의 하류층에 속한 가족을 해체시키는 결과를 가져왔기 때문이다.

(2) 사회 집단적 상황

왕정 시대는 B.C. 8세기 이후부터 점차로 분리되어 활동하는 사회 집단을 보여 준다. 멸망 이후에 앗시리아 또는 신바벨론 제국의 지방으로서 북왕국의 역사를 추적하기란 쉽지 않다. 하지만 오랜 기간동안 있었던 해묵은 갈등이 통치 세력의 변화로 인해 쉽사리 사라졌다고 가정할 수는 없다. 강대국에 짓밟혀 멸망한 유다에는 이후에 특별한 상황이 나타났다. 한편으로 포로 초기에 그달리야는 가난한 자가 포로로 끌려간 자의 소유지를 취할 것을 공식적으로 장려했다. 다른 한편으로 유배된 상류층은 바벨론 포로지에서 사회 집단적 그룹을 유지했으며, 그들은 땅에 대한 자신의 권리를 결코 포기하지 않았다.[428] 유다로 귀환하려는 노력을 고려할 때 갈등 상황은 미리 예견되며, 그러한 마찰은 포로기 이전의 상황과 연속성을 가지는 동시에 불연속적인 요소를 제시한다.

연속성을 보여 주는 본질적 요소는 분열된 사회 집단의 기본 구조이다. 후대 왕정 시대에 이미 관찰되는 채무, 가난 그리고 궁핍과 같은 모든 요소은 페르시아 시대에도 동일하게 발견될 뿐 아니라, 궁핍하게 되는 경향

---

[427] Eskenazi 1992, 33.
[428] 덧붙여서 위에 이스라엘 사회사의 시대 입문 IV. 2. B.를 보라.

은 더욱 증가한 것으로 보인다. 따라서 학개와 스가랴는 성전 재건 시작이 늦춰지는 것을 경제적 상황이 좋지 않았던 것으로 묘사하며, 직접적으로 다음과 같이 언급하고 있다.

> 일꾼이 삯을 받아도 그것을 구멍 뚫어진 전대에 넣음이 되느니라(학 1:6).

물론 일반적인 경제적 어려움은 집단의 상황에 대하여 어떤 것도 설명하지 않지만, 본문은 자작농 가족 이외에도 일일 노동자, 즉 소유지가 없이 고용되어 살아가야만 했던 사람들이 존재했음을 보여 준다.

만약 우리가 페르시아 시대로 추정될 수 밖에 없는 또 다른 본문을 추가로 관찰한다면, 그곳에서 아주 예리한 단면을 보게 될 것이다. 이사야 58:6-7에는 "포로된 자", "노예된 자", "주린 자", "가난한 자", "유리하는 자" 그리고 "헐벗은 자"가 나열되었다. 여기에는 채무로 인해 노예가 되는 것(덧붙여서 참조. 사 61:1-2)과 구걸하는 상태에 대한 모든 요소가 집합되었다. 말라기는 "품꾼의 삯에 대하여 억울하게 하며 과부와 고아를 압제하며 나그네를 억울하게 하는" 자에 대해서 기록했다(말 3:5). 궁핍한 자는 사회 집단의 하류층 가운데 어느 정도로 열악한 자를 가리키는가에 대하여 욥기 24장은 충격적인 방법으로 보여 준다. 이 본문에는 완전히 궁핍하게 된 자의 삶의 방식이 삽입되었고, 그것은 오늘날 제3세계에서나 볼 수 있는 상황을 연상시킨다(욥 24:5-8).

이 본문을 배경으로 라이히(Ronny Reich)와 슈크론(Eli Shukron)이 예루살렘 고대 도시의—기드론 골짜기로 낙하하는—오른쪽 비탈 지역의 발굴과 연결하여 고찰한 것이 명백해진다.[429] 그들은 그곳에서 두터운 쓰레기 층을 발견했는데, 그들은 그것을 가정용 쓰레기 층으로 해석했다. 이 고고

---

[429] Reich/ Shukron 2003.

학 발굴이 로마 시대로 소급될 수 있다 할지라도, 느헤미야 2:13, 3:13-14 그리고 12:31에 '분문'(Müll-Tor)이 언급되는 것을 볼 때, 이 쓰레기 매립지는 페르시아 시대에도 존재했다는 것을 알 수 있다. '쓰레기'(Müll)라는 동일한 용어는 사무엘상 2:8, 시편 113:7에서도 확인된다. 이 본문에서 하나님은 "빈궁한 자를 거름더미에서 올리시는" 분으로 기록되었다. 이것은 비유적인 의미인가 아니면, 라이히와 슈크론이 추측하는 것처럼[430] 부자에게서 떨어지는 쓰레기를 뒤지며 살아가는 '쓰레기 사람'(Müllmenschen)이 당시에 존재했었음을 보여 주는가?

만약 우리가 마지막 서술과 함께 사회 집단의 가장 하층에 속하는 자들을 다루고자 한다면, 우리는 느헤미야 시대를 반영한 본문에서 사회 집단의 핵심에 접근할 수 있다. 느헤미야 5:1-13은 B.C. 5세기 중반에 소동이 있었다는 것을 보여 주는데, 그 원인은 밭과 집을 상실하게 만들며 가족 구성원을 노예로 전락시키는 과도한 부채로 인해 농민이 위협을 느끼고 있었기 때문이다.[431] 이와 함께 고대 계층 사회 집단에 전형적으로 존재했던 구조적 문제가 거론되고 있다는 것을 알 수 있다.

소동을 일으키는 외적인 원인은 우연한 사건이 될 수도 있다. 예루살렘 성벽 건설.[432] 느헤미야 2:11과 6:15의 날짜에 따르면 성벽 건설은 8월 중순과 10월 초 사이에 시작한 것을 알 수 있는데, 그것은 다시 말해 여름 과일, 특별히 포도와 올리브를 추수하는 시기였다. 사마리아의 위협으로 인해 느헤미야는 성벽 건설을 신속하게 진행했으며, 따라서 이 건설은 실제로 모든 백성의 노동력을 요구했다.

---

[430] 위의 책 17.
[431] 느헤미야 5장에 전제된 상황을 해석하는 것에 대해서 참조하라. Kippenberg 1978, 55-62; Schottroff 1999b.
[432] 성벽 건설과 위협적인 봉기의 관계에 대해서 참조하라. Kreißig 1973, 109; Schottroff 1999b, 54-55.

느헤미야 4:4[10]에 기록된 노동가(勞動歌)는 사람들의 부담이 한계에 도달했다는 점을 서술한다. 또한, 느헤미야 5:14-19에서 느헤미야가 총독인 자신의 생계비를 포기하며 그것을 "이 백성의 부역이 중했기 때문"(18절)이라고 설명한다면, 느헤미야 4장의 내용과 부합된다.

성벽 건설로 인해 드러나는 현실적인 부담은 구조적인 문제로도 나타나게 되었다. 여자들이 항의에 동참하고 있다는 것(1절)과 딸들이 가난으로 인해 가장 먼저 위험에 처했다(2절 특별히 5절)는 보도는 그런 점에서 중요하다. 이 보도는 부동산이 아니라, 아들들과 딸들을 담보로 내어 준 사람에 대해서 언급한다(2절). 그들은 땅을 소유하지 못한 자, 즉 수공업자, 소상공인 또는 일일 노동자로 볼 수 있다. 그리고 또 하나의 그룹이 나타나는데, 그들은 밭, 포도원 그리고 집을 담보로 잡혔지만 아직은 자유로운 농부 그룹이다.[433] 마지막으로 4-5절에서 그러한 상황이 요약되었다.

이 사람들은 모두 과도한 채무를 지닌 자이었다. 채무를 지게 된 이유는 양식을 얻기 위하여 신용이 필요했거나(2절), 기근(3절) 또는 페르시아 왕에게 바쳐야 하는 세금(4절) 때문이었다. 이 세금에 대해서는 아래에서 다시 다룰 것이다.[434] 세금이 가난하게 되는 새로운 원인이라는 것은 너무도 명백하며, 이것은 왕정 시대와 관련된 본문에는 발견되지 않는 요소이다.

그럼에도 불구하고 느헤미야 5:1-13의 반란이 반 페르시아적(anti-persisch)이 아니라는 사실은 중요하다. 그들이 비판하는 대상은 "유다 형제"이다(1절). 항의하는 자의 호소(5절)와 즉각적으로 채무를 탕감할 것을 요구하는 느헤미야의 근거(8절)는 민족적 내부 연대성을 지향하고 있다. 동시에 느헤미야는 바벨론 골라 공동체 내부에 한가지 실제적인 것을 연상

---

[433] 이 그룹에 속한 자들에 관하여 Kreißig(1973, 79)는 다음과 같이 언급한다. "그들은 … 그 땅을 소유한 자들이었음이 분명하다. 그들은 가난했고, '자신의 땅에서' 농사를 짓는 전형적인 소규모 자작농이었다."

[434] 위에 이스라엘 사회사의 시대 입문 V. 2. C.를 참조하라.

시키는 것처럼 보이는데, 바로 이방인에게 팔려서 노예가 된 남녀 유대인을 도로 찾는 것이다(8절). "쉬운 것에서 어려운 것으로" 나아가는 마지막에 살얼음판 같은 상황을 무디게 만들어야 하는 상황에서 느헤미야는 내부 민족끼리도 노예화하는 것이 있음을 알리고, 그것을 더 악한 것으로 평가했다.

만약 우리가 왕에게 바치는 세금과 민족적 연대 모티브를 통하여 왕정 시대에는 나타나지 않는 중요한 두 가지 특징을 인식했었다면, '**상류층**은 어떻게 구성되었는가?' 이에 대해 질문할 때, 불연속적 요소는 더욱 명확해진다. 왜냐하면, 이 상류층은 대다수의 인구가 가난하게 됨으로써 오히려 이득을 취하기 때문이다.

우리는 무엇보다 왕정 시대에 상류층에 속했던 자들이 수 차례의 포로 과정을 통해 땅을 떠나야만 했다는 사실에서 출발해야 한다. 그들은 바벨론 포로지에서 빈궁한 삶으로 전락하지 않았고,[435] 이스라엘과 유다 전통의—유일한 담지자는 아니지만—합법적 담지자라는 인식을 고수했다. 그와 달리 이스라엘 지역에는 과거에 하층민에 속했던 자가 부분적이지만 포로로 끌려간 사람의 소유지를 차지했다. 이 결과로 이스라엘에는 다시 상류층이 형성되었고, 무엇보다 비유대적인 요소들도 생겨났을 것이다.[436] 따라서 페르시아 시대에는 이중적인 갈등이 연상된다. 땅을 두고 벌이는 갈등과 정치-종교적 지도권을 놓고 벌이는 갈등이다.

이러한 갈등을 재구성하기 위해서 극도의 비평적 시각을 가지고 본문을 정독하는 것이 특히 필요하다. 왜냐하면, 주요 사료인 에스라-느헤미야서에 수용된 이 본문은 전적으로 과거에 골라-공동체에 속한 자들의 관점

---

[435] 그러나 그들이 바벨론에서 당연히 상류층에 속했을 것임을 의미하지는 않는다. Zadok(1979, 86)을 참조하라. "유대인이 바벨론 사회로 통합되었다는 사실이 바벨론 사회의 고위층으로 나아갔다는 것을 의미하지는 않는다."

[436] 덧붙여서 위에 이스라엘 사회사의 시대 입문 IV. 2. B.를 참조하라.

에서 표현되었기 때문이다. 이 본문은 이스라엘 땅이—만약 그것이 완전히 빈 것이 아니라면—적어도 진정한 유대인이 없는 상태가 되었다는 인상을 주며, 땅을 중심으로 벌이는 유대의 내부 갈등이 있었다는 것을 가능하다면 숨기려 하고 있다. 이 본문은 골라-귀환자, 즉 "골라의 자손"($b^e nej\ haggôlah$, 스 4:1, 3)⁴³⁷ 그리고 골라-귀환자와 반대 입장을 가졌던 자들, 즉 "땅의 백성들"($'ammej\ ha^a araṣôt$, 스 3:3) 또는 "땅의 백성"($'am\ ha'areṣ$, 4:4; 참조. 스 9:1-2, 11; 10:2, 11; 느 10:29, 31) 사이에 있었던 근본적인 대립으로 구성되었다.

이와 함께 다음과 같은 이들이 포로에서 돌아오지 않는 자로 언급된다. 유대 거주민, 비유대인으로 이해되는 유대 거주민 그리고 사마리아인. 그들 모두는 전문 용어를 사용하여 이방인과 같은 자들로 취급되었다.⁴³⁸ 갈등이 이렇게 이념적으로 재구성됨에도 불구하고 본문은 골라 공동체의 중요한 역할을 전체적으로 사실에 부합되게 표현했다. 요약하자면 **페르시아 시대의 유다에서 골라-귀환자는 상류층 역할에 진입했고, 상류층과 하류층의 사회적 대립은 부분적으로 귀환자와 땅에 머물러 있던 자들의 대립과 일치한다.**⁴³⁹

437　Karrer(2001, 114. 240)에 따르면 이스라엘 정체성 = Qahal("공동체") = 에스라 문서(Esraschrift)의 전형적인 디아스포라.

438　Vogt(1966, 153)는 에스라와 느헤미야에서 나타나는 관련 용어를 분석하여 "저자는 귀향 공동체(Heimkehrergemeinde)에 속하지 않고 땅에 거주하는 모든 동시대 주민을 출애굽 시대의 이교도 백성들과 동일시했다"라고 요약한다. 마찬가지로 Janssen(1956, 54)을 참조하라.

439　Blenkinsopp(1991, 47)은 다음과 같이 주장한다. "그 지방에는 정치적 그리고 경제적으로 지배적인 엘리트가 있었는데, 그들은 주로 재정착한 바벨론 유대인으로 구성되었다." 물론 Hoglund(1991)는 포로로 끌려갔던 자의 소유물을 탈취했던 자와 포로에서 귀환하여 살아가는 자가 직면한 페르시아 식민 정책을 지적하며 이러한 관점에 문제를 제기한다. 의도된 페르시아 식민 정책을 입증하는 것이 거의 성공을 거둘 수 없다는 것을 제외하고, Hoglund의 견해는 적어도 두 그룹 사이의 이해관계를 전제해야 한다. Hoglund의 주장을 고고학적으로 증명하는 것에 대해서 Carter(1999, 214-248)를 참조하라. 그는 "전통적 견해인 지방 내에서 귀환한 자와 땅에 남아 있던 자 사이

포로로 끌려간 자와 그들의 후손이 유다 땅에서 지도자적 역할을 요구하고, 자신들이 왕정 시대 유다의 합법적 상속자라는 인식을 관철시킬 수 있었다는 것은 실질적으로 활용할 수 있는 경제적 수단이 귀환자에게 있었다는 점과 결부되어 있다. 귀환하는 자들이 이제 막 건축하는 성전에 전달한 기증품 목록이 그러한 수단을 보여 준다(느 7:69-71).**440** 예언자 스가랴도 상징적 행위로 사용된(슥 6:9-15) 은과 금을 "골라에서", 보다 정확히 말하면 골라 귀환자가 "가져올 수 있었다"는 것을 알고 있다(9절).

과거에 상류층에 속했던 자들의 귀환으로 인해 '어떤 갈등이 발생했을까'에 대해서 거의 동시에 작성된 에스라 2:1-67 그리고 그것과 평행한 느헤미야 7:8-68에 전승되고 있는 목록이 보여 준다. 이 목록에는 "고레스 초기에 단번에 대규모 귀환이 아니라, 상당히 오랜 기간에 진행된 아마도 상이한 그룹들로 간주되는 이민자와 정착민에 대한 기록"이 사용되었을 것이다.**441** 고향으로 귀환한 자들이 "각기 각자의 성읍으로" 돌아갔다는 (스 2:1; 평행 본문 느 7:6) 단순한 문장 뒤에 대단히 중요한 문제가 숨어 있다.

이 본문은 포로로 끌려간 자 또는 그들의 후손이 150년이 지난 이후에도 여전히 '자신들의 도시'라는 인식을 유지하고 있었음을 알려 준다. 귀환자는 너무도 당연하게 자신들이 과거에 소유했던 지역으로 돌아갈 수 있다는 것을 출발점으로 삼고 있으며, 그 사이에 과거에 하층민이었던 자들의 후손들이 2-3세대가 지나도록 그곳에서 거주해 왔다는 사실에 대해서는 전혀 언급이 없다. 초기 페르시아 시대에는 이 땅이 누구에게 속한

의 갈등"이 결코 반박될 수 없을 것이라는 결론을 내린다(248).
440 기부금 목록은 다양한 요소로 구성된 느헤미야 7장의 귀환 목록에 이차적으로 첨가되었다. 이후의 각주를 참조하라. 에스라 2:68-69의 평행 본문은 마찬가지로 느헤미야 7:69-71과 비교할 때 후대 것이다.
441 그러한 이해로 Grabbe 1994, 39.

것인가를 놓고 심각한 갈등이 있을 수밖에 없었다.[442]

땅의 소유를 놓고 갈등이 촉발되는 흔적을 확인할 수 있는 본문은—비록 감추어져 있지만—그 이외에도 두 본문이 더 존재한다.[443] 스가랴 5:1-4에는 날아다니는 두루마리에 대한 스가랴의 밤 환상이 전승되었고, 다음과 같이 보도한다.

> 이는 온 땅 위에 내리는 저주라 도둑질하는 자는 그 이쪽 글대로 끊어지고 맹세하는 자는 그 저쪽 글대로 끊어지리라 하니(슥 5:1-4).

이 저주는 하나님의 이름을 기반으로 발생한다.

> 내가 이것을 보냈나니 도둑의 집에도 들어가며 내 이름을 가리켜 망령되이 맹세하는 자의 집에도 들어가서 그의 집에 머무르며 그 집을 나무와 돌과 아울러 사르리라(슥 5:4).

본문은 의심할 여지없이 거짓 맹세한 자가 탈취한 집에 대한 소유권 주장을 다루며, 도둑질을 비유적으로 표현하는 관용구가 여기에 사용되었다. 이처럼 자신들의 요구를 적법하다고 요구하는 자들이 땅에 머물렀던 자인가 혹은 귀환한 자인가 하는 문제는 명확하지 않다. 하지만 스가랴가 성전 건설을 시작하는 골라-귀환 공동체 편에 서 있으며, 범죄한 자들에 대하여 아주 오랜 기간 동안 아무런 징계도 없었다고 주장하는 것을 볼 때, 밤 환상은 오히려 옛 토착민이 자신들에게 속하지 않은 집에서 지나치게 오

---

442 Walter Dietrich(2002)의 관련된 제목을 참조하라. "Wem das Land gehört".

443 D. L. Smith(1991, 93)는 또한 신명기 28:43; 열왕기상 8:33; 이사야 5:17; 아모스 5:11; 미가 6:15; 학개 2:10-14; 스가랴 5:11을 인용했다. 그러나 이 본문들 중에서 기껏해야 몇몇 본문에서만 새로운 땅 점유자가 "다른 이스라엘 사람"이라고 추측될 뿐이다.

랫동안 거주한 것에 대해 말하는 것으로 보인다.[444]

땅을 사이에 두고 벌이는 갈등으로 해석될 수 있는 두 번째 본문은 레위기 25장의 희년법이다. 이 법은 일반적으로 효력이 있는 규정임을 명백하게 강조한다. 50년이 지나면 "각각 자기의 소유지"로 돌아가라는 규정(레 25:10)은 실제적으로 이해될 수 있으며, 그 결과—B.C. 587년부터 537년까지 기간과 상응하는—50년이라는 포로기가 지난 이후에 상실된 소유지는 포로에서 귀환한 자들에게 되돌아가야 한다.[445]

바인베륵(Joel Weinberg)은 골라에서 고향으로 귀환한 자들과 땅에 머물렀던 백성들 사이에 인상적인 대립이 존재한다는 관찰을 상당히 논쟁적인 주제로 만들었다. 그는 페르시아 시대의 유대가 "시민-성전-공동체"(Bürger-Tempel-Gemeinde)의 형태로 조직되었을 것이라고 주장했다.[446] 그러한 시민-성전-공동체는—바인베륵에 따르면 그것은 전체 근동 지역에서 보편적인 현상이었다—공동체의 전체 백성을 포괄하는 것이 아니라, 오히려 성전 주변에서 특권을 가진 시민들로 조직된 그룹을 포괄한다. 유대 초기에 이 '공동체'는 대략 전체 거주민의 20퍼센트 정도를 차지했을 것이며, 느헤미야 이후에 이들은 대략 70퍼센트 정도로 늘어났다.[447]

---

444 본문 해석에 대해서 참조하라. Dietrich 2002, 285. 그와 달리 Hanhart(1998, 324-351)는 이 본문에서 페르시아 초기의 실제적인 갈등이 전혀 다뤄지지 않고 있다고 보았다. 그에 따르면 도둑질과 거짓 맹세는 십계명을 준수하지 않는 예를 보여 주는 것이며, 집을 파괴하는 징벌은 관습적인 모티브이다. 본문의 모호한 용어를 볼 때 그러한 해석은 배제될 수 없다. 스가랴가 십계명을 위반하는 것만을 주제로 삼고 있다면, 첫 번째로 '어떤 이유로 스가랴는 자주 이용되는 간음에 대해서 언급하지 않았는가', 두 번째로 '징벌은 실제로는 위법 행위와 전혀 무관한가'라는 문제가 남게 된다.
445 레위기 25장에 대한 해석으로 참조하라. Wallis(1969); Crüsemann(1992b, 330-331); Dietrich(2002, 279-281. 285-286); 상세한 것을 Meyer(2005)에게 관찰할 수 있다. 그 밖에 Bergsma 2003.
446 Weinberg 1992. 상당히 참조할 만한 독일어 요약을 Weinberg(1996)에게서 발견할 수 있다.
447 이 숫자에 대해서는 Weinberg(1992, 43)를 참조하라.

바인베륵의 주장에 대한 비판은 기본적으로 세 가지 분야에서 다루어진다.[448]

(1) 근동 전체에 '시민-성전-공동체'가 확산되어 있었다는 바인베륵의 가정은 결코 입증되지 않았다. 그렇기 때문에 그것을 유대 지방에 전용하는 것이 당연시되어서는 안 된다.
(2) 바인베륵은 에스라-느헤미야서에 기록된 숫자를 비판 없이 다루고 있다. 그는 분리된 공동체가 존재했었다는 가정을 위해 상당히 높은 숫자를 취급했지만, 이러한 숫자는 고고학적으로 입증될 수 없다.
(3) 모든 본문은 성전이 유대 지방에 존재하는 모든 것에 대한 상징적 통일성을 보여 주는 것을 목적으로 하며, 그것은 마치 느헤미야와 에스라가 유대 지방에 있는 모든 것을 보여 주는 것과 같다.

따라서 바인베륵의 연구에서 많은 중요한 관찰이 언급되었음에도 불구하고, 그의 핵심적인 주장과 관련하여 우리는 다음과 같이 판단할 수밖에 없다.

> 에스라-느헤미야가 성전에 대해 취하는 입장은 '예루살렘 성전 공동체'(Jerusalerner Kultgemeinde), '예루살렘 성전 국가'(Jerusalerner Tempelstaat) 혹은 '시민-성전-공동체'(Bürger-Tempel-Gemeinde)라는 이해와는 결코 조화될 수 없다.[449]

---

448   이 논의에 대해서 언급될 수 있는 서적은 Blenkinsopp(1991); Bedford(1991); Horsley(1991)이다.
449   Willi 1995, 75.

하지만 골라에서 귀환한 자들과 땅에 머물렀던 자들 사이에서 이해관계로 인한 갈등이 명백하게 존재한다는 결론은 정당하다.

따라서 페르시아 시대에 발생한 사회의 기본 갈등은 명백히 땅에 머물렀던 자들과 골라-귀환 공동체의 갈등으로 묘사될 수 있으며, 그러한 갈등은 거의 감소되지 않았다. 왜냐하면, 한편으로 포로에서 귀환한 자들이 모두 상류층에 속한 것은 아니기 때문이다. 만약 느헤미야가 비유대인에게 넘겨진 유대인 남종과 여종을 돈을 주고 풀어 주는 것에 대해 연상시키고 있다면(느 5:8), 그것은 바벨론으로 끌려간 사건과 연결될 수도 있을 것이다. 게다가 자신의 몸값을 지불한 유대인에게 의존적이 될 수밖에 없는 석방된 자들은 귀향한 사람들 중에서도 발견된다. 그와 달리 포로가 시작되고 50년이 지나는 동안 이스라엘 땅에 새로운 상류층이 생성되지 않았을 것이라는 추정에는 근거가 전혀 없다. 이것은 사마리아 지방의 경우에도 확실하게 나타난다. 사마리아-파피루스에서 확인되는 노예의 주인들은 골라-귀환자가 아니며, 그들은 의심할 여지없이 사마리아 지방의 상류층에 속한 자들이다.

이와 함께 우리는 이스라엘 사람들이 거주한 북쪽 지역, 즉 **사마리아**에 대해 관심을 갖게 된다. 북왕국이 멸망한 이후에 성서는 사마리아의 사회적 상황을 추론할 수 있는 어떠한 기록도 더 이상 제시하지 않는다. 소위 사마리아 파피루스는 유다와 사마리아의 각각의 상황이 대단히 유사하다는 것을 제공하는 시금석이다.[450] 그것은 그리스가 그 지방을 점령하기 50년 전, 즉 B.C. 385년과 335년 사이에 있었던 노예 매매 계약서를 다루고 있다.

이 파피루스에 거론되는 대다수 사람은—매도(賣渡)자와 매수(買收)자, 남녀 노예—야(*Jah*)라는 단어를 포함하는 이름을 갖고 있었다. 남녀 노예

---

[450] Gropp 2001.

의 상태에 관한 서술은 일부 노예가 자신의 주인 집에서 태어났다는 것을 보여 준다. 대부분의 경우에 노예가 되는 일반적 원인은 과도한 부채 때문이었다. "영원히"라는 표현이 계약서에서 빈번하게 확인되는데, 그들은 아무리 늦어도 매매를 통하여 영원한 노예 신분으로 전락하게 되었음을 보여 준다.[451]

어쨌든 이 계약서는 전형적인 고대의 계층 집단이 사마리아에도 존재했음을 보여 준다. 이 계층 집단에서 채권자와 채무자는 구분되었고, 자본 소유와 노동 임금을 기반으로 하는 현대의 사회 집단에 실업자가 속한 것처럼, 노예 제도는 본래부터 고대의 계층 집단에 실재하는 것이었다.

우리는 다음과 같이 요약할 수 있다. 이미 B.C. 8세기 이후부터 형성된 고대의 계층 사회 집단의 기본 구조는 페르시아 시대에도 유지되었다. 게다가 상호 분산되어 발전한 경향은 점차 극대화되었고, 그로 인해 사회 집단의 가장 하부 구조에서 가난하게 되는 자가 증가하게 되었다는 결론에 도달할 수 있다. 그와 달리 사회 집단 계층이 조성되면서 변화가 나타났는데, 그것은 인과적으로 다음과 같은 사실과 결부되어 있다. 특별히 유대 상류층이 존재했는데, 그들은 포로로 끌려갔었고, 그들 가운데 귀환한 자의 일부는 페르시아의 유대 지방에서 지도자적인 위치를 차지했다. 유대 지방에서 상류층에 속한 자와 골라에서 귀환한 자는 거의 동일시된다. 하지만 사마리아의 예는 특별한 발달 현상을 보여 주는데, 상류층은 추방과는 별개로 등장했다.

(3) 유다와 사마리아의 국가 구조

유다와 사마리아에 존재하는 국가의 사회 집단 형태는 두 곳이 모두 페르시아 제국의 지방이라는 사실에서 출발할 수 있다. 즉, 두 지방의 최고

---

451 내용 해석에 대해서는 Kessler(2003b)를 참조하라.

책임자는 페르시아 왕이다. 두 지역은 유프라테스 건너편 또는 아바르-나하라(Ebernari) 지방 행정 구역(Satrapie)에—페르시아 중앙 정부의 관점에서 볼 때 '강 건너편'을 가리킨다—속해 있으며, 일반적으로 그 지역 출신인 한 명의 페르시아 총독이 두 지방을 통치했다.[452]

페르시아가 바벨론의 권력을 승계하면서 이 지방은 **실제로** 페르시아 제국에 속하게 되었지만, 이러한 역사적인 봉합은 동시에 위험 요소가 존재한다는 것을 보여 준다. 제2성전 건축을 시작할 즈음에 예언을 통하여 성전 재건을 독려한 유대 예언자, 학개와 스가랴는 여러 개념을 육성했는데, 이것은 동시에 페르시아 통치에 대한 위협으로 이해될 수도 있었기 때문이다.

한편으로 그들의 선포에는 하나님의 개입을 통하여 성전이 '단기간'에 세상의 중심이 될 것이며, 열방이 자신의 재물을 전쟁 배상금으로 성전에 가져올 것이라는 사상이 발견된다(참조. 학 2:1-9; 슥 8:20-22). 만약 우리가 그것을 다리우스 1세(Dareios I.)의 베히스툰-비문(Behistun-Inschrift) 또는 페르세폴리스(Persepolis)의 프로그램상(像)에서 확인되는 페르시아 제국의 구상과 비교한다면, 우리는 개념적으로 아주 근접하다는 것을 알게 된다.[453]

만약 우리가 상호 공존하는 성전을 고려하며 종교적 관념에 대해 언급한다면—공식적인 논리 그리고 규정과 달리 모든 점에서 대부분의 성소는 동시대에 '세계의 배꼽'(Nabel der Welt)으로 이해될 수 있다—정치적 선언에서 나타나는 모순은 더 심각할 수밖에 없다.[454] 페르시아가 성전 재건을 위하여 총독으로 임명한 다윗 가문 출신, 스룹바벨이 학개 2:21-23에

---

452 위에 이스라엘 사회사의 시대 입문 V. 1.을 참조하라.
453 베히스툰-비문(Behistun-Inschrift, TUAT I 4 1 9 - 450) § 7에 따르면 다음과 같이 기록되었다. "다리우스왕은 다음과 같이 포고했다. 나에게 속한 땅들, 그것은 아후라마즈다(Ahuramazda)의 뜻에 따라 나에게 주어졌다. 그들은 나에게 전쟁 배상금을 바쳐야 한다."
454 "학개와 스가랴가 왕을 고대하는 것"에 대해서 참조하라. Beyse 1972, 50-103.

서 "인장 반지"(Siegelring) 그리고 야웨가 선택한 자로 표현되었다면, 동일하게 인장 반지로 비유된 여호야긴의 왕가를 버렸다는 예레미야의 선포는 (렘 22:24-27) 우선 철회되었다고 보아야 한다.

만약 동일한 예언에서 하나님이 "여러 왕국의 보좌를 와해시키며 열방의 세력을 무너뜨릴 것"이라고 선포되었다면, 이것은 페르시아가 가까운 미래에 패권을 상실할 것이라는 발언이다. 예레미야 23:5-6을 수용하여 스룹바벨을 "싹"이라고(슥 3:8; 6:12) 표현한 스가랴는 상징적인 대관식을 보여줌으로써 동시에 한 걸음 더 진척한 반면, 새로운 다윗 왕가 곁에 대제사장을 위치시킴으로써 일보 후퇴했다(슥 6:9-15).

두 예언자가 고대한 희망은 성취되지 않았다. 예루살렘에서 다윗 왕조의 회복은 결코 일어나지 않았고, 성전은 계속해서 페르시아 국가 성소로 유지되었다. 하지만 그 이후의 역사는 예루살렘에서 메시아에 대한 기대감이 B.C. 5세기 중반까지 존재했음을 입증한다. 하지만 사마리아에서 이러한 기대감은 아주 극단적인 것으로 간주됐으며, 느헤미야는 그러한 기대감과는 엄격하게 분리되어 있다(느 6:1-14).[455]

사회 집단을 변화시킬 실제적 능력으로서 성전 봉헌과 함께 일어난 독립된 다윗 왕권이 회복될 것이라는 메시야적 환상은 사실상 물거품이 되고 말았다. **페르시아의 패권이 헬라에 의해 점령되기까지 유지되었다는 것에는 의심할 여지가 없다.** 페르시아의 주도권은 다양한 방법으로 기록되었다. 페르시아 중앙 정부는 한편으로 총독과 그밖에 다른 주요 인물을 임명함으로써 지방에 영향력을 끼쳤으며, 느헤미야와 에스라의 경우도 그와 같은 것으로 이해된다(느 1-2; 스 7장). 다른 한편으로 페르시아는 발생

---

[455] 느헤미야 6:1-14에 언급된 유대 남녀 예언자들이 느헤미야 정책에 반대하는 것이 아니라―그러한 이해로 Carroll 1992―오히려 그를 왕으로 세우려 한다는 의미로 해석하는 것에 대해서 Kellermann(1967, 179-182)과 Kessler (1996a, 특별히 68-70)를 참조하라. 덧붙여서 Rapp(2002, 178-193)의 수정된 언급을 참조하라.

한 사건에 대해 칙령을 내림으로써 개입할 수 있었고, 그것은 에스라와 느헤미야에서도 종종 서술되었다.

중앙 정부와 지방 정부가 아주 긴밀하게 연결되어 있음을 보여 주는 것은 페르시아 세금 정책이다. 우리는 느헤미야 시대의 사회적 갈등과 관련하여 왕에게 바치는 세금이 가난하게 되는 원인 중에 하나라는 것을 관찰했다(느 5:4).[456] 에스라 6:8에 따르면, 그러한 세금은 '왕의 전쟁 배상금'(*middat hammælæk*)이 아니라 '강 건너편의 전쟁 배상금'(아람어. *middat ʿabar nahᵃrah*)으로 표현되었다.

이것은 세금 시스템을 암시하는 것으로, 헤로도토스(Herodot)에 따르면, 그러한 시스템은 다리우스 1세(Dareios I., 522-486)때에 실행된 것이었고 (Her. Hist. III. 89), 이 기록에 의하면 모든 행정 구역(Satrapie)은 일년 단위로 고정된 세금을 중앙 정부에 배송해야 했다. 정해진 금액 그리고 그 금액을 귀금속으로 교부해야 한다는 사실은 이 세금 시스템이 얼마나 엄격했는가를 보여 준다. 이 시스템은 경제적인 위기 상황을 전혀 고려하지 않았으며, 유대와 사마리아처럼 천연의 은을 생산하지 못하는 지역에 대하여 중앙 정부는 은으로 교환하기 위하여 더 많은 생산품을 수거할 것을 강요했다.[457]

주민에게 징수되는 것은 왕의 전쟁 배상금만이 아니었을 것이다. 에스라 4:13, 20 그리고 7:24에는 조공(*middah/ mindah*) 목록이 열거되었고, 그밖에도 두 종류 세금(세금[*bᵉlo*]과 관세[*halak*])이 더 언급되기 때문이다. 우리는 이러한 세금을 소득세(Einkommenssteuer)와 재산세(Vermögenssteuer)로 해석할 수 있다.[458] 따라서 왕의 세금 이외에 납세자의 능력에 의존할 수

---

456 위에 이스라엘 사회사의 시대 입문 V. 2. B.를 보라.
457 페르시아 세금 정책의 영향에 대해서 참조하라. Kippenberg 1978, 50-52.
458 덧붙여서 기초적인 것에 대해서 참조하라. Schaper 1995, 특별히 535-538; 마찬가지로 동저자, 2000, 141-150.

밖에 없는 요소가 등장한다. 국가 세무 제도에는 추가로 페르시아 총독이 받아야 할 녹봉도 언급되어야 한다(느 5:14-15; 참조. 말 1:8). 덧붙여서 성전을 위한 세금 시스템이 병행되었을 것으로 보이는데, 이것은 아래에서 더 다루어질 것이다.[459]

따라서 페르시아 중앙 정부는 인사 정책, 칙령 그리고 세금에 대한 요구를 통하여 지방에 정치적 영향력을 강력하게 행사했으며, 다른 한편으로 중앙 정부는 각각의 지방 세력을 자신의 통치 시스템으로 통합하려는 원칙을 가지고 있었던 것으로 보인다. 유대의 경우에는 우리가 아주 유용한 사료를 가지고 있기 때문에 전반적으로 다양한 모습을 관찰할 수 있다. 물론 사마리아에 대해서는 아주 희박하게 보도하고 있기는 하지만 이러한 모습은 원칙적으로 유사하다.

학개와 스가랴가 시도했던 다윗 왕조 회복이 좌절되는 것과 관련하여 우리는 이미 스가랴 6:9-15에서 다윗 왕조와 함께 나오는 대제사장이 동등한 권리를 가진 인물로 배정되고 있다는 것을 관찰했다.[460] 사람들은 이것을 "대제사장과 왕의 이두정치(Dyarchie) 형태"라고 표현했다.[461] 제2성전 건설을 회상하는 본문에는 제사장 여호수아와 총독 스룹바벨이 공동의 역할을 하는 인물로 기록되었다(참조. 스 3:2, 8; 4:3; 5:2).[462]

이러한 입장을 바탕으로 성전 건설을 보도하는 에스라 1-6장의 가장 오래된 본문층에 접근한다면, 우리는 "(유대의) 장로"라고 표현된 하나의 그

---

459 위에 이스라엘 사회사의 시대 입문 V. 3. A.를 보라.
460 위에 이스라엘 사회사의 시대 입문 V. 2. C.를 보라.
461 Albertz 1992, 482.
462 Karrer(2001, 307)는 "이두정치 원칙"은 적어도 완성된 에스라-느헤미야서의 구상이며, 이 원칙은 에스라 1-6장의 고대 아람어 부분에서 발견되지 않는다는 이해를 대변한다. 후자의 것은 분명 적합하다. 만약 우리가 스가랴 본문에 대한 평가를 추가한다면, 세계 권력과 제사장 권력이 병존한다는 단초는 이미 오래전부터 존재했고, 이러한 병존이 하나의 구상으로 마무리되는 것은 후대 층으로 소급된다고 말할 수 있다.

룹과 마주하게 된다(스 5:5, 9; 6:7-8, 14).**463** 장로들은 B.C. 520년부터 진행된 성전 건설의 합법성을 조사하고 최종적으로 확인한 총독(Satrap) 닷드네의 임무 수행에 관하여 실제적인 책임을 맡은 자들이었다. 오직 에스라 6:7에서만 "유대 총독과 유대 장로들"이 동시에 거론되었다. 이것은 페르시아가 직접 임명한 총독 이외에도―비록 스룹바벨의 경우처럼 그가 마지막 유다 왕가의 후손이었다 하더라도―정치적으로 중요한 역할을 했던 지역의 권위자가 친 페르시아적 입장에 있었다는 것이 진지하게 인정되고 있음을 보여 준다.

만약 우리가 느헤미야-전승을 관찰한다면 이러한 모습은 증명되기도 하지만, 동시에 구별되기도 한다. 느헤미야 전승에는 목록 형식으로 편성된 것이 빈번하게 확인되며, 그 핵심에 세 가지 요소가 있다. '귀족'(ḥorim), '방백'(seganim) 그리고 '(백성의) 남은 자' 또는 '백성'(느 2:16; 4:8, 13; 7:5이 그러한 순서로 나타난다).

'귀족'을 의미하는 ḥorim은 에스라 1-6장에서 "(유대의) 장로"로 나타나는 자들과 동일한 그룹으로 충분히 고려될 수 있다. 느헤미야 13:7에서 "유대의 귀족"이 서술되었다면, 두 가지 표현이 연결되었다는 점은 명백하다. 에스라-느헤미야서의 저자는 이와 동일한 사람을 "족장"(Häupter der Vaterhäuser)으로 명명했다(스 1:5; 2:68; 3:12 등등). 다양한 표현은 물론이고 느헤미야 5:1-13에서 추론할 수 있는 보도도 그들이 지방에서 경제적 그리고 정치적 지도층으로 활동했음을 암시한다. 느헤미야 5장에 따르면 귀족은 가난하게 된 가정에 금전과 곡식을 외상으로 빌려주고(9절) 그 결과로 그들의 농지, 포도원, 감람원과 집을 착복한(10절)―그리고 분명히 가족 구성원을 채무 노예로 삼는(5절)―지방 관리와 함께 나타난다. 느헤미

---

463 고대 아람 서술의 일부인 "장로들"에 대해서 참조하라. Gunneweg 1982, 300; Karrer 2001, 91. 111.

암 6:17-19을 근거로 우리는 유대 상류층에 속한 자들이 사마리아 상류층과 가족적, 개인적 그리고 정치적으로 긴밀한 관계를 유지하고 있었다는 것을 알 수 있다.

'귀족'(ḥorîm)과 함께 빈번하게—그리고 항상 하위에 위치한—'지방 관리'(sᵉganîm)가 나온다. 언어학 사전과 성서 번역에서 이들은 '고관'(Vorsteher)[464] 또는—루터의 경우에는—'시의원'(Ratsherren)으로 등장한다. 이들은 아마도—충분히 개연성이 있는 것으로—'유대 공동체'를 대표한다고 이해되기도 한다.[465] 그러나 이러한 역할은 이미 '(유대) 장로' 또는 '귀족'이 수행했다. 그렇기 때문에 만약 가톨릭 성서(Einheitsübersetzung)가 이 용어를 '관리'(Bamte)로 번역했다면, 왕정 시대의 관리였던 śarîm과 구별하기 위해 나의 의견에는 '지방 관리'(Provinzialbeamte)라는 표현이 보다 적절한 것으로 평가된다.[466]

sᵉganîm이 실제로 행정 기능을 수행했음은 B.C. 4세기의 사마리아-파피루스를 통해서 입증된다.[467] 노예 계약 문서들(WDSP 8,10 그리고 10,10)의 종결 양식에서 아람어 sgn'이 2회 사용되었고, 다른 곳에서 sgn'은 첨가되

---

[464] Gesenius¹⁷; KBL; Zürcher Bibel.

[465] 마찬가지로 KBL.

[466] Stern(1981, 12)에게서 동일한 이해를 발견할 수 있으며, 그는 "지방 관리"에 대해 언급할 뿐 아니라 지방 관리가 총독에게 귀속되었음을 피력한다. 관리로 이해되는 sᵉganîm해석에 대해서 Albertz(1992, 473, 각주 21)를 참조하라. 이방 민족을 다루는 본문에서 paḥôt과 sᵉganîm이 빈번하게 병행하고 있다(렘 51:23, 28, 57; 겔 23:6, 12, 23). 그리고 덧붙여서 Karrer(2001, 161)를 참조하라. 물론 śar라는 표현이 페르시아 시대에 결코 사라진 것은 아니지만, 군대 장관(느 2:9; 4:10) 그리고 유대 지방이 귀속된 행정 구역의 책임자(느 3:9-19) 등 아주 혼잡하게 사용되었다. 이외에도 śarîm은 제사장과 나란히 있어서, 분명 제사장 그룹의 지도 위원회를 의미한다(스 8:24, 29; 10:5). 이 용어는 아주 광범위하게 나타나며, 관명(Titel)으로는 거의 사용되지 않았고 오히려 빈번하게 "존경의 칭호"(Würdenträger 스 9:1; 10:14; 느 10:1 등)로 사용되었다. 이러한 언어 용례의 다양함은 분명히 에스라와 느헤미야로 결합된 여러 가지 문학적 층에서 기인한 것이다.

[467] 위에 이스라엘 사회사의 시대 입문 V. 2. B.를 보라.

었을 것이 확실한데, 왜냐하면, 본문이 상투적으로 사용되고 있기 때문이다. 동시에 sᵉgan은 배열 순서로 볼 때 총독과 이름이 거명된 인물 그룹들 이후에 항상 가장 마지막 위치에 등장하는데, 이렇게 열거된 자들에 앞서서 계약이 체결되거나 또는 계약의 개별 규정이 실행되었다. 이것은 유대 본문에서 확인되는 것으로 총독에 귀속된 그리고 하위에 속한 사람인 '귀족'과 '지방 관리'의 서열과 거의 일치한다. 덧붙여서 이러한 파피루스에서 sᵉgan이 개별적으로 마지막에 위치해 있는 점을 볼 때, 이들이 서기관과 같은 기능을 수행했다고 추론할 수 있다.

다양한 성서 본문에서 인식할 수 있는 상(像)은 엘레판틴-파피루스를 통하여 인증되고, 명확하게 규정된다. 이러한 이해와 직접 관련된 파피루스는 B.C. 407년으로 평가되는 TAD A4.7이다.[468] 이 파피루스에는 그보다 이전에 기록된 서신이 언급되었는데, 이것의 수취인 그룹은 지방의 정치 구조를 반영하고 있다. 다시 말해, 이 서신은 한편으로는 총독과 고위급 제사장 그리고 그의 동료들에게 쓴 것이며, 다른 한편으로는 잘 알려진 오스타네스(Ostanes - 다리우스 2세의 아들: 역주)와 (느 13:17처럼) '유대의 귀족들'에게 쓴 것이다(17-18절). 이것은 페르시아 총독이—공직자 그룹도 마찬가지로—지방의 정신적 엘리트뿐 아니라 사회적 엘리트를 지원했다는 것을 보여 준다.

느헤미야-회고록에 따르면 제사장 그룹은 어떤 중요한 역할도 하지 않지만, 이 파피루스에서 제사장 그룹이 가장 첫 번째로 위치했다는 점은 개별 본문의 내용과 밀접한 관련이 있다. 느헤미야 본문이 본질적으로 시민에 관한 문제를 논의한다면, 엘레판틴-서신은 나일강-섬에 위치한 야후-성전(Jahu-Tempel)에 대해 다루었다.

---

[468] 독일어로 된 것은 TGI Nr. 51에서 볼 수 있다.

이 연구의 출발점이라 할 수 있는 느헤미야-전승 목록의 마지막에는 **백성**이 등장한다. 일반적으로 백성은 정치적인 면에서 어떠한 능동적 역할도 하지 않는다. 합법적인 백성의 회합은 주로 에스라 사역과 연결된 종교 활동을 계기로 등장했다. 공동체 전체를 표현하는 용어 qahal이 백성의 회합을 표현하기 위해 사용되었지만, 물론 그것이 공동체 전체가 모였다는 것을 전제하는 것은 아니다(참조. 스 2:63 = 느 7:66 마찬가지로 13:1).[469]

단지 느헤미야 5:1-13에만 그러한 백성의 모임이 나타나며, 그 결과 백성의 모임은 정치적으로 능동적 역할을 하고 있다고 보인다. 따라서 이 본문은 특별히 주목할 만하다. 느헤미야 5장은 우선적으로 '여성을 포함하는 백성'과 "귀족들과 지방 관리"(7절)와 동일시되는 '유대 형제' 사이의 갈등을 보여준다(1절). 느헤미야는 먼저 그러한 유다 형제에게 시선을 돌린다(7a절). 그 후에 느헤미야는 '그들에 대항'하는 '대규모 집회'($q^e hillah\ g^e d\hat{o}lah$)를 열었다(7b절). 즉, 그는 갈등을 공개적으로 가시화시켰다. 이 집회에서 느헤미야는 상류층에 속하는 자들을 향하여 자신의 권리 요구를 포기할 것을 선언했고, 결국에는 집회에 모인 모든 자들이 "아멘"(13절)으로 채무 면제를 시행할 것을 공식적으로 선언했다.

물론 이러한 과정을 근거로 백성 모임이 지방 정치 시스템에서 '합법적인' 모종의 역할을 한다고 유추할 수는 없다. 오히려 느헤미야는 능수능란하게 백성의 편에 위치함으로써, 백성 모임이 당면한 갈등의 한편에 서도록 배치시킬 수 있었고, 그로 인해 "아멘"이라는 공개적인 승인을 통하여

---

469 qahal의 역할에 대해서 참조하라. Vogt 1966, 90-99; Stiegler 1994, 109-116. 만약 이러한 모임이 "골라-귀환자 모임"(Versammlung der Gola-Heimkehrer)으로 표현된다면(스 10:8; 참조. 느 8:17의 내용), 그것은 연대기적으로 채색된 층과 완전히 일치한다. 동시에 이것은 분명히 포로로 끌려가지 않은 자의 모임과 구분하여 별도의 모임을 의미하는 것이 아니라(그러한 이해로 Blenkinsopp 1991, 44-46), 오히려 포로기를 "비어 있는 땅"의 개념으로 간주하여 진정한 성전 공동체를 "골라-귀환자 모임"(Versammlung der Gola-Heimkehrer)과 동일시하고 있다.

상류층에 속한 자들을 느헤미야 자신의 정치와 연결시킬 수 있었다. 사람들은 느헤미야의 조치를 일관되게 그리스 용어인 '전제 군주'(Tyrannen)— 후대에 수용된 부정적 의미를 표현하는 용어가 아니다—로 표현했을 수도 있다.

> 부유한 자들을 대적하려는 가난한 자들의 움직임은 공통적으로 전제 군주의 관례적인 수단이 되었다. 왜냐하면 전제 군주들의 주요 대적자는, 느헤미야의 대적자와 마찬가지로, 대부분 확실한 위치를 갖고 있는 귀족 계급에 속한 자들이었기 때문이다.[470]

유다와—재구성할 수 있는 범위 안에서—사마리아의 통치 시스템을 조망함으로써 우리는 다음과 같이 간략하게 요약할 수 있다. 유다와 사마리아의 통치 시스템은 페르시아 지배에 대한 무조건적 충성을 기반으로 하며, 페르시아는 지방의 유력자들에게 책임감을 부여함으로써 지배권을 더욱 강화했다. 대부분의 경우에 페르시아 총독이 그 지방의 상류층 출신이었다[471]는 사실은 이러한 균형을 맞추기 위한 기초이자 표현이었다. 마찬가지로 총독보다 하위직으로 간주되는 지방 관료들과 상류층에 속한 귀족들이 중요한 결정에 참여했다는 점은 균형을 보여 주고 있다. 그리고 성전이 세워진 예루살렘에서 제사장 집단이 권력 쟁취와 결부되었다는 것은 의심할 여지없이 당연하다.

만약 우리가 유대와 사마리아로 시선을 돌린다면, 페르시아의 지중해 동편 지방은—유대와 사마리아뿐만 아니라 아스돗과 가자도 포함된다—대부분 작은 '국가'의 특징을 갖고 있다고 일반화시켜서 말할 수 있다. 총

---

[470] M. Smith 1977, 319.
[471] 위에 이스라엘 사회사의 시대 입문 V. 1.을 보라.

독 가문이(Dynastie von Statthaltern)—사마리아의 경우는 너무도 명백하다[472]—이 지역을 다스렸고, 그들은 대부분 그 지방 출신이었다. 그들은 조그마한 궁정과 함께 그에 상응하는 행정 관청(느 5:14-18)을 설치했고, 독립 군대(느 3:34 사마리아; 4:1-17 유대)를 운영했으며, 독립된 인장(WSS 419 사마리아)을 가지고 있었을 뿐만 아니라, 페르시아 통치 후반부에는 독립된 동전을 주조할 수 있는 권한도 가졌다.[473]

> 일반적인 정치 조직을 볼 때 유대 지방은 기본적으로 팔레스틴의 다른 지방과 결코 다르지 않았다….[474]

물론 우리는 제한적이지만 이러한 지방 자치가 결국 페르시아 상부 기관의 통제와 페르시아의 보다 나은 안위라는 목적하에서 이루어졌다는 점을 망각해서는 안 된다.[475]

가족 구조와 사회 집단적 상황이라는 시각을 고려한다면 과연 페르시아 시대의 특징을 무엇으로 표현할 수 있을까, 다시 말해 왕정 시대와 비교하여 연속성과 불연속성의 혼합은 무엇일까 하는 점은 정치 구조에서도 잘 증명될 수 있다. 총독이 귀족과 지방 관리에 의존하고 있었던 것과 같은 특성은 내가 이미 위에서 '참여 군주제'라고 서술한 것과 상당히 근접해

---

[472] 위에 이스라엘 사회사의 시대 입문 V. 1.을 보라.
[473] 이러한 전체적 표상에 대해서 참조하라. Stern 1982, 215-228; 동저자, 1984, 81. 특별히 페르시아 시대 동전 주조를 요약하는 것으로 참조하라. Schaper 2002.
[474] Stern 1984, 82.
[475] Berquist(1995)는 그것에 대해서 다음과 같이 적절하게 암시한다. "… 유다는 지방 영토 내의 업무에 대해서 상당한 자유를 부여받았다. 페르시아 제국의 허락하에 최대한의 세금을 거두었고 그중의 일부를 유용할 수 있었다"(134). "지역의 권한은 상당히 단편적이었지만 그러나 상당히 중요했으며, 제국의 내정 간섭에 대해 책임을 맡을 지역 엘리트 육성을 허락했다"(234).

있음을 보여 준다.⁴⁷⁶ 여기에서 우리는 연속성에 관한 명확한 접점을 발견하게 된다. 불연속성은 두 가지 측면에서 존재한다.

한편으로 작은 국가(Staat)임에도 불구하고 총독은 주권을 갖고 있지 않으며, 단지 이방 통치권자의 대리인일 뿐이다. 다른 한편으로, 부분적이지만 원인론적으로 이방 통치권과 연결된 사항으로, 예루살렘 성전과 제사장은 왕정 시대보다 이러한 정치 시스템에서 훨씬 더 중요한 역할을 수행했다는 것이다. 덧붙여서 B.C. 4세기의 에스라 개혁을 통하여 '율법' 제정과 함께한 가지 중요한 요소가 이스라엘 정치 시스템으로 채택되었다. 물론 왕정 시대부터 선구자들이 법전을 편찬하기는 했지만,⁴⁷⁷ 율법은 이제 완전히 새로운 기능을 갖게 되었다.

3) 성전과 토라

고대 사회 집단에서 종교가 얼마나 긴밀하게 일반적인 사회 집단 상황과 정치적인 상황으로 통합되었는가 하는 점은 페르시아 시대의 이스라엘에 대한 연구에서 탁월하게 관찰된다. B.C. 520-515년에 이루어진 제2성전 건설은 엄밀한 의미에서 시대의 출발점을 알리는 사건이었다.⁴⁷⁸ B.C. 398년에 이었던 에스라 사역은 유대 지방(Provinz)과 유프라테스 건너편 관할 구역(Satrapie)에 거주하는 유대인에게 유효한 율법을 선포한다는 점에서 중요한 사건이었다.⁴⁷⁹

---

476 위에 이스라엘 사회사의 시대 입문 II. 4. B.를 보라.
477 위에 이스라엘 사회사의 시대 입문 III. 2. C.를 보라.
478 위에 이스라엘 사회사의 시대 입문 V. 1.을 보라. 마찬가지로 128 각주 10에 기록된 Albertz 2001, 11-12를 보라. 그는 포로 시기를 B.C. 520년까지로 이해해야 한다고 서술한다.
479 위에 이스라엘 사회사의 시대 입문 V. 2.를 보라.

성전 건축과 율법 선포라는 두 사건 그리고 페르시아 시대를 초월하여 영향력이 있는 두 사건의 결과는 고대 이스라엘의 종교사를 현대적으로 새롭게 서술하는 것에서 결코 빠져서는 안 된다. 마찬가지로 그것들은 사회사 서술에 있어서도 중요한 요소들이다.

(1) 제2성전의 역할

가족과 사회 집단적 구조 그리고 정치적 권력 관계에서 관찰되었던 것은 마찬가지로 페르시아 시대에 존재했던 유대의 핵심 종교 제도를 파악하기 위해서도 중요하다.

제2성전은 제1성전과 연속성을 가지며, 동시에 불연속성의 요소들로 인해 부각된다. 특별히 요시야 개혁 이후부터 제1성전과 마찬가지로 제2성전은 중앙 성소이었다. 제2성전의 제사장은 그 전임(前任) 제사장들처럼 국가 구조에 편입되었다. 그리고 성전은 백성이 제물을 가져오는 장소로서 중요한 경제적 의미를 지니고 있었다. 하지만 세 가지 점에 있어서 제2성전은 동시에 제1성전과 현저하게 분리된다.

요시야의 제의 중앙화에 상응하게 제2성전이 이전 성전이 위치했던 곳과 동일한 장소에 건설되었다는 것은 자명하다(스 6:3). 동시에 제1성전과의 연속성은 다음과 같은 문제에 직면했다. '이 성전은 본래 누구를 위한 중앙 성소인가?' 북왕국과 남왕국이 병존하는 동안에 두 왕국은 개별적으로 각각의 국가 성소를 갖고 있었다.[480] 북왕국이 멸망한 이후에도 벧엘은 계속해서 성소의 기능을 유지했다(왕하 17:28). 벧엘 제단은 요시야가 전파하고자 했던 예루살렘 유일 성소을 위하여 요시야에 의해 비로소 파괴되었다(왕하 23:15). 그것이 보여 주는 것처럼 요시야의 성소 중앙화 이후에 예루살렘은 유대 땅에 살지 않는 이스라엘 사람에게도 중앙 성소로 인식

---

480 위에 이스라엘 사회사의 시대 입문 II. 3. D.를 보라.

되었다(렘 41:5). 몇몇 사항은 페르시아 시대에 사마리아 지도부가 종교적인 면에서 예루살렘 성전을 지향하고 있다는 것을 암시한다.[481]

따라서 여기에서 성서 자료를 특별히 언급할 가치가 있다. 왜냐하면 에스라서와 느헤미야서에 언급된 성서 자료는 철저하게 반 사마리아적으로 표현되었기 때문이다. 사마리아 사람들이 예루살렘 성전에 모종의 관심을 보였다는 것이 점차로 드러났다는 것은 더욱 관심을 불러 일으킨다. 성전 재건 초기에 사마리아 사람들이 성전을 함께 재건하고자 하는 바람이 전해졌지만, 골라-귀환자는 그것을 금지했다(스 4:2-3). 사마리아와 유대의 상류층에 속한 자들 사이에는 혼인 관계도 있었는데(느 6:18), 제사장 가문도 그들과 혼인 관계를 맺기도 했다(느 13:28). 이런 이유로 사마리아 고위 관계자인 토비야(Tobia)는 느헤미야 시대에 예루살렘 성전의 한 켠을 자신의 사무실로 이용할 수 있었다(느 13:4-9).

에스라와 느헤미야에서 단지 빈약하게 추론될 뿐인 표상은 엘레판틴-서신을 통해 보다 우수한 단면도로 나타난다.[482] 엘레판틴 유대인들은 애굽 제사장이 파괴한 유대 성전을 B.C. 407년에 재건하기 위해 도움을 요청하려 했을 때, 그들은 유대 총독과 사마리아 총독에게 의뢰했다. 물론 이것을 실행할 결정권은 분명히 예루살렘에 있었을 것이다. 이것은 사람들이 먼저는 예루살렘에만 서신을 보냈음을 가리킨다(TAD A4.7:17-18).

하지만 예루살렘에서 회신이 없자, 그들은 다시 한번 예루살렘에 있는 페르시아 총독에게 의뢰했고 (관련된 정보를 제공하는 서신으로는 TAD A4.7)—동시에 사본을—사마리아에도 보냈다(TAD A4.7:28). 두 총독으로부터

---

481 Zsengellér(1998, 157)가 추정하는 것처럼, 보다 오래된 제의 장소들이 페르시아 시대의 사마리아에서 지속적으로 사용되어야 했다고 해서, 그것이 위의 주장에 대해 반론을 제기하는 것으로 볼 수는 없다. 중요한 것은 알렉산더 대제(Alexander der Große) 시기에 그리심 산에 성전이 건설될 때까지 북쪽 지방은 결코 독립된 중앙 성소를 가지고 있지 않았다는 점이다.

482 참조. TAD A4.7과 A4.9, TGI Nr. 51과 52.

회신이 왔으며, 당시에 유대 총독이었던 페르시아 사람 바고히(Bagohi)는 사마리아 총독이었던 델라야(Delaja)보다 앞서서 언급되었다(TAD A4.9:1). 두 총독은 성전 재건에 우호적이었다. 따라서 그들은 공통적으로 자신들의 영향력을 벗어난 제의와 관련된 사안에 대해서는 페르시아의 권위를 내세우기에 앞서서 유대의 이익을 대변하는 자로 간주된다.

이미 언급된 엘레판틴-파피루스에서 우리는 에스라가 등장하기 직전의 시대적 단면을 관찰할 수 있다. 예루살렘 성전은 그때까지 유대인뿐 아니라 사마리아인에게도 종교적 중심지였다. 성전에 대한 사마리아 상류층의 영향력을 제한하려는 시도와 두 지방의 상류층 인사가 맺고 있는 관계를 단절시키려는 시도가 느헤미야 시대에 있었다(느 13:4-9, 28). 하지만 그럼에도 불구하고 모든 야웨-신앙 숭배자에게 중앙 성소로 자리잡은 예루살렘 성전의 역할은 원칙적으로 의문시되지 않았다.

덧붙여서 그것은 디아스포라에 속한 자에게도 마찬가지였다. 독립된 자신의 성전을 가지고 있던 엘레판틴의 유대인 조차도 유월절-절기를 올바로 준수하는 것에 대해 질문했고 결코 자율적으로 수행하지 않았다. B.C. 419년의 것으로 평가되는 소위 유월절 서신이 보여 주듯이,[483] 엘레판틴 유대인은 애굽 총독(Satrap)이라는 공식 채널을 통해 현안에 대한 페르시아 왕의 답변을 수취할 수 있었다. 하지만 페르시아가 유대 내부의 종교 문제를 유력한 유대 권위자와 아무런 논의 없이 결정했을 것이라는 추측은 배제되어야 한다. 왜냐하면, 페르시아 왕의 유월절-칙령은 내용적으로 그리고 부분적이지만 언어적으로 출애굽기 12장에 기록된 유월절-규정과 근접하기 때문이다.[484] 게다가 우리가 이미 관찰한 것처럼 엘레판틴 유대인은 자신의 독립된 성전에 대한 문제를 예루살렘에 의뢰했다.

---

[483] TAD A4.1; Beyerlin 270-271.
[484] 마찬가지로 이스라엘 사회사의 시대 입문 V. 3. C.를 보라.

만약 성전과 성전 제사장이 정신적 기능면에서 볼 때, 유대와 사마리아 그리고 디아스포라 지역에 있는 모든 야웨-숭배자의 구심점이었다면, 성전과 성전 제사장은 동시에 유대 지방의 내부 정치적 상황에서 본질적 요소이다.[485] 스가랴의 이두정치(Dyarchie) 개념을 통해서 그리고 뒤이어 나타나는 시대의 실질적인 권력 구조 상황을 통해서 우리는 상류층의 대표자와 함께 제사장 그룹이 어떻게 유대 권력 구조와 연결되는지를 관찰할 수 있었다.[486] 여기에는 이스라엘과 유다 왕정 시대와의 연속성과 불연속성이 명백하게 파악된다. 왜냐하면, 왕정 시대에도 제사장은 당연히 정치 시스템과 연결되었기 때문이다. 무엇보다 벧엘과 예루살렘의 국가 성소에서 활동했던 제사장은 마찬가지로 왕의 공직자였다. 하지만 왕의 공직자로서 그들은 왕의 명령에 복종해야 했다는 점에서, 그들은 단지 왕의 공직자였을 뿐이다.

국가 권위자와 비교하면 예루살렘 제사장의 위치는 페르시아 시대에 근본적으로 변했다. 물론 유대 지방의 정치 시스템에서 페르시아 왕의 총독은 명백하게 유대 왕을 대리하는 자이다. 하지만 이 총독은 이방의 통치를 대리하며 몇몇의 경우에는 페르시아인인 경우도 있었으므로, 성전 제사장의 의미는 증가할 수밖에 없다. 성전 제사장은 페르시아인과 달리 국가 정체성과 종교 정체성의 요소를 동시에 구현했다. 물론 예루살렘 성전의 대제사장은, 헬레니즘 시대와 마찬가지로,[487] 유대 공동체의 유일한 정치적 대표자는 아니었다. 하지만 그는 더 이상 왕정 시대의 공직 기관에 속한 공직자 가운데 한 사람도 아니었다. 평신도 대표자와 함께 대제사장은 유

---

[485] 우리는 그것을 교회사의 특정한 역할을 하고 있는, 즉 카톨릭의 정신적 중심이며 이탈리아 국내 정치적 요소로 이해되는 바티칸(Vatikan)의 이중적 역할과 비교할 수 있다.
[486] 위에 이스라엘 사회사의 시대 입문 V. 2. C.를 보라.
[487] 이스라엘 사회사의 시대 입문 VI. 3. A.를 보라.

대 시민의 편에 서서 페르시아 총독과 공직자에 대항하는 유대의 대변인으로 등장한다. 그는 '최고 제사장'(oberster Priester: kohen haroš 왕하 25:18)에서 대제사장(Hoher Priester: hakkohen haggadôl 학 1:1; 슥 3:1; 6:11)이 되었다.⁴⁸⁸ 이방 권력에 맞서서 국가 종교의 정체성을 구현하는 자로서 대제사장은 게다가 왕의 특징을 명백하게 수용했다.

만약 기름부음이 포로기 이전에 왕의 표식이었고(참조. 삼상 15:1, 17; 16:13 등등), 따라서 왕이 '기름부음 받은 자'(maš^{a}ḥ 삼상 12:3; 24:7, 11 등)라는 칭호를 담지했다면, 이제 대제사장이 '기름부음 받은 제사장'(hakkohen hammaš^{a}ḥ)이 되었다(레 4:3, 5, 6 등). 따라서 대제사장 목록을 재구성하는 것이 페르시아 시대 이후부터 가능했다는 점은 놀라운 것이 아니다.⁴⁸⁹ 그와 달리 군주제 시기에 이스라엘과 유다의 왕 목록은 있었지만, 최고 제사장의 이름에 대한 보도는 산발적이며 희박하게 나타날 뿐이다.

모든 이스라엘인의 중앙 제의 장소로 이해되는 성전의 종교적 위치 그리고 페르시아 지방인 유대의 권력 구조 내에서 성전 제사장의 정치적 역할과 더불어 페르시아 시대에 성전의 경제적 의미가 부각된다. 그것을 위한 전제는 왕정 시대 말기에 발생한 제의 중앙화이다. 제의 중앙화는 우선적으로 유대 지방의 모든 종교적 제물을 예루살렘으로 향하게 했고, 예루살렘 안에서의 물물 교환을 장려하도록 만들었다.⁴⁹⁰

덧붙여서 포로기라는 역사적 경험을 소화하면서 성전을 중심적 위치로 더욱 강조하는 신학적 운동이 생겨났다. 여기에는 그러한 운동을 단지 암시하

---

488 제사장의 높은 위치는 B.C. 4세기 유대에서 yhd라고 새겨진 국가 동전 이외에도 (hpḥḥ 호칭을 가진 총독의 이름 이외에도) ywhnn hkhn(= 제사장 요하난)이라고 새겨진 문양이 발견된다는 사실에서 입증된다. 참조. Schaper 2002, 156-158.
489 덧붙여서 Cross(1975)와 Schaper(2002, 160)의 시도를 참조하라.
490 위에 이스라엘 사회사의 시대 입문 II. 3. D.를 보라.

는 정도에 머물 것이다.⁴⁹¹ 가장 중요한 것은 주변 제단에서 드려지던—평신도가 제의에서 활동하는 것을 포함하여—사적인 제의가 폐지되는 동시에, 제의가 제사장 뜰에 있는 하나의 커다란 제단에 집중되었다는 점이다.

또한, 제의 활동에서 속죄에 대한 개념이 강조되었고, 그것은 제의 업무를 증가시키는 결과를 낳았다. 왕정 시대에 국가 성소들이 국가 제의에도 현저하게 사용되었다면, 모든 제의 행위가 행해졌던 제2성전은 점점 더 백성의 성전이 되었다.

제2성전의 위상이 부각되었고, 그 결과 백성은 성전을 유지하기 위해 왕정 시대와는 비교할 수 없는 많은 것을 부담해야만 했다. 모든 제의 활동에는 제사장에게 할당된 부분이 있었다(레 7:8, 33-36; 10:14-15 등등). 그 이외에도 많은 헌물이 제사장에게 돌려졌다(민 18:12-16; 느 10:36-38). 덧붙여서—국고에서 보조금을 받지만, 동시에 국고로 환수되어야 하는—공적 제사는 백성에게 재정적 지원을 요구했다. 그뿐 아니라 성전 세금이 징수되었는데, 그것은 출애굽기 30:11-16에 따르면 2분의 1세겔이었고, 느헤미야 10:33-34[32-33]에 따르면 해마다 3분의 1세겔이 책정되었다.

하지만 이 성전 세금은 명시적으로 제사장을 부양하기 위한 것이 아니라, 제의 시설물을 공급하기 위해 사용되었다. 덧붙여서 가족은 정해진 순번을 정하여 나무를 조달해야 했다(느 10:35; 13:31). 이외에도 말라기 3:8-10과 느헤미야 13:12는 성전을 위한 십일조가 기록하고 있다. 마지막으로 자유롭게 바치는 헌물이 추가될 수 있는데, 그것은 오늘날 헌금과 마찬가지로 자발적으로 드리는 것이었지만, 엄밀히 말하면 꼭 바쳐야 하는 것이었다.

이러한 적지 않은 부담으로 인해 백성이 부담을 덜기 위한 방안을 모색했다는 것은 결코 놀라운 것이 아니다. 그것의 일환으로 말라기 1:8는 제물을 바치는 자가 눈먼 동물, 절뚝발이 그리고 병든 동물을 제물로 바치

---

491 참조하라. Albertz 1992, 487-495.

는 것을 제사장이 허용하고 있다고 언급한다(13절 참조). 말라기 1:14에는 서원한 것을 이행하기 위해 흠 있는 동물을 바치는 것이 기록되었다. 그리고 말라기 3:8-10을 근거로 십일조와 헌물의 일부를 누군가가 가로챘다는 것을 유추할 수 있다. 말라기 1:8에서 그러한 헌물은 —그러한 눈속임의 시도조차 없었을 것으로 보이는— 총독에게 바치는 것과 비교됨으로써, 말라기는 백성 전체가 그러한 과중한 헌물을 바쳐야 한다는 부담에 종속되어 있음을 보여 준다.⁴⁹²

백성이 제의 행위와 헌물을 통해 왕정 시대보다 더 긴밀하게 성전과 연결되기는 했지만, 이 성소는 국가 성소로서의 특징을 상실하지는 않았으며, 덧붙여 우리는 이것이 이제 페르시아의 국가 성소에 지나지 않는다는 것도 인지해야 한다. 이 성전은 페르시아의 명령에 의해 건설되었으며, 부분적으로 페르시아의 재정적 도움을 받기도 했다(스 6:3-4, 8-9; 7:21-23). 무엇보다 이 성전에서는 페르시아 왕과 그의 아들들을 위한 기도가 실행되어야 했다(스 6:10).⁴⁹³ 몇몇 증거는 이 성전이 국가 성소로서 기능을 한다는 것과 국가 금고로 송부되어야 할 다양한 세금이 모금되어 지방(Satrapie) 또는 중앙 정부로 전달하는 장소이었다는 것을 암시한다.⁴⁹⁴

페르시아 제국의 다른 부분과 유사하게 스가랴 11:13에서 발견되는 *jôṣer*가 여기에 언급될 필요가 있다. 이것이 문자적으로는 '주조공, 주물공'⁴⁹⁵으로 번역됨에도 불구하고, 이 단어에는 수공업자일 뿐만 아니라,

---

492 국가 세금 제도에 대해서 위에 이스라엘 사회사의 시대 입문 V. 2. C.를 보라.
493 참조하라 Kegler(1996, 79): "지도자를 위한 중보 기도는 실제로 제국의 통치권에 대한 인정을 의미한다. 그것은 현재의 상황을 수용했다."
494 Schaper(1995)는 다음과 같은 강조점으로 그러한 견해를 대변한다. "예루살렘 성전 기관은 유다 주민의 세금 지불과 페르시아 정부 사이의 접촉적으로서 역할을 수행했다"(537).
495 יוֹצֵר에 대해서 Gesenius¹⁸을 보라.

'상당한 고위 공직자'(a comparatively high-ranking official)[496]라는 의미가 내포되어 있다. 그의 임무는 페르시아의 명을 받아 성전에 교부된 은을 녹이고 형태를 만들어 전달하는 것이었다. 그러한 사실은 느헤미야가 페르시아 총독으로서 당연히 성전 관리에 관한 내부 문제에 관여할 수 있었던 것처럼(느 13:4-9, 10-13),[497] 성전이 얼마나 긴밀하게 페르시아의 통치 시스템과 연결되어 있는지를 보여 준다.

고대 세계에서 전반적으로 발견되는 것처럼, 성전과 제사장이 사회 집단 조직과 정치 권력 시스템의 일부였다는 점은 페르시아 시대의 성전과 성전 제사장의 역할에서도 대체로 확인된다. 이스라엘과 유다의 왕정 시대와 달리 이러한 조직이 위치를 점하게 되면서 동시에 그 역할도 변했다. **성전과 제사장은 두 가지 방법으로 보다 중요한 위치를 점유하게 되었다. 한편으로 그들은 국가 왕권으로부터 보증된 인지할 수 있는 정체성을 넘겨받았다. 대제사장은 의심할 여지없이 왕의 후계자가 되었다. 그리고 그들은 총독이 의지하는 지역 엘리트의 일부로서 '장로' 혹은 '귀족'과 함께 직접적으로 지방에서 통치권을 행사할 수 있었다.**

세상적이고 정신적인 권위의 중요성, 그리고 세속 집단과 제사장 집단의 이해관계의 중요성, 다시 말해 권력의 이동으로 귀결되는 이러한 이중적인 중요성은—이것은 모두 페르시아의 패권하에서 움직인다—우리가 앞으로 살펴보아야 할 에스라의 토라 선포라는 일련의 과정과 결부될 때 더욱 중요한 의미를 지닌다.

---

[496] Schaper 1995, 532.
[497] 본문에 대해서 참조하라. Schaper 2000, 151, 그리고 동저자, 1998.

(2) 에스라의 토라 선포

에스라 1-6장의 주요 내용인 성전 건설 그리고 소위 느헤미야-회고록이 서술하는[498] 느헤미야의 사역 이외에도, 위에 기술한 근거를[499] 기반으로 느헤미야 이후 시대로 상정될 수 있는 에스라 사역에 대한 보도는 에스라-느헤미야서의 세 번째 중심점을 보여 준다. 물론 에스라에 대한 보도는 에스라 7-10장과 느헤미야 8장에도 포함되었지만, 나는 사회사적 중요성을 고려하여 여기에서는 에스라 7:12-26의 아람어 본문에 국한하여 관찰할 것이다. 이 본문은 아닥사스다(Artaxerxes)왕이 에스라에게 보낸 서신, 즉 '율법'(Gesetz) 선포에 대한 지시를 반영하고 있다.

이 서신의 역사적 신빙성에[500] 대해 다양하게 논의되었던 의문은 물론 "가공된 문서를 통해서도 … 실제적인 제도가 설명될 수 있기 때문"에 "결정적으로 중요한 사안은 아니었다".[501] 그럼에도 불구하고 우리는 14:25-26에서 관찰되는 개정된 아닥사스다-서신을 통하여 역사적인 본질을 인식할 수 있을 것이다.[502]

---

[498] 그것의 사료적 가치에 대해서 위에 이스라엘 사회사의 시대 입문 V. 2.를 보라.

[499] 위에 이스라엘 사회사의 시대 입문 V. 2.를 보라.

[500] Janzen(2000, 643)에 따르면 그것은 "에스라의 나머지 이야기에 대한 미드라쉬의 한 종류"로 이해된다. Grätz(2004a)는 "헬레니즘 시대의 왕의 선정(Euergetismus)"이라는 측면에 대해 논증했으며, 그는 선정을 "에스라 7:12-16의 관념적 배경"으로 보았고, 따라서 이 본문을 "가공된 원문"으로 간주했다(134). 하지만 왕의 선물, 세금 감면 그리고 법의 권위를 준수하는 것은 대단히 헬레니즘적인 정치로 제한될 수 있으며, 그러므로 에스라 7장은 헬레니즘 시대에 유래했을 수 있다. 마찬가지로 참조하라. 동저자(2004b).

[501] Frei/K. Koch ²1996, 52.54.

[502] Karrer 2001, 31: "에스라 7:25-26(그리고 14)에는 에스라-보도의 전체 맥락과 개념적으로 상응하지 않는 요소들이 포함되어 있으므로, 이 요소들을 현재의 짤막한 본문의 원본, 즉 경우에 따라서 역사적 문서의 일부로 평가하는 것은 명백히 불가하다." 이와 동일한 의미로 참조하라. Blum 2002, 249-250. 마찬가지로 K. Koch(1995)는 아닥사스다 칙령과 에스라-보도의 차이를 근거로 칙령의 진정성에 대한 결론을 이끌어 냈고(98), 단지 12-20절에서만 그 진정성을 상당히 확신했다. Smitten(1973, 19.55)에

이 왕의 서신에 따르면—페르시아 전문 용어로 아닥사스다-칙령(Artaxerxes-Firman)으로 표현될 수 있는—에스라는 디아스포라의 기부금을 가지고 바벨론에서 예루살렘으로 이동하라는 명령을 받았고, 동시에 성전에 대한 조치를 취하고 법을 체계화하는 임무를 받았다. 여기에서는 에스라 7:25-26에서만 명시적으로 보도하는 법 체계화를 중점적으로 다룰 것이다. 법 체계화는 에스라를 "하늘 하나님의 율법 학자"(12절)라고 칭함으로써 준비되고 있다. 이 칭호는 에스라가 페르시아 정부의 관리임을 보여 주며, 그의 업무는 '하늘 하나님의 율법'을 관장하는 것이다. 에스라가 등장하기 20년 전에 페르시아 왕이 엘레판틴의 유대인에게 공포한 유월절-서신은 페르시아 통치 시기에 실제로 유대 종교 문제에 정통한 공공 기관이 있었다는 것을 보여 준다.[503]

유프라테스 건너편의 모든 백성에게 법률을 선포하기 위해서 에스라는 중앙 정부로부터 '재판관'을 세우도록 임명을 받았다.

> 네 하나님의 율법을 아는 자들이 강 건너편 모든 백성을 재판하게 하라. 그리고 그 율법을 알지 못하는 자를 너희는 가르치라(25절).

이 법에 순종하지 않은 자에게는 징벌이 뒤따랐다(26절). 이 칙령은 유프라테스 건너편 지역에 있는 야웨를 믿는 모든 자를 대상으로 한 것이며,

---

따르면 14절을 제외하고 12-19절과 25-26절은 "기본적으로 역사적이며 진정한 것이다." 전반적인 논의에 대해서 참조하라. Frei/K. Koch ²1996, 54-61, 210-220.

[503] Knauf(2002, 186)은 유월절-서신을 근거로 바벨론에 "유대 사무에 관한 종교-비서실"이 있었다는 것을 염두에 두고 있다. 더 나아가 그는 "유대 종교 비서실에서 제작된 것은 당시에 존재하지 않았던 '모세법'을 기반으로 하는 것이 아니라, 오히려 제왕의 공포를 기반으로 하여 법적 효력을 가지고 있었다." 하지만 이것은 지나치게 대략적인 이해를 서술하고 있다. 만약 에스라가 20년 이후에 완성된 "모세법"을 제시할 수 있었다면, 그것은 종교-비서실에서 이미 규범으로 사용되었을 것이기 때문이다.

―아마도 부차적인 14절이 적절하게 언급하고 있는 것처럼― 우선적으로는 '유대와 예루살렘'을 염두에 두어야 한다.[504] 동시에 이 법은 원칙적으로 잘 알려져 있었다. 새로운 것은 법 자체가 아니라, 그것이 내포하는 권위이다. 그럼에도 불구하고 이 칙령은 법을 '알지 못하는' 자와 그것을 '배워야' 하는 자가 있음을 고려한다. 이것은 한편으로는 이 법의 범위가 아직 명확하게 고정되지 않았다는 점과 다른 한편으로는 이 법이 모든 분야에서 보편적으로 인정된 것은 아님을 의미한다.[505]

이 율법은 "하늘 하나님의 율법"으로 표현될 뿐만 아니라(12절), 26절에는 "네 하나님의 율법"과 "왕의 율법", 즉 이중적으로 표현되었다. 만약 우리가 아람어 접속사 *Waw*를 이 두 개념을 대등하게 연결하는 '그리고'로 이해한다면, 본문은 두 가지 율법을 다루고 있다고 해석된다. 하나는 엄밀한 의미에서 유대적 율법일 것이고, 다른 하나는 세금법(Steuergesetze)과 페르시아 왕이 명령한 에스라의 임무일 것이다.[506]

하지만 그밖의 본문에는 단지 한 가지 법만 언급되기 때문에, 접속사 *Waw*는 또한 구체적인 '설명'으로 해석될 수 있다. 그렇다면 이것은 다음과 같이 이해될 수 있다. "네 하나님의 율법, 즉 (또는: 그것은) 왕의 율법".

---

[504] Mantel(1973)의 이해는 근거가 빈약하다. 그에 따르면 에스라는 "골라의 자손"에게만 파송되었고, 반면에 유대의 나머지 주민에 대해서는 대제사장이 있었다는 것이다. 에스라-느헤미야 최종 편집에 따르면 "골라의 자손"은 야웨를 섬기는 유대 주민과 동일시 되었고, 다른 나머지는 "이방 백성"과 동일시되었다(덧붙여서 위에 이스라엘 사회사의 시대 입문 V. 2. B.를 보라).

[505] Rüterswörden(1995, 60)은 "엘레판틴 유월절 서신은 토라의 본래 규정이 잘 알려져 있음을 보여 준다"는 사실을 기반으로 다음과 같은 결론을 유추하려 한다. "에스라 선교"는 "객관적으로 무의미하다." 그는 계속해서 "토라는 세기가 바뀌는 전환점에서 이미 잘 알려져 있었고 새롭게 도입될 필요가 없었다"라고 이유를 제시한다. 하지만 이것은 지나치게 단순한 결론이다. 왜냐하면 에스가 7장에서 토라는 근본적으로 "잘 알려진" 것으로 당연히 전제되고 있기 때문이다(25절). 토라는 "새롭게 도입된" 것이 아니라, 오히려 국가의 권위를 통하여 보편적인 구속력을 지닌 것이 되어야 했다.

[506] 그러한 이해로 Karrer 2001, 30-32.

따라서 본문에 따르면 야웨를 섬기는 자에게 지정된 "하늘 하나님의 율법"은 동시에 페르시아 국가법으로도 통용되었을 것이다.[507]

후자의 견해는 유사한 다른 경우와 비교해 볼 때, 지방 법들이 페르시아 국가를 통하여 그 지역에 합당한 국가법으로 권위가 부여되었다는 것을 가리킨다. 다시 말해 지방의 법은 동시에 "왕의 율법"이 되었고, 그것은 **"국가 인허가"**(Reichsautorisation)로 표현될 수 있다.[508] 그것에 대한 보도는 상당히 분산되었고, 전체적으로 상이한 경우에서 발견된다. 이러한 아주 근소한 보도를 기반으로 페르시아 제국의 일반적인 국가 인허가 제도가 추론될 수 있는가에 대해서는 의문이 든다.[509] 이 질문에 대해 여기에서 결론지을 필요는 없을 것이다. 왜냐하면, 에스라 7:12-26의 아닥사스다-칙령은 법적 제도로서의 '국가 인허가'에 대해 이야기하는 것이 아니라, 특정한 하나의 과정을 보여 주기 때문이다. 물론 법적 제도의 존재에 대하여 의구심을 가질 수는 있지만, 이러한 구체적인 사례는 여전히 해결되지 않고 있다.

"왕의 법"으로 이해되는 "하늘 하나님의 율법", 또는 이 이외에도 유다와 예루살렘에서 효력을 발생하며, 동시에 유프라테스 강 건너편 지역에 있는 야웨를 믿는 자에게 구속력이 있는 것으로 보이는 "하늘 하나님의 율법"을 오경 전체와 연결하여 이해하는 것은 충분히 개연성이 있다고 보인다. 그렇다 하여도 그 본문의 상태가 이후에도 계속해서 확장되었다는 것이 배제되어서는 안 된다.[510] 어쨌든 이것은 에스라-느헤미야의 최종 편

---

507 논의에 대해서 참조하라. Frei/K. Koch ²1996, 20-21, 51-54.
508 보다 근본적인 것에 대해서 Frei/K. Koch ²1996.
509 국가 인허가의 주장에 대한 비판으로 참조하라. Rüterswörden 1995; Karrer 2001, 28-32.
510 Blum 2002, 25. 에스라 법의 "… 주요 골자는 단지 오경일 것이다." Smitten(1973, 124-130)에 따르면 그와 달리 그 법은 D와 P 그리고 다른 본문들의 결합체를 의미한다. 그러나 그의 이해는 오류를 내포하고 있는데, 그는 "율법"(Gesetz)이라는 것이 엄

집을 의미한다. 이로 인해 무엇보다 유대주의에서 토라가 권위적인 위치로 자리매김하는 것이 가장 잘 설명되며, 마찬가지로 사마리아가 유다로부터 분리된 이후에[511] 토라, 다시 말해 오직 토라만을 그들 공동체의 근간으로 수용했다는 사실도 그것을 보여 준다.

"하늘 하나님의 율법"으로 이해되는 오경을 선포함으로써 유대주의는 왕권과 국가를—또한 땅과 같은 많은 것을—상실한 이후에 제의 이외에도 정체성 확립을 위한 또 다른 요소를 갖게 되었다. 점차 시간이 흐르면서 오경은 제의보다 더 큰 비중을 차지하게 되었다. 따라서 사마리아 사람들은 자신의 독자적인 성전을 건설한 이후에 토라에 대한 존중을 넘어 유대주의와 연결되고 있다. 그러므로 로마 시대에 성전이 파괴되고 땅에서 또다시 추방된 이후에도 유대주의는 국가와 제의적 중심이 사라졌음에도 불구하고 유지될 수 있었다. 물론 정체성을 수립하는 데 중요한 토라의 역할을 전적으로 에스라의 토라 선포와 같은 단회적인 사건으로 소급시키는 것은 올바로 이해가 아닐 것이다. 오히려 그것은 오랜 시간 동안 이루어진 일련의 과정으로 나타난 결과이다.

(3) 과정으로 이해되는 토라의 율법화

에스라의 토라 선포는 토라가 율법화(Gesetzwerdung)되는 시작점도 종결점도 아니다. 그의 토라 선포는 하나의 중요한 중간 단계(Zwischenschritt)

밀한 의미에서 법적 특징을 지닌 본문만을 다루는 것으로 서술하고 있다. 하지만 "토라"는 그 본질적인 측면에서 이야기체(erzählerisch) 본문과 법적 본문을 포괄하며, 어느 하나가 빠진 상태를 의미하지는 않는다. Houtman(1981)의 의견에 따르면 에스라-느헤미야에서 오경과는 다른 율법이 고려될 수 있는데, 왜냐하면 에스라-느헤미야에서 오경을 출처로 하는 율법만이 아니라, 오경에서 나타나지 않은 율법도 관계되고 있기 때문이다(104-111). 그의 주장은 전적으로 느헤미야 10장의 예를 근거로 하고 있다(105-106). 이 장에 대해서는 위에 이스라엘 사회사의 시대 입문 V. 2. C.를 보라.

[511] 덧붙여서 아래 이스라엘 사회사의 시대 입문 VI. 4. A.를 보라.

일 뿐이며, 그 이상도 이하도 아니다. 율법화 과정은 왕정 시대에 법이 편찬되면서부터 시작한다.[512] 만약 시락(Jesus Sirach), 필로(Philo von Alexandrien) 혹은 요세푸스(Flavius Josephus)와 같은 저자가 유대 존립의 근본 문서(Grunddokument)로서 '조상의 율법' 혹은 '모세 토라'를 명백하게 전제한다면, 이 율법화 과정은 헬레니즘 시대에 종결되었다. 그렇다면 내가 '토라의 율법화'로 표현한 것은 어떤 특징이 있을까?

고대 근동의 법전에 관하여—그러한 법 전통 안에서 이스라엘인의 법도 인식될 수 있다—의견의 일치를 보이는 것을 크뤼제만(Frank Crüsemann)은 다음과 같이 표현했다.

> 그것은 … 어떤 실정법을 다루는 것이 아니다. 오히려 … 특히 이론적 작업의 결론인 법학적인 논의라고 이해하는 것이 적절하다.[513]

그렇지만 그것이 법 문서와 실행된 법 사이에 어떠한 연관성도 없다는 것을 의미하지는 않는다. 오토(E. Otto)는 히브리 성서에서 "법이 … 왕에게 소급되지 않고 직접적으로 신적 존재에게 소급됨으로써, … 그것은 … 관철되어야 하는 실정법의 대열로 합류될 수 있었다"라고 서술한다. 계속해서 그는 "유대법이 이렇게 변화하는 과정은 … 이미 포로기 이전 후기(spätvorexilisch) 언약 법전을 통해" 시작되었다고 관찰한다.[514] 하지만 우리는 어느 정도까지 언약 법전 또는 신명기 규정이 실제로 준수되었는지에 대해 조사할 수 있는 어떠한 외적 증거를 가지고 있지도 않다.

---

512 위에 이스라엘 사회사의 시대 입문 III. 2. C.를 보라.
513 Crüsemann 1992b, 20.
514 Otto 2000, 69.

페르시아 시대가 되어서야 우리는 법 문서와 법 실행이 특정한 경우에 상당히 근접해 있음를 보여 주는 문헌을 처음으로 확인할 수 있다. 그것은 엘레판틴에서 출토된 유월절 서신이다.[515] 애굽 태수(Satrap)를 통하여 엘레판틴 유대인에게 전달된 페르시아 왕의 명령에는 적법한 유월절 수행으로 알려진 것이 등장하는데, 이것은 언어적인 면에서 출애굽기 12:1-20의 유월절 규정에 상응한다. 이 서신은 다음과 같은 말로 시작한다.

"다리우스왕 제5년에 왕은 (애굽 태수인) 아르샴(Arscham)에게 명령했다…"(다리우스 II를 의미한다 - 역주).

에스라가 등장한 날짜 기입과 비교할 때 이 서신은 대략 20년 정도 이른 시기에 작성된 것으로 추측된다. 그렇다면 이 모든 것은 왕이 엘레판틴 유대인에게 답신을 보내는 과정에서 에스라와 같은 인물의 도움을 받았다는 것을 말해 준다. 그는 "하늘 하나님의 율법"을 기초로 하여 사안을 어떻게 처리할 것인지를 왕에게 알려 주었다.

B.C. 385년과 335년에 저작된 사마리아-파피루스를 통해 우리는 에스라 이후 시대에 접근할 수 있다. 파피루스의 내용은 얼핏 보기에 에스라의 토라 선포 사건에 대해 문제를 제기한다. 왜냐하면, 이 파피루스의 내용은 모든 면에서 관련된 율법 규정에 모순되기 때문이다. 이에 따르면 유대인 노예는, 대부분의 경우에서 확인되는 것처럼, 존재 자체가 불가능했거나(레 25장), 또는 6년 동안만 제한적으로 노예 생활을 했을 것이다(출 21장; 신 15장).

출애굽기 21:5-6과 신명기 15:16-17에 서술된 것처럼 6년이 지난 후에 유대 노예가 자발적으로 '영원히' 자기의 주인에게 머무르고자 한다면, 사마리아-파피루스에서도 관찰되듯이 그는 '영원히' 다른 사람에게 팔려서

---

515 위에 이스라엘 사회사의 시대 입문 V. 3. A.와 TAD A4,1의 본문을 보라. Beyerlin 270-271.

는 안 된다. 토라 규정과 이 파피루스가 모순된다는 점은 개별적인 경우, 즉 "집에서 태어난 종"(참조. 창 17:12-13, 23, 27; 렘 2:14)을 팔 수 있다는 것으로 인해 완화되지는 않는다.

왜냐하면, 매매된 남녀 노예의 대부분은 부채를 지닌 노예(Schuldsklaven)이었기 때문이다. 오히려 이 모순은 다음과 같은 것으로 인해 난처하게 된다. 모든 문서는 총독, 부분적으로는 증인 그룹과 지방 관리 앞에서 봉인되었으므로, 우리는 계약서에 나오는 노예를 보유한 자를 단순하게 율법을 지키지 않는 '악한 자'로 간주할 수는 없다.[516]

그럼에도 불구하고 사마리아-파피루스를 근거로 에스라의 토라 입법화 과정을 지체 없이 부인하는 것은 너무도 지나친 속단이다. B.C. 4세기 파피루스가 증명하듯이 토라의 노예법이 사마리아에서 적용되지는 않았지만, 사마리아가 유대와 분리되면서[517] 즉시로 모세 오경, 오직 그것만을 구속력이 있는 것으로 받아들였다는 점은 사실이다. 게다가 에스라 7:25-26은 토라 규정이 에스라의 활동 시기에 도처에 그리고 변두리에까지 알려지지는 않았다는 점을 보여 준다. 만약 토라 규정이 예루살렘에서 구속력이 있었다고 설명된다면, 사마리아의 지도층과 상류층은 이 규정을 자신의 것으로 결코 받아들이지는 않았을 것이 분명하다.

에스라의 토라 선포가 토라 규정이 각각의 장소와 시대에 동일한 효력을 지녔다는 것을 의미하지는 않는다. 오히려 에스라의 선포는 아주 오랜 과정에서 나타나는 중요한 조치 그 이하도 이상도 아니다.[518]

---

516 이 파피루스의 견해에 관한 논의에 대해서 참조하라 Kessler 2003b.
517 덧붙여서 아래 이스라엘 사회사의 시대 입문 VI. 4. A.를 보라.
518 Karrer(2001, 258)는 에스라 7장의 아닥사스다(Artaxerxes) 서신 그리고 (편지를 제외하고) 에스라 7-10장과 느헤미야 8장의 에스라 기록 사이의 긴장 관계가 이러한 배경을 보여 주는 것으로 해석한다. 왕의 서신에 따르면 에스라는 모든 역량을 동원하여 단호하게 토라가 효력을 발휘할 수 있도록 해야 하며, 반면에 실행 보도의 형태에서 에스라상은 다음과 같이 묘사되었다. "에스라의 기능은 토라 계명이 정식으로

에스라의 토라 입법화가 절대적인 전환점이 아니라, 오랜 기간 진행된 과정의 단면으로 이해되어야 한다는 것을 하나의 문서를 통해 확인할 수 있다. 이것은 느헤미야 10장에 전승되는 것으로 토라의 몇몇 핵심 규정에 관한 공동체의 자기 의무(Selbstverpflichtung)를 포함한다. 이 본문은 문학적으로 아주 느슨하게 첨가되었다. 그것은 느헤미야 8-9장에서 확인되는 토라 낭독 보도와 일치하지 않는다. 왜냐하면 우선 7일 동안 전체 토라가 알기 쉬운 형태로 낭독된 다음에(느 8:1-8), '핵심적 가치에 대한 자기 의무는 무엇인가?'라는 의문이 제기되기 때문이다.

또한, 이 본문은 느헤미야-회고록과 일치하지도 않는다. 이 회고록은 느헤미야를 사건에 활기를 넣는 자로 항상 묘사하지만, 느헤미야 10:2에 기록된 느헤미야는 나중에 문서에 서명하는 자로 언급될 뿐이며, 이러한 느헤미야의 모습은 지체 없이 최종 편집(Endredaktion)으로 귀속될 수 있다. 따라서 여러 요소는 느헤미야 10장에서 확인되는 자기 의무가 적어도 느헤미야와 에스라 이후 시대에 유래했다는 것을 암시하며, 심지어는 아마도 헬레니즘 시대에 유래했음을 암시한다.[519]

31-40[30-39]절에 기록된 합의는 오경 단락의 규정에서 선별된 것이다. 특히, 이 합의는 제의에 대한 문제 또는 제의를 위해 필요한 물질을 공급하는 것에 대한 다양한 문제를 정리한 것이다(33-40[32-39]절). 엄밀한 의미로 볼 때 사회법에서는 단지 하나의 규정만이 수용되었다.

관철됨으로써 존속되는 것은 아니다." 그렇다면 이 보도는 아마도 에스라가 실제로 등장했던 역사적 실재성을 중개하는 것이며, 그것에 따르면 토라는 단지 점차적으로 관철될 수 있었다. 에스라는 "백성들이 독자적으로 토라에 의거하여 행동할 수 있도록 여건을 만드는 '촉매자'의 역할을 한다."

[519] 느헤미야 10장의 연대 논쟁에 대해서 참조. 한편으로 Kippenberg(1978, 69-76)은 이 본문이 B.C. 432년 느헤미야 치하에서 이루어진 것으로 주장하며, 다른 한편으로 Kellermann(1967, 37-41)은 이것을 느헤미야 이후 본문으로 이해한다. Reinmuth(2002, 210-219)은 느헤미야 10장의 초기 형태를 31-32, 38a*, 40b[30-31, 37a, 39b]절에서 찾으며, 이 본문이 상당히 오랜 시간 동안 성장해 왔음을 주장한다.

일곱째 해마다 땅을 쉬게 하고 모든 빚을 탕감하리라 했고(32b절).

이것은 '토라 입법화의 결과를 어떻게 서술할 것인가?' 이런 질문과 연결하여 두 가지 관점에서 중요하다. 한편으로 우리는 여기에서 법 해석과 같은 것을 최초로 발견한다.[520] 신명기 15장에 서술된 7년째 되는 면제년(Erlassjahr)은 수용되었지만, 동시에 레위기 25장에 나타난 50년째가 되는 희년(Jobeljahr)은 고려되지 않았기 때문이다.[521] 다른 한편으로 볼 때 면제년만을 제한적으로 서술한 것은 동시에 노예 규정과 같은 다른 사회법을 배제한 것이다. 그러나 그것은 우리가 어떻게 사마리아 파피루스에 있는 규정을 찾아내는가 하는 입장과 정확히 상응한다. 토라 입법화가 모든 것이 동시대에 그리고 동일한 강조점을 가지고 실제적인 것으로 전환되었다는 것을 의미하는 것은 결코 아니다.[522]

성전이 재건됨으로 인해 유다 지방의 수도인 예루살렘은 이 지방의 중심일 뿐만 아니라, 다른—명확하게는 엘레판틴에 있었던—제의 장소가 존재했는가에 대한 질문과는 상관없이 디아스포라로 살아가는 유대 정체성의 중심이 되었다. 그밖에 사마리아 지방은 종교적으로는 예루살렘 성전을 지향하는 야웨-신앙인이 구성원의 한 축을 이루었지만, 정치적으로

---

[520] 느헤미야 10장의 특성에 대해서 참조하라. Crüsemann 1992b, 395-397.

[521] Houtman(1981, 105-106)이 느헤미야 10장의 몇몇 규정을 언급하며, 그 규정이 오경 법전에서는 전혀 발견되지 않는다고 말한다. 하지만 그는 마찬가지로 항상 강조되는 법 해석의 특징을 오인한 것이다. "안식일 혹은 거룩한 날에 상품 매매를 금지하는 법은(32a[31a]절) 구약의 법전에서 확인되지 않는다"(105). 물론 이러한 표현은 분명 나타나지 않고 있다! 하지만 이러한 법 해석은 안식일 계명을 근거로 나타난다.

[522] Reinmuth(2002, 213-217)는 느헤미야 10장의 모든 의무가 오경과 엄격하게 평행하다고는 결코 볼 수 없으며 언어적으로도 독립되게 표현되었다고 증명한 이후에, 그는 이것을 느헤미야 10장의 저자가 토라 규정을 수용한 것이 아니라 그것을 창조적으로 이용했다고 올바르게 해석했으며, 덧붙여서 포로기 이후 시대에 토라가 생성된 것을 단적으로 보여 준다고 지적한다.

는 유대(Jehud)와 분리되었다.

에스라가 토라를 선포함으로써 이스라엘에는 두 번째 중심이 생성되었다. 이 중심은 하나의 장소와 결부된 것이 아니다. 에스라 7장에 의하면 에스라는 토라를 바벨론에서 가지고 왔다. 그럼에도 불구하고 이 토라는 예루살렘에서 그 권위를 인정받았다. 논란의 여지가 없는 예루살렘과 유대 사이의 독특한 갈등 그리고 강력한 사마리아 지방과 예루살렘에 있는 중심점을 지향하는 디아스포라 사이의 독특한 갈등은 페르시아 시대의 이스라엘을 특징짓는 요소이다.

모든 요소를 전체적인 모습으로 연결하려고 시도하기 전에, 우리는 먼저 디아스포라의 상황에 시선을 돌려야 한다.

4) 디아스포라의 삶

B.C. 586년 예루살렘이 파괴되기 오래전부터 시작된[523] '포로기'는 B.C. 539년에 페르시아가 권력을 승계했음에도 끝나지 않았다. 바벨론 디아스포라뿐만 아니라 애굽 디아스포라가 존재했고, 시대가 흐를수록 그들의 중요성은 더해 갔다. 디아스포라의 중요성은 구약성서 문헌에서 발견되며, 이 장에서 다룰 주제이기도 하다. 동시에 바벨론과 애굽이라는 두 지역에서 디아스포라는 전혀 다른 모습으로 발전했다.

(1) 바벨론 유대주의

골라-귀환자는(Gola-Rückkehrer) 이 땅에서 중요한 위치를 차지했다. 골라 또는 골라의 대부분이 귀환한 것은 결코 아니다. 왜냐하면, 유대 추방자의 후손에게는 페르시아 제국에서 정치적 출세가 허용되었기 때문이다.

---

523 덧붙여서 위에 이스라엘 사회사의 시대 입문 IV. 1.을 보라.

느헤미야는 술 관원이었고(느 1:11), 에스라는 유대 종교 업무에 정통한 관리였다(스 7:12). 이러한 정치적 출세가 그들에게 풍요로움을 가져준 것은 자명하다. 본문의 자료가 사료의 가치에 따라 개별적으로 평가되어야 하지만, 그럼에도 불구하고 골라에 속한 자들이 상당한 물질적 자금으로 고향에 원조를 보냈다는 전체적인 인상은 동일하다고 볼 수 있다(참조. 스 1:6; 2:68-70. 그것과 평행한 느 7:69-71; 스 7:16; 8:24-30, 33-34).

후대에 요세푸스는 디아스포라가 부유했다는 점을 보편적인 것으로 간주했고, 그것을 근거로 요세푸스는 사료에서 전반적으로 나타나는 사실, 즉 모든 유대인이 귀향한 것은 아님을 설명한다.

> 많은 이가 자신의 소유를 뒤로하고 떠나려 하지 않았기 때문에 오히려 바벨론에 남아 있었다(요세푸스 유대 고대사 XI 3).

성서 본문과 요세푸스 이외에도 디아스포라 유대인이—혹은 적어도 그들 중에 몇몇은—경제적으로 바벨론인과 잘 융화되었으며, 결코 가난한 하층민 그룹을 형성하지 않았음을 보여 주는 주목할 만한 증거 비문이 있다. 그것은 니푸르(Nippur) 지역에 정착한 바벨론 은행(Bank) 그리고 무역업에 종사하는 무라슈(Muraschu)와 그의 아들들에 대한 기록물이며, 아닥사스다 1세(Artaxerxes I.)와 다리우스 2세(Dareios II.), 좀더 정확히 말하면 B.C. 455-403년의 것이므로, 대략 느헤미야와 에스라 시대의 것으로 볼 수 있다. 쐐기 문자 문헌을 근거로 볼 때, 이 은행은 부분적으로는 명백하게 히브리 이름으로 불리는 파트너와 거래를 했다는 것이 확인된다.[524]

---

[524] 니푸르(Nippur)-문서의 이름에 대해서는 Zadok(1979, 44-78)을 참조하라. Coogan(1974)은 바벨론의 유대인이 히브리식 이름이 아니라, 물론 원칙적으로는 바벨론식 이름을 사용할 수 있었다는 것을 강조했다.

물론 모든 디아스포라 유대인이 부유한 자이었다는 인상을 주는 것은 잘못된 것이다. 그런 이유로 성서 사료를 접할 때 우리는 주의해야 한다. 왜냐하면, 성서 사료는 골라 귀환자가 지배권에 관심이 있다는 점을 인식한 상황에서 바벨론 디아스포라를 큰 기금을 대단히 기뻐하며 조성하는 자로 묘사하기 때문이다. 무라슈(Muraschu) 가문이 종사한 사업은 오히려 '중산층'의 활동으로 이해할 수 있다.

> 그들의 이웃과 마찬가지로 니푸르(Nippur) 외곽에 거주하는 대부분의 유대인은 작은 혹은 중간 규모 영지의 소유주 혹은 소작인으로 농업에 종사했다.[525]

게다가 느헤미야 5:8이 고려되어야 한다. 이에 따르면 디아스포라 중에는 가난한 유대인도 존재했으며, 그들은 부채(負債)로 인해 비유대인 채권자의 노예로 전락하기도 했다.

이러한 간결한 암시는 다음과 같은 두 가지 양 극단이 존재하지 않았음을 보여 준다. 포로로 끌려간 자가 바벨론 환경에 동화되어 자신의 유대 정체성을 상실한 사건은 발생하지 않았으며, 또한 포로로 끌려갔던 모든 자들이 고향으로 귀환한 것은 아니다. 유대주의에는 양 극단이—바벨론 디아스포라로 남아 있는 유대인과 유대 땅의 유대인(역주)—존재했지만, 유대 땅과 예루살렘이 중심점이라는 것은 항상 인정되었다. 이러한 중심점은 종교적 현안을 통해서뿐 아니라, 끊임없이 지속된 골라 공동체의 순례와 물질적 원조를 통해서도 표현되었다.

---

[525] Zadok 1979, 87-88.

(2) 애굽 디아스포라

우리에게 알려진 애굽 디아스포라는 거의 한결같이 페르시아 시대의 엘레판틴 집단이다. 이 집단은 B.C. 404년부터 발행한 페르시아에 저항하는 애굽의 독립운동으로 인해 B.C. 400년이 지난 직후에 붕괴되었다.[526] 물론 유대인은 다른 지역에도 존재했지만—우리는 예레미야 44:1의 기록에서 확인할 수 있고, 헬레니즘 시대에 애굽 디아스포라가 번성했다는 사실에서 알 수 있다—추가 보도는 우리에게 전해지지 않고 있다. 따라서 애굽 디아스포라는 기원과 특징에 있어서 바벨론 디아스포라와 구별되지만, 두 가지 면에서 그들과의 공통점이 관찰된다.

첫째, 애굽 디아스포라는 이방 땅에서 경제적으로나 사회적으로 독립된 생활을 발전시켰다.

둘째, 그들은 유대 정체성을 지닌 채 살아갔으며, 유대 땅과 특별히 예루살렘을 기준으로 인정함으로써 그 정체성을 구체적으로 표현했다.

애굽 땅의 남쪽 경계선이며 나일 강의 작은 섬인 엘레판틴에서 거주하던 유대 백성이 **경제 활동에서 덕망 있는 위치**를 차지하고 있었다는 것은 자신들이 독자적인 성전을 운영할 수 있었다는 사실에서 확인될 뿐만 아니라, 군사 주둔 지역에 대한 정보를 우리에게 제공하는 파피루스에서도 확인된다. 이 파피루스는 성전 기록물 이외에도 세 가족에 대한 기록물(Jedanjah TAD A4.1-10; Mibtahjah TAD B2.1-11; Ananjah TAD B3.1-13)로 구성되어 있다. 이 문서에는 토지 거래와 상속, 결혼, 노예 매매에 대한 계약이 보관되어 있다. 이 계약은 대략 엘레판틴에 거주한 유대 인구의 5분의

---

[526] 엘레판틴 본문과 생활에 대해서 참조하라. Cowley (Hg.) [1923] (ND 1967); Grelot 1972; Knauf 2002; Kottsieper 2002; Porten 1968; 동저자. 1996. 인용된 책은 TAD이다.

1 정도로 보이는 상류층의 활동을 반영하는 것으로 보이는데, 전체적으로 3000명 정도의 인구로 추정된다.[527] 이 문서의 수량이 대단히 많은 것을 고려한다면, 유대인 노예가 언급되지 않는다는 점은 결코 우연이 아니다. 이것은 유대 주거 집단이 명백히 부유했다는 결론을 추론하게 하며, 그것은 아마도 유대 민족 사이에서는 노예 제도를 허용하지 않으려는 노력과도 결부되었을 것이다(참조. 레 25:39-46).[528]

엘레판틴의 유대 거주민이 실제로 **유대 정체성**을 가지고 있었다는 사실은 다양하게 입증된다. 그들은 여러 문서에서 자신을 '유대 여인'과 '유대 남자'로 표현하고 있으며(TAD A3.8:12; A4.1:1.10 등), 아람 사람처럼 아람어를 사용하고 있음에도 불구하고, 스스로를 유대인으로 표현하는 방법으로 그들은 자신을 아람 사람과 구분하고 있다.[529] 더 나아가 그들의 성전은 야후(Jahu) 신에게 봉헌되었다. 이외에도 다른 신이 존재했음에도 불구하고,[530] 사람에게 이름을 부여하며 야후라는 신명 요소가 유일하게 사용되고 있다는 사실(Jedanjah, Mibtahjah, Ananjah와 같은 이름들)[531]은 야웨가 최고신이었음을 가리키고 있다.

마지막으로 사람들은 중대한 사안의 경우에, 환언하면 특별히 나일강 섬에 성전을 재건하기 위해 정치적인 도움을 요청할 경우 그리고 유월절 축제를 올바로 준수하기 위한 원칙을 문의할 경우에 예루살렘과 사마리아로 자문을 구했다.[532]

---

527 참조하라. Knauf 2002, 181-182.
528 엘레판틴에서의 남녀 노예에 관하여 Porten(1968, 203-205)을 참조하라.
529 아람 사람에 대해서 Porten(1968, 16-19)을 참조하라.
530 덧붙여서 위에 이스라엘 사회사의 시대 입문 IV. 3. B.를 보라.
531 Porten(1996, 268-276)의 인물 연구를 참조하라.
532 위에 이스라엘 사회사의 시대 입문 V. 2. C. 그리고 V. 3. C.를 보라.

엘레판틴 주거 집단은 페르시아 통치가 종식되기 전에 파괴되었다. 그렇지만 이 집단은 다음과 같은 유대교의 모습을 확인시켜 준다. **이 유대교는 자신의 중심을 예루살렘으로 생각했지만, 이외에도 바벨론과 애굽에 독립된 그룹이 존재한다는 것을 알고 있었다. 이 집단은 이방 나라에서 결코 일시적으로 발견되는 현상이 아니라, 오히려 각각의 환경에서 지속적으로 존재했던 것으로 판단된다.** 물론 엘레판틴에 거주하던 유대인이 지속적으로 삶을 영유하는 것은 불가능하게 되었다.

페르시아 시대의 유대교의 본질적인 특징을 어떻게 서술해야 할까? 이런 질문이 제기된다.

5) 유대, 사마리아, 이스라엘 – 페르시아 시대의 지방 사회 집단

페르시아 시대의 이스라엘 사회적 상황에 대한 지금까지의 서술은 다음과 같은 모습을 보여 준다. 과거 시대의 요소가 지속적으로 존재하기는 했지만—사회 집단의 근간으로 이해되는 친족 관계 구조, 이 구조와 중복되고 동시에 그것을 위태롭게 만드는 계층 간의 갈등, 통치 시스템의 개별적인 특징—전체적으로 볼 때 사회 집단의 형태를 새로운 개념으로 정립할 것을 요구하는 새로운 것이 생성됐다. 그러한 시도는 실제로 고대로부터 있어 왔다.

요세푸스(F. Josephus)는 모세 이후의 이스라엘을 **신정 정치**(*Theokraie*) 제도로 표현했다(Jos. C. Ap. II. 164-165). 그에게 있어서 하나님의 통치는 제사장 통치를 통하여 구현되었다.[533] 그로 인하여 물론 모세 이후부터는 아닐

---

533 덧붙여 Wellhausen(⁶1905, 5)은 포로기 이후 유대주의에서 "성직자 정치적 성향"이 지대했음을 피력한다. 그것은 오늘날 전혀 의심 없이 수용되고 있다. Grabbe 1994: "유대는 그 시기에 신정 정치로서 특징을 잘 갖추게 되었다"(74). "유대적 신정 정치는 고레스로(Cyrus)부터 하드리안(Hadrian)"에 이르기까지 관찰된다.

지라도, 포로기 이후에 국가 군주가 부재한 상황에서 제사장 그룹은 정치 권력 구조에서 독립된 왕정 시대보다 훨씬 더 중요한 기능을 했고, 왕정 시대보다 독립된 정체성을 형성했다는 것은 올바르게 파악되었다. 그럼에도 불구하고 세력이 있는 '귀족' 출신의 평신도 구성원과 비교할 때 그리고 그 고향 출신이 그 지방에 대거 등용되는 페르시아의 권력 기관과 비교할 때 페르시아 시기의 제사장 통치에 대해서는 거의 언급이 없다. 헬레니즘 시대에 대한 요세푸스의 묘사가 어느 정도까지 적합한가에 대해서는 여전히 검증되어야 한다.[534]

요세푸스의 경우처럼 신정 정치가 실질적으로 이뤄지지는 않았더지만, 페르시아 시대가 **재건**(Restauration)의 시대로 묘사됨으로써—우리는 아크로이드(P. Ackroyd)가 "페르시아 시대. 유다의 재건"[535]이라고 표현한 것 그리고 그밖에 수많은 유사한 표현[536]과 비교할 수 있다—한편으로는 왕정 시대와 연속성을 보이는 특징이 제시되었다. 그러나 다음과 같은 문제점이 제기되었다. 왕정 제도는 유다와 사마리아 어디에서도 복원되지 않았다는 점,[537] 그리고 재건이라는 표현이 그나마 실제로 적용될 수 있는 성전은 사회 정치적 기능을 함으로써 현저한 의미 변화를 갖게 되었다는 점이다.

페르시아 시대의 유대를 유대의 사회적 형태에서 개념적으로 파악하고자 했던 근래의 학문적인 첫 시도는 막스 베버(Max Weber)에게 소급된다. '고대 유대주의'(Das antike Judentum)에 대한 베버의 정의는 오랜 시간 동안 결정적인 영향을 끼쳐왔다.

---

534 아래에 이스라엘 사회사의 시대 입문 VI. 4.를 보라.
535 Ackroyd 1970, 162.
536 더 나아가 Donner(^{3}2001)의 "Teil VII: Das persische Zeitalter"에서 "Der Anfang der Restauration in Jerusalem und Juda" 또는 "Die Vollendung der Restauration in Jerusalern und Juda" 혹은 Cross(1975)를 참조하라.
537 덧붙여서 Willi(1995, 172)를 참조하라.

유대주의(Judenschaft)는 **순수한 종교 공동체 연합**(*rein religiöser Gemeindeverband*)이었다.[538]

이러한 정의를 볼 때 베버는 개념 형성을 사회학에 도입했는데, 이러한 사회학은 이미 벨하우젠(J. Wellhausen)에 의하여 구약 학문에서 기초가 다져진 것이다. 벨하우젠은 포로기를 "고유한 백성"(eigentliches Volk)으로서 "고대 이스라엘"(altes Israel)과 "종교 공동체"(Religionsgemeinde)로서 "유대주의"(Judentum)를 나눌 수 있는 분기점으로 이해했다. 이러한 두 공동체 개념 사이에 "두 상이한 세계의 간격"[539]이 존재한다.

"종교 공동체 연합"(religiöser Gemeindeverband)이라는 표현은 이 공동체 집단에 소속되는 것이 자율적이며, 그것은 종교적 고백에 의존한다는 것을 의미한다.[540] 실제로 그것은 어느 정도 적절하게 이해한 것이다. 왕정 시대에 이스라엘 혹은 유다 백성의 구성원이 되는 것은 말하자면 출신과 주거 지역이라는 자연적인 결과로 주어진 반면, 포로기를 경험하면서 이러한 상황은 변했다. 뿔뿔이 흩어지게 되면서 사람들은 의식적으로 자신이 유대주의라는 것을 고백해야 했으며, 그로 인해 고백의 상징인 할례, 안식일 준수 그리고 음식법은 정체성 형성을 위하여 결정적인 것이 되었다.

또한, 민족의 이주가 앗수르 시대부터 시작되었는데, 이러한 이주로 인해 문제가 양산되었다. 다시 말해, 사람들이 자발적 의지로 이스라엘 백성이 되는 경우가 발생했으며, 그로 인해 이러한 사안을 어느 정도로 엄격하

---

[538] Weber 2005, 724(R. K.에 대한 강조). 베버와의 논쟁에 대해서 Crüsemann(2003)을 참조하라.

[539] Wellhausen⁶1905, 1, 3, 5. 인용.

[540] Stiegler(1994)는—자유 교회를 배경으로 하여(7)—다음과 같이 강조한다. "포로기 이후 예루살렘 야웨-공동체는 결코 민족 집단이 아니었다는 것은 하나의 가설이다. … 또한, 이 공동체는 경제, 정치 또는 사회 구조를 통해 일차적인 특징을 보이는 것이 아니라, 오히려 종교적 혼합체로서 중요한 집단이다"(52).

게(덧붙여서 신 23:2-9 참조) 또는 개방적으로(덧붙여서 사 56:3-7 참조) 처리해야 하는가에 대해서 여러 의견이 대립되었다.[541]

그럼에도 불구하고 베버가 "**순수한** 종교 공동체 연합"이라고 서술한 것은 결코 인정될 수 없다. 요세푸스에서부터 막스 베버에 이르기까지 고대 세계 안에서 이스라엘 독특성을 부각시키려는 다양한 시도가 있었고, 학자들은 독특성을 이스라엘 종교에서 발견했다. 그것은 종교적인 관점에서는 옳을 수도 있겠지만, 그러나 특정한 종교 관념으로부터 "신정 정치" 또는 "순수한 종교 공동체 연합"이라는 사회적 형태로 직접 연결하는 것은 문제의 소지가 있다. 나는 오히려 다른 표현을 사용할 것을 제안하고자 한다.

이 표현은 내용적 선입견이 거의 없으며, **페르시아 시대의 지방 사회 집단**(*perserzeitliche Provinzialgesellschaft*)이 제시하는 것이다.[542] 이것은 지방의 사회 집단(*Provinzialgesellschaft*)으로 이해되는데, 이 집단은 결코 독립된 정부를 수립하지 않았고, 오히려 중앙 정부의 명령에 따라 총독이 행정을 수행했다.[543] 유대와 사마리아는 독립된 두 지방이었기 때문에, 엄밀히 말하자면 두 개의 지방 사회 집단으로 이해되며, 이러한 두 사회 집단은 식별할 수 있는 상이한 단면을 형성했다.

---

541 이사야 56:3-7이 페르시아 시대의 이스라엘 현실을 반영하는 것이 아니라, 오히려 "사회적으로 격리된 집단의 저항적 유토피아를 유지하고 있다"는 것이 관찰된다. 그러한 이해로는 Crüsemann 2003, 215.

542 Bernett(2004)는—도움이 될 만한 연구 개관을 기반으로 삼아—마찬가지로 페르시아 시대 유대의 사회 형태는 특별히 종교적이 아니라, 오히려 정치적으로 규정될 수 있음을 출발점으로 삼고 있다. 덧붙여서 그녀는 기본적인 것으로 관찰되는 도시 국가의 개념을 제안한다. 예루살렘 상황, 구속력 있는 법조문 표현 그리고 특정 집단으로 소속됨(100).

543 만약 Schaper(2002, 165)가 유대를 "아케메니드 제국의 반(半)독립-국가"로 언급한다면, 그는 독립성을 보다 강조하고 있다고 보인다. 내 의견에 반대하는 것을 나는 관찰하지 못했으며, 단지 다양하게 강조하는 것만을 확인했다.

유대의 경우에 유일한 성전으로 인식된 예루살렘 성전은 사마리아와는 전혀 다른 방식으로 각인되었는데, 왜냐하면, 사마리아에는 예루살렘 성전 이외에도 경우에 따라서 다른 성전이 고려되었기 때문이다. 그와 달리 사마리아에서 특징적인 것은 지방의 통치가 오랜 기간 동안 유일한 하나의 가문, 즉 산발랏 가문을 통해 이루어졌다는 점이다.

이러한 상이한 특징은 그밖에 페르시아 시대에 전형적으로 관찰된다. 왜냐하면 이 대제국은 획일화를 시도한 것이 아니라, 오히려 지역의 구조를 자신의 통치 시스템으로 직접 수용했기 때문이다. 덧붙여서 나는 이미 위에서 강한 페르시아 패권에도 불구하고 '작은 국가들'(kleine Staaten)이라는 특성을 페르시아 지방의 특징으로 암시했다.[544] 카러(Christiane Karrer)는 다음과 같이 표현한다.

> 오히려 아케메니드(achämenidisch, 페르시아 왕조를 의미한다 - 역주)의 패권이라는 틀에서 각각의 지방 전통을 지향하며, 개별적인 정치적 통일성을 인정하는 다양한 형태가 허용되었다.[545]

페르시아 시대에 지방 사회 집단인 유대와 사마리아는 사회 형태적인 부분에서 페르시아 제국에 속한 다른 지방과 근본적으로 구별되지 않았기 때문에, 그들은 종교 영역에서 독자적인 방향을 진행할 수 있었다. 그러나 이처럼 독자적인 방향으로 진행할 수 있었다는 점이 사회적 형태를 이해하기 위한 출발점이 되어서는 안 된다.

덧붙여서 "이스라엘"이라는 명칭으로 요약할 수 있는 것이 유대와 사마리아 두 지방 사회 집단에는 나타나지 않았으며, 또한 이것이 그들과 (혹은

---

[544] 위에 이스라엘 사회사의 시대 입문 V. 3.을 보라.
[545] Karrer 2001, 27.

그들 중 하나와) 단순하게 일치한 것도 아니었다. 왜냐하면, 이방신을 섬기는 다른 민족에 속한 자들이 두 지방에 거주했다는 사실을 제외한다 하여도 페르시아가 통치하는 바벨론과 애굽 지역에도 상당한 디아스포라가 존재했기 때문이다. 이들은 스스로를 이스라엘에 속한 것으로 이해했고, 그러한 사실은 야웨를 자신들의 하나님(또는 엘레판틴에서: 자신의 최고신)으로 숭배함으로 분명히 드러난다.

물론 여기에는 의미론적인 문제가 제기되는데, 그 이면에는 중요한 본질적 질문이 숨어 있다. 유다에서 바벨론으로 끌려온 포로민은 실제로 바벨론인로부터 '유대인'(Juden)으로 불렸을 뿐만 아니라[546] 자신들 스스로도 '유대인'으로 이해했는데, 그것은 이후에 다각도로 논의해야 할 느헤미야-회고록에서 확인된다. 이 사람들을 표현하기 위해 히브리어와 아람어에는 민족적 규정(Gentilizium)이 나오는데, 이것은 보다 오래된 본문에서는 생소한 것이다. j^ehudim, '유대인'(Juden). '유대인'은 포로기 사건으로 인해 더 이상 유대 땅에 사는 거주민만을 의미하는 표현이 아니다.

이 땅에 사는 사람은 여러 본문에서 항상 "유대 사람"(Leute von Juda)으로 기록되었고(삼상 17:52; 삼하 2:4; 왕상 1:9, 덧붙여서 단수로 기록된 본문 삿 15:10; 삼상 11:8; 15:4 등), 그것은 독일어로 '유대인'(Judäer)으로 번역될 수 있다. '유대인'(Juden)은 그가 이스라엘 땅에 살든지 혹은 밖에 살든지 고대 유대인(Judäer)의 후손으로 이해될 수 있다. 게다가 애굽 엘레판틴의 유대 거주민 역시 독립된 그들의 문서가 증명하듯이 자신을 동일한 방식으로 지칭했다.[547]

---

546 참조하라. TGI Nr. 46.
547 이스라엘 사회사의 시대 입문 V. 4. B.를 보라. 이 명칭이 엘레판틴에서 사용됨으로써, Albertz(2001, 76-77)가 주장하는 것처럼 이러한 자기 표현은 실제로 본래 이방인을 지칭하는 바벨론적 명칭이 수용된 것인지 명확하지 않다. Albertz(2004, 22-23)는 "유대인"(Judäer) 혹은 "유대인"(Jude)는 유다(Juda) 출신 사람에게 가장 적절하다고 추측한다.

'유대인'(Judäer)이라는 고대 명칭은 두 가지 대립을 함축하고 있다. 드물게 관찰되는 것으로 수도인 예루살렘에 거주하는 자에 상반되는 개념인 지방에 거주하는 자와의 대립(왕하 23:2; 사 5:3; 렘 4:3 등), 그리고 보다 빈번하게 확인되는 것으로 남유다와 북이스라엘의 대립(삼상 11:8; 17:52; 삼하 19:42 등). '유대인'(Juden)이라는 표현을 사용할 경우에 첫 번째 대립은 더 이상 확인되지 않는다. 그러나 두 번째 대립은 페르시아 시대에 사마리아에 대한 대립으로 계속해서 나타난다.

사마리아와 대립은 아람어 기록에서도 관찰되는데, 이 기록물을 볼 때 사마리아 지도자는 예루살렘에 있는 유대교인을 고발하고 있다(스 4:12). 그밖에도 '유대인'(Juden)은 에스라 1-6장에 있는 아람어 본문에서 항상 사마리아 출신 사람과 구별되는 유대 사람을 가리킨다(스 4:23; 5:1, 5; 6:7-8:14). 느헤미야-회고록에서 '유대인'(Juden)이라는 표현은 심지어는 특징적으로 사용되었다.548 또한, 이 표현은 여기에서 사마리아와 대비하여 강조되어 나타나며(느 3:33-34; 6:6이 본문은 각각 사마리아 사람 산발랏에 대해서 언급하고 있다), 보편적인 자기 표현으로 사용되었다.

'유대인'(Juden)이라는 용어와 결부된 문제는, 그것이 '이스라엘'이라는 표현과 어떤 관계를 보여 주는가이다.549 만약 우리가 느헤미야 1:2과 2:10을 나란히 배열한다면, "유대인"(1:2)은 "이스라엘 자손"(Kinder Israels 2:10)과 일치한다. 그 이외에도 완성된 현재의 에스라-느헤미야서에서 "이스라엘" 개

---

548 Karrer(2001, 149)를 참조하라. 그는 독일어로 "유대인"(Judäer)이라는 표현을 선호하는데, 그에 따르면 에스라-느헤미야서에서 이 표현은 항상 아케메니드 지방인 유대와 연관되어 나타나기 때문이다. 그와 달리 다른 본문들에서 *jᵉhudim*는 명백하게 유대 지방 밖에 있는 자를 가리키기 때문에—특별히 엘레판틴의 자기 표현에서도 마찬가지이며—나의 의견도 마찬가지로 에스라-느헤미야서에서 "유대인"(Juden)라는 용어는 특별한 의미를 함축하고 있는 것으로 보인다.

549 덧붙여서 Gottwald(2001, 17-22)를 참조하라.

념은 훨씬 광범위하게 사용되었다.[550] 이러한 용례는 무엇보다 종교-제의적 맥락에서 나타난다(스 3:11; 7:10, 11 등). 마찬가지로 "이스라엘의 하나님"이 항상 거듭하여 언급될 뿐(스 1:3; 3:2; 4:1 등), '유다의 하나님'은 전혀 상상할 수도 없다. 만약 에스라 6:17에서 보도하듯이 이스라엘 열두 지파에 상응하게 열두 제물이 성전 봉헌을 위해 드려졌다면, 여기에서 사용된 "이스라엘"은 유대 지방에 사는 거주민 보다 훨씬 포괄적인 개념이다.

이러한 '이스라엘'에 속한 자들은 계보학적으로 고려될 수 있다. 그들은 "이스라엘 자손"이다(스 3:1; 6:16-21 등). 그와 달리 느헤미야 11:4, 24-25에 언급된 "유다 자손"(Kinder Judas)은 베냐민 지파와 구별되는 유다 지파에 속한 자들이며, 따라서 이것은 그밖의 느헤미야-회고록에서 전제되고 있는 포괄적인 의미로 사용된 '유대인'(Juden)이 아니다.

어쨌든 사마리아 거주민을 배제하는 유대인이라는 표현과 보다 개방적인 이스라엘이라는 표현 사이의 갈등이 이 본문에서는 해결되지 않고 있다. 이러한 이유는 실제를 기반으로 한다. 유대적 관점에서 볼 때 광의적인 이스라엘-개념이 인정될 수도 있는데, 이 개념에 따르면 골라에서 귀환한 자, 귀환한 자와 관계를 맺고 살아가는 땅에 남아 있던 자 그리고 골라로 남아 있는 자가 이스라엘에 속하게 된다. 이것이 바로 에스라-느헤미야서가 보여 주는 전체로서 이스라엘 개념이다.[551] 야웨를 믿는 사마리아 거주민은, 골라에서 귀환한 지도부의 요구에 순응하지 않는다면, 이 이스라엘 개념에 속하지 않는다. 그리고 종국에는 사마리아 스스로도 유다와 결별을 취하고 있다. 물론 이것은 헬레니즘 시대가 되어서야 비로소 나타났으며,[552] 이로 인해 '이스라엘'이라는 존재는 확고하게 되었다.

---

550 에스라-느헤미야서에 나타난 다양한 이스라엘 개념에 대해서 참조하라. Karrer 2001, 73-77.
551 덧붙여서 참조하라. Willi 1995, 45; Karrer 2001, 303-304; Bedford 2002.
552 덧붙여서 아래 이스라엘 사회사의 시대 입문 VI. 4. A.를 보라.

그러한 '이스라엘'은—여기에서 언급할 수 있는 것으로는—이상적인 종교 집단이다. 그것은 아마도 계보학적으로 고려될 수도 있다. 이스라엘은 이 집단을 형성하는 열두 지파에 상응하는 '이스라엘 자손'이다. 하지만 이것은 막스 베버(Max Weber)가 가정한 것과는 다른 것을 의미하는데, 즉 "순수한 종교 공동체 연합"(rein religiösen Gemeindeverbandes)의 설립이 아니다. 오히려 디아스포라 유대인과 함께 유대의 거주민은—그리고 자기 이해에 따르면 야웨를 섬기는 사마리아 거주민도—이러한 이상적인 이스라엘을 건설한다. 이 이스라엘은 계보학적으로 결속되어 있다. 그러나 사회적으로 보았을 때 이러한 이스라엘은 시종일관 정치적으로 구조화된 지방 사회 집단의 모습으로 유대와 사마리아에서 실현되었다.

6. 헬레니즘 시대의 유대 민족

* **참고 문헌**: *Bickerman 1988; Bringmann 1983; Ph. R. Davies / Halligan (Hg.) 2002; W. D. Davies / L. Finkelstein (Hg.) 1989; Grabbe (Hg.) 2001; Haag 2003; Hengel 1976;* **동저자.** ³*1988; Kippenberg 1978; Kreissig 1978; Rostovzeff ND 1984; Sasse 2004; Zsengellér 1998.*

'이스라엘 역사에 대한—마찬가지로 사회사에 대한—서술은 어느 시대에서 종결되어야 하는가?' 이런 문제는 원칙적으로 결정될 수 있는 것이 아니다. 만약 우리가 '이스라엘'이라는 개념을 광의적 시각에서 고려한다면, 이스라엘 역사는 원칙적으로 현재까지 다루어져야 한다.[553] 그밖의 다른 개별적 경우는 단지 실제적인 것을 근거로만 결정될 수 있다.[554] 만약 우리가 앞서 언급한 실제적 근거로 구약성서 기록에서 발견되는 시대 공간을 정한다면,[555] 헬레니즘 시대는 '전망'(Ausblick) 혹은 '후기'(Epilog)[556] 로만 이해될 것이 아니라, 오히려 본래적(konstitutiv)인 것으로 수용되어야만 한다.

왜냐하면, 히브리 성서는 다니엘서 그리고 전도서를 볼 때 명백하게 헬레니즘 시대에 기원한 문서를 포함하고 있으며, 정경의 성문서와 마찬가지로 예언서 부분도 필연적으로 이 시대에 종결되었기 때문이다. 그리고 헬라어 성서의 구약 문서는 전반적으로 헬레니즘 시대가 되어서야 비로소 나타나기 시작했다. 다니엘뿐만 아니라 마카베오서는 표현을 근거로 B.C.

---

[553] Fohrer(³1982)는 그러한 결론을 이끌어 냈다. 우리는 또한 Baron(²1952)을 통하여 다양한 서술을 비교할 수 있다.

[554] 최근에 Donner(³2001, 474-475)는 "실용적인 그밖의 근거들"에 대해서만 언급하며 그것을 행했다.

[555] 덧붙여서 위에 서론 I. 1.을 보라.

[556] 마찬가지로 I. Finkelstein / Silberman ²2003, 336.

2세기까지도 내려갈 수 있기 때문에, 이것은 이스라엘 사회사 서술의 종결을 알리는 실제적인 경계선이 되어야 한다.

항상 그러하듯이 이 사건의 역사(Ereignisgeschichte)에 대한 짤막한 조망이 먼저 언급되어야 한다.

1) 알렉산더 대왕부터 하스모네아 왕조까지

고대 근동에서 헬레니즘적으로 각인된 시대의 사건사는 물론 개별적인 경우에 가끔씩 혼선을 일으키기도 하지만, 전체적으로 볼 때 아주 명료하게 구성되어 있다. 만약 이스라엘 지역에 중대한 영향력을 끼친 두 왕국, 즉 프톨레미(Ptolemäern) 왕조와 셀류코스(Seleukiden) 왕조 사이를 끊임없이 동요하는 것에 대한 흔적을 찾기 원한다면, 다니엘 11장을 반드시 읽어야 한다. 계약과 계약 파기, 외교적 동맹을 위한 혼인과 군사 정벌은 서로를 조금씩 얽히게 만들었고, 그 결과 역사를 간추린 연표가 아니고서는 거의 헤어 나올 수가 없게 되었다.[557] 이와 유사하게 만약 예루살렘에서 영향력을 행사하는 세력 있는 가족의 가족 관계를 관찰하면, 그것이 대단히 복잡하다는 것을 알게 될 것이다.[558] 하지만 사회사 목적을 고려하면 그러한 세부적인 사항은 그다지 중요하지 않다. 따라서 여기에서는 기본 구조를 제시하는 것에 만족해야 한다.

마케도니아(Makedonen) 왕, 알렉산더가 동쪽으로 원정을 감행하며 B.C. 333년 잇소스(Issos) 전투에서 중요한 승리를 거두었고, B.C. 331년 바벨론에 성공적으로 입성할 수 있었다. 그리고 그는 페르시아 제국의 주요 도시를 전쟁을 치르지 않고도 수중에 넣었고, 자신의 제국을 인도까지 확장했

---

557 Haag(2003, 45-48, 53-56)의 서술을 참조하라.
558 덧붙여서 Haag(2003, 45-48. 53-56)을 참조하라.

다. B.C. 5세기에 페르시아인이 이룩하지 못했던 것, 즉 그리스 서방과 동쪽 제국을 연결하는 것을 서방 출신인 알렉산더가 이룩했다. 그렇지만 알렉산더는 B.C. 323년에 바벨론에서 숨을 거두었다.

B.C. 321-301년 동안에 있었던 후계자 다툼에서 알렉산더 휘하의 장군들이 이권을 놓고 전쟁을 벌였고, 통일되었던 제국은 분해되고 말았다. 동쪽에는 이후에 유대교 역사에서 중요한 역할을 하게 되는 두 나라가 수립되었다. 애굽에는 알렉산더 자신이 B.C. 331년에 건설한 새로운 수도 알렉산드리아(Alexandria)를 기반으로 일어난 프톨레미(Ptolemäern) 왕조가 권력을 장악했고, 이 왕조는 B.C. 3세기를 통틀어서 팔레스틴에 대하여 권력을 행사했다. 시리아와 메소포타미아 지역에서는 마찬가지로 안디옥(Antiochia)라는 새로운 수도를 중심으로 셀류코스(Seleukiden) 왕조가 나타났고, B.C. 2세기에 지중해 동편 지역의 프톨레미 패권을 몰아냈다.

B.C. 3세기 프톨레미 통치 시대는 정치적 안정과 경제적 풍요가 있던 시기이다. 물론 프톨레미 지배에 대해서 논란이 전혀 없는 것은 아니다. B.C. 3세기에 프톨레미와 셀류코스 사이에 통틀어서 5번에 걸쳐 "시리아 전쟁"(Syrische Kriege)이 있었기 때문이다. 두 국가의 권력 관계는 예루살렘에 있었던 친프톨레미 진영과 친셀류코스 진영의 논쟁에도 고스란히 반영되었다. B.C. 200년에 헐몬(Hermon)의 남쪽 자락에 위치한 파네이온(Paneion)에서 치뤄진 전쟁에서 셀류코스가 결정적으로 승리함으로써 팔레스틴 지역의 패권은 그들에게 넘어갔다.

승리자인 셀류코스가 초기에는 친예루살렘 정책을 펼쳤지만, 상황은 급속도로 변했다. B.C. 190/189년에 안티오쿠스 3세(Antiochos III)가 로마에게 철저하게 패전함으로써 막대한 전쟁 배상금을 지불해야 했고, 그것은 종속된 민족들을 심각하게 착취하도록 만들었다. 그로 인해 예루살렘에서는 친프톨레미와 친셀류코스 세력의 대립이 더욱 심화되었다.

여섯 번째 시리아 전쟁(B.C. 179-168년)에서 안티오쿠스 4세 에피파네스(Antiochos IV. Epiphanes)가 예루살렘을 점령했다. 자신의 통치를 견고하게 하기 위하여 셀류코스 가문의 그는 예루살렘에 군사 요새인 아크라(Akra)를 설비했다. 이 지역을 비유대인이 주둔했다는 것은 예루살렘 성소와 바로 인접한 곳에서 자신들의 종교 행위를 수행할 권리를 당연히 포함하고 있다. 하지만 이것은 토라에 충실한 유대인의 시각으로 보았을 때 자신의 성소를 더럽히는 것이었다. 이러한 첨예하게 대립되는 상황에서 대제사장 메넬라오스(Menelaos)와 안티오쿠스 4세 에피파네스는 결정적인 조치를 취했다. 야웨-성소는 올림푸스의 제우스(Zeus Olympios)에게 봉헌되었다. 그것은 다시 말해 "하늘의 하나님"(Gott des Himmels 스 7:12)인 야웨가 시리아-가나안 종교인 하늘의 바알(Himmelsbaal) 그리고 그리스 종교인 제우스(Zeus)와 동일시되는 것을 의미했다. 마찬가지로 예루살렘 성전에서도 제물이 번제단에 드려졌는데, 이 제물은 전통적인 유대인의 시각에서 볼 때 "가증한 것"(Gräuel der Verwüstung)으로 이해되는 것이었다(단 9:27; 11:31; 12:11; 마카베오상 1:54). 셀류코스 왕조 그리고 그들과 긴밀하게 협력 관계를 유지하는 대제사장 메넬라오스에 반항하는 뿌리를 제거하기 위해서 B.C. 168년에 유대 종교를 금지하는 명령이 공포되었고, 비유대적 제의 행위를 실행하는 것에 대한 조치(마카베오상 1:44-50; 마카베오하 6:1-11)가 발효되었다.[559]

이것은 다음 과정이 전개되는 것을 이해하는 데 도움이 된다. 유다 마카베오의 지도하에서 뜻밖의 군사적 성과를 이뤄낸 봉기가 B.C. 167년에 일

---

[559] 이러한 금령이 정치적 혹은 종교적으로 어느 정도 자극되었을까 그리고 그 금령이 오히려 셀류코스 왕 안티오쿠스 4세 혹은 유대 헬레니즘 추종자들로부터 발의된 것인가하는 점은 논쟁이 된다. "셀류코스 왕의 정치-법적 책임에 대해서 만큼은 의문시 될 수 없다"(Bringmann 1983, 12). 헬라주의자의 열성적 역할에 대해서 다니엘 11:30-32을 참조하라.

어났다. B.C. 165년에 성전을 포함한 예루살렘을 탈환했고, 이방인 군대가 주둔하고 있던 아크라(Akra)는 포위되었다. 셀류코스 군대가 B.C. 164년에 성전산을 다시 정복하기 위해 준비했지만, 그 직전에 제국의 다른 지역이 어려움에 처하게 되어서 군대는 철수되었고, 결국 마카베오와 평화 조약을 체결하게 되었다. 예루살렘 성전은 다시 봉헌되었고, 과거에 주어졌던 특권도 보장되었다. 하지만 셀류코스의 형식적인 지배는 아크라에 주둔군이 여전히 남아 있다는 것으로 설명될 수 있다.

물론 불안정한 권력의 균형은 오래가지 않았다. 셀류코스 가문의 지배 구조가 변한 이후에 마카베오가 봉기하려는 움직임이 새롭게 일어났다. 셀류코스 가문 안에서 왕권 다툼이 진행되는 동안 마카베오 요나단은 B.C. 152년에 대제사장직에 성공적으로 취임할 수 있었다. 그가 살해당한 후에 그의 형제인 시몬이 직분을 계승했다. 그는 B.C. 141년에 예루살렘의 셀류코스 지배를 상징하는 아크라를 점령했다(마카베오상 13:49-52). 1년 후에 그는—더 이상 셀류코스 왕에 의해서가 아니라—백성 회의에서 대제사장으로 임명되었다. 그것은 셀류코스 지배로부터 벗어난 것을 의미했다. 마카베오 봉기 운동의 결과—가문의 조상의 이름을 따라서[560]—하스모네아(Hasmonäer) 왕조가 나타나게 되었다.

B.C. 134년에 시몬이 피살되는 사건이 다시 발생했지만 하스모네아 통치는 끝나지 않았고, 오히려 시몬의 아들인 요한 히카노스 1세(Johannes Hyrkanos I)가 30년 동안(B.C. 134-104년) 통치하면서 국가를 확장하고 견고하게 만들었다. 그의 뒤를 이어서 물론 그의 아들 아리스토불 I세(Aristobul I., B.C. 104-103)가 후계자가 되었으며, 그는 왕이라는 칭호를 받아들였다. 이후에 내부 분쟁이 발생했고, 이것은 로마가 B.C. 63년에 유대 땅에 대한

---

[560] 요세푸스 유대 고대사(Jos. Ant. XII 265)에 나타난 계보와 요세푸스 유대 전쟁사(Jos. Bell. Jud. I 36.)에 나타난 "하스모네아"(Hasmonäer/Asamonäer)에 대해서 참조하라.

정치 권력을 인수하는 결과를 가져왔으며, 또한 이 분쟁은 요한 히카노스 2세(Johannes Hyrkanos II)의 권력을 대제사장의 직분으로 제한시키는 결과를 낳았다.

2) 사회 집단과 국가에 나타난 변화들

고대 이스라엘 사회사는 과거에 생성된 관계들이 사회사 구조에서 지속되기도 하지만, 동시에 구체적인 현상에서는 변화한다는 점에서 특징을 보여 준다. 동시에 상이한 속도로 변화하는 사회 집단의 상황과 관련하여 세 가지 부분에서 중요한 구별이 확인된다. 그 기초는 가족과 친족 관계이다. 그것은 아주 천천히 변화했다. 왕정 시대 중반부터 명백하게 나타나는 사회 집단의 계층적 특성은 물론 여전히 불변했다. 그러나 특별히 상류층의 구성원은 왕정 시대부터 페르시아 지방 사회 집단을 거쳐서 헬레니즘 시대의 유대 민족으로 넘어가면서 명백하게 변화했다는 것이 인식된다. 가장 심각한 변화는 국가의 구조적 측면에서 고려되어야 한다. 이러한 사실은 상류층이 비교적 자주 와해되는 사건사를 볼 때 명백하다.

(1) 이상과 현실 사이에 존재하는 가족

가족 관계와 친족 관계는 국가 이전 초기부터 이스라엘 사회 집단을 이루는 근간이었다. 이것은 헬레니즘으로 각인된 시대에도 변하지 않았다. B.C. 2세기에 예수 시락서는 지혜를 배우는 학생들을 향하여 모든 가족 구성원이 선한 행위로 각자의 가정을 돌볼 것을 가르친다. 덧붙여서 이 본문은 가부장적인 가정을 이상적 모습으로 표현한다(시락서 7:18-36). 지혜문학의 다른 본문에는 이상적인 가족의 개별 모습이 전개되었다.

시락서 3:1-16에는 부모를 공경하는 것이 나타나며, 가난한 자를 돌보는 것(4:1-10), 부부간의 불신에 대한 경고(9:1-9), 자녀 교육(30:1-13), 남녀 노예를 다루는 것(33:25-33), 유능한 아내에 대한 찬양(36:20-28) 그리고 딸에 대한 교육(42:9-14)이 기술되었다. 만약 마카베오상에서 제사장 마타티아스(Mattatias)가 "아들들과 형제들로 인해 힘있는 자"(2:17)로 언급되었다면, 이것은 가족뿐 아니라 씨족 연합의 견고함과 힘이 사회 집단의 위치를 결정하는 데 대단히 중요한 역할을 하고 있음을 보여 준다.[561]

헬레니즘 시대에 생성된 두 유대 이야기인 유딧과 도비야는 가족의 이상적인 모습을 직접적으로 제시한다(유딧에는 과부의 이상적인 모습이 나온다). 초기 시대와 비교한다면 토빗서에는 변화가 구체적으로 확인된다. 이 짧은 이야기가 보여 주는 가족사는 디아스포라 시대로 분류되기 때문이다. 자신이 속한 백성과 혼인해야 한다는 규정은 특별히 중요하게 작동하며(토빗서 4:12-13), 그 결과 전체 서술은 서로 멀리 떨어져 살아가는 도비야(Tobias)와 사라(Sara)가 만나게 되는 것으로 흘러간다. 페르시아 시대의 지방 사회 집단에서 잡혼에 대한 문제와 함께 논의되는 것은 디아스포라 유대주의에게 이상적이었으며 그것은 동일 민족끼리의 결혼(동족 결혼 Endogamie, 창 24:3-4. 37-38; 27:46-28:9 참조)이었다.

이러한 질문을 통하여—페르시아 시대로 추측할 수 있는[562]—종교적 그리고 사료적 근거가 나란히 근접하여 배열되었다는 것을 파악할 수 있다. 비유대인 여자 혹은 남자와 결혼한다는 것은 두 종교가 하나의 가정에서 결합되어야 한다는 것뿐만 아니라, 유산 상속을 통하여 유대 가족의 소유가 이방인의 수중에 넘어갈 수도 있다는 것을 의미한다. 이러한 관점이 얼마나 중요한가에 대해서 토빗서가 보여 주고 있는데, 여기에는 결혼 이야기를 통하여 유산에 대한 문제를 표면적으로 다루고 있다(토빗서 3:15; 6:12).

---

561 가족 관계의 토대가 되었던 기본적인 소유 관계는 페르시아 시대부터 헬레니즘 시대에까지 원칙적으로는 아니지만 변화했음을 Kreissig(1978)는 보여 주었다.

562 위에 이스라엘 사회사의 시대 입문 V. 2. A.를 보라.

물론 예수 시락서와 토빗서는 가부장적 가정의 모습을 서술하며, 남자는 가장으로서 공적 대표자로 등장하고, 여자는 가정에 제한되지만 이상적인 모습으로 등장한다.563 그러나 두 본문은 위험에 처한 이상형을 다루고 있다는 것을 드러낸다. 만약 우리가 좀더 많은 사료를 접한다면, 가족구조가 이미 페르시아 시대에 취약해진 것을 관찰할 수 있으며,564 이것이 헬레니즘 시대에는 심화되었다는 것을 확인할 수 있다. 위기에 처한 것은 오히려 가족이 아니라, 만약 한 남자가 가정을 부양하지 못했을 경우에 특별히 가족 내에서 남자의 권위가 위기에 처한 것을 서술한다.

도비야가 실명을 하고 난 이후에 그의 아내인 한나가 돈과 식료품을 구하기 위해 일용직 일을 했으며, 그것은 병상에 있는 가장을 불신하며 반문하게 되는 원인이 된다(토빗서 2:11-14). 토빗 이야기에서 남자에 대한 서술이 암시하는 것을 지혜 교사는 한마디로 요약한다.565

> 여자가 주장하는 집안에는 불화와 모멸과 망신이 있을 뿐이다(시락서 25:22).

토빗서와 예수 시락서는 단지 유대 백성의 일부만이 이상적인 가부장적 가정을 실현하고 있다는 것을 간접적으로 보여 준다. 두 본문은 경건한 가장이 자선을 베푸는 것을 제시한다. 이 본문은 또한 빵과 옷가지의 기부가 필요한 굶주린 자와 헐벗은 자가 존재하며(토빗서 1:17), 구제를 통해서 겨우 살아갈 수 있는 가난한 자와 절망에 빠진 사람들이 있다는 것을 염두에

---

563 토빗서의 본문 시대에 나타난 여성의 역할에 대해서 Schüngel-Straumann(2000)의 책 곳곳에서 확인된다. 특별히 113-114, 139-141.
564 위에 이스라엘 사회사의 시대 입문 V. 2. A.를 보라.
565 Schüngel-Straumann(2000, 74-76)은 추가적으로 욥의 시험 21(JSHRZ III/3, 342)을 지적하는데, 이 본문에 따르면 욥이 고통을 당할 때 그의 아내는 노예나 하는 물 긷는 일로 생계를 이어 갔다.

둔다(시락서 4:1-10; 7:10, 32-33; 35:1-2). 그들은 어떤 가족 구조에도 더 이상 수용될 수 없는 사람들이다. 아주 오래전부터 그들과 근접한 사람들로 고아와 과부는 특별히 이러한 위험에 처한 사람들에 속했다는 것을 거론할 수 있다(고아와 과부를 명시적으로 언급하는 것에 대해서는 시락서 4:10 참조).

헬레니즘 시대보다 앞선 에스겔 18:7, 16과 이사야 58:7에는 이미 굶주린 자와 헐벗은 자에 대해 언급하고 있으며, 따라서 페르시아 시대에 이미 곤궁에 처하는 명백한 경향이 확인된다.[566] 그럼에도 불구하고 헬레니즘 시대에 다시 한번 상황이 악화되었다는 것을 추정할 수 있다. 왜냐하면 페르시아가 패권을 차지했던 200년 동안에 유대와 사마리아 지역은 전쟁의 피해를 입지 않았으며, 알렉산더가 점령한 이후부터 이 시대는 파괴하는 전쟁이 없던 시기이기 때문이다. 전쟁은 가족이 엄청나게 파괴되는 것을 의미한다. 우리는 프톨레마이오스 I(Ptolemaios I)에 대한 보도를 접할 수 있는데, 그는 예루살렘을 무력으로 점령한 후에 유대인을 애굽으로 끌고 갔다.[567] 전쟁에서 패배가 무엇을 의미하는가에 대해서 요단 동편에서 유다 마카베오(Judas Makkabäus)에게 전달된 억압당하는 이스라엘인의 서신에 모범적으로 표현되었다.

> 튜비[Tob]에 살던 우리 동포들은 모조리 학살을 당했습니다. 이방인들은 그들의 처자들을 잡아가고 그들의 재산을 빼앗고 우리 동족 약 천 명을 죽였습니다(마카베오상 5:13).

또한, 전쟁에서 패배한 경우에 생존자는 노예로 전락했으며, 때때로 이후에 평화 조약을 체결했을 경우에나 겨우 전쟁 포로가 귀환할 수 있었다(마카베오상 9:70-72). 만약 전쟁 포로인 남녀를 매매하여 돈을 버는 것이 전

566　덧붙여서 위에 이스라엘 사회사의 시대 입문 V. 2. B.를 보라.
567　Jos. Ant. XII 3 -6.

쟁의 목적으로 기술되었다면(마카베오하 8:10-11), 사로잡은 자를 매매하기 위해(마카베오상 3:41) 노예 상인이 적국의 군주와 어떻게 결탁했는가 하는 점이 너무도 생동감있게 서술되었다.

수많은 전쟁의 결과는 물론 가정의 사회 집단적 위치에 따라서 차이는 있었지만 각 가정에 다양한 영향을 끼쳤다. 경제적으로 빈약한 구성원으로 이루어진 가정 중에서는 가난한 과부, 고아 그리고 구걸하는 자로 전락하는 경우가 발생했다. 느헤미야 5:1-13에 따르면 가난한 자에 속하거나,[568] 또는 사마리아 파피루스에 의하면 이미 노예로 전락한[569] 이들은 극적인 외부의 영향으로 인해 모든 사회 안전망으로부터 완전히 이탈되었기 때문에 큰 위험에 노출되었다. 그러나 경제적으로 유력한 가정은 달랐다. 물론 이 가정도 외적인 충격에 직면해야 했지만, 전체적으로 보았을 때 자신의 권력을 유지할 수 있었고, 경제적으로는 오히려 확장할 수 있었다.

(2) 사회 집단 대립의 첨예화

이미 B.C. 8세기에 형성된 계층 사회 집단이 페르시아 시대를 관통하여 헬레니즘 시대에도 존속했다는 것은 자명하다. 시락서 7:20-21에는 남종과 여종이 가부장적 가정에 속한 자로 당연하게 계수되는 것과 사회 집단이 가난한 자와 부유한 자로 분열된 것을 고려해야 한다는 것이 관찰된다(시락서 33:25-33 그리고 34:24-27 참조).[570] 그리고 전도서는 억압받는 자와 억압하는 자의 대립과(4:1) 가난한 자를 억압하는 것을(5:7) 관찰 대상으로 삼았으며, 동시에 노예 노동자와 부자의 대립을 전제하고 있음을(5:11) 충분히 보여 주고 있다. 노예 제도가 고대 근동보다도 그리스-로마 세계에서

---

568 위에 이스라엘 사회사의 시대 입문 V. 2. B.를 보라.
569 위에 이스라엘 사회사의 시대 입문 V. 2. B.를 보라.
570 덧붙여서 Kaiser(2003a)를 참조하라.

훨씬 더 보편적이었다는 사실과, 고대 근동이 헬레니즘화 되면서 그에 상응하는 사고방식이 동방의 상류층에서도 발견된다는 점은 이러한 대립을 첨예화 시키는데 기여했을 것이다.[571]

하지만 여기에서는 충분히 예상되는 연속성에 관심을 갖기보다는, 오히려 **상류층의 변화**에 관심을 기울이려 한다.

첫째, 눈에 띄는 변화는 **경제 정책적 특성**에서 발견된다. 헬레니즘에는 화폐 경제가 현저하게 확장되는 것이 관찰된다. 페르시아 시대에 이미 동전이 유통되었고, 페르시아 시대가 종식될 즈음에는 지역별로 동전이 주조된 이후에, 유통되는 동전의 숫자는—물론 지속적이지 않고, 변화가 감지되기는 하지만—항상 증가했다.[572]

하지만 중요한 것은 동전의 물리적인 양이 많아진 것이 아니라, 오히려 동전이 미치는 영향이 질적으로 향상되었다는 점이다. 전도서는 화폐의 본질을 다음과 같이 요약했다.

> 은을 사랑하는 자는 은으로 만족하지 못하고(전 5:9[10]).

동시에 이러한 간결한 문장에서 돈을 소유하는 것에는 결코 본연의 만족도가 존재하지 않는다는 사실이 드러난다. 사용할 수 있는 상품의 경우에는 그것을 소유함에 있어서 풍요로움을 표현할 수 있고 고유의 상한선이 존재하며, 그 이상으로 더 많아지는 것은 더 이상 무의미하다. 그와 달리 화폐는 그것이 상징하는 추상적인 가치로 인해 특성상 무한하다.

---

571 참조하라. Hengel, ³1988, 94.
572 참조하라. Hengel, ³1988, 84-85.

화폐 경제의 중요성에 대한 흔적은 곳곳에서 확인된다. 가장 먼저 우리는 헬레니즘 시대에 알렉산드리아에 있는 유대 가정이 재산의 일부를 기탁했다는 것을 확인할 수 있다. 그것은 위탁받아 관리되었고, 명령에 따라서 지급되었는데, 그런 점에서 이 가정은 "프톨레미 '금융의 수뇌부'"(ptolemäischen Hochfinanz)[573]로 활동했을 것으로 보인다(Jos Ant. XII 200-201). 또한, 성전은 국가의 보물을 저장하는 금융 창고로 사용되었다(마카베오하 3:11, 15, 22; 마카베오 4권 4:7). 전쟁 배상금에 대한 요구는 국가 간의 관계를 규정한다(마카베오하 8:10). 셀류코스 후계자들은 엄청난 금액을 약속하거나 요구했다(마카베오상 10:40; 13:16). 예루살렘의 대제사장직 후임자는 셀류코스 왕조에게 더 많은 뇌물을 제시함으로써 경쟁 관계에 있는 대제사장을 물리쳤다(마카베오하 4:23-25).

둘째, 상류층의 변화는 **유력한 가문의 중요성이 부각**되었다는 것이다. 물론 세력 있는 가문이 존재하는 것은 전혀 새로운 현상이 아니다. 왕정 시대가 종결될 즈음에 우리는 영향력 있는 귀족 가문이 이미 존재했음을 관찰할 수 있다.[574] 페르시아 시대에 사마리아에서는 총독직이 산발랏 가문을 통해서 이어졌다.[575] 잘 알려진 도비야(Tobia)는 산발랏 가문과 긴밀하게 연결되어 있는데, 그는 느헤미야 회고록에 따르면 항상 암몬 사람으로 표현될 뿐만 아니라 느헤미야의 대적으로 서술되었다(느 2:10, 19; 4:1; 6:1-14, 17-19; 13:4-9).

프톨레미 시대와 셀류코스 시대에 강력한 영향력을 발휘했던 도비야 가문[576]은 바로 이 도비야에게로 소급될 수 있다. B.C. 261-252년 사이에 기

---

573 Hengel, ³1988, 492.
574 위에 이스라엘 사회사의 시대 입문 II. 4. B.를 보라.
575 위에 이스라엘 사회사의 시대 입문 V. 1.을 보라.
576 도비야 가문과 뒤이어 나타나는 오니아스 가문에 대해서 요약적으로 서술하는 Hengel(³1988, 486-503)과 Haag(2003, 49-53)을 참조하라.

록뗬을 것으로 보이는 제논-파피루스(Zenon-Papyri)에서 우리는 도비야가 암몬 사람들 내에 주둔하는 프톨레미 식민지(Kleruchie)의 지휘관이라는 것을 알 수 있다.[577] 도비야의 아들 요셉과 그의 자손에 관한 이야기를 요세푸스의 기록에서도 찾아볼 수 있는데, 마치 소설과 같다.[578]

그는 B.C. 3세기 후반에 감독관(Prostasia)에 올랐다. 즉, 그는 프톨레미 정부를 상대할 유대 민족의 공식적인 대표가 되었고, 세금을 관장하는 총감독관(Generalpächter) 직분에 올랐다.[579] 이미 언급한 알렉산드리아 지역에서의 은행 업무와 예루살렘 성전에 돈을 기탁하는 것은 도비야 가문에 속한 자에게 귀속되었다.

도비야 가문과 어깨를 나란히 하던 라이벌 가문은 오니아스 가문(Oniaden)이다. 이 가문은 대제사장이라는 직책을 수행하고 있었으며, 여기에는 일반적으로 감독관(Prostasia) 임무도 포함한다.[580] 헬레니즘 초기부터 마카베오 봉기에 이르기까지 이 가문은 대를 이어서 대제사장직을 수행했다. 오니아스 가문 출신이 아닌 인물로는 메넬라오스(Menelaos)가 처음으로 대제사장직을 맡았고(마케베오하 4:23-29), 동시에 아마도 오니아스 가문과는 경쟁 관계에 있었던 도비야 가문의 도움을 받을 때 즈음에 마카베오 봉기가 발발했고, 이 봉기는 유력했던 두 가문의 영향력을 종식시켰다.

그때 마카베오라는 새로운 가문이 영향력 있는 왕가 가문으로 등장했다. 모든 유력한 가문에게 나타났던 것이 이 가문에게도 관찰된다.

---

577 Tcherikover / Fuks (Hg.) 1957 Nr. 1(118-121). 헬라 군사 점령지(Kleruchie)의 상황에서 땅 점유를 고려해야 하는데, 프톨레미는 군사적 안전을 목적으로 땅 소유를 허락했다. 참조하라. Bickerman 1988, 72.
578 Jos. Ant. XII 157-222. 224. 228-236; 덧붙여서 참조하라. Hengel 1976, 48-50.
579 프톨레미 통치 시스템에 대해서 이스라엘 사회사의 시대 입문 VI. 3. A.를 참조하라.
580 헬레니즘 시대의 대제사장 관직에 대해서 이스라엘 사회사의 시대 입문 VI. 3. A.를 참조하라.

> 아들들과 형제들의 지지를 받는 당신은 … 훌륭하고 힘있는 지도자요(마카베오상 2:17).[581]

하지만 아들들과 형제들이 동시에 그러한 가문의 단점으로 묘사되기도 한다는 것은 단지 부가적으로만 언급될 수도 있다. 아들들은 항상 고귀한 자들로 인식되었으며, 볼모로 붙잡혀 있어야만 했다(마카베오상 9:53; 10:6, 9; 1:62; 13:16); 분명한 것은 이 아들들이 항상 생존해서 본국으로 귀환한 것은 아니라는 사실이다. 그리고 모든 유력한 가문에 속한 형제는 (그밖에도 가까운 친인척은) 경쟁자로 등장하며, 가문의 권력을 총체적으로 약화시키는 분열을 가져오기도 했다(마카베오상 16:11-17; 마카베오하 4:7-10; Jos. Ant. XII 200-222 참조).

(3) 자선 행함을 확대

B.C. 3세기와 B.C. 2세기 초에 있었던 여섯 번의 시리아 전쟁과 특별히 B.C. 2세기 중반에 있었던 마카베오 전쟁에서 살해되거나 노예로 끌려가는 일이 발생했고, 생존한 자는 항상 그렇듯이 부양에 대한 절박한 문제에 직면하게 되었다. 마카베오하 8:28-30에서 보도되고 있는 것처럼, 일회적이기는 하지만 전쟁 승리로 인해 노획품이 과부와 고아에게 실제로 배분되었다면, 이것은 일시적인 해결책일 뿐이다.

그러한 산발적인 도움은 충분할 수 없었다. 왜냐하면 전통적으로 사회 조직의 그물망으로 역할을 했던[582] 가정의 구조는 전쟁으로 인해서만 붕괴된 것이 아니라, 가정 구조의 해체는 지속되어 왔기 때문이다. 동시에 부유한 가정은 예나 지금이나 존재했기 때문에, 균형을 유지할 필요는 있다. 에스겔 18:7, 16 이후부터 기술된 배고픈 자에게 빵을 주며 벗은 자에

---

[581] 이스라엘 사회사의 시대 입문 VI. 2. A.를 보라.
[582] Kessler 2003c를 참조하라.

게 옷을 입히라는 정의에 대한 요구는 전형적인 표현이 되었다. 자선을 행하는 것은 경건한 자의 이상적인 모습에 속하게 되었다(시락서 7:10, 32-33; 16:14; 17:22; 29:12; 35:4; 40:17; 토빗서 1:17; 4:7-8, 15; 12:8).[583]

물론 자선 행함은 사회적 지원의 형태 가운데 하나이다. 그것은 가난한 자가 부유한 자를 더욱 의존하게 만들며, 그러한 의존성이 지속되도록 이끈다. 덧붙여서 부유한 사람이 자선을 행할 것인가 여부는 부자의 의지에 달려 있는 것과 마찬가지로, 가난한 사람이 자선을 받을 수 있을지 여부는 가난한 자의 숙련된 솜씨에 의존하게 된다. 이것은 어떤 이유로 헬레니즘 시대의 유대교에서 다음과 같은 사상이 발생되었는지 원인이 된다. 부분적이기는 하지만 자선은 적어도 직접적인 기부자-수여자-관계(Geber-Empfänger-Beziehung)로부터 탈피해야 하며, 부유한 자가 기금을 기탁하고 그것으로 과부와 가난한 자에게 도움을 줄 수 있도록 성전에 자선을 위한 창구를 설치해야 한다.

따라서 우리는 "과부와 고아를 위한 돈"에 대해 언급하는 마카베오하 3:10의 기록을 그러한 방식으로 이해할 수 있다 (그러나 종종 해석되는 것처럼 과부와 고아가 스스로 의탁한 기금에 대해 말하는 것은 결코 아니다).[584] 성전은 본래의 기능 이외에도 채무자의 피난처(Zufluchtsort 마카베오상 10:43)로도 효력이 있는 사회 구호 장소가 되었다. 이러한 성전의 기능은 아주 오래된 역할 그리고 고대 시대에 보편적으로 알려진 도피처(Asylort)의 역할에서 파생되었다.

앞선 단락에서 이미 헬레니즘 통치 시스템의 독특성에 대해서 지속적으로 언급했는데, 이러한 헬레니즘 통치 시스템은 헬레니즘 시대에 있었던 유대교 내부의 사회 집단 발전에 있어서 틀을 형성한다. 우리는 이제 그러

---

583 예수 시락과 토빗서에서 자선의 기능에 대해서 Kessler 2003b를 참조하라.
584 이 본문에 대한 이해로는 Kessler 2004를 참조하라.

한 시스템에 대해 언급해야 한다.

3) 헬레니즘 통치 구조

B.C. 8세기 이후부터 남부 레반트(Levante) 지역은 수많은 이방 세력에게 굴복했다. B.C. 4세기 말경에 헬레니즘의 패권에 의해 페르시아 지배로부터 벗어나기는 했지만, 그러한 상황은 전혀 달라지지 않았다. 하지만 구체적인 형식과 문화적 결과를 볼 때 헬레니즘 지배는 이전에 근동을 지배했던 나라와는 확연히 구분된다. 프톨레미와 셀류코스가 권력을 집행하는 것을 상이한 구조로 구별하기 전에 그리고 관심이 있는 유다의 발전을 구체적으로 고려하지 않고도 다양한 특징을 언급할 수 있다.

마케도니아 사람들이 근동을 점령한 결과, 그들은 영토의 크기에 있어서 페르시아를 능가하는 대제국을 형성할 수 있었다. 앗수르, 애굽, 바벨론 그리고 페르시아가 자신들의 근간을 각각의 고국에 유지하며 그곳을 기점으로 세계 통치를 수행하려 했던 반면, 알렉산더의 후계자들은 각각의 제국을 자신들이 통치하는 지역의 중심부에 건설했다. 덧붙여서 경제적으로 활발한 교류가 일어난 것과 새롭게 정복한 지역에 그리스 이주지가 만들어지며―물론 "폴리스"(Polis)로 이해되던 그리스 도시들은 독립적인 정치 구조를 유지했다―근동 지역의 본격적인 헬레니즘화에 지대한 영향을 끼쳤다. 이러한 헬레니즘화는 그리스 양식이 주류를 이루는 건축 분야에서―역사적으로 지방의 전통적인 건축이 부흥하는 것과 함께―현저하게 발견된다.

헬라어가 지배적인 곳에서 헬레니즘화는 가장 명확하게 발생했다. 외교 사절단과 상인은 국제 통용어(*lingua franca*)로 사용되었던 아람어를 헬라어로 대체했으며, 헬라어 사용은 문헌에서도 점점 더 우위를 차지하게 되었다. 종교 발달에 있어서 가장 중요한 것은 종교 질서를 통합하려는 경향이다. 이러한 단일화는 기능과 특징에 따라 지방 신들을 동일화시킴으로 실현되었으며(바알 = 제우스 등), 전체 종교로 확장되어서 제의의 탈지방화 (Entlokalisierung)라는 결과로 나타났고(이시스-의식[Isis-Mysterien], 미트라스 제의[Mithraskult], 기독교[Christentum]), 결국에 근동의 헬레니즘화는 동양화(東洋化 Orientalisierung)의 형태로 서방에 반격했다.

근동 지역에서 헬라적 모습이 나타남에도 불구하고 토착화된 지역의 '부족'(Völkerschaften)은 여전히 존속했다. 그들은 헬라어로 민족(Ethnos)이라 표현되었다. 민족에 속했다는 것은 법적인 신분이 보장되었음을 의미한다. 지리학자인 스트라보(Strabo)는 시대의 전환점(Zeitenwende. 예수의 탄생을 기점으로 한 연대 계산 - 역주)에 즈음한 상황을 다음과 같이 서술했다. 시리아에는 Koele-시리아인, 시리아인 그리고 페니키아인이 거주했고, 유대인 (Judäer), 이두메인(Idumäer), 가자인(Gazäer), 아조테인(Azotäer) 민족이 거기에 '혼합'(gemischt)되었다.[585] 이런 의미에서 마카베오서에 전승된 문서는 '유대 민족'(τῷ ἔθνει τῶν Ἰουδαίων)에 대해서 언급하고 있다(마카베오상 8:23, 27; 13:36; 마카베오하 11:25 참조).

헬레니즘은 근동에 경제적 그리고 문화적 전성기를 가져다 주었다. 지방 엘리트는 그러한 헬레니즘화에 참여함으로써 전성기를 누릴 수 있었다. 하지만 다른 이들은 지금까지 행해졌던 이방의 잔인한 통치와 유사한 형태로 헬레니즘을 경험했다. 근동의 대부분의 민족이 그것을 증언하고 있다. 다니엘 7:2-7의 환상에 따르면 바다에서 나온 네 번째 동물은 그리스의 통치를 상징하는 것으로, 잔인함에 있어서 기존의 세 제국을 능가한다. 그리고 애굽의 가마솥 신탁(Töpferorakel)은 헬레니즘 시기에 대한 것으로 '태양이 흑암이 되는' 시기를 지칭한다.[586]

---

585   Strabo XVI, 2.2.
586   Kippenberg (Hg.) (1977a, 372.)의 인용. 헬라화에 대한 근동 민족의 저항에 대해서

이러한 일반적인 발전 방향을 배경으로 해서 유대 민족에 있어서 중요한 위치를 차지하는 프톨레미와 셀류코스의 세부적인 통치 구조는 상이하게 서술된다.

(1) 프톨레미 제국과 중앙 관청

페르시아 통치와 비교하여 프톨레미 통치의 가장 부각되는 차이점은 정치적 의사를 결정하는 기구가 지방에서 수도로 이전했다는 점이다. 중요한 지방이었던 시리아와 페니키아는 알렉산드리아의 직접적인 지배를 받았는데, 물론 경제와 재무 장관으로 이해되는 디오이케테스(Dioiketes)가 다스리기는 했다.[587] 이 중요한 지방(Provinz)에는 소규모 통일성, 즉 총독 주둔지(Hyparchien) 그리고 몇 개의 도시로 이루어진 작은 국가(Toparchien)가 존재했으며, 이것은 그 규모에 있어서 페르시아 지방 그리고 행정 구역과 어느 정도 일치한다.

여기에서 관심이 있는 지역은 유대, 사마리아, 갈릴리, 이두메 그리고 아스돗이다. 지방 민족이 정착해 있는 총독 주둔지 내에는 민족의 고유한 정치-형태를 유지하고 있었던 헬라 식민지가 확인된다. 마찬가지로 왕의 소유지가 새롭게 설치되었는데, 그것은 특별한 지위를 가지고 있었다. 이러한 통치 구조는 유대 백성 내부의 사회적 상황과 관련하여 다양한 결과를 가져왔다. 권력이 중앙으로 이동하게 되면서 **대제사장직**은 계속해서 그 중요성을 유지했다. 페르시아 시대는 다음과 같이 표현될 수 있다.

Grabbe(1994, 163-164)을 참조하라.

[587] Hengel 1976, 39. "헬레니즘 군주제에서 근간을 이루는 사고, 즉─마케도니아의 원칙적인 소유자는 그의 궁정의 생산물을 주관하는 것처럼─왕이 주권을 가지고 다스릴 수 있는 모든 통치 영역은 그의 소유라는 것이 배후에 존재한다." 프톨레미 통치의 전반적인 것에 대해서 Hengel(^{3}1988, 32-42)을 참조하라.

포로기 이후 유대에서 총독(החמ) 다음에 '두 번째' 남자는 대제사장이 었다.[588]

그 지역에서 상주하는 총독이 사라졌기 때문에, 그는 권력의 첫 번째 위치를 차지하게 되었다. 그는 프톨레미에 대하여 유대 민족을 대표하는 감독관(Prostasia) 지위를 차지했다.[589] 대제사장직은 적어도 페르시아 이후부터 세습되었으므로, 이 직책은 포로기 이전 유대 왕조의 모습을 수용한 것이다.[590] 중요한 이 직책을 차지하기 위해 격렬한 투쟁이 존재했다는 것은 그리 놀라운 것이 아니다(Jos. Ant. XII 237-241; 마카베오하 4:7-10, 23-29; 5:5-10 등 참조).

유대에서 권력의 상황이 변했다는 것을 공문서에 나타난 규정에서도 명확하게 추론할 수 있다. 페르시아 시대에 엘레판틴 유대인은 유대 지방의 페르시아 총독, 그 아래에 있는 대제사장과 그의 동료 제사장 그리고 오스타네스(Ostanes)와 유대 귀족에게 서신을 보낸 반면에,[591] 스파르타에 보내는 유대 공문서에는 다음과 같은 발신인이 확인된다. "대제사장 요나단, 민족 원로회(Gerousia), 제사장 그리고 그밖의 유다 시민"(마카베오상 12:6). 이러한 비교는 페르시아 시대에 총독이 차지했었던 위치를 헬레니즘 시대에는 대제사장이 차지했다는 것을 알려 준다. 대제사장은 제사장 집단의 우두머리에서 유대 공동체를 대표하는 최고 지도자가 되었다.

---

588 Schaper 2000, 174.
589 참조하라. Diod. Sic. XL 2; Jos. Ant XII 162-166.
590 마찬가지로 위에 이스라엘 사회사의 시대 입문 V. 3. A.를 참조하라. 헬레니즘 시대의 제사장 직무에 대해서 Bickerman(1988, 141-145)을 참조하라.
591 TGI Nr. 51, 18-19줄, 그리고 덧붙여서 위에 이스라엘 사회사의 시대 입문 V. 2. C.를 보라.

그 이외에 지배 구조는 대단히 견고했다. 대제사장 휘하에는 평신도와 제사장을 대표하는 두 직책이 존재한다. 물론 그것이 분리된 두 위원회를 시종일관 가리키는가에 대해서는 명확하지 않다. 왜냐하면 이따금씩 유대 권위자를 열거하는 것에 장로(마카베오상 13:36) 또는 원로회(Gerousia, 마카베오하 1:10; 11:27)가 유일하게 언급되고 있을 뿐이며, 제사장 집단에 대해 언급이 없기 때문이다. 그것을 근거로 제사장 집단은 원로회의 일부로서 자신의 이해관계를 대변했다고 판단된다.[592] 하지만 다른 곳에서는 장로 또는 원로회(Gerousia)와 제사장이 나란히 거론되고 있으므로(마카베오상 7:33; 11:23; 12:6; 14:20; Jos. Ant. XII 142. 166), 적어도 오랜 기간 동안 두 위원회가 병존했다고 여겨진다.[593] 로마 시대가 되어서야 비로소 제사장 집단과 평신도가 공동으로 대표하는 산헤드린(Synhedrion)은 최고의 조직이 되었다.

위의 열거에서 마지막에 위치한 것은 '백성'이다. 백성은 "(그밖의) 유대 백성"(der [übrige] Demos der Juden)이라 표현되었고(마카베오상 12:6; 14:20; 15:17), 단 한번 "유대 민족"(das Ethnos der Juden)이라고 언급되었다(마카베오상 13:36). 물론 백성의 모임이 정치적 역할을 활발히 했는지에 대해서는 알려지지 않았다. 따라서 페르시아 시대에도 관찰되고 있듯이,[594] 백성의 모임이 실질적인 면에서 무의미하다는 점은 헬레니즘 시대에도 동일하다.[595]

대제사장직이 중요한 지위를 차지하게 되면서 이미 페르시아 시대부터 형성되었던 경향이 드러난다. 세금 징수 기관이 새롭게 설립되었고, 그것은 사회와 정치 조직에 근본적인 영향을 끼쳤다.[596] 요세푸스가 자신의 유

---

592 그러한 이해로 Hengel ³1988, 48-50.
593 그러한 이해로 Kippenberg 1978, 83 각주 30, 그리고 Albertz 1992, 592-593.
594 위에 이스라엘 사회사의 시대 입문 V. 2. C.를 보라.
595 그러한 이해로 Albertz 1992(593).
596 Kippenberg 1978, 93: "세금 징수 시스템에 있어서 헬라 통치와 페르시아 통치 시대는 기본적으로 구분된다."

대 고대사(Antiquitates)에 삽입한[597] 도비야 가문에 대한 이야기에서 우리는 유대 상류층 인사가 어떻게 세금 징수권을 매수했고 그것으로 부와 권력을 쟁취했으며, 심지어는 오니아스 가문(Oniaden)으로부터 감독관(Prostasia) 권한을 강탈했다는 것까지[598] 생생하게 확인할 수 있다.

오니아스 가문(Oniaden)이든 도비야 가문(Tobiaden)이든 유대 상류층이 자신들의 행위를 유대 백성을 위한 축복으로 제시하고 있음에도 불구하고 (Jos. Ant XII 224-226 참조), 그들이 프톨레미와 협력했다는 것은 실제로는 백성을 착취하는 것에 동참했다는 것을 의미한다. 이러한 발전의 폭발력은 물론 유다에 대한 프톨레미의 지배권이 셀류코스에게 넘어간 이후에야 비로소 나타난다.

(2) 셀류코스 왕조와 예루살렘 도시 제도

프톨레미에서 셀류코스에게로 권력이 이동하는 것은 유대 내부 구조에 심각한 단절이 있었음을 의미하지는 않는다. 물론 상류층에서는 뇌물과 살인 사건이 발행하는 심각한 불화가 있었지만, 동시에 (친프톨레미와 친셀류코스와 같은) 다양한 정치적 방향과 (오니아스와 도비야) 가문들 사이에 다양한 교차점이 존재했다. 상류층은 공통적으로 새로운 헬레니즘 상황에 적응하는 것에 지대한 관심을 가지고 있었다.

B.C. 175년에 오니아스 가문 출신인 야손(Jason)이—새로운 왕인 안티오쿠스 4세 에피파네스(Antiochos IV. Epiphanes)에게 막대한 뇌물을 줌으로써(마카베오하 4:8)—대제사장직에 올랐을 때, 그는 예루살렘을 안디옥(Antiochia) 시민권을 가진 도시(Polis)로 전환시키는 것에 대한 권한을 얻어냈다

---

[597] 위에 이스라엘 사회사의 시대 입문 VI. 2. C.를 보라.
[598] Jos. Ant. XII 157-222의 증거 본문들.

(마카베오하 4:9).⁵⁹⁹ 그 결과로 예루살렘은 경시되던 동방 민족에서 특권을 부여받은 헬레니즘 도시로 변화되었다. 이렇게 변화된 도시의 시민은 셀류코스 제국의 정치 지도층과 동등한 권리를 가진 구성원이 되었다.

예루살렘에 관한 도시 법규를 통해 헬레니즘 추종자들은 자신을 비유대 세계와 분리시켜 왔던 제한과 장애를 성공적으로 제거하려 했다. 음식 금령(Speiseverbote)은 식탁 공동체를 못하게 만들었는데, 식탁 공동체를 하지 않으면 계약 체결(Vertragsabschlüsse)은 불가능했다. 잡혼 금령(Mischehenverbot)은 권력이 있는 가문을 서로 연결시키는 정략 결혼(Verschwägerung)을 불가능하도록 만들었다. 그리고 안식일에 매매 금지 명령은 경제적 이익과 직결되었다. 만약 이 모든 것이 사라진다면, 유대 상류층은 아무런 장애 없이 헬레니즘 사회 구조에 통합될 수 있을 것이다.⁶⁰⁰

하지만 그것은 적지 않은 대가를 치러야 했다. 왜냐하면, 그러한 도시 법규로 인해 토라는 사회윤리적 요구에 관하여 실제로 효력을 상실했기 때문이다. 모든 개별 규정은 별도로 하더라도 사회윤리적 요구는 통일된 백성이라는 사상을 기반으로 이루어졌으며, 그 백성에 속한 모든 개인은—노예부터 왕까지 모두를 포함하여(신 15:12 그리고 17:15, 20 참조)—가문을 초월하여 공통된 조상(아브라함, 이삭 그리고 야곱)으로부터 유래한 형제 자매이다. 이러한 사상이 결코 현실적이지 않았음에도 불구하고 규범으로 이해되는 그러한 사상과 결별하는 것은 계층 사회를 공개적으로 인

---

599 예루살렘이—여기에서 언급할 수는 있지만, 결국에는 실패한 시도이다—"결코 고전적 의미에서 결코 폴리스(πόλις)로 이해된 것이 아니라, 오히려 적지 않은 독립적 권리를 가진 민족(ἔθνος)의 수도이었다"라고 Kreissig(1978, 74)는 강조한다. Ameling(2003)은 프리지아의 토리아이온에 폴리스-권리가 부여된 것을 기록하는 흥미로운 비문을 참고했다. 이 두 가지 경우에서 제도, 법 그리고 체육 경기장(Gymnasion)은 새로운 신분의 핵심이었다.
600 예루살렘에 나타난 헬레니즘 개혁의 배경과 모티브에 대해서 Bringmann(1983, 66-74)의 서술을 참조하라.

정하는 것을 의미했다.

이 계층 사회에서 몇몇 소수는 권력에 참여할 수 있었지만, 백성의 대부분은 권력을 잡은 자에게 복종해야 했다. 이러한 분열은 다음과 같은 사실을 통하여 부각된다. 즉, 도시에 소속되는 것은 더 이상 족보를 근거로 삼는 것이 아니라, 시민 목록에 기입되는 행위를 통하여 확정된다(마카베오하 4:9). 물론 여기에서 '목록에 기입되는 자격은 무엇인가' 하는 점은 명확하지 않다. 하지만 예루살렘에 체조 연습실(Ephebeion)을 포함하는 체육 경기장(Gymnasion)을 건설하는 것은(마카베오상 1:14; 마카베오하 4:9, 12) 헬레니즘적 교육을 받은 엘리트 양성 학교가 있었음을 암시한다.

이러한 헬레니즘을 지향한 결과로 예루살렘에는 시민 전쟁 형태의 폭동이 발생했으며, 그 시기에 예루살렘 도시 밖에 있던 사람도 성전 운영에 반발했다(마카베오하 4:39-40). 동시에 상류층의 여러 분파 사이에서 유혈 사태가 발생했다(마카베오하 5:5-7). 안티오쿠스 4세 에피파네스가 유대 종교에 대한 금지령을 선포하고 비유대적 제의 행위를 수행한 이후에 한계선을 넘게 되었고, 반란은 공개적인 모습으로 분출되었다.

(3) 마카베오에서 하스모니안에 이르기까지

B.C. 167년에 시작된 마카베오의 봉기는 여기에서는 다뤄지지 않는 수많은 종교적 그리고 정치적 관점을 함유한다. 사회사적 틀에서는 몇몇 소수의 발전 양상을 제시하는 것만으로도 충분할 것이다.

봉기의 주동자는 예루살렘에서 지방으로 피신한 사람들과 연합한 지방에 거주하는 백성이었다(마카베오상 2:29-31, 43; 마카베오하 5:27). 이 봉기는 하위급 제사장 가문에 속한 자들을 통해 진행되었다. 그들은 예루살렘에서 북서쪽에 위치한 구릉 지역인 모데인(Modein)에 정주한 자들인데, 유다의 전쟁 이름을 따라서 "마카베오"(Makkabäer, 아마도 "망치"라는 의미일 것이다)라 불렸다(마카베오상 2:1-6). 그들은 반란운동을 이데올로기적으로 표현하는 것과 게릴라적 작전을 군사적으로 활용하는 데 성공적으로 이끌었다.

마카베오 봉기의 사회적 근간과 목적을 근거로 볼 때, 이 봉기는 보수적 운동이라고 평가된다. 왜냐하면 이것은 특징적 사상이 헬레니즘의 틀로 변화됨으로써 사회 집단이 현대화되는 것을 반대하기 때문이다. 반란을 일으킨 자의 시각에서 자신의 대적은 "율법 또는 거룩한 언약을 어긴" 자이었고(마카베오상 1:11, 15, 52), 반면에 자신은 스스로를 "조상의 제의"와 "우리 조상의 언약"을 지키는 자로 규정했다(마카베오상 2:19-20). 이러한 대립과 동일하게 이 적대자는 "주변의 이방인과 언약을 맺기" 원하며 "이방인의 법 제도를 받아들이려"는 자들이지만(마카베오상 1:11, 13), 그와 달리 봉기하는 자는 자신이 이방인과 "분리되려 했던 것"을 결코 비난거리로 생각하지 않는다(마카베오상 1:11).

물론 고수하려는 것과 현대화하려는 것, 또는 이방인으로부터 구별되려는 것과 이방인과 결합하려는 것을 대립시키는 것은 무의미하다. 봉기에 활력을 더한 것은 자신들의 관습과 비헬라적인 요소가 동시에 하층민에게 유익한 것으로 이해되었다는 점이다.[601] 자신들의 본래 이해에 따르면 마카베오 봉기를 통하여 **공평**(mišpat)과 **정의**(s^edaqa)에 대한 고대의 이상(理想)이 자리잡고 있음을 보여 준다. 이러한 이상은 사회의 평준화에 대한 내용을 담고 있는데, 이러한 관점에서 헬레니즘 추종자는 고대의 이상을 배반했다(마카베오상 2:29).

---

601 Kippenberg 1978, 93. "마카베오 독립 전쟁은 경제적 약탈에 대항한 전쟁이었다. 그것은 동시에 … 일부 부유한 귀족 계급이 취했던 종교 전통과의 단절에 저항하는 전쟁이었다. 종교적 상징은 평등한 관계를 표현하기 때문에, 이것은 봉기를 일으키는 제사장과 농부에게 중심이 되었다."

마카베오 시몬에 대한 노래인 마카베오상 14:6-15을 참조하라. 이러한 의미에서 볼 때 백성의 모임은 새로운 중요성을 갖는다.[602] 봉기의 초기에 이 모임은 마카베오 지도자 및 군인과 마찬가지로 결정에 재가를 내릴 수 있는 독립된 조직이었다(마카베오상 4:95; 5:16).

마지막으로 봉기 운동의 대중적 특성은 헬레니즘과 지나칠 정도로 긴밀한 관계를 맺고 있다고 의심을 받는 전통적인 제사장직이 권력에서 멀어지게 되었다는 점을 보여 준다. 마카베오 가문 자체는 지방 제사장 계열에서 유래했다. 그리고 B.C. 163년 셀류코스 왕가와 (임시적인) 평화 조약을 체결한 이후에 성전을 다시 봉헌하기 위해서 명시적으로 토라에 충실한 자로 평가받는 제사장이 선택되었다(마카베오상 4:42).

마카베오 봉기의 사회적 근간에 대한 질문에서 중요한 것은 지방 백성, 예루살렘에서 도피한 자 그리고 통솔자인 마카베오 가문 이외에도 또 다른 그룹이 거론된다는 점이다. 이 그룹은 모든 사건이 진행되는 과정에서 독립적인 역할을 수행한 자들로서 소위 하시딤(Asidäer)이라 불리는 자들이다(마카베오상 2:42). B.C. 167년에 봉기가 일어났을 때 그들은 마카베오와 연합했고, 성전 재봉헌이라는 첫 번째 단계를 성공적으로 마친 이후에, B.C. 162년에 알키모스(Alkimos)를 대제사장으로 인정하려고 준비했다.

알키모스는 물론 하시딤에 속한 자들 중에서 일부를 적법한 방법으로 학살했는데(마카베오상 7:12-18), 왜냐하면 그는 그것을 단행하는 것을 마카베오운동을 지원하는 중요한 결정으로 이해했기 때문이다(마카베오하 14:6). 여기에서는 이스라엘 내에서 조직적으로 파악이 가능한 세분화된 현상만을 식별하려 하기 때문에, 하시딤 그룹에 대해서는 아래에서 보다 상세하게 다루도록 할 것이다.[603] 이미 아주 많은 것이 앞서 진행되었다. 하시딤

602　Albertz(1992, 593)를 참조하라.
603　아래 이스라엘 사회사의 시대 입문 VI. 4. C.를 보라.

은 독립된 형태의 조직을 갖춘 종교운동이다. 그들이 대제사장 그리고 셀류코스 장군과 협상에서 훨씬 더 중요한 내부 정치적 요인으로 등장한다는 점은(마카베오상 7:12-13) 그들이 결코 정치적이지 않았다거나 혹은 통치자의 시야에서 과소평가된 자들이 아니었음을 보여 준다.

마카베오 봉기운동은 애굽에서부터 유대를 넘어서 페르시아까지 이르는 동방이 헬레니즘화 되는 것에 대하여 광범위하게 저항하는 것의 일부일 뿐이다.[604] 이러한 저항운동은 종교, 경제 그리고 정치적 모티브를 서로 연결시켰다. 그들에게는 각각의 종교적 그리고 국가적 정체성이 있었기 때문에, 당연히 저항의 방향에 대해서 어떠한 연합도 형성하지 않았다. 근동의 저항운동 중에서 유대의 운동은 가장 성공적인 저항운동 가운데 하나였다.

왜냐하면, 이 저항운동에서 지방 백성은 예루살렘 도시 백성 중에서 불만을 품은 자들과 성공적으로 연합할 수 있었기 때문이며, 셀류코스의 약점을 능수능란하게 이용할 줄 아는 마카베오 가문이 정치적이며 군사적 지도력을 수행했기 때문이다. 또한, 하시딤 집단을 고려할 때 유대 봉기운동에는 초기에 지식인 그룹이 동참했는데, 그들은 전쟁을 "신학적으로 정당화"하며, 그것에 "종교적 모토"[605]를 부여했기 때문이다.

외적 성공에도 불구하고 마카베오 봉기는 표면적으로는 아니지만, 마카베오 통치가 자발적으로 헬레니즘적인 형태에 동화됨으로써 결국에는 내적으로 실패하고 말았다. 첫 번째 전환점은 요나단이 대제사장으로 임명된 B.C. 152년이다. 봉기를 일으킨 집단의 지도자는 이제 스스로 유대 공동체의 최고 직위를 장악했다. 요나단이 피살된 이후에 백성은 그의 형제인 시몬에게 대제사장직을 위임했는데, 그로 인해 요나단을 임명함으로써

---

604 덧붙여서 Eddy(1977)를 참조하라.
605 Albertz 1992, 603.

가장 높은 기관으로 자리매김했던 셀류코스 왕의 위치는 유대 백성이 자리하게 되었다(마카베오상 14:25-48).[606]

헬레니즘적 권력가가 이러한 상황에 얼마나 잘 대처했는지를 시몬의 사위인 프톨레메오(Ptolemäus)의 시도, 즉 대제사장 시몬과 두 아들들을 살해하고 권력을 쟁취한 그의 시도가 보여 준다(마카베오상 16:11-17). 시몬의 아들인 요하네스 히카노스 1세(Johannes Hyrkanos I., 134-104)가 통치하고 최종적으로 그의 뒤를 이어서 아리스토불 1세(Aristobul I., 104-103)가 통치함으로써 반헬레니즘적 봉기운동에서 탈피하여 결국에는 헬레니즘화된 동방의 왕국이 되었다. 아리스토불은 왕의 칭호를 얻게 되었다는 것은 당연한 결과이다(Jos. Ant. XIII 301).

만약 우리가 포로기 이후 유대교의 시대를 전적으로 '신정 정치'(Theokratie)라는 문구로 규정한다면,[607] 그것은 하스모네아(Hasnomnäer) 통치에 적용될 수 있을 것이다.[608] 하지만 여기에서 '신정 정치는 곧 '제사장 통치'(Priesterherrschaft)를 말하는 것이 아니라, 아마도 왕의 직무와 제사장의 직무가 동일시되는 것을 의미할 것이다.

4) 다양한 형태의 "이스라엘"

헬레니즘 시대 문서에는 일반적으로 "유대 백성"(마카베오상 8:23, 25, 27 등)[609] 또는 간단하게 "유대인"(마카베오상 8:31; 10:23, 29 등)에 대해 언급한다. 이러한 표현 방법은 이미 페르시아 시대에 뿌리를 두고 있으며,[610] 적법한

---

606 덧붙여서 Schenker(2000)를 참조하라.
607 문제에 대해서 위에 이스라엘 사회사의 시대 입문 V. 5.를 참조하라.
608 이와 같은 의미로 Grabbe 1994, 74.
609 덧붙여서 위에 이스라엘 사회사의 시대 입문 VI. 3. A.를 참조하라.
610 덧붙여서 위에 이스라엘 사회사의 시대 입문 V. 5.를 참조하라.

국가적 표현을 정확히 반영하고 있다. 이러한 표현 이외에도 "이스라엘"이라는 표식은 이상적인 종교의 단일성을 나타낸다. 왜냐하면, "네 이름으로 일컫는 백성"은 당연히 이스라엘을 가리키는 것이며(시락서 36:14), "이스라엘 모든 공동체"를 위해 제사장의 업무가 실행되었다(시락서 50:13, 20). 또한, 안티오쿠스(Antiochos) 종교 정책의 기준은 '유대 백성'의 합법적 국가의 통일성에 반대하는 것이 아니라, 오히려 종교 집단으로서 "이스라엘"을 반대하는 것에 초점을 맞추고 있다(마카베오상 1:20, 25, 30 등).

그로 인해 "이스라엘" 집단의 정체성에 대한 문제는 새로운 국면에 접어들었다. 이미 왕정 시대부터 존재하던 남왕국과 북왕국, 즉 이스라엘과 유다, 사마리아와 예루살렘의 관계 문제, 그리고 포로기부터 그 이후로 땅에 남아 있는 이스라엘과 흩어진 이스라엘의 지속된 갈등에 덧붙여서 내부적인 분열이 제기되었기 때문이다. 그러한 분리의 결과로 이스라엘이라는 표현을 사용하는 권리를 차지하기 위해 논쟁하는 몇몇 견고한 그룹이 형성되었다. 이러한 발전은 물론 부분적으로만 사회사적으로 중요하며, 단지 제한된 범위에서 구약성서 문헌과 관련이 있기 때문에, 여기에서는 간결하게 요약하는 수준에 머물 것이다.

(1) 사마리아의 독특한 발전

페르시아 시대를 수놓은 사마리아와 예루살렘의 갈등은 헬레니즘 시대에서도 계속된다.[611] 그 갈등의 시작은 아마도 그리심(Garizim)에 성전을 건설하는 것과 결부되었을 점이 개연성이 있다.[612] 많은 것은 그리심 성전의 제사장이 본래에는 예루살렘 출신이었고, 내부 논쟁으로 인해 그들이

---

611 사마리아인에 대한 질문으로 참조하라. Pummer 1987; Talmon 1988; Zsengellér 1998.
612 Jos. Ant. XI 302-347, 덧붙여서 Zsengellér 1998, 151-155.

그곳을 떠났을 것이라는 점을 시사한다.[613] 그런 점에서 그리심에서 행해진 제의는 이스라엘 하나님께 드려진 것이라는 점이 명확해진다.

또한, 반드시 질문해야 할 것은 '분파'(Schisma)[614]라는 개념이 이 사건에 적법하게 적용될 수 있는가 하는 점이다. 왜냐하면 이 개념은 '이단'(Häretiker)과는 분리될 수 있는 '정통적'(orthodox) 단체 조직이라는 것을 전제로 하며, 이것은 헬레니즘 시대에 이스라엘의 사회적 형태로부터 이탈하는 상황을 보여 주기 때문이다. 예루살렘에 있는 성전과 그리심에 있는 성전 이외에도 다른 야웨 성전이 존재했다는 것을 고려해야 한다. 다시 말해, B.C. 5세기에 엘레판틴에 성전이 존재했으며, 도비야 가문인 히카노스(Hyrkanos)가 대략 B.C. 200년경에 요단 동편에 건설한 성전[615] 그리고 마지막으로 B.C. 2세기 중반에 애굽 레온토폴리스(Leontopolis)에 오니아스 4세(Onias IV.)가 건설한 성전이 있었다.[616] 이 모든 것은 이스라엘 하나님의 성전으로 이해되는 것이다.

왕정 시대에서 유래한 북왕국과 남왕국의 갈등이 지속될 뿐만 아니라, 심화되었다는 것은 발전의 한 단면이다. 예수 시락서에서 관찰되는 "세겜에 사는 어리석은 민족"을 기피하는 것은 전형적인 모습이었다(시락서 50:25-26).[617] 마카베오 봉기로 인해 사마리아의 일부 지역이 정복되었고, 예루살렘 통치로 귀속되었다(마카베오상 10:38; 11:34). 이 시기를 기점으로 상호 간에 논쟁이 증가했는데, 그것에 대해 요세푸스 유대 고대사(Jos. Ant. IX 288-291)가 특별히 잘 보여 주고 있다. 다른 한편으로 사마리아 지역의

613　Zsengellér(1998, 155-156)을 참조하라.
614　Donner ³2001, 469.
615　참조하라. Jos. Ant. XII 228 -236 덧붙여서 Hengel ³1988, 496-503.
616　Jos. Ant. XII 387-388; XIII 62-73; XX 236.
617　히브리 본문과 헬라어 본문의 차이점을 이해하기 위해서 Zsengellér(1998, 159-161)를 참조하라.

거주민이 스스로를 이스라엘 사람으로 이해했다는 점이다.[618] 그들은 토라를 간직했으며,[619] 모세의 다섯 책만이 그들에게 온전한 성서로 간주되었다. 그들의 자기 이해에 따르면 그들은 결코 유다로부터 분리된 자들이 아니며, 오히려 이스라엘의 합법적인 상속자였고, 국가 형성 이전(vorstaatlich) 시기에 그들로부터 유다가 분리되었다고 생각한다.[620]

또한, 사마리아 사람들을 이교도 부류로 제쳐 놓으려는 유대의 논쟁은 결코 순탄하지 않았다. 마카베오상 3:10의 표현에서 눈에 띄는 것이 보이는데, 이에 따르면 셀류코스는 '이스라엘과 전쟁'을 치르기 위해 '이방인'과 '사마리아인'을 포함하는 군대를 조직했다. 여기에서 '이스라엘'은 단지 유대만을 가리킨다. 그러나 사마리아인은 이방인과 단순하게 동일시되지는 않으며, 오히려 그들은 이방인과 함께 거론되어야만 했다. 그리고 마카베오하 6:2에 따르면 안티오쿠스 에피파네스가 야웨-성전을 더럽히는 것이 확인되는데, 그것은 예루살렘뿐만 아니라 그리심에 있는 성전과도 관련되었다. 그로 인해 사료적 관점에서 볼 때 그리심에서도 이스라엘의 하나님이 예배되었다는 것이 간접적으로 확인된다.

'이스라엘 역사'에 대한 유대적이며 기독교적인 서술에서 일반적으로 나타나는 것처럼, 만약 우리가 역사적으로 상이한 영향력을 가진 유대 분파를 지각 없이 수용하지만 않는다면, 헬레니즘 시대의 '이스라엘'은 예루살렘 성전 주변에 있는 유대 공동체뿐만 아니라, 그리심에 세워진 성전을 주변으로 살아가는 사마리아 사람들을 통해서도 구체화되었다는 것을 틀림없이 확인할 수 있을 것이다.

---

618 Pummer 1987, 2: "사마리아인은 이스라엘의 일부이다."
619 요약적인 것으로 Zsengellér(1998, 167-168)를 참조하라.
620 Zsengellér(1998)의 연구는 사마리아인의 자기 이해와 상응하게 평가하는 업적을 남겼다.

물론 유대 관점에서 보는 관습적인 시각은 정당하며, 당시에 예루살렘의 중요성이 비교할 수 없을 만큼 탁월했다는 것은 자명하다. 이것은 뒤이어 나오는 세분화를 가리키는 것으로, 여기에서 예루살렘 중앙화에는 의문의 여지가 없다.

5) 헬레니즘 디아스포라

B.C. 8-6세기 포로와 함께 발생한 것은 페르시아 시대 그리고 최종적으로는 보다 명백하게 헬레니즘 시대에 고대 세계에 대규모로 퍼져 있었던 유대 디아스포라에게로 유입되었다. 강제로 대규모가 이동하게 된 포로와 달리 디아스포라는 흩어지는 것을 의미한다. 물론 이 흩어짐이란 본래 외부의 강압에 의한 것이기는 하지만, 디아스포라는 경제, 정치 그리고 개인적인 이유로 그곳에서 계속해서 머물게 되었다. 동시에 디아스포라라는 표현은 흩어진 자들이 거주하지 **않는** 예루살렘과 유대 땅을 유대 정체성의 핵심으로 이해하는 본질적인 인식을 전제 한다. 이러한 인식이 없었다면 우리는 유대가 동화되었다는 것을 넘어 본연의 정체성을 상실했다는 것까지 이야기해야 할 것이다.[621]

바벨론 시대의 포로가 처음에는 바벨론 지역에 있는 특정한 장소로 끌려가는 것이라면, **셀류코스 왕국**에서 디아스포라는 여러 도시로 확산되었다. B.C. 8세기 후반의 가상적인 환경을 배경으로 하는 도비야 이야기(Tobiterzählung)는 앗수르 니느웨 그리고 메디아(Medien)에 있는 라게스(Rages)와 엑바타나(Ekabatana)에 극중 인물이 등장함으로써,[622] 유대인 가족이 어떻게 동

---

[621] Bickerman(1988, 81)이 지적한 셀류코스와 프톨레미 통치 지역에서 디아스포라는 다양한 제의 환경에 놓였다는 것을 여기에서는 자세히 다루지 않는다.

[622] B.C. 612년에 파괴된 니느웨(Ninive)와 B.C. 7세기가 되어서야 비로소 기초가 놓인 엑바타나(Ekabatana)는 동시대 사건 장소로서, 그것에 대한 서술은 가공적 이야기의

방 제국의 도시로 흩어져서 살게 되었는가를 묘사한다. 다른 지역 그리고 실재적인 맥락에서 유대 공동체의 존재는 새롭게 건설된 헬레니즘적 도시 중에 한 곳 즉, 셀류코스 수도 안디옥에서 발견된다(마카베오하 4:36).

후기 왕정 시대부터 입증되는 애굽 디아스포라는 상이한 방식으로 생성되었을 뿐만 아니라,[623] 헬레니즘 시대에 비약적으로 발전했다. 특별히 새롭게 건설된 수도인 알렉산드리아에 거주하는 유대 공동체는 유대교 전체를 통틀어서 정치, 경제, 문화 그리고 종교적인 면에서 중요한 의미를 갖는다. B.C. 3세기에 예루살렘과 유다에 대한 직접적으로는 수도이며 동시에 행정 기구의 중심이었던 알렉산드리아와 얼마나 긴밀하게 정치 경제적 관계를 맺고 있었는가 하는 점은 이미 도비야 가문의 역할에서 묘사되고 있는데, 그들은 알렉산드리아의 정치적 그리고 재정적 업무에 깊이 관여되고 있음이 확인된다.[624]

물론 현실은 왜곡되었을 수도 있지만, 우리는 도비야 가문과 소수의 부유한 다른 가문들로부터 프톨레미의 애굽 통치하에 있는 유대인의 사회적 상황을 총체적으로 추론할 수 있다. 그러나 풍부한 파피루스 자료는 다른 모습도 보여 주고 있다.

> 애굽에 있는 유대 사람들 가운데 대다수는 부유하지 않았으며, 교역이나 대부(貸付)일과는 무관했다.[625] … 유대인은 시중드는 일을 하거나 도처에서 노동일을 했으며, 국가의 경제적 삶에 종사할 수 있는 모든 분야, 즉 군

특성을 갖는다.

[623] 애굽 디아스포라의 시작에 대해서 위에 135-136을 보라. 애굽으로 이주한 유대의 다양한 형태—도피, 무역, 전쟁 포로, 노예, 용병—에 대해서 참조하라. Tcherikover/Fuks 1957, 1-3.

[624] 위에 이스라엘 사회사의 시대 입문 VI. 2. B.를 보라.

[625] Tcherikover/Fuks 1957, 11.

인, 경찰, 세금 징수원, 국가 공무원, 소작농, 기능공 그리고 상인으로 종사했다.[626]

예루살렘에 대한 지배력이 셀류코스 왕조에게 넘어갔지만, 애굽 디아스포라의 중요성이 사라진 것은 결코 아니다. B.C. 2세기에 애굽 유대인 삶의 중심인 알렉산드리아가 개념적으로는 이스라엘로 이해할 수 있는 집단의 발전에 어느 정도로 중요했는가 하는 점이 다양하게 기록되었다. 지혜 문헌인 예수 시락서가 헬라어로 번역된 것, 마카베오하 첫 머리에 위치하는 "애굽의 유대인에게" 보내는 두 편의 서신(마카베오하 1:1-10 그리고 1:11-2:18), 소위 아리스테아 서신(Aristeasbrief)이 거론될 필요가 있는데, 이 아리스테아 서신에는 성서가 헬라어로 번역되는 유래가 전설적인 형식으로 서술되었고,[627] 전체 성서의 헬라어 번역인 셉투아긴타(Septuaginta = 70인역)가 설명되어 있다. 이것을 볼 때 헬라적 사고 체계가 이스라엘에 유입되었다는 것은 이미 셉투아긴타에서도 발견되며, 이후에는 알렉산드리아 필로(Philo von Alexandrien)나 플라비우스 요세푸스(Flavius Josephus)와 같은 저자에게도 명백하게 나타난다.

유대 디아스포라는 헬레니즘 시대에 흩어져 살았으며, 그들이 자신의 정체성을 **유대** 공동체로 인식했다는 것은 명확하다. 한편으로 유대 공동체는 정신적 중심인 모세 토라를 통하여 보증되었다. 그 이외에도—이미 포로기 시기부터[628]—가장 중요하면서 상징적인 것은 할례, 안식 그리고 음식법이었다. 부분적으로 이러한 상징에 관한 심각한 논의는—할례에 대해서 마카베오상 1:15, 60-61, 안식에 대해서는 마카베오상 2:31-41, 음

---

626 Tcherikover/Fuks 1957, 19.
627 JSHRZ II, 35-83.
628 위에 이스라엘 사회사의 시대 입문 IV. 3. A.를 보라.

식법에 대해서는 마카베오상 1:62-63과 비교할 수 있다—그것이 단지 정체성을 형성하는 데 의미가 있음을 보여 준다.

B.C. 3세기에 애굽 파윰(Fayûm)에서 출토된 것으로 간소하게 경제를 다루는 파피루스는 매우 인상적이다. 한 서술 목록은 국가의 가장 높은 관직인 총독 아폴로니오스(Dioiketes Apollonios)의 건축물을 위한 벽돌 운반을 열거하고 있다. 매일마다 대략 1,000장의 벽돌이 기입되었는데, '7번째' 날에는 "안식"(Sabbat)이라는 메모가 발견된다.[629]

디아스포라의 정체성을 보증하는 두 번째 '중심'은 예루살렘이다.[630] 만약 그 땅의 정황만을 놓고 관찰한다면, 페르시아와 헬레니즘 시대에 사마리아는 시종일관 유다 그리고 예루살렘과 비교될 만한 위치를 차지하고 있었다. 그러나 결국 예루살렘의 종교적 중요성에 절대적 독점권을 부여하는 것은 디아스포라이었으며, 예루살렘 옆에 위치한 사마리아는 한 지역에 국한된 현상의 차원으로 축소되었다.

6) 하나의 이스라엘 안에서 다양성

예루살렘과 사마리아가 상이한 방향으로 진행되는 것 그리고 정신-종교적 중심인 예루살렘과 디아스포라의 긴장 관계 이외에도 헬레니즘 시대에는 추가적으로 분리되는 과정이 관찰되는데, 그것의 시작은 이미 페르시아 시대로 소급될 수 있다. 사람들은 그러한 분리되는 과정을 이따금씩 당파 형성(Parteibildungen) 또는 종파 형성(Sektenbildungen)이라는 핵심 용어

---

629 Tcherikover/Fuks 1957, Nr. 10, 136-137.
630 Tcherikover/Fuks(1957, 45)는 애굽에 대해서 다음과 같이 서술한다. "예루살렘 성전은 … 애굽의 유대인에게 항상 존중되었다." W. D. Davies/L. Finkelstein(1989, 154)는 다음과 같이 말한다. "여러 가지 면에서 예루살렘은 유대인의 삶에 있어서 핵심이었다."

로 표현하려 시도했다.⁶³¹ 그러나 이 두 용어는 문제가 있다. 전자는 정치적 집단화를 연상시키며, 후자는 당시에는 존재하지 않았던 정교(Orthodoxie)를 전제하기 때문이다.

그럼에도 불구하고 이 용어는 설명을 요구하는 실제 현상을 파악하기 위해 시도한다. 우리는 사회의 세분화를 기반으로 시작해야 한다. 이것은 이미 왕정 시대부터 시작되었으며, 페르시아 시대 이후로는 심화되었다. 특별히 몇몇 시편 그리고 예언과 같은 후대 본문에서 관심을 끄는 것은 고정된 그룹으로 보이는 집단의 대립이다. 이사야 29:19-21에서 한편으로는 겸손한 자들과 가난한 자들이 그리고 다른 한편으로는 강포한 자들, 오만한 자, 죄악을 행할 기회를 찾는 자 그리고 범법하는 자의 대립이 발견된다. 스바냐 3:11-12에는 가난한 소수의 백성과 교만한 자들의 갈등이 관찰되며, 시편 12편에서는 마찬가지로 경건한 자와 가난한 자들이 강포한 자들과 양 극단에 배치되어 대립한다.

다른 본문에서 "땅의 경건한 자"('anwê ha'araṣ)로 표현된 가난한 자는(사 11:4; 암 8:4; 습 2:3; 욥 24:4) 견고한 그룹을 연상시키는 표현이다. 또한 "경건한 자"가 하는 탄원(시 12:2) 혹은 "경건한 사람"이 죽임당하는 것에 대한 탄원(사 57:1)은 견고한 집단들을 연상시킬 수도 있다. 결국, 가난한 자에 대해 언급하는 마지막 표현으로 인해 가난한 자들은 "야웨를 경외하는 또는 찾는" 자로서 종교적으로 긍정적으로 평가되고 있다는 추론에 도달하게 된다(시 34:10-11).

만약 우리가 보다 오래된 문헌에서 언급하는 합법적인 가난한 자의 '정당'(Partei)을 수용한다면,⁶³² 따라서 우리는 보다 후대 시기의 '가난한 자의 경건성'에 대해서 조심스럽게 말할 수밖에 없음에도 불구하고 그러한 가

---

631 참조하라. Talmon 1986d = 1988.
632 연구사에 대해서 Lohfink(1986)를 참조하라.

난한 자의 경건은 사회적으로 "빈민계층 집단"에 고정될 수 있다.[633]

하지만 그것은 논쟁이 되기도 한다.[634] 그것과 관련하여 가난이라는 표현은 경제적으로는 가난하지 않지만 스스로를 종교적으로 평가하는 의미로 사용되기도 했다는 암시는 정당하다. 그럼에도 불구하고 가난한 자와 폭력을 행하는 자를 모두 대립시키는 것, 또는 가난한 자와 경건한 자를 모두 집단으로 표현하여 완전히 이념화시키고 각각의 실체적 의미를 박탈하는 것은 지나치게 일반화시켜 논증하는 것이다.

페르시아 시대 이후부터 사회적 대립이 고착화되었고, 이러한 현상으로 인해 가난한 계층에 속한 사람들은 자아 인식을 교육하는 것, 즉 '가난'이라는 자기 표현을 긍정적으로 사용하기에 이르렀다. 만약 이러한 긍정적 자아 인식이 특별히 하나님과 가깝다는 종교적 자기 이해와 결부된 것이라면, 이러한 인식은 적어도 자신을 사회-종교적으로 구별하고자 하는 시발점을 함유하고 있다.

만약 '가난한 자'에 대한 표현으로 히브리어 ḥsd를 어근으로 하는 "경건"이라는 용어가 나타난다면(사 57:1; 시 12:2; 참조. 더 나아가 삼상 2:9; 미 7:2; 시 31:24 등), 이미 마카베오 봉기와 연관성에서 확인한 것처럼, 이 용어는 직접적으로 "하시딤 집단"(Gruppe der Asidäer; συναγωγὴ Ασιδαίων 히브리어로는 ḥasidim)으로 발전한다.[635] 이들에 대해서 정보를 제공해 주는 소수의 증거는 하시딤이 본질적으로 종교적 운동임을 보여 준다. 따라서 '경건' 또는 '충실'을 의미하는 하시딤(ḥasidim) 명칭은 종교적 표현이다. 토라에 충실하다(마카베오상 2:42)라는 이 표현은 그것과 동일한 성향을 보여 준다. 더 나

---

633 그러한 이해로 Albertz(1992, 569-576)의 다음 단락을 참조하라. "Die 'Armenfrömmigkeit' der Unterschichtszirkel".

634 Ro(2002)를 참조하라.

635 이스라엘 사회사의 시대 입문 VI. 3. C.를 보라. 하시딤(Asidäern)에 대해서 참조하라. Hengel [3]1988, 319-330; Albertz 1992, 598-600; Haag 2003, 80-87.

아가 이러한 진술로부터 하시딤이 견고한 그룹, 즉 시나고그(συναγωγή)를 형성했다는 추론이 너무도 명확해진다.

마카베오상 7:12-13에 따르면 하시딤은 이 본문에 언급된 '율법학자 그룹'(συναγωγὴ γραμματέων)과 동일시되거나 혹은 율법학자에 속한 일부 그룹으로 이해될 개연성이 있다. 마지막으로 우리는 하시딤의 사회적 위치에 대해 확실하게 알지는 못한다. 비록 하시딤 그룹이 '경건'이라는 표현으로 인해 가난한 자의 경건성에 근접할 수 있었음에도 불구하고, 그들이 정치적으로 최상류층에서 활동했다는 것은 어쨌든 그들을 '빈민층 집단'으로 간주할 수 없음을 보여 준다.

반대로 하시딤을 '경건한 **상류층** 핵심 인물'[636]과 동일시하는 것이 가능한가에 대해서는 의문이 제기된다. 현대의 사회학적 분류를 여기에 적용한다 할지라도, 오히려 '유기적 지성인'(organische Intellektuellen)의 역할을 고려해야만 할 것이다. 이들은 본래부터 자신들의 사회적 계층의 관점에서 서술되는 것이 아니라, 그들의 사회적 기능을 기반으로 설명되어야 한다. 즉, 그들의 사회적 기능은 하나의 '사회 집단'에 '동질성과 고유한 기능에 대한 인식'을 부여함으로써 존재한다.[637]

하나를 추구하던 이스라엘 내부의 분리에 대해 질문할 경우에 중요한 것은 '하시딤 집단'을 통해서 확인되는 것처럼 우리가 B.C. 2세기가 되어서야 겨우 **견고한 집단화**를 파악할 수 있다는 점이다. 그들은 본질적으로 **종교적 행위**라는 특징을 보여 준다. 하시딤 집단은 독립된 조직 형태를 갖추고 있었으며, 그들은 사회적인 지지 그룹(Trägergruppe)도 갖추고 있었다. 이 그룹은 특정한 종교적 이해관계를 위해 강령을 제정했으며, 그들은 종교-정치적으로 독자적인 행동을 취하기도 했다.

---

636   Albertz 1992, 603.
637   Gramsci(1992)의 513을 인용했다. 지성인의 전반적인 역할에 대해서 513-524.

동시에 세 본문에 따르면 그들에 속한 자는 "이스라엘" 출신이었고(마카베오상 2:42), "이스라엘 자손"에 속한 자이었으며(마카베오상 7:12) 또는 "유대인"(마카베오하 14:6)으로 확인된다. 하나의 집단인 이스라엘은 집단화를 통하여 구체화되었으며, 그들은 다른 그룹과는 서로 구별되었지만 동시에 그들과 함께 이상적인 이스라엘을 형성했다.

하시딤이 "많은 사람을 지혜로 또는 옳은 곳으로 인도"한 다니엘 11-12장의 '지성인'(Verständigen)과 어느 정도로 동일시할 수 있는가 하는 점에 대해 많은 논의가 있었다(단 11:33, 35; 12:3, 10).**638** 마카베오서의 하시딤과 마찬가지로 그들은 헬레니즘을 지향하는 움직임에 반대하며("언약을 배반하고 악행", 단 11:32), 물론 "약간의 도움"밖에 안 되지만 마카베오 봉기를 지지하고 있다(단 11:34). 만약 다니엘 11-12장이 마카베오가 봉기를 일으킨 시대에 저작되었음을 출발점으로 삼는다면, 마카베오서가 이미 시간적 간격을 두고 봉기 사건을 회고하고 있으므로, 우리는 하시딤을 다니엘 전승의 담지자인 '지성인'의 '후손'**639**으로 이해할 수 있을 것이다.

다니엘 11-12장의 상황에서 관찰되는 것과 회고하듯이 마카베오서의 서술에서 가시화되는 것은 뒤이어 나타나는 유대교 시대를 특징짓는다. 환언하면, "이스라엘" 정체성에 대한 요구를 포기하지 않으면서, **조직적이면서 독립적인 확고한 흐름**을 형성하는 것이다. 그것은 구약성서 문서의 시대로 제한한 이스라엘 사회사 만으로도 충분히 서술될 수 있다. 그와 같은 그룹의 특징은 에세네인, 바리새인 그리고 사두개인에게서 구체화되었다. 동시에 B.C. 2세기 초에 하시딤으로 통합된 경향이 에세네인과 바리새인에게서 세분화되어 나타난다.**640** 반면에 사두개인은 제사장 그룹의

---

638 논의에 대해서 간략하게 보여 주는 Haag(2003, 83-87)을 참조하라.
639 그러한 이해로 Haag 2003, 86.
640 덧붙여서 Stegemann(1989/1990)을 참조하라.

후예로서 당시에 헬레니즘과 상당히 친밀한 자들이었다.

그룹으로 이해되는 그와 같은 집단 이외에도 헬레니즘 시대와 이후의 로마 시대에 수많은 종교적 흐름이 발견되는데, 이러한 흐름은 거의 부분적으로 특정한 그룹과 동일시되었을 개연성이 있다. 그들은 시편 119편에 기록된 것처럼, 전도서의 철학을 너머 구약성서 정경 중에서 특별히 다니엘서 서론에서도 발견되는 묵시적 경향에 이르기까지 토라를 모범으로 하는 경건성을 제시했다. 하지만 상이한 방향성을 파악하여 예리하게 구별하는 것은 거의 기대하기 어려울 것으로 보인다.

마지막에 언급된 그룹과 경향을 통하여 우리는 구약성서의 기록물, 특별히 히브리어 성서 기록에서 발견되는 시대를 이미 넘어섰다. 그러한 구별이 구약성서를 기반으로 한다는 사실은 수많은 본문에서 확인된다. 가난한 자의 경건이라는 맥락에서 그룹을 표현하는 것은 이미 언급했다.

"너희를 미워하며 쫓아내는" "형제"에 대해 서술하는 이사야 66:5와 같은 본문은 명백하게 균열로 치달은 분쟁들이 성전과 그 주변에서 있었음을 보여 준다. 그리고 제2성전 이후부터 관찰되는 제사장과 레위인의 갈등에 대한 역사는 분명히 에세네인, 바리새인과 사두개인로 균열되는 과정의 전역사에 속한다.[641]

모든 세분화, 적대 관계 그리고 상호 비난하는 과정을 겪기는 했지만, 이 모든 그룹과 흐름은 항상 이스라엘이라는 자기 이해를 기반으로 진행되었다는 점을 잊어서는 안 된다. 그런 점에서 내부의 세분화는 한편으로는 사마리아에서 그리고 다른 한편으로는 디아스포라에서 확인되는 지정학적으로 고착된 발전과 구별되지 않는다. 또한, 이것은 이상적인 이스라엘 집단 내부적으로 볼 때 상당히 발전된 것이다. 이후에 이스라엘 내부에

---

[641] 덧붙여서 Schaper(2000)를 참조하라. 이러한 연결을 구약성서 이후 시대로 확장시킨 것에 대해서 특별히 306-307을 참조하라.

나타난 하나의 경향으로 초기 기독교(Christentum)가 등장하는데, 이 종교는 "진정한 이스라엘"이 되라는 요구를 함으로써 이스라엘의 위치를 대치했다. 하지만 이 기독교는 구약성서 문헌의 이면에서 비로소 등장하는 역사이다.

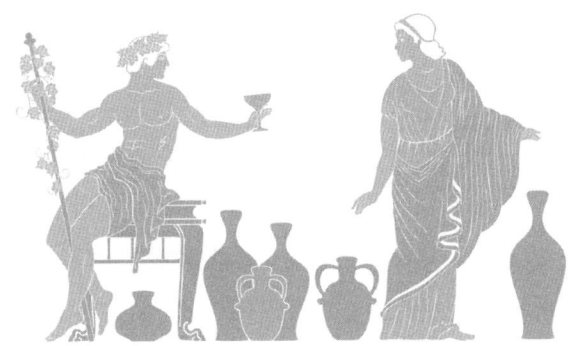

결론

구약성서와 관련성을 스스로 제한시킴으로써 우리는 헬레니즘에 대한 언급과 함께 고대 이스라엘 사회사의 마지막 단계에 도달하게 되었다. 그리고 이제 마지막으로 회고와 전망만이 남아 있다.

회고에는 두 가지 질문이 다루어졌다.

첫째, 질문은 이스라엘 사회사에서 시대를 관통하는 시종일관된 특징이 관찰되는가 하는 점이다.

둘째, 질문은 이미 처음에 언급된 것처럼 이스라엘 집단의 정체성에 대한 질문을 다시 한번 다루는 것이다.

우리는 먼저 첫 번째 질문에 대해 다루어야 한다.

1. 이스라엘 사회사의 시대를 관통하는 특징들

이스라엘 사회사를 다루는 것은 실상은 시대를 관통하는 시종일관된 특징을 제시하는 것이다. 첫 번째 관찰은 성서의 서술과 비교함으로써 제시될 수 있다. 이것은 이중적 경향이라는 특징을 보여 준다. 성서 기록은 여러 시대를 뚜렷하게 구분하고 있으며, 인물을 중심으로 시대의 변화를 서술한다. 이것은 역사적으로 더 이상 입증될 수 없는 시대에도 적용되었다. 아브라함 소명과 함께 족장 시대가 시작되었다. 애굽에서 백성으로 성장했다는 것은 그다음으로 중대한 전환점이다. 광야 시대에서 땅 점유로 넘어가는 것은 모세라는 인물에서 여호수아로 전환하는 것과 연결되어 있다. 왕권은 사무엘을 통하여 대단히 짧은 시기에 확립되었다. 왕정 후기에 요시야는 근본적인 개혁을 단행했다. 고레스 칙령은 엄밀한 의미에서 예루살렘의 파괴와 함께 시작된 포로기가 종식되었음을 알려 준다. 마지막으로 에스라는 축제의 분위기에서 토라를 낭독했고, 그 이후부터 토라는 효력을 발휘했다.

그와 달리 현대의 역사적 관점에서 볼 때 시대의 변화는 일반적으로 유동적이며, 인간은 단지 종속된 역할을 할 뿐이다. 백성이 되는 것은 대략 200년 이상의 기간을 요구하는 대단히 복잡한 과정이다. 동시에 본격적인 땅 점유는 기껏해야 하나의 현상일 뿐이었다. 왕정은 물론 특정 시기에 시작되었지만, 그러나 이 왕정은 원숙한 국가가 될 때까지 대략 200년이 넘는 기간동안 발달했다. 왕정 내부에서는 그칠 줄 모르는 계층 분열이 시작되었다. 포로기는 이미 B.C. 8세기에 시작되었으며, 디아스포라의 존재가 고레스의 칙령으로 인해 사라진 것은 결코 아니다. 또한, 토라 입법화는 물론 에스라로 인해 중요한 정점을 형성할 수 있었지만, 이 입법화는 전체적으로 볼 때 긴 시간을 요구하는 하나의 과정이었다. 그리고 모든 변화에서 일반적으로 변화의 원인은 하나만 존재하는 것이 아니라, 특히 **시대의 변화는 수많은 원인에 의해 발생하는 경향이 있다는 점이** 관찰된다.

물론 이러한 관찰을 근거로 사회적 형태에 따라서 시대를 구분하는 가능성을 부정하는 것은 잘못된 것이다. 실제로 자료 서술에서 근간을 형성하는 시대, 즉 이스라엘 발생 시대, 국가 시대, 계층 사회 형성 시대, 포로 시대, 페르시아 지방 사회 시대 그리고 헬레니즘적 민족 시대는 전반적으로 정밀하게 구별될 수 있다. 이러한 구분을 가능하게 하는 것은 곧 두 번째 관찰과 연결되어 있다.

한번 생성된 사회적 형태가 유지되는 동시에 구체적인 형태로 변화하려는 경향성을 가진다는 점은 이스라엘 사회사에서도 전형적으로 관찰된다. 만약 내가 이스라엘 사회사 서술의 첫 번째 시대를 친족을 근간으로 하는 사회 집단으로 표현했다면, 이후에 나타나는 구조에서 친족 관계가 사회 집단 관계의 토대를 더 이상 형성하지 않는다는 것을 의미하지는 않는다. 그것은 단지 형태를 바꿀 뿐이며, 다른 사회 집단의 기관과 발전을—국가, 발생하는 계층 대립, 이방에서의 삶 혹은 이방의 통치를—통하여 중첩되고 변화한다. 고유한 왕정은 물론 특정한 시기에 제한적으로 존재했을 뿐이다. 하지만 유대 땅에 형성되었던 독특한 참여적 왕정의 형태는 페르시아와 헬레니즘 시대에도 변화된 모습으로 유지되었다. 북이스라엘과 남유다 사이의 갈등은 헬레니즘 시대까지 존속했다.

B.C. 8세기 이후부터 계층 사회 집단으로 발전은 저지될 수 없었을 뿐 아니라 지속되었다. B.C. 8세기 이후부터 발생한 강제 포로는 이스라엘이 디아스포라로 삶을 영유하는 것으로 이어졌으며, 그것은 오늘날까지도 계속되고 있다. 그리고 오랜 생성 과정을 거쳤고 단번에 보편적인 것으로 수용된 토라는 계보적일 뿐 아니라 종교적으로 이해되어 왔던 이스라엘을 단결시키는 것이 되었다.

이러한 변화에서 발견되는 연속성의 특징은 시대를 넘어서는 이스라엘의 정체성이 존재했음을 보여 주는 조건 가운데 하나이다. 하지만 모든 요소가 이스라엘 정체성 인식에 있어서 동등한 가치를 함유하는 것은 아니다.

2. 이스라엘 정체성

나는 여기에서 다시 한번 데이비스(Philip Davies)의 언급을 환기시키려 한다.

> 현대의 '영국인'은 로마 시대의 영국인이 아니며, 대부분의 사람은 그들의 후손도 아니다….[1]

이스라엘 집단의 정체성에 이의를 제기하기 위해서 여기에는 불연속성이 사용되었다. 역사 서술의 대상을 조망해 보았을 때 정체성과 불연속성 사이에는 데이비스가 주장하는 배타적인 대립은 존재하지 않는다는 것을 알 수 있다.

인간의 모든 세포는 특정한 시기를 지나면서 새롭게 되지만, 인간의 몸은 동일하다. 한 사람은 자신의 특성, 삶의 방식, 외모, 옷을 선택하는 취향에 있어서는 변하지만, 인간 자체는 동일하다. 마찬가지로 로마 시대까지는 아닐지라도, 빅토리아 시대와 오늘날 영국인이 동일한 사람은 아니지만, 그 영국인 사이에는 연속성이 존재한다. 변화한다는 사실 하나만으로는 정체성을 거부하는 근거가 되지 못한다. 이러한 실례는 생생한 역사적 존재가 정체성과 변화라는 양면성을 항상 가지고 있다는 점을 보여 준다. 만약 우리가 언급한 특정한 시대의 이스라엘 사회사를 조망한다면, **정체성을 설립하는 세 가지 징후를 주요하게 식별할 수 있다.**

첫째, 이스라엘이라는 이름으로 표현된 동족의 계보를 구축하는 것,

---

1 Ph. R. Davies 1995, 59. 인용한 것에 대해서는 위에 이스라엘 사회사의 시대 입문 I. 1. C. 각주 36을 보라.

둘째, 이 백성과 결속된 것으로 믿어지는 야웨 하나님에 대한 숭배,
셋째, 땅 점유를 언급할 수 있다. 만약 모든 사람이 그 땅에 사는 것이 더 이상 당연한 것이 아니라면, 땅 점유의 의미는 너무도 명백해진다.

이러한 특징 중에 어떤 것도 수백 년의 시대가 흐르면서 불변한 것은 없으며, 이러한 특징적 정체성을 설립하고자 하는 효력은 각각의 시대에 따라서 상이하게 나타났을 것이다. 그러나 이 특징을 어떠한 형태로도 전혀 발견할 수 없던 시대는 결코 존재하지 않는다.

국가 형태가 이스라엘의 보편적 특징에 속하지 않는다는 점은 주목할 만 하지만 결코 당연한 것은 아니다. 왕정 시대 이후부터 독립 국가에 대한 소망이 사라지지 않았으며, 그러한 소망은 헬레니즘 시대의 마지막이 되어서야 비로소 실현되었지만, 이스라엘은 포로와 이방의 통치하에서도 자신의 정체성을 잃지 않았다.

그밖에도 변화하는 정체성은 다른 하나의 모습을 가지고 있는데, 그것은 이스라엘 사회사에서 점차적으로 개진되었다. 한 사회 집단의 정체성을 형성하는 특징은 동시에 분리를 촉진시킬 수 있으며, 상호 분리를 야기시키는 경향을 일으킨다.

B.C. 8세기부터 관찰되는 사회 집단의 분열로 인해 이스라엘과 유다는 왕정 시대 이후부터 갈등을 겪었다. 그들은 페르시아와 헬레니즘 시대에 갈등하며 분리되어 이념적 방향성과 집단 형성을 위해 주력했는데, 그것은 누가 본래 이스라엘인가 하는 문제를 둘러싼 논쟁이었다. 정체성에 대한 쟁론으로 인해 소속성에 대한 논쟁 또는 분열이 나타났다. 동시에 그로 인해 이스라엘 사회사가 중요하게 각인되었다.

3. 조망: 사회사의 신학적 중요성에 대하여

이 연구를 시작하면서 나는 사회사를 역사 서술을 위한 일부 분야로 정의했다. 역사 서술로서 사회사는 본질적으로 신학에 속하는데, 왜냐하면 유대교와 기독교 이해에 따르면 이러한 역사 서술은 역사적 활동에서 나타나는 하나님에 대해 말하는 것이기 때문이다.[2] 이러한 보편적인 것을 기반으로 하여, 언어학이 하나의 본문을 이해하는 데 절대적으로 필요한 것처럼, 나는 사회사가 성서신학을 위하여 필수 조건이라는 점에 이론의 여지가 없다고 생각한다.

하지만, 필수 조건인 언어학이 신학의 분과가 될 수 없듯이, 사회사 역시 신학 분과는 아니다. 사회사는 성서 본문을 이해하기 위한 해석학적 과정으로 진행되기 때문에 신학적이다. 만약 우리가 본문의 사회적 배경, 엄밀히 말해서 본문이 제공하는 사회적 환경 그리고 그것을 가장 먼저 수용한 본문의 사회적 환경을 알지 못한다면, 나는 성서 본문을 신학적으로는 적절하게 이해할 수 없다고 확신한다. 물론 이것은 상이한 본문을 상이한 정도로 적용해야 하며, 본문 이해를 위한 유일한 조건이 아니다. 하지만 그것은 꼭 필요한 것이다.

덧붙여서 여기에서 제시된 것과 같이, 사회적 시대를 재구성하기 위해 스케치 정도의 초안으로는 충분하지 않다. 나의 이해에 따르면 이것을 재구성하는 것은 두 가지 요소가 본질적으로 충족되어야 한다.

첫째, '제도사'(Geschichte der Institutionen)일 것이다. 서론에서 이미 강조했듯이 사회사를 시대에 따라 서술하는 것은, 내가 제시한 것처럼, 제도(Institutionen)에 따라 서술하는 것과 상충되지 않을 것이다. 또한, 나는 그

---

2 위에 서문을 보라.

러한 서술이 오늘날에도 여전히 존재한다는 것을 지적했다. 나는 조만간 실제적이면서 기초가 탄탄한 제도사를 다른 학문과 제휴할 수 있도록 방대하게 연구하여 소개할 것이다. 나는 이 연구에서 사회사적으로 중요한 모든 기구를 사회적이면서 경제적으로, 정치적이면서 국가적으로 그리고 종교적 영역으로 나누어서 서술할 것이며, 마찬가지로 기구의 내부 조직과 기구의 개별적인 역사를 묘사할 것이다.

둘째, 시대별로 서술되는 사회사와 관련하여 직접적으로 신학적 중요성을 부여하는 요소는 **몇몇 핵심 용어가 사회적 배경에서 시작하여 상징적 의미를 넘어서 신학적 사용으로 발전하는 양상을 주의 깊게 관찰하는 것이다.** 핵심 용어인 '집'(Haus)은 고고학이 밝혀낸 물질적인 가옥 형태에서 출발하여 상징적으로 사용된 가족, 왕조 혹은 국가를 넘어서 많은 주거지를 포함하는 "아버지의 집"(요 14:2)으로 발전했을 것이다. '노예, 종, 하인'(Sklave, Knecht, Diener) 혹은 '왕'과 같은 주요 단어가 의미하는 내용적 범위를 우리는 아주 쉽게 상상할 수 있고, 또한 아주 간결한 메모로도 잘 설명할 수 있다. 그러한 사전 편찬 작업에 현재 수많은 학자가 수고하고 있으며, 이 사전은 여기에서 제시된 사회사와는 달리 구약과 신약을 포괄할 것이다.[3]

만약 이스라엘 사회사가 틀 혹은 배경으로 이해된다면 나는 그것에 대한 과제가 이 책에서 달성되었다고 평가한다. 이스라엘 사회사는 틀과 같은 것으로서 여기에는 그밖에도 '이스라엘 역사', 특별히 사건사, 문헌사 그리고 종교사가 편입될 수 있다. 또한, 사회사는 이스라엘 제도를 묘사하

---

3 사전 편찬은 "Sozialgeschichtliches Wörterbuch zur Bibel"라는 표제를 가지고 추진되고 있으며, Frank Crüsemann, Kristian Hungar, Claudia Janssen, Rainer Kessler 그리고 Luise Schottroff 가 발행에 참여했다(역주: 이 책은 2009년에 출간되었다). Crüsemann, F. u. a. (hrsg.), *Sozialgeschichtliches Wörterbuch zur Bibel*, Gütersloher Verlagshaus, 2009.

기 위한 배경을, 그리고 성서 문헌의 모든 용어를 사회사적으로 접합시키기 위한 배경을 제시한다. 그러한 사회사적 기초가 없다면 성서 문헌은 독자적인 역량을 발휘하지 못하고, 이데올로기적으로 이용될 위험에 처할 수 있다.

사료 모음집

AHI Davies, G. I.: Ancient Hebrew Inscriptions. Corpus and Concordance, Cambridge u. a. (1991).

Beyerlin Beyerlin, Walter (Hg.): Religionsgeschichtliches Textbuch zum Alten Testament, GAT 1, Göttingen (^{2}1985).

Context Hallo, William W. (Hg.): The Context of Scripture. Vol. 1. Canonical Compositions from the Biblical World; Vol. II. Monumental Inscriptions from the Biblical World, Leiden u. a. (1997 und 2000).

HAE Renz, Johannes / Röllig, Wolfgang: Handbuch der Althebräischen Epigraphik. Die Althebräischen Inschriften, 3 Bände, Darmstadt (1995, 2003).

Jaroš Jaroš, Karl: Hundert Inschriften aus Kanaan und Israel. Für den Hebräischunterricht bearbeitet, Fribourg/Schweiz (1982).

JSHRZ Kümmel, Werner Georg / Lichtenberger, Hermann (Hg.): Jüdische Schriften aus hellenistisch-römischer Zeit, Mehrere Bände, Gütersloh (1973 - 2003).

KAI Donner, H. / Röllig, W.: Kanaanäische und aramäische Inschriften, Wiesbaden Bd. I (^{5}2002), Bd. II und III (1964).

Lemaire Lemaire, André: Inscriptions hébraïques I. Les ostraca, Paris (1977).

Smelik Smelik, Klaas A. D.: Historische Dokumente aus dem alten Israel, Göttingen (1987).

TAD Porten, Bezalel / Yardeni, Ada (Hg.): Textbook of Aramaic Documents from Ancient Egypt, Bd. 1 Letters, Bd. 2 Contracts, Jerusalem (1986, 1989).

Textbook Gibbson, John C. L.: Textbook of Syrian Semitic Inscriptions. Volume I. Hebrew and Moabite Inscriptions, Oxford (1971).

TGI Galling, Kurt (Hg.): Textbuch zur Geschichte Israels, Tübingen (^{3}1979).

TUAT Kaiser, Otto (Hg.): Texte aus der Umwelt des Alten Testaments, Mehrere Bände, Gütersloh (1982 - 2001).

WSS Avigad, Nahman / Sass, Benjamin: Corpus of West Semitic Stamp Seals, Jerusalem (1997).

고대 문헌

Aug. civ. Sancti Aurelii Augustini De civitate dei libri I-X, CChr. SL 47, Turnholt (1955) = Aurelius Augustinus, Vom Gottesstaat (De civitate Dei), Buch 1-10, übers. v. W. Thimme, München (1977).

Diod. Sic. Diodorus of Sicily, with an English transl. by R. R. Walton, The Loeb Classical Library, 12 Bde., London / Cambridge, Massachusetts (1957-1967).

Her. Hist. Herodoti Historiae, hg. v. Carolus Hude, 2 Bde., Scriptorum Classicorum Bibliotheca Oxoniensis, Oxford (31927; ND 1963 und 1966) = Herodot, Historien, übers. v. A. Hornetter, Kröners Taschenausgabe 224, Stuttgart (31963) = Herodot, Geschichten und Geschichte, übers. v. W. Mars, 2 Bde., Die Bibliothek der Alten Welt, Zürich / München (1973).

Jos. Ant. Antiquitaturn Iudaicarum Libri I-XX, Flavii Iosephi Opera, hg. v. Benedictus Niese, Bd. I-IV, Berlin (1888-1892).

Jos. Bell. Jud. De Bello Iudaico Libri VII, Flavii Iosephi Opera, hg. v. Benedictus Niese, Bd. VI, Berlin (1905).

Jos. c. Ap. De Iudaeorum Vetustate sive contra Apionem, Flavii Iosephi Opera, hg. v. Benedictus Niese, Bd. V, Berlin (1889).

Strabo The Geography of Strabo, with an English transl. by H. L. Jones, The Loeb Classical Library, 8 Bde., Cambridge Massachusetts / London (1959 - 1961).

Xen. Kyr. Xenophon Cyrupaedia, with an English transl. by W. Miller, The Loeb Classical Library, 2 Bde., Cambridge, Massachusetts / London (1961).

참고 문헌

Ackroyd, Peter R. (1968): Exile and Restoration. A Study of Hebrew Thought of the Sixth Century BC, London.

Ackroyd, Peter R. (1970): Israel under Babylon and Persia, Oxford.

Ackroyd, Peter R. (1979): The History of Israel in the Exilic and Post-Exilic Periods, in: Anderson, G. W. (Hg.): Tradition and Interpretation. Essays by Members of the Society for Old Testament Study, Oxford, 320-350.

Aharoni, Yohanan (1984): Das Land der Bibel. Eine historische Geographie, übersetzt von A. Loew, Neukirchen-Vluyn.

Ahlström, Gösta W. (1993): Pharao Shoshenq's Campaign to Palestine, in: Lemaire, A. / Otzen, B. (Hg.): History and Traditions in Early Israel, FS E. Nielsen, SVT 50, Leiden u. a., 1-16.

Ahn, Gregor (2001): Art. Israel und Persien, in: RGG4 IV, 309-311.

Albertz, Rainer (1992): Religionsgeschichte Israels in alttestamentlicher Zeit, GAT 8, 2 Bde., Göttingen.

Albertz, Rainer (2001): Die Exilszeit. 6. Jahrhundert v. Chr.: CE 7, Stuttgart u. a.

Albertz, Rainer (2004): Ethnische und kultische Konzepte in der Politik Nehemias, in: Hossfeld, E-L. / Schwienhorst-Schönberger, L. (Hg.), Das Manna fällt auch heute noch. Beiträge zur Geschichteund Theologie des Alten, Ersten Testaments, FS E. Zenger, HBS 44, Freiburg u. a., 13-32.

Albertz, Rainer (2005): Why a Reform like Josiah's Must Have Happened, in: Grabbe, L. L. (Hg.), Good Kings and Bad Kings, JSOT. S 393, Sheffield, 27-46.

Albright, W. F. (1939): The Israelite Conquest of Canaan in the Light of Archaeology, BASOR 74, 11-23.

Alt, Albrecht (^{4}1968/^{3}1964/^{2}1968): Kleine Schriften zur Geschichte des Volkes Israel, 3 Bde., München.

Alt, Albrecht (^{3}1964a): Israels Gaue unter Salomo [1913], in: ders., Kleine Schriften zur

Geschichte des Volkes Israel, 2. Bd., München, 76-89.

Alt, Albrecht (^{3}1964b): Das Königtum in den Reichen Israel und Juda [1951], in: ders., Kleine Schriften zur Geschichte des Volkes Israel, 2. Bd., München, 116-134.

Alt, Albrecht (^{3}1964c): Judas Gaue unter Josia [1925], in: ders., Kleine Schriften zur Geschichte des Volkes Israel, 2. Bd., München, 276-288.

Alt, Albrecht (^{3}1964d): Bemerkungen zu einigen judäischen Ortslisten des Alten Testaments [1951], in: ders., Kleine Schriften zur Geschichte des Volkes Israel, 2. Bd., München, 289 - 305.

Alt, Albrecht (^{3}1964e): Die Rolle Samarias bei der Entstehung des Judentums [1934], in: ders., Kleine Schriften zur Geschichte des Volkes Israel, 2. Bd., München, 316-337.

Alt, Albrecht (^{4}1968a): Die Landnahme der Israeliten in Palästina [1925], in: ders., Kleine Schriften zur Geschichte des Volkes Israel, 1. Bd., München, 89-125.

Alt, Albrecht (^{4}1968b): Erwägungen über die Landnahme der Israeliten in Palästina [1939], in: ders., Kleine Schriften zur Geschichte des Volkes Israel, 1. Bd., München, 126-175.

Alt, Albrecht (^{2}1968a): Der Rhythmus der Geschichte Syriens und Palästinas im Altertum [1944], in: ders., Kleine Schriften zur Geschichte des Volkes Israel, 3. Bd., München, 1-19.

Alt, Albrecht (^{2}1968b): Der Stadtstaat Samaria, in: ders., Kleine Schriften zur Geschichte des Volkes Israel, 3. Bd., München, 258-302.

Alt, Albrecht (^{2}1968c): Der Anteil des Königtums an der sozialen Entwicklung in den Reichen Israel und Juda [1955], in: ders., Kleine Schriften zur Geschichte des Volkes Israel, 3. Bd., München, 348-372.

Ameling, Walter (2003): Jerusalem als hellenistische Polis: 2 Makk 4,9- 1 2 und eine neue Inschrift, BZ NF 47, 105-111.

Amusin, J. D. / Heltzer, M. L. (1964): The Inscription from Mesad Hashavyahu. Complaint of a Reaper of the Seventh Century B. C., IEJ 14, 148 -157.

Ash, Paul S. (1995): Solomon's? District? List, JSOT 67, 67- 86.

Ash, Paul S. (1999): David, Solomon and Egypt. A Reassessment, JSOT. S 297, Sheffield.

Avigad, Nahman (1963): A Seal of "Manasseh Son of the King", IEJ 13, 133-136.

Avigad, Nahman (1976): Bullae and Seals from a Post Exilic Judean Archive, Qedem 4, Jerusalem.

Avigad, Nahman (1978): Baruch the Scribe and Jerahmeel the King's Son, IEJ 28, 52-56.

Avigad, Nahman (1979): Jerahmeel & Baruch, Kings's Son and Scribe, BA 42, 114-119.

Avigad, Nahman (1986): Hebrew Bullae from the Time of Jeremiah. Remnants of a Burnt Archive, Jerusalem.

Athas, George (2003): The Tel Dan Inscription. A Reappraisal and a New Interpretation, JSOT. S 360 und Copenhagen International Seminar 12, Sheffield.

Avishur, Y. / Heltzer, M. (2000): Studies on the Royal Administration in Ancient Israel in the Light of Epigraphic Sources, Tel Aviv / Jaffa.

Axelsson, Lars Eric (1987): The Lord Rose up from Seir. Studies in the History and Traditions of the Negev and Southern Judah, CBOT 25, Stockholm.

Bächli, Otto (1977): Amphiktyonie im Alten Testament. Forschungsgeschichtliche Studie zur Hypothese von Martin Noth, ThZ. S 6, Basel.

Bardtke, Hans (1971): Die Latifundien in Juda während der zweiten Hälfte des achten Jahrhunderts v. Chr. (Zum Verständnis von Jes 5,8-10), in: Hommages a Andre Dupont-Sommer, Paris, 235-254.

Baron, Salo Wittmayer (^{2}1952): A Social and Religious History of the Jews, Bd. I: To the Beginning of the Christian Era [1937], New York.

Barrick, Boyd W. (2002): The King and the Cemeteries. Toward a New Understanding of Josiah's Reform, SVT 88, Leiden u. a.

Barstad, Hans M. (1998): The Strange Fear of the Bible: Some Reflections on the 'Bibliophobia' in Recent Ancient Israelite Historiography, in: Grabbe, L. L. (Hg.): Leading Captivity Captive: "The Exile" as History and Ideology, JSOT. S 278, Sheffield 120-127.

Baumgartner, W. (1927): Rez. von M. Lurje, Studien zur Geschichte der wirtschaftlichen und sozialen Verhältnisse im israelitisch-jüdischen Reiche, ThLZ 52, 315f.

Becker, Joachim (1998): Der Ich-Bericht des Nehemiabuches als chronistische Gestaltung, fzb 87, Würzburg.

Beckerath, Jürgen von (1997): Chronologie des pharaonischen Ägypten. Die Zeitbestimmung der ägyptischen Geschichte von der Vorzeit bis 332 v. Chr., MÄS 46, Mainz.

Bedford, Peter Ross (1991): On Models and Texts: A Response to Blenkinsopp and Petersen, in: Davies, Ph. D. (Hg.), Second Temple Studies. 1. Persian Period, JSOT. S 117, Sheffield, 154-162.

Bedford, Peter Ross (2002): Diaspora: Homeland Relations in Ezra-Nehemiah, VT 52, 147-165.

Begrich, Gerhard (1975): Der wirtschaftliche Einfluß Assyriens auf Südsyrien und Palästina, Diss. Berlin (DDR).

Bellefontaine, Elizabeth (1987): Customary Law and Chieftainship: Judicial Aspects of 2 Samuel 14.4-21, JSOT 38, 47-72.

Ben-Barak, Zafrira (1981): Meribaal and the System of Land Grants in Ancient Israel, Bib. 62, 73 - 91.

Ben-Barak, Zafrira (1988): The Appeal to the King as the Highest Authority for Justice, in: Augustin, M. / Schunck, K.-D. (Hg.), "Wünschet Jerusalem Frieden". Collected Communications of the International Organization for the Study of the Old Testament, Jerusalem 1986, BEATAJ 13, 169-177.

Bendor, S. (1996): The Social Structure of Ancient Israel. The Institution of the Family (beit 'ab) from the Settlement to the End of the Monarchy, Jerusalem Biblical Studies 7, Jerusalem.

Benzinger, I. (^{3}1927): Hebräische Archäologie [1893], Leipzig.

Ben Zvi, Ehud (1994): On the Reading 'bytdwd' in the Aramaic Stele from Tel Dan, JSOT 64, 25-32.

Berges, Ulrich (2002): Klagelieder: HThKAT, Freiburg u. a.

Bergsma, John Sietze (2003): The Jubilee: A Post-Exilic Priestly Attempt to Reclaim Lands?, Bib. 84, 225-246.

Bernett, Monika (2004): Polis und Politeia. Zur politischen Organisation Jerusalems und Jehuds in der Perserzeit, in: Alkier, St. / Witte, M. (Hg.), Die Griechen und das antike Israel. Interdisziplinäre Studien zur Religions- und Kulturgeschichte des Heiligen Landes, OBO 201, Fribourg / Göttingen, 73 -129.

Berquist, Jon L. (1995): Judaism in Persia's Shadow. A Social and Historical Approach, Minneapolis.

Bertholet, Alfred (1919): Kulturgeschichte Israels, Göttingen.

Beyse, Karl-Martin (1972): Serubbabel und die Königserwartungen der Propheten Haggai und Sacharja. Eine historische und traditionsgeschichtliche Untersuchung, AzTh 48, Stuttgart.

Bickerman, Elias J. (1988): The Jews in the Greek Age, Cambridge, Massachusetts / London.

Bieberstein, Klaus / Bloedhorn, Hanswulf (1994): Jerusalem. Gründzüge der Baugeschichte vom Chalkolithikum bis zur Frühzeit der osmanischen Herrschaft, 3 Bde., BTAVO 100, Wiesbaden.

Bimson, John J. (1991): Merenptah's Israel and Recent Theories of Israelite Origins, JSOT 49, 3-29.

Biran, Avraham / Naveh, Joseph (1993): An Aramaic Stele Fragment from Tel Dan, IEJ 43, 81-98.

Biran, Avraham / Naveh, Joseph (1995): A New Fragment, IEJ 45, 1-18.

Blenkinsopp, Joseph (1991): Temple and Society in Achaemenid Judah, in: Davies, Ph. D. (Hg.), Second Temple Studies. 1. Persian Period, JSOT. S 1 1 7, Sheffield, 22- 53.

Blenkinsopp, Joseph (1994): The Nehemiah Autobiographical Memoir, in: Balentine, Samuel E. / Barton, John (Hg.), Language, Theology and The Bible, FS J. Barr, Oxford, 199-212.

Blenkinsopp, Joseph (2002): The Bible, Archaeology and Politics; or The Empty Land Revisited, JSOT 27.2, 169-187.

Blum, Erhard (1984): Die Komposition der Vätergeschichte, WMANT 57, Neukirchen-Vluyn.

Blum, Erhard (2002): Esra, die Mosetora und die persische Politik, in: Kratz, R. G. (Hg.), Religion und Religionskontakte im Zeitalter der Achämeniden, VWGTh 22, Gütersloh, 231-256.

Bobek, Hans (1969): Die Hauptstufen der Gesellschafts- und Wirtschaftsentfaltung in geographischer Sicht, in: Wirth, E. (Hg.), Wirtschaftsgeographie, WdF 2 19, Darmstadt, 441-485.

Bogaart, T. A. (1985): Stone for Stone: Retribution in the Story of Abimelech and Shechem, JSOT 32, 45-56.

Bohanan, Paul (1989): Die Wanderung und Ausdehnung der Tiv, in: Sigrist, Ch. / Neu,

R. (Hg.), Ethnologische Texte Bd. 1. Vor- und Frühgeschichte Israels, Neukirchen-Vluyn, 86-105.

Bordreuil, Pierre / Israel, Felice / Pardee, Dennis (1996): Deux ostraca paléo-hébreux de la collection Sh. Moussaïeff, Sem. 46, 49-76.

Borowski, Oded (1987): Agriculture in Iron Age Israel, Winona Lake / Indiana.

Bottéro, Jean (1954): Le problème des ʿApiru à la 4e Rencontre Assyriologique Internationale: Cahiers de la Société Asiatique 12, Paris.

Bottéro, Jean (1981): Les Habiru, les Nomades et les Sédentaires, in: Silva Castillo, Jorge (Hg.), Nomads and Sedentary People, Mexiko, 89-107.

Braudel, Fernand (1992): Schriften zur Geschichte 1. Gesellschaften und Zeitstrukturen, übers. v. G. Kurz / S. Summerer, Stuttgart.

Brett, Mark G. (2003): Israel's Indigenous Origins: Cultural Hybridity and the Formation of Israelite Ethnicity, BI 11, 400-412.

Briant, Pierre (2002): From Cyrus to Alexander. A History of the Persian Empire, transl. by P. T. Daniels, Winona Lake, Indiana.

Briend, J. / Caquot, A. / Cazelles, H. u. a. (1990): La protohistoire d'Israël. De L'exode à la monarchie, Paris.

Bringmann, Klaus (1983): Hellenistische Reform und Religionsverfolgung in Judäa. Eine Untersuchung zur jüdisch-hellenistischen Geschichte (175 -163 v. Chr.), AAWG. PH III/132, Göttingen.

Buchholz, Joachim (1988): Die Ältesten Israels im Deuteronomium, GTA 36, Göttingen.

Buhl, Frants (1899): Die socialen Verhältnisse der Israeliten, Berlin.

Bultmann, Christoph (1992): Der Fremde im antiken Juda. Eine Untersuchung zum sozialen Typenbegriff ‚ger' und seinem Bedeutungswandel in der alttestamentlichen Gesetzgebung, FRLANT 153, Göttingen.

Cahnman, Werner J. (1974): Der Pariah und der Fremde: Eine begriffliche Klärung, AES 15, 166-177.

Campbell, Edward F. Jr. (1983): Judges 9 and Biblical Archeology, in: Meyers, C. L. / O'Connor, M. (Hg.), The Word of the Lord Shall Go Forth, FS D. N. Freedman, Winona Lake, Indiana, 263-271.

Carreira, Jose Nunes (1991): Charisma und Institution. Zur Verfassung des Königtums in Israel und Juda, in: Liwak, R. / Wagner, S. (Hg.), Prophetie und geschichtliche Wirklichkeit im Alten Israel, FS S. Herrmann, Stuttgart u. a., 39-51.

Carroll, Robert P. (1986): Jeremiah. A Commentary, London.

Carroll, Robert P. (1992): Coopting the Prophets. Nehemiah and Noadiah, in: Ulrich, E. u. a. (Hg.), Priests, Prophets and Scribes. Essays on the Formation and Heritage of Second Temple Judaism, FS J. Blenkinsopp, JSOT. S 149, Sheffield, 87-99.

Carter, Charles E. (1999): The Emergence of Yehud in the Persian Period. A Social and Demographie Study: JSOT. S 294, Sheffield.

Causse, A. (1937): Du groupe éthnique à la communitè religieuse. Le problème sodologique de la religion d'Israël, Paris.

Chaney, Marvin L. (1986): Systemic Study of the Israelite Monarchy, in: Gottwald, N. K. (Hg.), Social Sdentific Critidsm of the Hebrew Bible and Its Social World: The Israelite Monarchy, Semeia 37, 53-76.

Claessen, Henri J. M. / Skalnik, Peter (1978): The Early State, New Babylon 32, Den Haag u. a.

Clancy, Frank (1999): Shishak / Shoshenq's Travels, JSOT 86, 3-23.

Clastres, Pierre (1997): Die Gesellschaft gegen den Staat [1976], in: Sigrist, Ch. / Neu, R. (Hg.), Ethnologische Texte zum Alten Testament. Band 2. Die Entstehung des Königtums, Neukirchen-Vluyn, 47-60.

Clauss, Manfred (1985): Gesellschaft und Staat in Juda und Israel, Eichstätter Hochschulreden 48, Eichstätt.

Coggins, Richard J. (1989): The origins of the Jewish diaspora, in: Clements, R. E. (Hg.), The World of Ancient Israel. Sociological, Anthropological and Political Perspectives, Cambridge u. a., 163-181.

Conçalves, Francolino J. (2000): Exílio babilónico de "Israel". Realidade histórica e propaganda, in: Cadmo 10, 167-196.

Coogan, David (1974): Life in the Diaspora. Jews at Nippur in the Fifth Century B. C., BA 37, 6-12.

Coote, Robert B. (1990): Early Israel. A New Horizon, Minneapolis.

Coote, Robert B. / Whitelam, Keith W. (1986): The Emergence of Israel: Social Transformation and State Formation Following the Decline in Late Bronze Age Trade, in: Gottwald, N. K. (Hg.), Social Sdentific Critidsm of the Hebrew Bible and Its Social World: The Israelite Monarchy, Semeia 37, 107-147.

Coote, Robert B. / Whitelam, Keith W. (1987): The Emergence of Early Israel in Historical Perspective, Sheffield.

Cowley, A. (Hg.) (1923 Oxford. 1967 Osnabrück): Aramaie Papyri of the Fifth Century B. C.

Cross, Frank Moore (1975): A Reconstruction of the Judean Restoration, JBL 94, 4-18.

Cross, Frank Moore Jr. / Freedman, David Noel (1964): The Name of Ashdod, BASOR 175, 48-50.

Crüsemann, Frank (1978): Der Widerstand gegen das Königtum. Die antiköniglichen Texte des Alten Testaments und der Kampf um den frühen israelitischen Staat, WMANT 49, Neukirchen-Vluyn.

Crüsemann, Frank (1979): Alttestamentliche Exegese und Archäologie. Erwägungen angesichts des gegenwärtigen Methodenstreits in der Archäologie Palästinas, ZAW 91, 177-193.

Crüsemann, Frank (1983): "... damit er dich segne in allem Tun deiner Hand ..." (Dtn 14,29). Die Produktionsverhältnisse der späten Königszeit dargestellt am Ostrakon von Mesad Hashavjahu, und die Sozialgesetzgebung des Deuteronomiums, in: Schottroff, L. und W. (Hg.), Mitarbeiter der Schöpfung. Bibel und Arbeitswelt, München, 72-103.

Crüsemann, Frank (1985): Der Zehnte in der israelitischen Königszeit, WuD NF 18, 21-47.

Crüsemann, Frank (1992a): Das Gericht im Tor - eine staatliche Rechtsinstanz, in: Hausmann, J. / Zobel, H.-J. (Hg.), Alttestamentlicher Glaube und Biblische Theologie, FS H. D. Preuß, Stuttgart u. a., 69 -79.

Crüsemann, Frank (1992b): Die Tora. Theologie und Sozialgeschichte des alttestamentlichen Gesetzes, München.

Crüsemann, Frank (2003): Israel in der Perserzeit. Eine Skizze in Auseinandersetzung mit Max Weber [1985], in: ders., Kanon und Sozialgeschichte. Beiträge zum Alten Testament, Gütersloh, 210-226.

Cryer, Frederick H. (1994): On the Recently-Discovered "House of David" Inscription, SJOT 8, 3-20.

Daiches, S. (1929): The Meaning of cm h'rs in the O. T., JThS 30, 245 -249.

Dandamaev, M. A. (1989): A Political History of the Achaemenid Empire, Leiden u. a.

Davies, Philip R. (Hg.) (1991): Second Temple Studies. 1. Persian Period, JSOT. S 117, Sheffield.

Davies, Philip R. (1994): The Society of Biblical Israel, in: Eshkenazi, T. C. / Richards, K. H. (Hg.), Second Temple Studies. 2. Temple and Comrnunity in the Persian Period, JSOT. S 175, Sheffield, 22-33.

Davies, Philip R. (1995): In Search of "Ancient Israel", JSOT. S 148, Sheffield, Nachdruck.

Davies, Philip R. (1998): Exile? What Exile? Whose Exile?, in: Grabbe, L. L. (Hg.), Leading Captivity Captive: "The Exile" as History and Ideology, JSOT. S 278, Sheffield, 128 -138.

Davies, Philip R. / Halligan, John M. (Hg.) (2002): Second Temple Studies III. Studies in Politics, Class and Material Culture, JSOT. S 340, Sheffield.

Davies, W. D. / Finkelstein, L. (Hg.) (1984): The Cambridge History of Judaism, Bd. 1 . Introduction; The Persian Period, Cambridge u. a.

Davies, W. D. / Finkelstein, L. (Hg.) (1989): The Cambridge History of Judaism, Bd. 2. The Hellenistic Age, Cambridge u. a.

Dearman, John Andrew (1988): Property Rights in the Eighth-Century Prophets: The Conflict and its Background, SBLDS 106, Atlanta.

Delcor, M. (1962): Le trésor de la maison de Yahweh des origines à l'exile, VT 12, 353-377.

Dever, William G. (1990): Of Myths and Methods, BASOR 277/278, 121-130.

Dever, William G. (1998): Archaeology, Ideology, and the Quest for an "Ancient" or "Biblical" Israel, NEA 61, 39-52.

Dietrich, Walter (1976): Jesaja und die Politik, BevTh 74, München.

Dietrich, Walter (1997): Die frühe Königszeit in Israel. 10. Jahrhundert v. Chr., BE 3, Stuttgart u. a.

Dietrich, Walter (2001): Art. Staat / Staatsphilosophie I. Altes Testament, in: TRE XXXII, Berlin / New York, 4-8.

Dietrich, Walter (2002): Wem das Land gehört. Ein Beitrag zur Sozialgeschichte Israels im 6. Jahrhundert v. Chr., in: ders., Theopolitik. Studien zur Theologie und Ethik des Alten Testaments, Neukirchen-Vluyn, 270-286.

Dietrich, Walter / Münger, Stefan (2003): Die Herrschaft Sauls und der Norden Israels, in: den Hertog, C. G. u. a. (Hg.), Saxa loquentur. Studien zur Archäologie Palästinas/Israels, FS V. Fritz, AOAT 302, Münster, 39-59.

Dion, Paul-Eugène (1992): Les KTYM de Tel Arad: Grecs ou Phéniciens?, RB 99, 70-97.

Dobbs-Allsopp, F. W. (1994): The Genre of the Mesad Hashavyahu Ostracon, BASOR 295, 49-55.

Donner, Herbert (1979): Die soziale Botschaft der Propheten im Lichte der Gesellschaftsordnung in Israel [1963], in: Neumann, P. H. A. (Hg.), Das Prophetenverständnis in der deutschsprachigen Forschung seit Heinrich Ewald, WdF 307, Darmstadt, 493-514.

Donner, Herbert (³2000): Geschichte des Volkes Israel und seiner Nachbarn in Grundzügen. Teil 1: Von den Anfangen bis zur Staatenbildungszeit, GAT 4/1, Göttingen.

Donner, Herbert (³2001): Geschichte des Volkes Israel und seiner Nachbarn in Grundzügen. Teil 2: Von der Königszeit bis zu Alexander dem Großen, GAT 4/2, Göttingen.

Dreher, Carlos A. (1991): Das tributäre Königtum in Israel unter Salomo, EvTh 51, 49-60.

Drews, Robert (1993): The End of the Bronze Age. Changes in Warfare and the Catastrophe ca. 1200 B. C., Princeton / New York.

Eddy, Samuel K. (1977): Gründe für den Widerstand gegen den Hellenismus in Asien, in: Kippenberg, H. G. (Hg.), Seminar: Die Entstehung der antiken Klassengesellschaft, stw 130, Frankfurt am Main, 328-350.

Edel, Elmar (1953): Die Stelen Amenophis' II. aus Karnak und Memphis mit dem Bericht über die asiatischen Feldzüge des Königs, ZDPV 69, 97-169.

Edelman, D. V. (Hg.) (1991): The Fabric of History. Text, Artifact and Israel's Past, JSOT. S 127, Sheffield.

Eißfeldt, Otto (1963): Eine Einschmelzstelle am Tempel zu Jerusalem, in: ders.: Kleine Schriften II, Tübingen, 107-109.

Emerton, J. A. (1966): Did Ezra Go to Jerusalem in 428 B. C.?, JThS NS 17, 1-19.

Emerton, J. A. (2002): The Values of the Moabite Stone as an Historical Source, VT 52, 483-492.
Engel, Helmut SJ. (1979a): Die Siegesstele des Merenptah. Kritischer Überblick über die verschiedenen Versuche historischer Auswertung des Schlußabschnitts, Bib 60, 373-399.
Engel, Helmut SJ. (1979b): Die Vorfahren Israels in Ägypten. Forschungsgeschichtlicher Überblick über die Darstellungen seit Richard Lepsius (1 849), FTS 27, Frankfurt am Main.
Engels, Friedrich (1962): Der Ursprung der Familie, des Privateigentums und des Staats [41892], in: MEW 21, Berlin, 25-173.
Ephcal, Israel (1998): Changes in Palestine during the Persian Period in Light of Epigraphic Sourees, IEJ 48, 106-119.
Eskenazi, Tamara C. (1992): Out from the Shadows: Biblical Women in the Postexilic Era, JSOT 54, 25-43.
Eskenazi, Tamara C. / Richards, K. H. (Hg.) (1994): Second Temple Studies. 2. Temple and Community in the Persian Period: JSOT. S 175, Sheffield.

Fantalkin, Alexander (2001): Mezad Hashavyahu: Its Material Culture and Historical Background, Tel Aviv 28, 3-165.
Faust, Abraham (1999): Differences in Family Structure Between Cities and Villages in Iron Age II, TA 26, 233-252.
Faust, Avraham (2005): The Settlement of Jerusalem's Western Hill and the City's Status in Iron Age II Revisited, ZDPV 121, 97-118.
Fecht, Gerhard (1983): Die Israelstele, Gestalt und Aussage, in: Görg, Manfred (Hg.), Fontes atque Pontes, FS H. Brunner, MT 5, Wiesbaden, 106-138.
Fechter, Friedrich (1998): Die Familie in der Nachexilszeit. Untersuchungen zur Bedeutung der Verwandtschaft in ausgewählten Texten des Alten Testaments, BZAW 264, Berlin / New York.
Feinman, Gary M. / Marcus, Joyce (Hg.) (1998): Archaic States, Santa Fe, New Mexico.
Fendler, Marlene (1973): Zur Sozialkritik des Amos. Versuch einer wirtschafts- und sozialgeschichtlichen Interpretation alttestamentlicher Texte, EvTh 33, 32-53.

참고 문헌 373

Fiensy, David (1987): Using the Nuer Culture of Africa in Understanding the Old Testament: An Evaluation, JSOT 38, 73-83.

Finkelstein, Israel (1988): The Archaeology of the Israelite Settlement, Jerusalem.

Finkelstein, Israel (1988-1989): The Land of Ephraim Survey 1980-1987: Preliminary Report, Tel Aviv, 15-16, 117-183.

Finkelstein, Israel (1996): The Archaeology of the United Monarchy: an Alternative View, Levant 28, 177-187.

Finkelstein, Israel (2002): The Campaign of Shoshenq I to Palestine. A Guide to the 10th Century BCE Polity, ZDPV 1 18, 109-135.

Finkelstein, Israel / Na'aman, Nadav (Hg.) (1994): From Nomadism to Monarchy. Archaeological and Historical Aspects of Early Israel, Jerusalem / Washington.

Finkelstein, Israel / Silberman, Neil A. (^{3}2003): Keine Posaunen vor Jericho. Die archäologische Wahrheit über die Bibel, München.

Finley, Moses I. (1977): Die Schuldknechtschaft, in: Kippenberg, H. G. (Hg.), Seminar: Die Entstehung der antiken Klassengesellschaft, stw 130, Frankfurt am Main, 173-204.

Flanagan, James W. (1981): Chiefs in Israel, JSOT 20, 47-73.

Fleischer, Gunther (1989): Von Menschenverkäufern, Baschankühen und Rechtsverkehrern. Die Sozialkritik des Amos-Buches in historisch-kritischer, sozialgeschichtlicher und archäologischer Perspektive: BBB 74, Frankfurt am Main.

Fohrer, Georg (1969): Israels Staatsordnung im Rahmen des Alten Orients, in: ders., Studien zur alttestamentlichen Theologie und Geschichte (1949-1966), BZAW 115, Berlin, 309-329.

Fohrer, Georg (1981): Die Familiengemeinschaft, in: ders., Studien zu alttestamentlichen Texten und Themen, BZAW 1 55, Berlin / New York, 161-171.

Fohrer, Georg (^{3}1982): Geschichte Israels. Von den Anfängen bis zur Gegenwart, UTB 708, Heidelberg.

Frei, Peter / Koch, Klaus (^{2}1996): Reichsidee und Reichsorganisation im Perserreich, OBO 55, Freiburg Schweiz / Göttingen.

Frick, Frank S. (1985): The Formation of the State in Ancient Israel: A Survey of Models and Theories. The Social World of Biblical Antiquity Series 4, Sheffield.

Frick, Frank S. (1986): Social Science Methods and Theories of Significance for the Study of the Israelite Monarchy: A Critical Review Essay, in: Gottwald, N. K. (Hg.), Social Scientific Criticism of the Hebrew Bible and Its Social World: The Israelite Monarchy, Semeia 37, 9-52.

Friedl, Corinna (2000): Polygynie in Mesopotamien und Israel. Sozialgeschichtliche Analyse polygyner Beziehungen anhand rechtlicher Texte aus dem 2. und 1. Jahrtausend v. Chr., AOAT 277, Münster.

Fritz, Volkmar (1975): Erwägungen zur Siedlungsgeschichte des Negeb in der Eisen-I-Zeit (1200-1000 v. Chr.) im Lichte der Ausgrabungen auf der Hirbet el-Mšaš, ZDPV 91, 30-45.

Fritz, Volkmar (1982): Abimelech und Sichern in Jdc. IX, VT 32, 129-144.

Fritz, Volkmar (1987): Conquest or Settlement? The Early Iron Age in Palestine, BA 50, 4-100.

Fritz, Volkmar (1990): Die Landnahme der israelitischen Stämme in Kanaan, ZDPV 106, 63-77.

Fritz, Volkmar (1995): Die Verwaltungsgebiete Salomos nach 1 Kön. 4,7-19, in: Weippert, M. / Timm, St. (Hg.), Meilenstein, FS H. Donner, MT 30, Wiesbaden, 19-26.

Fritz, Volkmar (1996): Die Entstehung Israels im 12. und 11. Jahrhundert v. Chr., BE 2, Stuttgart u. a.

Fritz, Volkmar / Davies, Philip R. (Hg.) (1996): The Origins of the Ancient Israelite States, JSOT. S 228, Sheffield.

Gal, Zvi (1992): Lower Galilee During the Iron Age, ASOR. DS 8, Winona Lake / Indiana.

Gallazzi, Sandro (2002): A teocracia sadacita. Su história e ideologia, Macapá - AP (Brasil).

Galling, Kurt (1929): Die israelitische Staatsverfassung in ihrer vorderorientalischen Umwelt, AO 28,3/4, Leipzig.

Galling, Kurt (1951): Königliche und nichtkönigliche Stifter beim Tempel von Jerusalem, ZDPV 68, 134-142.

Galling, Kurt (1964): Studien zur Geschichte Israels im persischen Zeitalter, Tübingen.

Gerstenberger, Erhard S. (2001): Theologien im Alten Testament. Pluralität und Synkretismus alttestamentlichen Gottesglaubens, Stuttgart u. a.

Gerstenberger, Erhard S. (2005): Israel in der Perserzeit. 5. u. 4. Jahrhundert v. Chr., BE 8, Stuttgart.

Gertz, Jan Christian (1994): Die Gerichtsorganisation Israels im deuteronomischen Gesetz, FRLANT 165, Göttingen.

Geus, C. H. J. de (1976): The Tribes of Israel. An Investigation into Some of the Presuppositions of Martin Noth's Amphictyony Hypothesis, SSN 18, Assen / Amsterdam.

Geus, Jan Kees de (1982): Die Gesellschaftskritik der Propheten und die Archäologie, ZDPV 98, 50-57.

Gillischewski, Eva (1922): Der Ausdruck 'm-hā'ārœs im AT, ZAW 40, 137-142.

Godelier, Maurice (1999): Das Rätsel der Gabe. Geld, Geschenke, heilige Objekte, übers. v. M. Pfeiffer, München.

Gonen, R. (1984): Urban Canaan in the Late Bronze Period, BASOR 253, 61-73.

Görg, Manfred (1991): Zum Titel BN HMLK ("Königssohn"), in: ders., Ägyptiaca - Biblica. Notizen und Beiträge zu den Beziehungen zwischen Ägypten und Israel: Ägypten und Altes Testament 11, Wiesbaden, 192-196.

Gottwald, Norman K. (1975): Domain Assumptions and Social models in the study of Premonarchic Israel, in: Congress Volume Edinburgh 1974, SVT 28, Leiden, 89-100.

Gottwald, Norman K. (1979): The Tribes of Yahweh. A Sociology of the Religion of Liberated Israel 1250 - 1050 B. C. E., New York.

Gottwald, Norman K. (1985): The Israelite Settlement as a Social Revolutionary Movement, in: Biblical Archaeology Today. Proceedings of the International Congress on Biblical Archaeology, Jerusalem, April 1984, Jerusalem, 34 -46.

Gottwald, Norman K. (1993): Social Class as an Analytic and Hermeneutical Category in Biblical Studies, JBL 112, 3-22.

Gottwald, Norman K. (2001): The Politics of Ancient Israel, Library of Ancient Israel, Louisville, Kentucky.

Grabbe, Lester L. (1994): Judaism from Cyrus to Hadrian, London.

Grabbe, Lester L. (Hg.) (1997): Can a "History of Israel" Be Written?, JSOT. S 245, Sheffield.

Grabbe, Lester L. (Hg.) (1998a): Leading Captivity Captive: "The Exile" as History and Ideology, JSOT. S 278, Sheffield.

Grabbe, Lester L. (1998b): "The Exile" under the Theodolite: Historiography as Triangulation, in: ders. (Hg.), Leading Captivity Captive: "The Exile" as History and Ideology, JSOT. S 278, Sheffield, 80-100.

Grabbe, Lester L. (2000): Writing Israel's History at the End of the Twentieth Century, in: Lemaire, A. / Sreb0, M. (Hg.), Congress Volume Oslo 1998, SVT 80, Leiden u. a., 203-218.

Grabbe, Lester L. (Hg.) (2001): Did Moses Speak Attic? Jewish Historiography and Scripture in the Hellenistic Period, JSOT. S 317, Sheffield.

Gramsci, Antonio (1992): Gefängnishefte, Band 3, hg. v. K. Bochmann und W. F. Haug, Hamburg / Berlin.

Grätz, Sebastian (2004a): Das Edikt des Artaxerxes. Eine Untersuchung zum religionspolitischen und historischen Umfeld von Esra 7,12-26, BZAW 337, Berlin / New York.

Grätz, Sebastian (2004b): Esra 7 im Kontext hellenistischer Politik. Der königliche Euergetismus in hellenistischer Zeit als ideeller Hintergrund von Esr 7,12-16, in: Alkier, St. / Witte, M. (Hg.), Die Griechen und das antike Israel. Interdisziplinäre Studien zur Religions- und Kulturgeschichte des Heiligen Landes, OBO 201, Fribourg / Göttingen, 131-154.

Grelot, Pierre (1972): Documents araméens d'Egypte: Littératures anciennes du Proche-Orient, Paris.

Gropp, Douglas M. (2000): Art. Sanballat, in: Encyclopedia of the Dead Sea Scrolls 2, Oxford, 823-825.

Gropp, Douglas M. (2001): Wadi Daliyeh II. The Samaria Papyri from Wadi Daliyeh, in: DJD XXVIII, Oxford, 1-116.

Gunneweg, A. H. J. (1982): Die aramäische und die hebräische Erzählung über die nachexilische Restauration - ein Vergleich, ZAW 94, 299-302.

Gunneweg, A. H. J. (1983): ʻm hʾrs - A Semantic Revolution, ZAW 95, 437-440.

Gutiérrez, Gustavo (^{10}1992, deutsch 1973): Theologie der Befreiung, Mainz.

Guttmann, Julius (1981): Max Webers Soziologie des antiken Judentums [1925], in: Schluchter, w., Max Webers Studie über das antike Judentum. Interpretation und Kritik, stw 340, Frankfurt am Main, 289-326.

Haag, Ernst (2003): Das hellenistische Zeitalter. Israel und die Bibel im 4. bis 1. Jahrhundert v. Chr.: BE 9, Stuttgart.

Halpern, Baruch (1981): The Constitution of the Monarchy in Israel, HSM 25 Chico / California.

Halpern, Baruch (1983): The Emergence of Israel in Canaan, SBL. MS 29, Chico / California.

Halpern, Baruch (1996): The Construction of the Davidic State: An Exercise in Historiography, in: Fritz, V. / Davies, Ph. R. (Hg.), The Origins of the Ancient Israelite States, JSOT. S 228, Sheffield, 44-75.

Halpern, Baruch (2000): The Gate of Megiddo and the Debate on the 10th Century, in: Lemaire, A. / Soeb0, M. (Hg.), Congress Volume Oslo 1998, SVT 80, Leiden, 79-121.

Handy, L. K. (Hg.) (1997): The Age of Solomon. Scholarship at the Turn of the Millennium, SHCANE 11, Brill u. a.

Hanhart, Robert (1998): Dodekapropheton 7. 1. Sacharja 1-8: BK XIV/7. 1, Neukirchen-Vluyn.

Hasel, Michael G. (2004): The Structure of the Final Hymnic-Poetic Unit on the Merenptah Stela, ZAW 116, 75-81.

Helck, Wolfgang (1961): Urkunden der 1 8. Dynastie. Übersetzung zu den Heften 17-22, Berlin.

Hehzer, Michael (2000): Some Questions Concerning the Economic Policy of Josiah, King of Judah, IEJ 50, 105-108.

Hengel, Martin (1976): Juden, Griechen und Barbaren. Aspekte der Hellenisierung des Judentums in vorchristlicher Zeit, SBS 76, Stuttgart.

Hengel, Martin (^{3}1988): Judentum und Hellenismus. Studien zu ihrer Begegnung unter besonderer Berücksichtigung Palästinas bis zur Mitte des 2. Jh.s v. Chr., WUNT 10, Tübingen.

Hentschel, Georg (2003): Saul. Schuld, Reue und Tragik eines "Gesalbten", Biblische Gestalten 7, Leipzig.

Herion, Gary A. (1986): The Impact of Modern and Social Science Assumptions on the Reconstruction of Israelite History, JSOT 34, 3-33.

Herrmann, Siegfried (²1980): Geschichte Israels in alttestamentlicher Zeit, München.
Herrmann, Siegfried (1985): Basic Factors of Israelite Settlement in Canaan, Biblical Archaeology Today. Proceedings of the International Congress on Biblical Archaeology, Jerusalem, April 1984, Jerusalem 47-53.
Hoglund, Kenneth (1991): The Achaemenid Context, in: Davies, Ph. R. (Hg.), Second Temple Studies. 1. Persian Period, JSOT. S 1 17, Sheffield, 54-72.
Holm-Nielsen, Svend (1976): Die Sozialkritik der Propheten, in: Kaiser, O. (Hg.), Denkender Glaube, FS C. H. Ratschow, Berlin / New York, 7-23.
Hopkins, David C. (1985): The Highlands of Canaan. Agricultural Life in the Early Iron Age: The Social World of Biblical Antiquity Series 3, Sheffield.
Hopkins, David (1996): Bare Bones: Putting Flesh on the Economics of Ancient Israel, in: Fritz, Volkmar / Davies, Philip R. (Hg.), The Origins of the Ancient Israelite States, JSOT. S 228, Sheffield, 121-139.
Hornung, Erik (1983): Die Israelstele des Merenptah, in: Görg, Manfred (Hg.), Fontes atque Pontes, FS H. Brunner, MT 5, Wiesbaden, 106-138.
Horsley, Richard A. (1991) : Empire, Temple and Community - but no Bourgeoisie! A Response to Blenkinsopp and Petersen, in: Davies, Ph. R. (Hg.), Second Temple Studies. 1. Persian Period, JSOT. S 117, Sheffield, 163-174.
Houtart, François (1980): Religion et modes de production précapitalistes, Brüssel.
Houtman, C. (1981): Ezra and the Law. Observations on the Supposed Relation between Ezra and the Pentateuch: OTS 21, 91-115.
Hurowitz, Vietor (1986): Another Fiscal Practiee in the Ancient Near East: 2 Kings 12,5-17 and a Letter to Esarhaddon (LAS 277), JNES 45, 289-294.

Ihromi (1974): Die Königinmutter und der ʿamm haʾaræz im Reich Juda, VT 24, 421-429.
Ishida, Tomoo (1977): The Royal Dynasties in Ancient Israel. A Study on the Formation and Development of Royal-Dynastie Ideology, BZAW 142, Berlin / New York.

Jagersma, H. (1981): The Tithes in the Old Testament, OTS 21, 116-128.
Jamieson-Drake, David W. (1991) : Scribes and Schools in Monarchie Judah. A Socio-Archeologieal Approach: JSOT. S 109, Sheffield.

Janssen, Enno (1956): Juda in der Exilszeit. Ein Beitrag zur Frage der Entstehung des Judentums, FRLANT 69, Göttingen.

Janzen, David (2000): The "Mission" of Ezra and the Persian-Period Temple Community, JBL 119, 619-643.

Japhet, Sara (1982): Sheshbazzar and Zerubbabel - Against the Background of the Historical and Religious Tendencies of Ezra-Nehemiah, ZAW 94, 66-98.

Japhet, Sara (1983): Sheshbazzar and Zerubbabel. Against the Background of the Historical and Religious Tendencies of Ezra-Nehemiah. II, ZAW 95, 218-229.

Japhet, Sara (2002): 1 Chronik, HThKAT, Freiburg u. a.

Jeremias, Jörg (1983): Der Prophet Hosea, ATD 24/1, Göttingen.

Junge, Ehrhard (1937): Der Wiederaufbau des Heerwesens des Reiches Juda unter Josia, Stuttgart.

Kaiser, Otto (^{5}1981) : Das Buch des Propheten Jesaja. Kapitel 1-12: ATD 17, Göttingen.

Kaiser, Otto (2003a): Arm und Reich bei Jesus Sirach, in: Deuser, H. u. a. (Hg.), Theologie und Kirchenleitung, FS P. Steinacker, Marburg, 17-30.

Kaiser, Otto (2003b): Kultische und Sittliehe Sühne bei Jesus Sirach, in: Diehl, J. F. u. a. (Hg.), "Einen Altar von Erde mache mir ...", FS D. Conrad, KAANT 4/5, Waltrop, 151-167.

Kallai, Zecharia (2003): Simeon's Town List. Scribal Rules and Geographieal Patterns, VT 53, 81-96.

Kamlah, Jens (2001): Die Liste der Regionalfürsten in 1 Kön 4,7-19 als historische Quelle für die Zeit Salomos, BN 106, 57-78.

Kamp, K. A. / Yoffee, N. (1980): Ethnicity in Ancient Western Aisa During the Early Second Millennium B. C.: Archaeological Assessments and Ethnoarchaeologieal Prospectives, BASOR 237, 85-104.

Karrer, Christiane (2001): Ringen um die Verfassung Judas. Eine Studie zu den theologisch-politischen Vorstellungen im Esra-Nehemia-Buch, BZAW 308, Berlin / New York.

Kegler, Jürgen (1980): Debora - Erwägungen zur politischen Funktion einer Frau in einer patriarchalistischen Gesellschaft, in: Schottroff, W. / Stegemann, W. (Hg.), Traditionen der Befreiung. Sozialgeschichtliche Bibelauslegungen. Bd. 2: Frauen in der Bibel, München u. a., 37-59.

Kegler, Jürgen (1996): Die Fürbitte für den persischen Oberherrn im Tempel von Jerusalem (Esra 6,10). Ein imperiales Herrschaftsinstrument, in: Bail, U. / Jost, R. (Hg.), Gott an den Rändern. Sozialgeschichtliche Perspektiven auf die Bibel, FS W. Schottroff, Gütersloh, 73-82.

Kellermann, Ulrich (1967): Nehemia. Quellen, Überlieferung und Geschichte, BZAW 102, Berlin.

Kessler, Rainer (1989a): Das hebräische Schuldenwesen. Terminologie und Metaphorik, WuD NF 20, 181-195.

Kessler, Rainer (1989b): Die angeblichen Kornhändler von Amos VIII 4 -7, VT 39, l3-22.

Kessler, Rainer (1992): Staat und Gesellschaft im vorexilischen Juda. Vom 8. Jahrhundert bis zum Exil, SVT 47, Leiden u. a.

Kessler, Rainer (1994): Frühkapitalismus, Rentenkapitalismus, Tributarismus, antike Klassengesellschaft. Theorien zur Gesellschaft des alten Israel, EvTh 54, 413-427.

Kessler, Rainer (1996a): Mirjam und die Prophetie der Perserzeit, in: Bail, U. / Jost, R. (Hg.), Gott an den Rändern. Sozialgeschichtliche Perspektiven auf die Bibel, FS W. Schottroff, Gütersloh, 64-72.

Kessler, Rainer (1996b): Gott und König, Grundeigentum und Fruchtbarkeit, ZAW 108, 214-232.

Kessler, Rainer (^{2}2000): Micha: HThKAT, Freiburg u. a.

Kessler, Rainer (2002): Die Ägyptenbilder der Hebräischen Bibel. Ein Beitrag zur neueren Monotheismusdebatte: SBS 197, Stuttgart.

Kessler, Rainer (2003a): Chiefdom oder Staat? Zur Sozialgeschichte der frühen Monarchie, in Hardmeier, Ch. u. a. (Hg.), Freiheit und Recht, FS F. Crüsemann, Gütersloh, 121-140.

Kessler, Rainer (2003b): Samaria-Papyri und Sklaverei in Israel, in: Diehl, J. F. u. a. (Hg.), "Einen Altar von Erde mache mir ...", FS D. Conrad, KAANT, Waltrop, 169-181.

Kessler, Rainer (2003c): Soziale Sicherung in vorstaatlicher, staatlicher und substaatlicher Gesellschaft: Das Beispiel des antiken Israel, in: Allmendinger, J. (Hg.), Entstaatlichung und soziale Sicherheit. Verhandlungen des 31. Kongresses der Deutschen

Gesellschaft für Soziologie in Leipzig 2002, Opladen, CD-ROM-Beilage.

Kessler, Rainer (2004): Armenfürsorge als Aufgabe der Gemeinde. Die Anfänge in Tempel und Synagoge, in: Crüsemann, F. u. a. (Hg.), Dem Tod nicht glauben. Sozialgeschichte der Bibel, FS L. Schottroff, Gütersloh, 91-102.

Kiesow, Anna (2000): Löwinnen von Juda. Frauen als Subjekte politischer Macht in der judäischen Königszeit, Theologische Frauenforschung in Europa 4, Münster.

Kinet, Dirk (2001): Geschichte Israels, NEB. Ergänzungsband zum Alten Testament 2, Würzburg.

Kippenberg, Hans G. (Hg.) (1977a): Seminar: Die Entstehung der antiken Klassengesellschaft, stw 130, Frankfurt am Main.

Kippenberg, Hans G. (1977b): Die Typik antiker Entwicklung, in: ders. (Hg.), Seminar: Die Entstehung der antiken Klassengesellschaft, stw 130, Frankfurt am Main, 9-61.

Kippenberg, Hans G. (1978): Religion und Klassenbildung im antiken Judäa. Eine religionssoziologische Studie zum Verhältnis von Tradition und gesellschaftlicher Entwicklung, StUNT 14, Göttingen.

Kittel, Rud. ($^{5/6}$1923): Geschichte des Volkes Israel, 2 Bde., Stuttgart / Gotha.

Klengel, Horst (1972): Zwischen Zelt und Palast. Die Begegnung von Nomaden und Seßhaften im alten Vorderasien, Wien.

Kletter, Raz (1999): Pots and Polities: Material Remains of Late Iron age Judah in Relation to its Political Borders, BASOR 314, 19-54.

Kletter, Raz (2002): Temptation to Identify: Jerusalem, mmšt, and the lmlk Jar Stamps, ZDPV 118, 136-149.

Kletter, Raz (2004): Chronology and United Monarchy. A Methodological Review, ZDPV 120, 13-54.

Knauf, Ernst Axel (1991): From History to Interpretation, in: Edelman, D. V. (Hg.), The Fabric of History. Text, Artifact and Israel's Past, JSOT. S 127, Sheffield, 26-64.

Knauf, Ernst Axel (1994): Die Umwelt des Alten Testaments: NSK-AT 29, Stuttgart.

Knauf, Ernst Axel (1996): Das "Haus Davids" in der alt-aramäischen Inschrift vom Tel Dan, BiKi 51, 9f.

Knauf, Ernst Axel (2001): Saul, David, and the Philistines: From Geography to History, BN 109, 15-18.

Knauf, Ernst Axel (2002): Elephantine und das vor-biblische Judentum, in: Kratz, R. G. (Hg.), Religion und Religionskontakte im Zeitalter der Achämeniden, Veröffentlichungen der Wissenschaftlichen Gesellschaft für Theologie 22, Gütersloh, 179-188.

Knauf, Ernst Axel / Pury, Albert de / Römer, Th (1994): *Bayt Dawid ou *Bayt Dod? Une relecture de la nouvelle inscription de Tel Dan, BN 72, 60-69.

Knudtzon, J. A. (1915): Die El-Amarna-Tafeln, Leipzig.

Koch, Heidemarie (²1996): Es kündet Dareios der König ... Vom Leben im persischen Großreich: Kulturgeschichte der antiken Welt 55, Mainz.

Koch, K. (1969): Die Hebräer vom Auszug aus Ägypten bis zum Großreich Davids, VT 19, 37-81.

Koch, Klaus (1991): Die Entstehung der sozialen Kritik bei den Propheten [1971], in: ders., Spuren des hebräischen Denkens. Beiträge zur alttestamentlichen Theologie, Gesammelte Aufsätze, Bd. 1, Neukirchen-Vluyn, 146-166.

Koch, Klaus (1995): Der Artaxerxes-Erlaß im Esrabuch, in: Weippert, M. / Timm, St. (Hg.), Meilenstein, FS H. Donner, MT 30, Wiesbaden, 87-98.

Kottsieper, Ingo (2002): Die Religionspolitik der Achämeniden und die Juden von Elephantine, in: Kratz, R. G. (Hg.), Religion und Religionskontakte im Zeitalter der Achämeniden, Veröffentlichungen der Wissenschaftlichen Gesellschaft für Theologie 22, Gütersloh, 150-178.

Kraus, Hans-Joachim (1955): Die prophetische Botschaft gegen das soziale Unrecht Israels, EvTh 15, 295-307.

Kraus, Hans-Joachim (1972): Die Anfänge der religionssoziologischen Forschungen in der alttestamentlichen Wissenschaft. Eine forschungsgeschichtliche Orientierung, in: ders., Biblisch-theologische Aufsätze, Neukirchen-Vluyn, 296-310 [mit durcheinander geratener Paginierung; lies: 296-297. 300. 299. 298. 301-310].

Kreißig, Heinz (1972): Die sozialökonomische Situation in Juda zur Achämenidenzeit, SGKAO 7, Berlin (DDR).

Kreissig, Heinz (1978): Wirtschaft und Gesellschaft im Seleukidenreich. Die Eigentums- und Abhängigkeitsverhältnisse, Schriften zur Geschichte und Kultur der Antike 16, Berlin. Kreuzer, Siegfried (1994): Max Weber, George Mendenhall und das sogenannte Revolutionsmodell für die "Landnahme" Israels, in: Mommer, P. / Thiel, W.,

Altes Testament: Forschung und Wirkung, FS H. Graf Reventlow, Frankfurt am Main u. a., 238-305.

Kreuzer, Siegfried (1996): "Saul war noch zwei Jahre König ...". Textgeschichtliche, literarische und historische Beobachtungen zu 1 Sam 13,1, BZ NF 40, 263-270.

Kreuzer, Siegfried (2001): "War Saul auch unter den Philistern?" Die Anfänge des Königtums in Israel, ZAW 113, 56-73.

Kupper, Jean-Robert (1957): Les nomades en Mésopotamie au temps des rois de Mari, Paris.

Lambert, Frith (1994): The Tribe / State Paradox in the Old Testament, SJOT 8, 20-44.

Lance, Darrell H. (1979): The Royal Stamps and the Kingdom of Josiah, HThR 64, 315-332.

Lang, Bernhard (21981): Kein Aufstand in Jerusalem. Die Politik des Propheten Ezechiel, SBB, Stuttgart.

Lang, Bernhard (1982): The Social Organization of Peasant Poverty in Biblical Israel, JSOT 24, 47-63.

Lang, Bernhard (1983): Prophetie und Ökonomie im alten Israel, in: Kehrer, G. (Hg.), "Vor Gott sind alle gleich". Soziale Gleichheit, soziale Ungleichheit und die Religionen, Düsseldorf, 53-73.

Lehmann, Reinhard / Reichel, Marcus (1995): DOD und ASIMA in Tell Dan, BN 77, 29-31.

Lemaire, Andre (1971): L'ostracon de Mesad Hashavjahu replacé dans son contexte, Sem 21, 57-79.

Lemaire, Andre (1975): Remarques sur la datation des estampilles <lmlk>, VT 25, 678-682.

Lemaire, Andre (1981): Classification des estampilles royales judéennes, EI 15, Jerusalem 53*-60*.

Lemche, Niels Peter (1983): On Sociology and the History of Israel. A Reply to Eckhart Otto – and Some Further Considerations, BN 21, 48-58.

Lemche, Niels Peter (1985): Early Israel. Anthropological and Historical Studies on the Israelite Society Before the Monarchy, SVT 37, Leiden.

Lemche, Niels Peter (1988): Ancient Israel. A New History of Israelite Society, Sheffield.

Lemche, Niels Peter (1994): Is it Still Possible to Write a History of Ancient Israel? JSOT 8, 165-190.

Lemche, Niels Peter (1996a): Die Vorgeschichte Israels. Von den Anfängen bis zum Ausgang des 13. Jahrhunderts v. Chr.: BE 1, Stuttgart u. a.

Lemche, Niels Peter (1996b): From Patronage Society to Patronage Society, in: Fritz, V. / Davies, Ph. R. (Hg.), The Origins of the Ancient Israelite States, JSOT. S 228, Sheffield, 106-120.

Lemche, Niels Peter / Thompson Thomas L. (1994): Did Biran Kill David? The Bible in the Light of Archaeology, JSOT 64, 3-22.

Levin, Christoph (2003a): Das vorstaatliche Israel, in.: ders., Fortschreibungen. Gesammelte Studien zum Alten Testament, BZAW 316, Berlin / New York, 142-157.

Levin, Christoph (2003b): Die Instandsetzung des Tempels unter Joasch ben Ahasja, in: ders., Fortschreibungen. Gesammelte Studien zum Alten Testament, BZAW 31 6, Berlin / New York, 169-197.

Levin, Christoph (2003c): The Poor in the Old Testament. Some Observations, in: ders., Fortschreibungen. Gesammelte Studien zum Alten Testament, BZAW 31 6, Berlin / New York, 322-338.

Lohfink, Norbert SJ (1978): Die Gattung der "Historischen Kurzgeschichte" in den letzten Jahren von Juda und in der Zeit des Babylonischen Exils, ZAW 90, 319-347.

Lohfink, Norbert (1986): Von der "Anawim-Partei" zur "Kirche der Armen". Die bibelwissenschaftliche Ahnentafel eines Hauptbegriffs der "Theologie der Befreiung", Bib. 67, 153-176.

Long, V. Philips (2002): How Reliable are Biblical Reports? Repeating Lester Grabbe's Comparative Experiment, VT 52, 367-384.

Loretz, Oswald (1975): Die prophetische Kritik des Rentenkapitalismus. Grundlagen-Probleme der Prophetenforschung, UF 7, 271-278.

Loretz, Oswald (1984): Habiru - Hebräer. Eine soziolinguistische Studie über die Herkunft des Gentilizismus 'ihrî vom Appellativum habiru, BZAW 160.

Lowery, R. H. (1991): The Reforming Kings. Cult und Society in First Temple Judah, JSOT. S 120, Sheffield.

Lurje, M. (1927): Studien zur Geschichte der wirtschaftlichen und sozialen Verhältnisse im israelitisch-jüdischen Reiche von der Einwanderung in Kanaan bis zum babylonischen Exil: BZAW 45, Gießen.

Macholz, Georg Christian (1972a): Die Stellung des Königs in der israelitischen Gerichtsverfassung, ZAW 84, 157-182.

Macholz, Georg Christian (1972b): Zur Geschichte der Justizorganisation in Juda, ZAW 84, 314-340.

Malamat, Abraham (1965): Organs of Statecraft in the Israelite Monarchy, BA 28, 34-65.

Malamat, Abraham (1981): Charismatische Führung im Buch der Richter, in: Schluchter, W. (Hg.), Max Webers Studie über das antike Judentum. Interpretation und Kritik, stw 340, Frankfurt am Main, 110-133.

Malamat, Abraham (1983): The Proto-History of Israel: A Study in Method, in: Meyers, C. L. / O'Connor, M. (Hg.), The Word of the Lord Shall Go Forth, FS D. N. Freedmann, Winona Lake / Indiana.

Mantel, Hugo (Haim Dov) (1973): The Dichotomy of Judaism During the Second Temple, HUCA 44, 55-87.

Marcus, Joyce / Feinman, Gary M. (1998): Introduction, in: Feinman, G. M. / Marcus, J. (Hg.), Archaic States, Santa Fe, New Mexico, 3-13.

Martin, James D. (1989): Israel as a tribal society, in: Clements, R. E. (Hg.), The World of Ancient Israel. Sociological, Anthropological and Political Perspectives, Cambridge u. a., 95-117.

Marx, Karl (1981) : Ökonomische Manuskripte 1857/58, in: ders. / Engels, Friedrich, Gesamtausgabe (MEGA) 11/1,2, Berlin (DDR).

Matthews, Victor H. / Benjamin, Don C. (^{2}1995): Social World of Ancient Israel 1250 - 587 BCE, Peabody, Massachusetts.

Mauss, Marcel (1990): Die Gabe. Form und Funktion des Austauschs in archaischen Gesellschaften, stw 743, übers. v. E. Moldenhauer, Frankfurt am Main.

Mayes, Andrew D. H. (1989): Sociology and the Old Testament, in: Clements, R. E. (Hg.), The World of Ancient Israel. Sociological, Anthropological and Political Perspectives, Cambridge u. a., 39-63.

McEvenue, Sean E. (1981): The Political Structure in Judah from Cyrus to Nehemiah, CBQ 43, 353-364.

McKenzie, John S. J. (1959): The "People of the Land" in the Old Testament, in: Akten des vierundzwanzigsten internationalen Orientalistenkongresses in München, Wiesbaden, 206-208.

McNutt, Paula (1999): Reconstructing the Society of Ancient Israel, Library of Ancient Israel, London / Louisville, Kentucky.

Mendenhall, George E. (1962): The Hebrew Conquest of Palestine, BA 25, 66-87 = (1970): BARe III, 100-120.

Mettinger, Trygve N. D. (1971): Solomonic State Officials. A Study of the Civil Government Officials of the Israelite Monarchy, CB. OT 5, Lund.

Meyer, Esias E. (2005): The Jubilee in Leviticus 25: A Theological Ethical Interpretation from a South African Perspective, exuz 15, Münster.

Meyers, Carol (1988): Discovering Eve. Ancient Israelite Women in Context. New York / Oxford.

Meyers, Eric M. (1985): The Shelomith Seal and the Judean Restoration. Some Additional Considerations, EI 18, 33*-8*.

Milgrom, Jacob (1982): Religious Conversion and the Revolt Model for the Formation of Israel, JBL 101, 169-176.

Miller, Maxwell J. (1991): Is it Possible to Write a History of Israel without Relying on the Hebrew Bible?, in: Edelman, D. V. (Hg.), The Fabric of History. Text, Artifact and Israel's Past, JSOT. S 127, Sheffield, 93-102.

Mittmann, Siegfried (1970): Beiträge zur Siedlungs- und Territorialgeschichte des nördlichen Ostjordanlandes, ADPV Wiesbaden.

Moenikes, A. (1995): Die grundsätzliche Ablehnung des Königtums in der hebräischen Bibel. Ein Beitrag zur Religionsgeschichte des alten Israel, Weinheim.

Mommsen, H. / Perlman, I. / Yellin, J. (1984): The Provenience of the lmlk Jars, IEJ 34, 89-113.

Müller, Reinhard (2004): Königtum und Gottesherrschaft. Untersuchungen zur alttestamentlichen Monarchiekritik, FAT 2. Reihe 3, Tübingen.

Na'aman, Nadav (1979): Sennacherib's Campaign to Judah and the Date of the lmlk Stamps, VT 29, 61-86.

Na'aman, N. (1991): The Kingdom of Judah under Josiah, TA 18, 3-71.

Na'aman, N. (2001): Solomon's District List (1 Kings 4:7-19) and the Assyrian Province System in Palestine, UF 33, 419-436.

Neu, Rainer (1986): "Israel" vor der Entstehung des Königtums, BZ NF 30, 204-221.

Neu, Rainer (1992): Von der Anarchie zum Staat. Entwicklungsgeschichte Israels vom Nomadenturn zur Monarchie im Spiegel der Ethnosoziologie, Neukirchen-Vluyn.

Niehr, Herbert (1986): Herrschen und Richten. Die Wurzel špt im Alten Orient und im Alten Testament, FzB 54, Würzburg.

Niehr, Herbert (1987): Rechtsprechung in Israel. Untersuchungen zur Geschichte der Gerichtsorganisation im Alten Testament, SBS 130, Stuttgart.

Niehr, Herbert (1995): Die Reform des Joschija. Methodische, historische und religionsgeschichtliche Aspekte, in: Groß, W. (Hg.), Jeremia und die "deuteronomistische Bewegung", BBB 98, Weinheim, 33-55.

Niehr, Herbert (1997): Some Aspects of Working with the Textual Sources, in: Grabbe, Lester L. (Hg.), Can a "History of Israel" Be Written?, JSOT. S 245, Sheffield, 156-165.

Niemann, Hermann Michael (1993): Herrschaft, Königtum und Staat. Skizzen zur soziokulturellen Entwicklung im monarchischen Israel, FAT 6, Tübingen.

Niemann, Hermann Michael (2002): Taanach und Megiddo: Überlegungen zur strukturell-historischen Situation zwischen Saul und Salomo, VT 52, 93-102.

Norin, Stig (1994): Respons to Lemche, "Ist es noch möglich die Geschichte des alten Israels zu schreiben?", SJOT 8, 191-197.

Noth, Martin (1930): Das System der zwölf Stämme Israels, BWANT 52, Stuttgart.

Noth, Martin (1968): Könige. 1. Teilband BK IX/I, Neukirchen-Vluyn.

Noth, Martin (1971): Das Krongut der israelitischen Könige und seine Verwaltung [1927], in: ders., Aufsätze zur biblischen Landes- und Altertumskunde, Bd. I, Neukirchen-Vluyn, 159-182.

Noth, Martin (^{9}1981): Geschichte Israels, Göttingen.

Nurmi, Janne J. (2004): Die Ethik unter dem Druck des Alltags. Die Impulse der gesellschaftlichen Änderungen und Situation zu der sozialkritischen Prophetie in Juda im 8. Jh. v. Chr., Åbo.

Oded, B. (2000): The Settlements of the Israelite and the Judean Exiles in Mesopotamia in the 8th-6th Centuries BCE, in; Galil, G. I Weinfeld, M. (Hg.), Studies in Historical Geography and Biblical Historiography, FS Z. Kallai, SVT 81, Leiden u. a., 91-103.

Olivier, J. P. J. (1994): Money Matters: Some Remarks on the Economic Situation in the Kingdom of Judah During the Seventh Century B. c., BN 73, 90-100.

Olmstead, A. T. (^{2}1959): History of the Persian Empire, Chicago.

Ortiz, Steven M. (2002): Methodological Comments on the Low Chronology: A Reply to Ernst Axel Knauf, BN 111, 34- 39.

Otto, Eckart (1981): Sozialgeschichte Israels. Probleme und Perspektiven. Ein Diskussionspapier, BN 15, 87-92.

Otto, Eckart (1982): Hat Max Webers Religionssoziologie des antiken Judentums Bedeutung für eine Theologie des Alten Testaments?, ZAW 94, 187-203.

Otto, Eckart (1984): Historisches Geschehen - Überlieferung - Erklärungsmodell. Sozialhistorische Grundsatz- und Einzelprobleme in der Geschichtsschreibung des frühen Israel - Eine Antwort auf N. P. Lemches Beitrag zur Diskussion um eine Sozialgeschichte Israels, BN 23, 63-80.

Otto, Eckart (1994): Theologische Ethik des Alten Testaments: Theologische Wissenschaft 3,2, Stuttgart u. a.

Otto, Eckart (2000): Mose und das Gesetz. Die Mose-Figur als Gegenentwurf Politischer Theologie zur neuassyrischen Königsideologie im 7. Jh. v. Chr., in: ders. (Hg.), Mose. Ägypten und das Alte Testament, SBS 189, Stuttgart, 43-83.

Otto, Eckart (2001): Art. Josia/Josiareform, in: RGG4 IV, 587-589.

Otto, Eckart (2002): Max Webers Studien des Antiken Judentums. Historische Grundlegung einer Theorie der Moderne, Tübingen.

Pavlovskf, V. S. J. (1957): Die Chronologie der Tätigkeit Esdras. Versuche einer neuen Lösung, Bib. 38, 275-305. 428-456.

Pedersen, Johs. (1959): Israel. Its Life and Culture, 4 Bde. [dänisch 1920, englisch 1926.1940], London / Kopenhagen, Nachdruck.

Perdue, Leo G. I Blenkinsopp, Joseph I Collins, John J. I Meyers, Carol (1997): Families in Ancient Israel, Louisville, Kentucky.

Pleins, J. David (2001): The Social Visions of the Hebrew Bible. A Theological Introduction, Louisville, Kentucky.

Porath, Renatus (1994): Die Sozialkritik im Jesajabuch. Redaktionsgeschichtliche Analyse: EHSTheologie 503, Frankfurt am Main u. a.

Porten, Bezalel (1968): Archives from Elephantine. The Life of an Ancient Jewish Military Colony, Berkeley / Los Angeles.

Porten, Bezalel (1996): The Elephantine Papyri in English. Three Millennia of Cross-Cultural Continuity and Change: DMOA 22, Leiden u. a.

Premnath, D. M. (1988): Latifundalization and Isaiah 5.8 -10, JSOT 40, 49-60.

Pummer, Reinhard (1987): The Samaritans, Iconography of Religions XXIII 1 5, Leiden.

von Rad, Gerhard (^{5}1969): Der Heilige Krieg im alten Israel, Göttingen.

Rainey, Anson F. (1982): Wine from the Royal Vineyards, BASOR 245, 57-62.

Rainey, Anson F. (1988): Toward a Precise Date for the Samaria Ostraca, BASOR 272, 69-74.

Rainey, Anson F. (2001): Israel in Merenptah's Inscription and Reliefs, IEJ 51, 57-75.

Rapp, Ursula (2002): Mirjam. Eine feministisch-rhetorische Lektüre der Mirjamtexte in der hebräischen Bibel, BZAW 317, Berlin / New York 178-193.

Redford, Donald B. (1986): The Ashkelon Relief at Karnak and the Israel Stela, IEJ 36, 188-200.

Reich, Ronny / Shukron, Eli (2003): The Jerusalem City Dump in the Late Second Temple Period, ZDPV 119, 12-18.

Reimer, Haroldo (1992): Richtet auf das Recht! Studien zur Botschaft des Amos: SBS 149, Stuttgart.

Reinmuth, Titus (2002): Der Bericht Nehemias. Zur literarischen Eigenart, traditionsgeschichtlichen Prägung und innerbiblischen Rezeption des Ich-Berichts Nehemias, OBO 183, Freiburg, Schweiz / Göttingen.

Rendtorff, Rolf (1999): Theologie des Alten Testaments. Ein kanonischer Entwurf. Band 1: Kanonische Grundlegung, Neukirchen-Vluyn.

Reviv, H. (1966): The Government of Shechem in the El-Amarna Period and in the Days of Abimelech, IEJ 16, 252-257.

Reviv, Hanoch (1989): The Elders in Ancient Israel. A Study of a Biblical Institution, Jerusalem.

Ro, Johannes Un-Sok (2002): Die sogenannte "Armenfrömmigkeit" im nachexilischen Israel, BZAW 322, Berlin / New York.

Rogerson, J. w. (1985): The Use of Sociology in Old Testament Studies, in: Emerton, J. A. (Hg.), Congress Volume Salamanca 1983, SVT 36, Leiden, 245-256.

Rogerson, J. w. (1986): Was Early Israel a Segmentary Society?, JSOT 36, 17-26.

Rösel, Hartrnut N. (1983): Überlegungen zu "Abimelech und Sichern in Jdc. IX", VT 33, 500-503.

Rösel, Hartrnut N. (1992): Israel in Kanaan. Zum Problem der Entstehung Israels, BEATAJ 11, Frankfurt am Main u. a.

Rösel, Hartrnut N. (2002): The Emergence of Ancient Israel - Some Related Problems, BN 114/115, 151-160.

Rostovzeff, Michael (ND 1984): Gesellschafts- und Wirtschaftsgeschichte der hellenistischen Welt, 3 Bde. [1941], übers. v. G. und E. Beyer, Darmstadt.

Rowton, Michael B. (1973): Urban Autonomy in a Nomadic Environment, JNES 32, 201-215.

Rowton, Michael B. (1976): Dimorphic Structure and the Problem of the 'Apiru-'Ibrim, JNES 35, 13-20.

Rowton, Michael B. (1977): Dimorphie Structure and the Parasocial Element, JNES 36, 181-198.

Rüterswörden, Udo (1985): Die Beamten der israelitischen Königszeit. Eine Studie zu śr und vergleichbaren Begriffen, BWANT 117, Stuttgart u. a.

Rüterswörden, Udo (1995): Die persische Reichsautorisation der Thora: Fact or fiction?, ZABR 1, 47-61.

Sacchi, Paolo (2000): The History of the Second Temple Period, JSOT. S 282, Sheffield.

Sasse, Markus (2004): Geschichte Israels in der Zeit des Zweiten Tempels. Historische Ereignisse - Archäologie - Sozialgeschichte - Religions- und Geistesgeschichte, Neukirchen-Vluyn.

Schaeder, Hans Heinrich (1930): Esra der Schreiber: BHTh 5, Tübingen.

Schäfer-Lichtenberger, Christa (1983): Stadt und Eidgenossenschaft im Alten Testament. Eine Auseinandersetzung mit Max Webers Studie "Das antike Judentum", BZAW 156, Berlin / New York.

Schäfer-Lichtenberger, Christa (1996): Sociological and Biblical Views of the Early State, in: Fritz, Volkmar / Davies Ph. R. (Hg.), The Origins of the Ancient Israelite States, JSOT. S 228, Sheffield, 78-105.

Schäfer-Lichtenberger, Christa (2000): Zur Funktion der Soziologie im Studium des Alten Testaments, in: Lemaire, A. / Sreb0, M. (Hg.), Congress Volume Oslo 1998, SVT 80, Leiden u. a., 179-202.

Schäfer-Lichtenberger, Christa (2003): Michal - eine literarische Figur mit Vergangenheit, WuD 27, 89-105.

Schaper, Joachim (1995): The Jerusalem Temple as an Instrument of the Achaemenid Fiscal Administration, VT 45, 528-539.

Schaper, Joachim (1998): The Temple Treasury Committee in the Times of Nehemiah and Ezra, VT 47, 200-206.

Schaper, Joachim (2000): Priester und Leviten im achämenidischen Juda. Studien zur Kult- und Sozialgeschichte Israels in persischer Zeit, FAT 31, Tübingen.

Schaper, Joachim (2002): Numismatik, Epigraphik, alttestamentliche Exegese und die Frage nach der politischen Verfassung des achämenidischen Juda, ZDPV 118, 150-168.

Schenker, Adrian (2000): Die zweimalige Einsetzung Simons des Makkabäers zum Hohenpriester. Die Neuordnung des Hohepriestertums unter dem Hasmonäer Simon (1 Makk 14,25-49), in: ders., Recht und Kult im Alten Testament. Achtzehn Studien, OBO 172, Freiburg, Schweiz / Göttingen, 158-169.

Schipper, Bernd Ulrich (1999): Israel und Ägypten in der Königszeit. Die kulturellen Kontakte von Salomo bis zum Fall Jerusalems, OBO 170, Freiburg, Schweiz / Göttingen.

Schluchter, Wolfgang (Hg.) (1981): Max Webers Studie über das antike Judentum. Interpretation und Kritik, stw 340, Frankfurt am Main.

Schluchter, Wolfgang (Hg.) (1985): Max Webers Sicht des antiken Christentums. Interpretation und Kritik, stw 548, Frankfurt am Main.

Schmid, Herbert (1970): Die Herrschaft Abimelechs (Jdc 9), Jud. 26,1-11.

Schoors, Antoon (1998): Die Königreiche Israel und Juda im 8. und 7. Jahrhundert v. Chr. Die assyrische Krise, BE 5, Stuttgart u. a.

Schottroff, Willy (1974): Soziologie und Altes Testament, VuF 19, Heft 2, 46-66.

Schottroff, Willy (1982): Zur Sozialgeschichte Israels in der Perserzeit, VuF 27, 46-88.

Schottroff, Willy (1999a): Thesen zur Aktualität und theologischen Bedeutung sozialgeschichtlicher Bibelauslegung im Kontext christlicher Sozialethik [1987], in: ders., Gerechtigkeit lernen. Beiträge zur biblischen Sozialgeschichte, ThB 94, Gütersloh, 1-4.

Schottroff, Willy (1999b): Arbeit und sozialer Konflikt im nachexilischen Juda, in: ders., Gerechtigkeit lernen. Beiträge zur biblischen Sozialgeschichte, ThB 94, Gütersloh, 52-93.

Schottroff, Willy (1999c): Der Zugriff des Königs auf die Töchter. Zur Fronarbeit von Frauen im alten Israels, in: ders., Gerechtigkeit lernen. Beiträge zur biblischen Sozialgeschichte, ThB 94, Gütersloh, 94-114.

Schulte, Hannelis (1992): Beobachtungen zum Begriff der Zônâ im Alten Testament, ZAW 104, 255-262.

Schüngel-Straumann, Helen (2000): Tobit: HThKAT, Freiburg u. a.

Schwantes, Milton (1991): Das Land kann seine Worte nicht ertragen. Meditationen zu Amos: KT 105, München.

Seiffert, Helmut (1970): Einführung in die Wissenschaftstheorie. Zweiter Band. Geisteswissenschaftliche Methoden: Phänomenologie - Hermeneutik und historische Methode - Dialektik, Beck'sche Schwarze Reihe 61, München.

Sicre, José Luis (1979): Los dioses olvidados. Poder y riqueza en los profetas preexílicos, Madrid.

Sicre, José Luis (1984): "Con los pobres de la tierra". La justicia social en los profetas de Israel, Madrid.

Sigrist, Christian (1979): Regulierte Anarchie. Untersuchungen zum Fehlen und zur Entstehung politischer Herrschaft in segmentären Gesellschaften Afrikas, Frankfurt am

Main, Nachdruck.

Sigrist, Christian (1989): Segmentäre Gesellschaft, in: ders. / Neu, Rainer (Hg.), Ethnologische Texte 1, 106-122.

Sigrist, Ch. / Neu, R (Hg.) (1989, 1997): Ethnologische Texte zum Alten Testament, 2 Bde.: Bd. 1. Vor- und Frühgeschichte Israels; Bd. 2. Die Entstehung des Königtums, Neukirchen-Vluyn.

Silva Castillo, Jorge (Hg.) (1981): Nomads and Sedentary People, Mexiko.

Silver, Morris (1983): Prophets and Markets. The Political Economy of Ancient Israel, Boston u. a.

Simkins, Ronald A. (1999): Patronage and the Political Economy of Monarchic Israel, in: Simkins, Ronald A. / Cook, Stephen L. (Hg.): The Social World of the Hebrew Bible: Twenty-Five Years of the Social Sciences in the Academy, Semeia 87, 123-144.

Smith, Daniel L. (1991): The Politics of Ezra: Sociological Indicators of Postexilic Judaean Society, in: Davies, Ph. R (Hg.), Second Temple Studies. 1. Persian Period, JSOT. S 117, Sheffield, 73-97.

Smith-Christopher, L. (1994): The Mixed Marriage Crisis in Ezra 9 -10 and Nehemiah 13: A Study of the Sociology of the Post -Exilic Judaean Community, in: Eskenazi, T. C. / Richards, K. H. (Hg.), Second Temple Studies. 2. Temple and Community in the Persian Period, JSOT. S 1 75, Sheffield, 243-265.

Smith, Morton (1977): Die Entwicklungen im Judäa des 5. Jh. v. Chr. aus griechischer Sicht, in: Kippenberg, H. G. (Hg.), Seminar: Die Entstehung der antiken Klassengesellschaft, stw 130, Frankfurt am Main, 313-327.

Smitten, Wilhelm Th. In der (1973): Esra. Quellen, Überlieferung und Geschichte, SSN 15, Assen.

Soggin, J. A. (1963): Der judäische ʿamm haʾares und das Königtum in Juda, VT 13, 186-195.

Soggin, Alberto J. (1967): Bemerkungen zur alttestamentlichen Topographie Sichems mit besonderem Bezug auf Jdc. 9, ZDPV 83, 183-198.

Soggin, J. A. (1988a): Ancient Israel: An Attempt at a Social and Economic Analysis of the Available Data, in: Claassen, W. (Hg.), Text and Context, FS F. C. Fensham, JSOT. S 48, Sheffield, 201-208.

Soggin, J. Alberto (1988b): Probleme einer Vor- und Frühgeschichte Israels, ZAW 100 Suppl., 255-267.

Stiegler, Stefan (1994): Die nachexilische JHWH-Gemeinde in Jerusalem. Ein Beitrag zu einer alttestamentlichen Ekklesiologie, BEATAJ 34, Frankfurt am Main u. a.

Soggin, J. Alberto (1991): Einführung in die Geschichte Israels und Judas. Von den Ursprüngen bis zum Aufstand Bar Kochbas, Darmstadt.

Southall, Aidan W. (1997): Zum Begriff des segmentären Staates. Das Beispiel der Alur [1953], in: Sigrist, Ch. / Neu, R, Ethnologische Texte zum Alten Testament. Band 2. Die Entstehung des Königtums, Neukirchen-Vluyn, 67-92.

Stähli, H. P. (1978): Knabe - Jüngling - Knecht. Untersuchungen zum Begriff n<r im Alten Testament, BBETh, Frankfurt am Main.

Staubli, Thomas (1991): Das Image der Nomaden im Alten Israel und in der Ikonographie seiner sesshaften Nachbarn, OBO 107, Freiburg, Schweiz / Göttingen.

Stegemann, Hartrnut (1989/1990): Das Gesetzeskorpus der "Damaskusschrift" (CD XI-XVI), in: RdQ 14. 409-434.

Stern, Ephraim (1981): The Province of Yehud: The Vision and the Reality, The Jerusalem Cathedra 1, 9-21.

Stern, Ephraim (1982): Material Culture of the Land of the Bible in the Persian Period 538-332 B. C., Warminster / Jerusalem.

Stern, Ephraim (1984): The Persian empire and the political and social history of Palestine in the Persian Period, in: Davies, W. D. / Finkelstein, L. (Hg.), The Cambridge History of Judaism, Bd. I. Introduction; The Persian Period, Cambridge u. a., 70-87.

Stolz, Fritz (1973): Aspekte religiöser und sozialer Ordnung im alten Israel, ZEE 17, 145-159.

Tadmor, H. (1979): The Decline of Empires in Western Asia ca. 1200 B. C. E., in: Cross, F. M . (Hg.), Symposia 75th Anniversary ASOR, 1-14.

Talmon, Shemaryahu (1986a): Kingship and the Ideology of the State, in: ders., King, Cult and Calen dar in Ancient Israel. Collected Studies, Jerusalem 9-38 = Königtum und Staatsidee im biblischen Israel (1988), in: ders., Gesellschaft und Literatur in der Hebräischen Bibel. Gesammelte Aufsätze, Band I , Information Judentum 8, Neukirchen-Vluyn, 11-43.

Talmon, Shemaryahu (1986b): The Judaean ʿam haʾaræs in Historical Perspective, in: ders., King, Cult and Calendar in Ancient Israel. Collected Studies, Jerusalem 68-78 = Der judäische עם־הארץ in historischer Perspektive (1988), in: ders., Gesellschaft und Literatur in der Hebräischen Bibel. Gesammelte Aufsätze, Band I, Information Judentum 8, Neukirchen-Vluyn, 80-91.

Talmon, Shemaryahu (1986c): The New Hebrew Letter from the Seventh Century B. C. E. in Historical Perspective, in: ders., King, Cult and Calendar in Ancient Israel. Collected Studies, Jerusalem, 79-88.

Talmon, Shemaryahu (1986d): The Emergence of Jewish Sectarianism in the Early Second Temple Period, in: ders., King, Cult and Calendar in Ancient Israel. Collected Studies, Jerusalem 165 - 201 = Jüdische Sektenbildung im Frühstadium der Zeit des Zweiten Tempels. Ein Nachtrag zu Max Webers Studie "Das antike Judentum" (1988), in: ders., Gesellschaft und Literatur in der Hebräischen Bibel. Gesammelte Aufsätze, Band I, Information Judentum 8, Neukirchen-Vluyn, 95-131.

Talmon, Shemaryahu (1988): Biblische Überlieferungen zur Frühgeschichte der Samaritaner, in: ders., Gesellschaft und Literatur in der Hebräischen Bibel. Gesammelte Aufsätze, Band I, Information Judentum 8, Neukirchen-Vluyn, 132-151.

Tcherikover, Viktor A. / Fuks, Alexander (Hg.) (1957): Corpus Papyrorum Judaicarum, Vol. I, Cambridge, Massachusetts.

Thiel, Winfried (1981): Die deuteronomistische Redaktion von Jeremia 26- 45, WMANT 52, Neukirchen-Vluyn.

Thiel, Winfried (²1985): Die soziale Entwicklung Israels in vorstaatlicher Zeit, Neukirchen-Vluyn.

Thompson, Thomas L. (1992): Early History of the Israelite People. From the Written and Archaeological Sources, SHANE 4, Leiden u. a.

Thompson, Thomas L. (1998): The Exile in History and Myth: A Response to Hans Barstad, in: Grabbe, L. L. (Hg.), Leading Captivity Captive: "The Exile" as History and Ideology, JSOT. S 278, Sheffield, 101-118.

Thompson, Thomas L. (2000): Problems of Genre and Historicity with Palestine's Inscriptions, in: Lemaire, A. / Sæbø, M. (Hg.), Congress Volume Oslo 1998, SVT 80,

Leiden u. a., 321-326.

Timm, Stefan (1982): Die Dynastie Omri. Quellen und Untersuchungen zur Geschichte Israels im 9. Jahrhundert vor Christus, FRLANT 124, Göttingen.

Uehlinger, Christoph (1995): Gab es eine joschianische Kultreform? Plädoyer für ein begründetes Minimum, in: Groß, W. (Hg.), Jeremia und die "deuteronomistische Bewegung", BBB 98, Weinheim, 57-89.

Ussishkin, David (1976): Royal Judean Storage Jars and Private Seal Impressions, BASOR 223, 1-13.

Ussishkin, David (1990): Notes on Megiddo, Gezer, Ashdod, and Tel Batash in the Tenth to Ninth Centuries B. C., BASOR 277 / 278, 71-91.

Vaux, Roland de, O. P. (^{2}1964/1966): Das Alte Testament und seine Lebensordnungen [1958/1960], 2 Bde., Freiburg u. a.

Vaux, R. de (1968): Le problème des Hapiru après quinze années, JNES 27, 221-228.

Veijola, Timo (1977): Das Königtum in der Beurteilung der deuteronomistischen Historiographie. Eine redaktionsgeschichtliche Untersuchung, AASF 198, Helsinki.

Vieweger, Dieter (1993): Überlegungen zur Landnahme israelitischer Stämme unter besonderer Berücksichtigung der galiläischen Berglandgebiete, ZDPV, 20-36.

Vieweger, Dieter (2003): Archäologie der biblischen Welt, UTB 2394, Göttingen.

Vogt, Hubertus C. M. (1966): Studie zur nachexilischen Gemeinde in Esra-Nehemia, Werl.

Volz, Paul (1989): Die biblischen Altertümer [1914], Dreieich, Nachdruck.

Wagenaar, Jan A. (1999): "Give in the Hand of Your Maidservant the Property ...". Some Remarks to the Second Ostrakon from the Collection of Sh. Moussaieff, ZABR 5, 15-27.

Wagner, Volker (2002): Beobachtungen am Amt der Ältesten im alttestamentlichen Israel, ZAW 114, 391-411. 560-576.

Wallis, Gerhard (1969): Das Jobeljahr-Gesetz, eine Novelle zum Sabbathjahr-Gesetz, MIOF 15, 337-345.

Wanke, Gunther (1971): Untersuchungen zur sogenannten Baruchschrift, BZAW 122, Berlin.

Wanke, Gunther (1972): Zu Grundlagen und Absicht prophetischer Sozialkritik, KuD 18, 2-17.

Washington, Harold C. (1994): The Strange Woman of Proverbs 1 - 9 And Post-Exilic Judaean Society, in: Eskenazi, T. C. I Richards, K. H. (Hg.), Second Temple Studies. 2. Temple and Community in the Persian Period, JSOT. S 175, Sheffield, 217-242.

Weber, Max (⁵1972): Wirtschaft und Gesellschaft. Grundriss der verstehenden Soziologie, hg. v. J. Winckelmann, Tübingen.

Weber, Max (2005): Die Wirtschaftsethik der Weltreligionen. Das antike Judentum. Schriften und Reden 1911-1920, MWG I/21, Tübingen.

Weinberg, Joel (1992): The Citizen-Temple Community, JSOT. S 151, Sheffield.

Weinberg, Joel (1996): Der Chronist in seiner Mitwelt, BZAW 239, Berlin / New York.

Weinberg, Joel (1999): The International Elite of the Achæmenid Empire: Reality and Fiction, ZAW 111, 583-608.

Weinfeld, Moshe (1988): Historical Facts Behind the Israelite Settlement Pattern, VT 38, 324-332.

Weippert, Helga (1988): Palästina in vorhellenistischer Zeit, Hda II, I München 417-681.

Weippert, Manfred (1967): Die Landnahme der israelitischen Stämme in der neueren wissenschaftlichen Diskussion. Ein kritischer Bericht, FRLANT 92, Göttingen.

Weippert, Manfred (1972): "Heiliger Krieg" in Israel und Assyrien. Kritische Anmerkungen zu Gerhard von Rads Konzept des "Heiligen Krieges im alten Israel", ZAW 84, 460-493.

Weisman, Ze'ev (1977): Charismatic Leaders in the Era of the Judges, ZAW 89, 399-411.

Wellhausen, Julius (⁶1905): Prolegomena zur Geschichte Israels, Berlin.

Welten, Peter (1969): Die Königs-Stempel. Ein Beitrag zur Militärpolitik Judas unter Hiskia und Josia, ADPV, Wiesbaden.

Welten, Peter (1989): Ansätze sozialgeschichtlicher Betrachtungsweise des Alten Testaments im 20. Jahrhundert, BThZ 6, 207-221.

Wenning, Robert (1989): Mesad Hasavyahu. Ein Stützpunkt des Jojakim?, in: Hossfeld, E-L. (Hg.), Vom Sinai zum Horeb. Stationen alttestamentlicher Glaubensgeschichte, Würzburg, 169-196.

Whitelam, Keith W. (1979): The Just King: Monarchical Judicial Authority in Ancient Israel, JSOT. S 12, Sheffield.

Whitelam, Keith W. (1986): Recreating the History of Israel, JSOT 35, 45-70.

Whitelam, Keith W. (1989): Israelite Kingship. The royal ideology and its opponents, in: Clements, R. E. (Hg.), The World of Ancient Israel. Sociological, Anthropological and Political Perspectives, Cambridge u. a., 119-139.

Whitelam, Keith W. (1994): The Identity of Early Israel: The Realignment and Transformation of Late Bronze-Iron Age Palestine, JSOT 63, 57-87.

Whitelam, Keith W. (1995): The Invention of Ancient Israel. The silencing of Palestinian history, London / New York.

Wiesehöfer, Josef (²1998): Das antike Persien. Von 550 v. Chr. bis 650 n. Chr., Düsseldorf / Zürich.

Will, Édouard (1977): Überlegungen und Hypothesen zur Entstehung des Münzgeldes, in: Kippenberg, H. G. (Hg.), Seminar: Die Entstehung der antiken Klassengesellschaft, stw 130, Frankfurt am Main, 205-222.

Willi, Thomas (1995): Juda - Jehud - Israel. Studien zum Selbstverständnis des Judentums in persischer Zeit, FAT 12, Tübingen, Exkurs, 11-17.

Williamson, H. G. M. (2004): Studies in Persian Period History and Historiography, FAT 38, Tübingen.

Willis, Timothy M. (2001): The Elders of the City. A Study of the Elders-Laws in Deuteronomy, SBL. MS 55, Atlanta / Georgia.

Wilson, Robert R. (1977): Genealogy and History in the Biblical World, Yale Near Eastern Researches 7, New Haven / London.

Wilson, Robert R. (1983/84): Israel's Judidal System in the Preexilic Period, JQR 74, 228-248.

Wisser, Laurent (1982): Jérémie, critique de la vie sociale. Justice sociale et connaissance de Dieu dans le livre de Jérémie, Genf.

Wißmann, Felipe Blanco (2001): Sargon, Mose und die Gegner Salomos. Zur Frage vor-neuassyrischer Ursprünge der Mose-Erzählung, BN l110, 42-54.

Wit, Johan Hendrik de (1991): Leerlingen van de armen. Een onderzoek naar de betekenis van de Latijnamerikaanse volkse lezing van de bijbel in de hermeneutische ontwerpen en exegetische praktijk van C. Mesters, J. S. Croatto en M. Schwantes: Diss.

Amsterdam.

Würthwein, Ernst (1936): Der ʿamm haʾaræz im alten Testament, BWANT 69, Stuttgart.

Würthwein, Ernst (1994a): Abimelech und der Untergang Sichems - Studien zu Jdc. 9, in: ders., Studien zum Deuteronomistischen Geschichtswerk, BZAW 227, Berlin / New York, 12-28.

Würthwein, Ernst (1994b): Die Josianische Reform und das Deuteronomium, in: ders., Studien zum Deuteronomistischen Geschichtswerk, BZAW 277, Berlin / New York, 188-216.

Yamauchi, Edwin M. (^{2}1991): Persia and the Bible, Grand Rapids, Michigan.

Yoffee, Norman (2005): Myths of the Archaic State. Evolution of the Earliest Cities, States, and Civilizations, Cambridge.

Zadok, Ran (1979): The Jews in Babylonia During the Chaldean and Achaemenian Periods According to the Babylonian Sources: Studies in the History of the Jewish People and the Land of Israel. MS 3, Haifa.

Zadok, Ran (1983/84): Some Jews in Babylonian Documents, JQR 74, 294-297.

Zertal, Adam (1986-1987): An Early Iron Age Cultic Site on Mount Ebal: Excavation Seasons 1982-1987. Preliminary Report, TA 13-14, 105-165.

Zsengellér, József (1998): Gerizim as Israel. Northern Tradition of the Old Testament and the Early History of the Samaritans, Utrechtse Theologische Reeks 38, Utrecht.

Zwickel, Wolfgang (1999): Die Wirtschaftsreform des Hiskia und die Sozialkritik der Propheten des 8. Jahrhunderts, EvTh 59, 356-377.

Zwickel, Wolfgang (2002): Einführung in die biblische Landes- und Altertumskunde, Darmstadt.

성경 색인

오경

창세기
11:10-32 100
12:10-20 99
15:18-21 46, 98
15:19 115
17:12-13 295
24:3-4 318
29:6-9 107
39:14 99
39:17 99
40:15 99
43:32 99

출애굽기
1:11 98
1:15-16 99
2:16 107
3:8 46, 98
12:3 240
21:2-6 213
21:5-6 294
21:21-21 213
23:15 177
23:23 98

레위기
4:3 284
7:8 285
10:14-15 285
25:10 265
25:39-46 302

민수기
1:16 121
18:12-16 285
24:21 115
36:1 240

신명기
11:10-11 44
12장 178
14:25-26 179
15장 294
15:1-11 222
15:12 333
15:16-17 294
16:16 177
17:15 333
17:20 333
19:14 239
23:2-9 306
26:5-9 100

역사서

여호수아
2:2-3　97
5:1　98
7:14-18　107
8:1-3　97
10:1　97
19:51　240

사사기
3:9　122
4:27　137
5:14-18　109
5:17　117
5:19　98
8:31　137
9:4　163
9:6　138
10:18　138
11장　118
11:1　122, 124
15:10　308
17:6　139
22:25　138

사무엘상
4:6　180
8:1-3　139
8:10-17　149
10:18-21　107
10:27　145, 151
11:5　146
11:15　141
12:3　284
14:50-51　145, 157, 163
15:1　284

16:11　170
16:13　284
17:52　308
22:7-8　145

사무엘하
5:3　78, 140
5:9　170
8:11-12　178
8:15　220
15:3　181
16:5-14　181

열왕기상
1:9　308
2:19　156
2:26　197
4:11　196
10:9　220
14:25-26　178
15:13　156
16:24　131, 170, 183
21:3　239
22:26　159

열왕기하
4:8-37　187, 214
7:51　178
8:1-6　170
8:26　195
10:1-11　188
10:5　159
12:5-17　177
12:19　178
15:19-20　169
15:29　224

16:5-10　134
17:28　280
21:24　193
22:3　196
22:4　197
23:2　309
23:5　178
23:15　280
23:30-31　193
23:35　169
24:1　225
24:10-16　225
24:12　155, 157, 159
24:15　155, 194, 228
24:17　228
25:12　231
25:18　284
25:22-25　196
25:23　229
25:24　229
25:27-30　238

예언서

이사야
1:21-26　210
1:23　160
3:12-15　198
3:14　160
5:3　309
5:8　209
10:1　221
11:4　346
24:2　212
57:1　346, 347
58:7　320
61:1-2　258

예레미야
2:14　295
4:3　309
5:26-28　198, 214
8:8-9　221
13:18　156
15:10　212
22:13-19　219
22:24-27　270
26:22　196
26:24　196, 197
28:4　228
29:1　237
29:2　156, 159
29:26-28　238
32:12　197
34:8-22　160
34:10　221
34:19　159
36:11　196
36:12　159
38:1　197
39:10　231, 233
39:14　196
40:6　229
40:7　226, 229
40:10　229
40:11　232
40:12　232
41:3　229
41:5　281

에스겔
3:15　237

8:1   237
11:15   230
12:10   121
13:9   240
14:1   237
17:1-21   225, 228
17:13   194
18:7   320, 325
22:23-31   194, 211
22:25   219
22:27   160
24:21   239
37:15-28   236

호세아
2:2   236
7:3-7   190
8:12   221
8:13   191
9:3   191
11:1   191
12:10   191

아모스
2:7   213
2:8   208
2:10   191
3:10-11   208
3:15   208
5:11   208
6:4   208
6:4-6   208
7:10   190
7:17   197
8:4   195, 214, 346

미가
2:2   209, 214, 239
2:9-10   209
3:1   160
3:9   160
7:2   347
7:5-6   255

스바냐
1:8   155, 210, 219
2:3   195, 346

학개
1:1   248, 284
1:6   258
2:1-9   269

스가랴
3:1   284
3:8   270
5:1-4   264
6:9-15   263, 270
6:11   284

말라기
1:8   248, 272
2:11   254
3:5   258

성문서

에스라
1:1-4   227
1:5   240
2:1   263
2:63   276
3:2   272

3:3　262
3:11　310
4:3　262, 281
4:12　309
4:23　309
5:1　309
5:5　273
5:14　248
6:3　280, 286
6:7　248, 273
6:10　286
6:15　248
7:12　299, 315
7:26　252
9:1　262
10:1　256

느헤미야

1:11　251, 299
2:11　251
3:12　256
5:15　248
7:4　252
7:5　240
7:6　263
7:61　237
7:69-71　263, 299
8:1-8　296
10:29　256, 262
12:22　240
13:4-9　252, 281, 282, 287
13:23-27　254
13:28　281